本书获得山东理工大学优秀著作出版基金资助

岳友熙 著

追寻诗意的栖居

——现代性与审美教育

人民出版社

责任编辑:洪　琼

图书在版编目(CIP)数据

追寻诗意的栖居——现代性与审美教育/岳友熙著. -北京:人民出版社,2009.2
ISBN 978-7-01-007633-1

Ⅰ.追…　Ⅱ.岳…　Ⅲ.美学教育-研究　Ⅳ.B83

中国版本图书馆 CIP 数据核字(2009)第 004311 号

追寻诗意的栖居
ZHUIXUN SHIYI DE QIJU
——现代性与审美教育

岳友熙　著

人民出版社 出版发行
(100706　北京朝阳门内大街 166 号)

北京市文林印务有限公司印刷　新华书店经销

2009 年 2 月第 1 版　2009 年 2 月北京第 1 次印刷
开本:710 毫米×1000 毫米 1/16　印张:18
字数:310 千字　印数:0,001-3,000 册

ISBN 978-7-01-007633-1　定价:42.00 元

邮购地址 100706　北京朝阳门内大街 166 号
人民东方图书销售中心　电话 (010)65250042　65289539

序 一

张玉能

　　山东理工大学文学院青年教师岳友熙的博士论文要修订出版了,岳友熙请我为之作序,我当然非常高兴,不仅仅因为他曾经在华中师范大学文学院文艺学专业与我一起学习和研究过,更重要的是岳友熙的这部论著选取了一个十分重要的研究课题。这部博士论文原来的题目是《现代性与审美教育——审美教育对塑造完美人格的重要作用》,其副标题就已经非常显豁地揭示了该论著的主要宗旨:从现代性对现代人的负面影响分析入手,论述审美教育对塑造完美人格和培育自由全面发展的人的重要作用。这次修订出版把标题做了一点修改,改为了《追寻诗意的栖居——现代性与审美教育》,似乎把论题的中心隐蔽或模糊起来了,可是倒把论题的指向突出出来了,而且也颇有诗意化的韵味。

　　其实,岳友熙的写作和论文的风格恰恰就是"诗意化"。这部博士论文在草稿写成之初,本来是一本大部头的著作,放在我面前的是厚厚的一大摞,近60万字,而除了理论的周密逻辑分析以外,就是有大量的"诗意化"的描述、叙述、论述,几乎要把抽象玄奥的美学论文写成形象生动的诗歌作品。我看了以后,为了精简篇幅和接近现行的论文规范,就大刀阔斧地把岳友熙的诗意化篇章删削成了20几万字的"规范化"论文。当时,我和岳友熙都是迫不得已,也是忍痛割爱的,连论文标题也"规范化"了。现在回想起来,真是感到各有利弊,也感到论文写法其实应该是多元化的、多彩多姿的。所以,这一次出版的时候,岳友熙提出要把标题改为《追寻诗意的栖居——现代性与审美教育》,我也就毫不犹豫地表示赞同,因为,这次不再需要论文"规范化"的评审了,可以适当地让论著"诗意化",也许可以别开生面,也可以满足不同的文章风格和审美趣味的要求。

　　岳友熙的《追寻诗意的栖居——现代性与审美教育》在这个时候出版还有一层特殊的意义,那就是对于德国伟大诗人、剧作家、美学家席勒(1759—1805)逝世200周年的纪念。众所周知,古今中外世界上每个民族和国家都是非常重视审美教育的,古希腊的柏拉图"学园"和中国先秦的孔子"私塾"都是审美教育的发源地,但是正式给审美教育定名和定义的是德国伟大诗人、剧作家、美学家席勒。他大约在 1794 年写下了给丹麦王子奥古斯腾堡公爵的 27 封信并集结成《审美教育书简》(*Über die ästhetische Erziehung des Menschen*,可以直译为《论人类的审美教育》)。从此以后,审美教育(die ästhetische Erziehung)就成为了一个人所共知的哲学、美学、教育学的专用名词(术语)。在人类进入 21 世纪的第八个年头的时候,我们也不能不想起最早给审美教育定名的伟大诗人、剧作家、美学家席勒。他生活在西方资本主义现代化和现代性蓬勃兴起和走向全球化的 18 世纪启蒙主义时代,但是他已经以诗人和剧作家的敏锐诗意感觉、美学家的审美自由体验、哲学家的批判反思冥想,洞察了西方资本主义现代化和现代性对人性的分裂、异化和人类片面发展的不良影响,并且提出了通过审美教育来构筑人类的自由殿堂,以促进人性的完整和人类的全面发展的美好图景。尽管他也明白自己的审美教育和美好图景是一个审美乌托邦,但是,他的感觉、体验、冥想警示着我们,西方资本主义现代化和现代性是一把双刃剑,我们必须以批判的精神重新审视现代化和现代性,探寻一条真正使人类自由全面发展的新途径。由于席勒过分沉迷于人性的分析,完全否定了暴力革命在人类历史发展之中的不可或缺的作用,忽视了人类改造世界和人类自身的现实意义,所以,他带着美好的审美乌托邦,在 200 多年前于贫病交加之中离开了四分五裂的德意志土地和孕育革命烽火的人间炼狱。然而,席勒的事业和憧憬仍然在激励着追求自由全面发展的人们,他的《欢乐颂》化作了贝多芬交响曲的旋律在五洲四海回响,他的《强盗》、《阴谋与爱情》、《威廉·退尔》的自由呼声在每一个真正的人的胸中激荡,他的审美教育理想成为了共产主义者同盟的宣言在激情张扬。马克思在 19 世纪中叶以全新的实践唯物主义重新诠释了审美教育和审美理想,在批判和改造资本主义旧世界的革命实践中,要逐步把审美乌托邦变成现实世界的审美家园。又是一个世纪风云的变幻,暴力革命已经构筑起社会主义的大厦,在这个不断完善的大厦内外,审美教育和审美家园再也不是一种冥思苦想和乌托邦。就是在这个时候,岳友熙选择了审美教育与现代性的论题。这应该说是对席勒最好的继承和纪念。

从现代性入手来谈审美教育问题,虽然是席勒所开创的思路,也是席勒给西方资本主义的现代性病症所开出的救世方剂,但是,席勒对于西方资本主义现代性的分析是以历史唯心主义为指导思想的。所以,他揭示了部分症结,同时也在某些方面给人们以启发;然而,总归不能从根本上解决问题,所以给我们留下了巨大的运思空间。岳友熙的思考就是从这里开始的。

我们认为,所谓现代性就是现代社会在产生、发展过程之中所具有的特殊性质,它是相对于古代(奴隶社会、封建主义社会)和近代社会(从封建主义社会向资本主义过渡的社会)而言的社会特性。在西方,现代性就是资本主义社会的定型和扩展过程所表现出来的社会特性。

西方社会资本主义发生发展的历史昭示我们:西方资本主义孕育于13世纪至16世纪的文艺复兴时代,经过17世纪的酝酿直到18世纪爆发资产阶级革命(1640年英国革命,1775年美国独立战争,1789年法国大革命)并随之形成了启蒙主义运动,从此资本主义在全世界迅速发展,并且在19世纪中期完成了工业化进程,逐步由自由资本主义走向了垄断资本主义,西方资本主义也于第二次世界大战之后由工业社会进入后工业社会。相应于西方资本主义社会的经济、政治的变化发展,西方现代文化的变化发展也大体形成了三大阶段:18世纪至19世纪中期的启蒙主义,19世纪末期至20世纪50年代的现代主义,20世纪60年代以后的后现代主义。这是一个西方资本主义制度确立、扩展、调整、衰退的历史过程,也是西方现代化的进程,展开为:确立现代性—反思现代性—重写现代性的合逻辑的历史过程。

启蒙主义是西方资本主义走向全面确立的时代,即自由资本主义时代的文化形式。启蒙主义时代,以18世纪法国的启蒙运动为主体,前伸至17世纪中期英国清教革命(1640)前后,像弗·培根(1560—1650)、笛卡尔(1596—1650)都可称为启蒙主义的先驱,后延至19世纪中期,像康德(1724—1804)、黑格尔(1770—1831)也可称为启蒙主义的殿军。

启蒙主义文化为资产阶级构建了三大神话:以个体的人性和权利为核心的理性神话,以数学和物理学的经典形式为主要依据的科技神话,以人类为中心的进步神话。恩格斯在《反杜林论》中指出:"我们在《引论》里已经看到,为革命作了准备的18世纪的法国哲学家们,如何求助于理性,把理性当做一切现存事物的唯一裁判者。他们认为,应当建立理性的国家、理性的社会,应当无情地铲除一切同永恒理性相矛盾的东西。我们也已经看到,这个永恒的理性实际上不过是恰好那时正在发展成为资产者的中等市民的理想化的知性而已。因此,当法国革命把这个理性的社会和理性的国家实现了的时候,新制度就表明,不论它较之旧制度如何合理,却不是绝对合乎理性的。理性的国家完全破产了。"①在《自然辩证法》中他指出:"18世纪上半叶的自然科学在知识上,甚至在材料的整理

---

① 《马克思恩格斯选集》,第3卷,人民出版社1995年版,第606页。

上大大超过了希腊古代，但是在观念地掌握这些材料上，在一般的自然观上却大大低于希腊古代。在希腊哲学家看来，世界在本质上是某种从混沌中产生出来的东西，是某种发展起来的东西，也是某种生成着的东西。在我们所探讨的这个时期的自然研究家看来，它却是某种僵化的东西，某种不变的东西，而在他们中的大多数人看来，则是某种一下子就造成的东西。科学还深深地禁锢在神学之中。"①"在这种情况下，占首要地位的必然是最基本的自然科学，即关于地球上的物体和天体的力学，和它靠近并且为它服务的，是一些数学方法的发现和完善化。在这方面已取得了一些伟大的成就。在以牛顿和林耐为标志的这一时期末，我们见到这些科学部门在某种程度上已臻完成。最重要的数学方法基本上被确立了；主要由笛卡尔确立了解析几何，耐普尔确立了代数，莱布尼茨，也许还有牛顿确立了微积分。固体力学也是一样，它的主要规律一举弄清楚了。在太阳系的天文学中，开普勒终于发现了行星运动的规律，而牛顿则从物质的普遍运动规律的角度对这些规律进行了概括。自然科学的其他部门甚至离眼前的这种完成还很远。"②在《路德维希·费尔巴哈和德国古典哲学的终结》中他还指出："关于人类（至少在现时）总的说来是沿着进步方向运动的这种信念，是同唯物主义和唯心主义的对立绝对不相干的。法国唯物主义者同自然神论者伏尔泰和卢梭一样几乎狂热地抱有这种信念，并且往往为它付出最大的个人牺牲。"③像意大利启蒙主义者维科（1668—1744）在《新科学》中把人类历史的进步归纳为"神的时代→英雄时代→人的时代"在当时产生了广泛的影响。

西方启蒙主义者的三大神话，不仅为现代性的确立规定了质的特征，而且也形成了西方的"元叙事"模式，同时还制约了西方近代哲学的理性主义、经验主义、历史主义的发展态势。这种西方的现代性的质的规定就在于：弘扬理性，张扬个性，高扬主体；这种西方的元叙事模式就是：基础主义（本质主义），普遍主义和确定性的追寻；西方近代哲学形成为大陆理性主义和英国经验主义的两大对立思潮，而最终综合为以康德、黑格尔为代表的，以历史辩证理性为标志的德国古典哲学。它们都追寻终极的形而上的本质、基础，故而又称为形而上学。不过，启蒙主义的形而上学不同于古代的本体论形而上学，而是一种认识论形而上学，因为正是这个历史时期西方哲学经历了"认识论转向"（笛卡尔→康德→黑

① 《马克思恩格斯选集》，第4卷，人民出版社1995年版，第265页。
② 同上书，第263—264页。
③ 同上书，第232页。

格尔）。

启蒙主义的文化形式，在以后的历史发展之中逐步暴露出，它的"三大神话"不过是资产阶级理想化了的王国。恩格斯一针见血地指出："总之，同启蒙学者的华美诺言比起来，由'理性胜利'建立起来的社会制度和政治制度是一幅令人极度失望的讽刺画。"①因此，引起了对启蒙主义及其三大神话和现代性的反思和批判。这种反思和批判有两个方面：一方面来自对立的无产阶级思想家，这便是马克思主义的创立和发展；另一方面来自资产阶级内部的激进派，这就是现代主义的形成。

现代主义是资本主义矛盾和危机时代，即垄断资本主义时代的文化形式。它兴起于 19 世纪中期，经过两次世界大战，直到第二次世界大战结束的 20 世纪50 年代才逐渐衰落。它是对启蒙主义确立的现代性的反思，是一种资产阶级的意识形态。它打着"拒斥形而上学"的旗号，全面反思理性神话、科技神话和进步神话，提出了现时代的现代性特质，形成了极端元叙事模式，构成了西方现代哲学的人本主义、科学主义、结构主义的发展态势。这种现时代的现代性的特质在于，反理性，反个性，反主体；这种极端元叙事模式就是：对立基础主义、绝对普遍主义、深度确定意义的追求；西方现代哲学形成为人本主义、科学主义两大思潮，最终汇成包括存在主义、解释学、结构主义等流派的语言哲学。西方现代哲学，从叔本华（1788—1860）、尼采（1844—1900）开始又回归本体论，不过不再是古代的宇宙（自然）本体论，而是回到人类（社会）本体论。这种回归本体论哲学的过程又有两个阶段：开始是精神本体论阶段，把人类精神的某种因素（意志、直觉、生命、无意识等）视为世界的本体，形成唯意志主义、直觉主义、生命哲学、精神分析哲学、存在主义；然后，经过维特根斯坦（1889—1951）、胡塞尔（1859—1938）、海德格尔等人的努力实现了"语言学转向"，把语言当做世界的本体。现代哲学的各个流派，大多都打着"拒斥形而上学"的旗号，不过，他们反对的是启蒙主义的以认识论为基础的形而上学，实质上在追求着他们自己的人类（社会）本体论的形而上学。因此，在后现代主义者看来，尼采、海德格尔、维特根斯坦、胡塞尔仍然是形而上学者，因此需要他们来彻底颠覆形而上学。

后现代主义是晚期资本主义时代，后工业社会的文化形式。它兴起于 20 世纪 60 年代，至今仍然处于发展之中。它是对现代主义的反思，是一种"重写现代性"的文化型式。它的旗号是彻底拒斥形而上学，反对二元对立的思维方式，

---

① 《马克思恩格斯选集》，第 4 卷，人民出版社 1995 年版，第 607 页。

颠覆"逻各斯中心主义";它的特质在于:彻底消解理性,消解人类主体或人类中心,追求意义的延异流动;它采取的是反元叙事方式,即彻底反对本质主义、基础主义,鼓吹反普遍主义的多元化,追求意义的非确定性;西方后现代哲学主要有:德里达的解构主义(后结构主义),福柯的后结构主义或新历史主义,拉康的后精神分析,利奥塔、德勒兹、布迪厄的后现代主义等,杰姆逊的新马克思主义的后现代主义;20世纪90年代前后,后殖民主义、女性主义、新历史主义等也加入到后现代主义的重写现代性的语言游戏之中。

从这个历史的简单勾勒之中,我们就可以看到,现代性在西方的表现给人类及其社会的发展既带来了长足的进步,也留下了许多病症。于是如何解决这些病症就成为所有有社会责任感的知识分子以及思想家们的思考焦点,卢梭、席勒是西方比较早考虑这个问题的思想家,以后的启蒙主义、现代主义和后现代主义的思想家们都在审视和力图解决这个问题。现在,中国的发展在日益全球化的趋势中,现代性的问题也引起了中国的知识分子和思想者们的高度关注,而就在这种形势下,岳友熙把"现代性与审美教育"作为自己的博士论文的题目。由此可见,岳友熙的论著选题是非常重要的,也是极其有价值的。

岳友熙在透过"现代性"和"审美教育"这一视角,采用文化学、心理学和美学相结合的方法,透过有关现代性和审美教育言说的复杂性和矛盾,审时度势,既以现代性和审美教育的言说为基础,又要跳出已有的言说;既体会西方现代性论者和审美教育论者的言内言外之意,又超越西方学者用以进行表述的西文的局限,力图从丰富、复杂、矛盾的现代性言说和审美教育言说的迷宫里清理出其内在意识中所要表达的东西。将现代性与审美教育相联系,并与美学的现代转型相联系,立足于宇宙观的高度,扩大人类的视野,认清人类目前所处的现状和位置,阐明审美教育对消除异化,解放人性,实现完美人格的重要作用,启发人们早日冲破蒙蔽,走向真正的人类高度文明时代,从而达到现代文明要求我们试图寻找知识的结合与统一之目的。

岳友熙在第一章的章首就开宗明义地指出,在现代化、全球化的今天,(广义的)现代性几乎渗入全社会的每一个细胞,它像一把"双刃剑",不但给人类的生活带来了前所未有的便利与福祉,甚至可以说,没有现代性就没有现代人类的幸福与文明,但同时,它也给人类带来了空前的异化,而现代性的根基就在于资本主义生产力和生产关系。当今世界,充斥着形形色色的异化现象,人性也被异化了,人格失去了完美性而残缺不全、支离破碎,且其程度之甚,史无前例。随着人类要求消除异化的呼声的日益升高,现代性已成为当今世界学术界的热点话题。继而对造成异化的现代性的文化根源进行了比较详细的探讨。岳友熙认为，由于"现代"和"现代性"毕竟是两个不同的概念，所以，"现代性"并非只有在"现代"才存在，虽然"现代"是包括近代、现代和后现代，但"现代性"却早在封建社会(特别是中世纪后期)的母体内已经孕育成长。因此，"现代性"应当包括封建社会后期(包括中世纪后期和文艺复兴)、近代、现代、后现代和现代化五个方面。为了更深刻地理解现代性，本章还对现代性的哲学理论根基进行了比较细致的探讨和总结，指出了现代的原则是主体性(subjectivity)，且其基本内涵包括个体主义、理性、自主性和反思性等。这就决定了现代性必定具有如下特征：个人主义、现代化、实利主义(或经济主义)等。为了研究方便，这一章还对现代性的分期进行了重新划分，按照历时的方法，他把现代性划分为前期现代性、中期现代性和后期现代性；按照逻辑的方法，他把现代性划分为启蒙现代性、理想现代性和审美(文化)现代性。两种方法有一个共同的特点，那就是三种"现代性"处于一个既爱又恨的紧张状态。这一章还分析了现代性从诞生之日起，它就同时具有既不断地否定自身又不断地确证自己的双重性格，即现代性自身就含有两种彼此对立的力量，或者说，存在着两种现代性及其对抗逻辑和张力。只是随着西方社会现代化进程的加速，它们之间的冲突才越来越激烈、尖锐罢了。这也就是后现代性产生的重要因子。

无独有偶，造成现代人类社会异化、人性迷失和人格破碎的重要根源除现代性外，后现代性也是重要原因之一。本书第二章对异化的后现代性文化根源进行了探讨，指出了后现代是对现代性的重写、反思和超越。后现代性看到了"先辈们"对人类社会造成的异化等危害，不遗余力地想对其加以匡正，但是万没想到走上了矫枉过正的歧途，给社会和人类造成了新的异化。本章对后现代性的特征进行了探讨和总结，它们崇尚有机主义(organism)或和谐、新型的保守主义、自然主义的万有在神论、创造性、破坏性、相对、多元、差异、不确定性、消解责任、后父权制等。为了更深刻地理解后现代性，第二章还对后现代性的哲学基础进行了细致的探讨，指出了后现代主义哲学否定主体性、反对形而上学、主张经典虚无主义、崇尚解构、反对理性、批判人文主义等等。这一章对后现代性与现代性断裂的一面和联系的一面进行了详细的分析和总结，从而证明了后现代性也是现代性的一个变种，这既为下一章理解人类社会的异化、人性的分裂和人格的破碎作了铺垫，又为理解审美教育的必要性和有的放矢地实施审美教育打下了坚实的基础。

本书第三章对现代性和后现代性造成的异化进行了详细的探讨，论证了

（广义的）现代性这把"双刃剑"，在给人类社会、文化和生活等带来了前所未有的舒适与便利的同时，它的确也刺伤了人类本身，也给人类造成了空前的异化。全章对社会、人性、人格、心灵、道德、生活方式等多方面的异化现象进行了剖析和总结，阐明了现代性在造成人类社会异化的同时，人性严重迷失和人格支离破碎的悲剧，从而表明了人类消除异化和实现完美人格的必要性、紧迫性。

本书第四章以"审美教育——实现完美人格的必由之路"为题，首先对中西方美学家的审美教育观点进行了考察，从中获得了重要的理论支持；继而探讨了从心理学的角度或者借鉴心理学研究的成果来阐发美学和文艺研究中的理论问题的途径。这一章第三节还详细阐明了之所以通过审美教育能够实现完美人格，是因为艺术与情感具有一种特殊的关系——同态双向交感，并进一步阐发了这种"双向交感"的心理学依据就是格式塔学派的"同态对应"学说。继而对艺术中的力式结构和审美主体的心理结构的密切关系以及对构成审美心理活动统一的有机整体的认识、情感、想象和意志等要素的相互密切关系进行了详细的分析，从而为下文进一步论证通过审美教育来塑造完美人格和消除异化现象，提供了重要的心理学依据。

本书第五章是在前文对现代性和审美教育分别进行了详细探讨的基础上，在它们两者之间架起的一座重要"桥梁"。这一章比较深入、辩证地论证了审美教育对解放人性、实现完美人格具有重要的直接作用，以及审美教育通过实现完美人格达到超越和消除异化之目的的间接作用。也就是说，审美教育并不能直接消除人类社会的所有异化现象。要使人性得到全面的、彻底的解放，实现人的完美人格，达到真正的自由，让人真正占有人的类本质，最终超越和消除异化，达到真正的人类高度文明时代，必须分两步走：首先，必须依靠审美来对人的心灵进行净化和陶冶，即对人通过进行全面的审美教育，不断调整、培养和陶冶人类本身，实现完美人格，成为全面协调发展的自由自觉的实践者；然后，具有完美人格的人再按照美的规律，在劳动实践中自觉抵制异化，进一步调整人与自然、人与社会、人与自我的关系，最终才能间接地达到超越和消除异化之目的。当然，完美人格的塑造有助于消除异化，反过来，异化的消除也有助于实现完美人格，两者是相辅相成、辩证统一的。值得注意的是，审美教育虽然是实现完美人格和消除异化的必由之路，但不是唯一道路，它是恢复和完善人性、超越和消除异化的一剂良药，但并非百病皆治。尤其从全球的范围来看，现在的人类社会还很不文明，现代性的根源——资本主义生产力和生产关系还没有被根除，审美教育还不是万能的，它对消除异化的作用还是有限的，它并不能解决所有的社会问题，如对恐怖主义、霸权主义等异化现象都是无能为力的。因此,审美教育的作用还具有一定的局限性,我们不能无限地过分夸大它的作用。另外,在达到高度文明即实现共产主义以前,要想彻底消除异化也是不可能的,因为社会就是在"异化—消除异化—新的异化"中前进,我们只能是依靠审美教育向着超越和根除异化的目标无限接近。

本书第六章是在前文对通过审美教育达到完美人格的实现和异化现象的消除的基础上,对现代性造成异化现象的更深层的本质根源的理论探讨。通过对现代性批判理论及其哲学基础的进一步反思,分析了现代性批判理论面临的困境及其陷入困境的原因,提出了对现代性批判理论的重建和美学的现代性转型的理论主张。的确,审美教育对人类消除异化具有重要作用,是实现完美人格的必由之路。然而,这难免有"亡羊补牢"之嫌,因为造成异化的根本原因——现代性并没有解决。对于消除异化来说,如果说审美教育是治"标"的话,那么,我们还应当治"本"。而这个"本"就是现代性批判理论规范基础的重建与美学的现代性转型。由于异化产生的根本原因在于现代性,更确切地说,在于现代性批判理论的哲学基础——主体性哲学,其中主要在于现代工具理性,使现代性批判理论陷于困境,因此,要治"本"就必须重建理性,即以交往理性代替工具理性,使现代性批判理论走向交往行为理论,以主体间性哲学超越主体性哲学,以交往理性超越工具理性,并将美学转向以交往理性为基础的"文化修辞学美学",将文化修辞作为审美教育的主要手段,使修辞学与具体的事物相结合,其价值与逻辑学相对立,以诗性的方式达到真理,从而达到超越主体理性和消除现代异化之目的。

本书第七章以"超越异化的人生"为题,阐明了人类通过审美教育,培养和陶冶了人类的生命、人格和心灵,使其摆脱了情欲冲动和理性模式的片面性强制,达到一种有序、和谐、自由的生活,从而创造性地投入社会和自然,去实现主体与客体、个体与社会、人类与自然、感性与理性、目的性与规律性的多层次的融合统一。以审美的超越开拓着人生自由之路,通过创造美和欣赏美,使人的生命得到全面解放和高度充实,使人的创造力得到充分的迸发,人的价值得到最高的肯定。使人类能够以理性的探寻去确立自己生存于这个世界中的主体地位,赋予自己短暂而匆忙的生命以真、善、美的品性,按照美的规律来塑造美的生活、美的生命和美的人生,奔向超越的、创造的、自由的审美人生。使人类真正全面消除异化,超越异化,达到人生的最高追求——具有完美人格的最高境界,追回并占有人的类本质,真正成为全面发展的自由自觉的创造者,彻底解放人性,实现人性复归,达到幸福理想的乐园。这一章第三节更进一步,站在宇宙观的高度,指出现代人类和与其生存社会还很不文明,更没有进入真正的人类高度文明时代,而只是处于正在走向高度文明的旅途中,人类要达到真正的人类高度文明,还需要依靠艰苦而长期的审美教育以继续对人类进行新的启蒙。但是,还应当强调的是,仅凭审美教育来使人类消除异化并达到高度文明是难以实现的,它只是重要的道路之一,要使人类达到高度文明,我们还应当借助于其他有效的手段。

"结语"部分,对审美教育在我国目前的地位和现状进行了概括和总结,表明了审美教育对建设社会主义精神文明的重大意义,并进一步展望了美学、审美教育和人类的发展前景。

我不厌其详地把岳友熙著作的主要观点和论证逻辑作了摘录,就是要让读者了解这部论著的重要意义及其论证特点,它的确是持之有故、言之成理、自圆其说的一个论说整体。这个论说整体给我们以启发,使我们能够重视审美教育,在我们建设中国特色社会主义,实现社会主义现代化和现代性,构建社会主义和谐社会的伟大事业中,充分发挥审美教育的应有的作用。这样,岳友熙的努力就是非常有价值的。当然审美教育方面这个伟大事业,不可能一蹴而就,还需要踏踏实实的现实实践,而在这方面,岳友熙似乎还没有做什么探讨,恐怕还需要继续努力探索,找出一些切实可行的实践措施,把理论设想逐步转化为实实在在的现实。其实,我们每一个从事人文学科教学和科研的学人都在进行这方面的努力。那么,就让我们一起来努力实现审美教育所构筑的审美家园吧!

2008 年 9 月 8 日于桂子山桂花飘香之中

序 二

谭好哲

　　2005 年 8 月 19 日至 21 日，山东大学文艺美学研究中心在美丽的滨海城市青岛召开了"当代生态文明视野中的美学与文学国际学术研讨会"。会议期间，山东理工大学文学院的年轻教师岳友熙博士以其执著的理论探讨热情和良好的学术素养给我留下了极佳印象。因为我也对美育问题很感兴趣且对中国现代美育有一点研究之故，言谈中友熙提出想进山东大学跟我做博士后，以期对中国当代美育问题做进一步的研讨，当时我即欣然应允了他的请求。自此以后的几年交往，使我对友熙的为人与治学均有了更多的观察和了解，从心底里觉得这是一位有学术抱负的可造之才。前不久，友熙将其即将出版的博士论文修订稿的电子文本寄来，请我为之作序，我同样是愉快地答应了。这不仅是因为有一份师生情谊的缘故，还因为友熙的这本书所研究的课题也正是这些年来我关注较多的问题，作序其实正是给了我一个再学习、再思考的机会。

　　按时下通常的看法，现代性、异化以及诗意的栖居也就是人类的自由和解放等问题都是与历史发展、人类命运相关的大题目，甚至可以说是一些大而又大的问题，属于理论上的宏大叙事。由于其大，所以就显得分外重要，在一些人看来就是不可置之不理也不可等闲视之的，学术研究只有与这样一些大题目相通，才会具有厚重的价值意蕴。同时也正是由于其大，往往又显得玄虚空泛，因而在另外一些人看来就是不可考论不可验证的，难以落到实处，不算是真正的学术问题。应该说，由于存在这种认识上的分歧，所以为保险起见，一般导师是不大主张自己的研究生选择那些过于重大甚至大而沉重的问题做论文题目的，而宁愿选择那些微观具体、实证性与材料性较强的题目。这样一种选择当然也有其学术价值所在，不应妄加鄙薄。但是一个不可否认的事实是，这样的选择过于多了，学术研究就会减损了那富有人性深度的生命激情和思想活力，变成无关人生冷暖、无关历史潮流的纯书斋学问，甚至变成可有可无的学术摆设。就我自己的学术倾向而言，我还是对那些敢于直面和追问历史与人生大问题的研究者葆有更多的敬意。在我看来,不关心世道人生,只会躲在书斋里为学术而学术,以娴熟的知识操练而自娱自乐的学者是有负于自己的时代的,其学术是难以提供推动历史进步与人类发展的精神支撑与动力的。友熙的博士论文将如何使被现代性所异化与扭曲的现代人类走向自由与解放之路作为自己的研讨主题,这充分显示了一个人文学者的在世意识、人生情怀,属于那种追求思想深度的学术,我相信会有许多读者从中获得思想的撞击与启迪。最起码,友熙的思考是激起了我的共鸣的。

应该指出,虽然友熙的这篇论文从主题上讲属于"大话"范畴,但他并没有仅仅停留在从"大话"到"大话",而是找到了一个从现代性语话到人类自由与解放话语的逻辑联系中介,这就是审美教育。如果说人类当下异化的生存状态正是由现代性的历史悖论也包括从根本上仍属于现代性范畴的后现代性的内在矛盾造成的话,那么人类超越异化走向生命的自由解放、实现真正的高度文明的路径,除去现实层面政治、经济的革命之外,审美教育则是人类在精神层面上疗救创伤、祛除时弊,从而实现生命升华、追寻诗意栖居的可行路径之一。现实社会的异化状态与人类从未放弃过的自由解放的生存理想是现时代人类所面临的一对基本社会矛盾,这一基本矛盾便历史地注定了审美教育的必要性。综观中西方审美教育理论的发展史可以看出,席勒之创辟审美教育的理论因缘于此,而王国维、蔡元培等近现代中国的思想家们之引进与提倡美育同样因缘于此。友熙的博士论文紧紧抓住现代性发生以来的这一基本矛盾,将人类诗意栖居的理想悬为自己的终极目的,将现代性的发生发展作为现代社会异化、人性分裂与人格破碎的文化根源,而将审美教育作为克服社会异化、实现完美人格、达到人类真正的高度文明的可行路径,这就使论文中关于审美教育的理论言说有了现实的历史针对性,有了深刻内在的问题意识和价值指向。事实上,自席勒之后兴起的审美教育、艺术教育正是审美现代性的一个重要构成方面,是现代性历史发展中的一种内部制衡力量。在社会发展的现代时期,审美教育是对现代性工程中启蒙现代性向工具理性退化的一种有效制衡,而在后现代时期,审美教育又是对于放逐理性和价值的商业消费文化的一种有效制衡。对此,友熙的论文均作出了较为深入的分析。似乎也可以说,友熙将审美教育与当下学界极为关注和流行的现代性理论话语联系起来思考人的自由与解放这样一个重大的历史与人生文化课题,既是对众说纷纭的现代性话语的一种扩展和补充,同时也是对审美教育话语的一种新的历史定位与学理深化。

友熙的大作不只是在主题确定与逻辑关系的设定上,有自己的选择与用心,而且从内容的安排、学术资源的配置方面也有其值得称道的特点。本书初看起来所涉及的内容和学术流派相当芜杂，又是现代性问题、后现代性问题、异化问题，又是批判理论、交往行为理论、修辞学美学，还有审美教育、生存自由、诗意栖居等问题，似乎相关的每一部分内容和每一种理论话语都可以单独作为一篇论文的题目来作，但是仔细琢磨和分析起来，这些内容的组织安排又是有自己的前后逻辑关联的，各种学术资源的整合也并不显得生硬，都是为了讲透自己的问题、凸显自己的观点合理地、有选择地拿过来的，并按本书内在的逻辑关联而组合成为一个有机的整体。这样一个写作特点，显然既加大了作者自己的写作难度，也加大了读者的接受难度，一个欠缺现当代前沿理论学养的读者恐怕很难进入到本书的"悦"读之一，更难以把握和分析本书的主题意向与逻辑结构。可以说，友熙对自己的写作提出了一个高要求，也对阅读其著作的读者提出了一个高要求。此外，本书也不仅仅是善于用他山之石，攻自己的理论之玉，在许多方面譬如第四章中对审美教育心理中的审美意志的探讨，第五章中关于审美教育如何通过完美人格的实现来消除现代性和后现代性所造成的诸种异化现象的分析，都有自己较为深入、细致的理论思考，值得读者予以特别关注。

以上我从个人的角度谈了对于岳友熙的这篇"大话"著作的一些看法，意在帮助读者对本书之用心有更为贴近一点的理解。不过，"大话"虽然重要，毕竟还只是停留在纯理论方面，审美教育究竟怎样才能够或应该怎样进入具体的实践活动之中，理论上的必要性、可能性如何转化为实践中的现实性、有效性，尚有更多的工作要做。期望友熙今后在继续关注审美教育的重大理论问题的同时，也能对审美教育实践中的一些具体问题作稍微微观一些的研究与思考，因为学以致用、知行合一，历来都是中国学人所追求的理想境界。

在学术的道路上，岳友熙已经有了不少的收获，作为老师和同行，我为他已经取得的成绩感到高兴。但知也无涯、学无止境，作为一个有人生追求的年轻学子，友熙的学术之路显然还很长，祝他在书山学海的游历探求中追寻到更多属于自己的理论风景，攀登上人生体验与学术创新的更高境界！

是为序。

2007 年 12 月 6 日于济南历下居所

目　　录

绪　论

> 人类是一件多么了不得的杰作！多么高贵的理性！多么伟大的力量！
> 多么优美的仪表！多么文雅的举动！在行为上多么像一个天使！在智慧上
> 多么像一个天神！宇宙的精华！万物的灵长！
>
> ——莎士比亚

美学的根本问题就是人的问题。人学是一个既古老而遥远又现实而常新的问题，是人类自我认识的知识形态。自从我们的祖先第一次骄傲地抬起高贵的头颅环顾四周时起，人类就在不断向外探求、向外扩展；人就不只是想认识作为外部环境的客观世界，而且也试图认识自己。他们不断地反躬自问：我们是谁？我们从哪里来？我们又要到哪里去？人类对这永恒的斯芬克斯之谜曾作过哲学的沉思，也有过文学的浪漫，更有着诗一般的遐想。

纵观历史，人的自我发现经历了三次重大转折：第一，人类的诞生，标志着人的自我意识的觉醒。康德说："人能够具有'自我'的观念，这使人无限地提升到地球上一切其他有生命的存在物之上，因此，他是一个人。"①这种对"自我"的自觉意识，使人类在反思层面上第一次开始了对"自我"的追问。古希腊哲学家苏格拉底极力推崇镌刻在阿波罗神殿大门上的箴言："认识你自己！"而且从此以后，"人"这一古老的斯芬克斯之谜就一直伴随并困扰着人类自己。第二，近代人文主义思潮的兴起，标志着人的重新发现。中世纪宗教神学的极端发展，造成了人的自我异化，使得人性被神性遮蔽起来。卢梭发出了如此感叹："我觉得人类的各种知识中最有用而又最不完备的，就是关于'人'的知识。"②值得注意的是，"人文学"、"人文学者"、"人文主义"这些词恰恰是在文艺复兴时期出现的。这并非历史的巧合，而是在西方社会经历中世纪之后人的自我发现的必然

---

① ［德］康德：《实用人类学》，重庆出版社1987年版，第1页。
② ［法］卢梭：《论人类不平等的起源和基础》，商务印书馆1962年版，第62页。

前奏。近代人文主义的兴起,极大地促进了人对自身的研究,但西方文化的现代性的理性主义传统,使得这种研究所采取的视角受到理性的限制,从一开始就蕴藏着内在危机。第三,法国哲学家福柯提出"人死了",则标志着当代人陷入了自我解构的境地。这才是人文学科真正危机的显露。因为"人之死"使人学本身的合法性成了一个悬而未决的问题。于是人学的自我辩护被提上日程。

俯视人类的当代境况,在现代化、全球化的今天,现代性几乎渗入全社会的每一个细胞,它像一把"双刃剑",不但给人类的生活带来了前所未有的便利与福祉,同时,也给人类带来了空前的异化,因为现代性的根基就在于资本主义生产力和生产关系。现代性和全球性的市场化和技术化浪潮,正在实际地消解着人之为"人"的现实存在,它导致了人的自我遮蔽和人性遗失。人只在肉体层面上自我肯定。市场经济的泛化使人不断地向物的层面沉沦,从而游离对人的超越的形而上学规定,遗忘人之为人的本性。现代性和市场化所塑造的交往模式把人抛入了生物学意义上的竞争和选择的情境之中,使人类所固有的动物性以最赤裸裸的方式被诱发并释放出来。技术化则使人同自然的关系越来越带有敌对的性质。现代性和全球性问题的出现,不啻是理性(科学和技术是其文化形态)走向危机的征兆。所有这一切,都造成了人之本性的遮蔽,人都成了异化的人。正如海德格尔所大彻大悟的那样:"没有任何时代像今天这样,关于人有这样多的并且如此复杂的知识。没有任何时代像今天这样,使关于人的知识以一种如此透彻和引人入胜的方式得到了表达。从来没有任何时代像今天这样有能力将这种知识如此迅速而又轻易地提供出来。但也没有任何时代像今天这样对于人是什么知道得更少。没有任何时代像当代那样使人如此地成了问题。"①人的问题实在令人困惑,饱受遮蔽和迷失的人性,还仍然处于困惑和蒙蔽的迷雾之中,因此,人类还没有达到真正的高度文明的时代。

这一事实使人的自我追问成为必要,并迫使我们不断审视人的生存状况,探究人生的意义,寻找自身的确定性,试图通过认识自己来实现自我,走出蒙蔽,达到真正的人类高度文明时代。然而,要达到这一目标,正如席勒早就指出过的,归根结底离不开"审美教育"。只有诉诸"审美教育",才能使人性扬弃异化,超越异化,实现复归,达到幸福理想的乐园。人才能由畸形发展的"单面人"变成全面发展的人,才能达到人生的最高追求——具有完美人格的最高境界,追回并占有人类的类本质,真正成为全面发展的自由自觉的创造者,冲破蒙蔽,实现人

---

① 孙周兴选编:《海德格尔选集》,上卷,上海三联书店1996年版,第101页。

类真正的高度文明。

　　要治愈人类的痼疾和顽症,解放全人类,首先必须充分研究和了解这个痼疾和顽症的病根——(广义的)现代性。现代性,是当今世界学界的热题。在西方,涌现出了卡列尼斯库(Matei Calinescu)的《现代性的五个方面》、库玛(Krisham Kumar)的《现代社会的兴起:西方社会和政治发展诸方面》、利奥塔(J. Lyotard)的《后现代状况:知识的报告》、哈贝马斯(Jurgen Habermas)的《现代性:一个尚未完成的工程》等大量的研究现代性的美学家和著作;在国内,也有大批的学界人士除了译介了大量的外国著作之外,还撰写了大批的有关现代性的论文和著作。然而,人人都谈而又人言言殊,人言言殊而仍人人都谈。这主要是因为,不但现代性(modernity)与其相关词现代(modern)、现代化(modernization)、现代主义(modernism)、后现代主义(post-modernism)……构成了一个五光十色、众说纷纭、互相矛盾、扑朔迷离的学术八卦阵;而且,以现代性为核心的这组词又拥有一种超常的魔力,不仅能把文学艺术与文化相联结,也能把人文与科学、政治与社会、历史与理论融为一体,还能把西方文化与非西方文化相并置而展现一种全球化景观。①

　　当今,学界人士对关于现代性问题主要有如下几种看法:一种常见的看法认为,现代是指中世纪结束、文艺复兴以来的西方历史。比如从政治上说,现代国家出现于 13 世纪;从文化上看,文艺复兴代表了新兴资产阶级的文化。也有人认为现代是指自 17 世纪以来,包括近代、现代和后现代等三个主要阶段。有人认为后现代是现代性的终结,即现代性只包括近代和现代两方面;也有人认为现代性是指 17—18 世纪启蒙运动以来的成熟的资产阶级政治和文化。如鲍曼指出:"我把'现代性'视为一个历史时期,它始于西欧 17 世纪一系列深刻的社会结构和思想转变,后来达到了成熟。"②卡列尼斯库等也把后现代主义作为现代性的一个方面。所以他们说,现代性包括近代、现代和后现代三方面,后现代是对现代性的反思和重写,等等。

　　究竟何为现代性? 现代性具有规范内容(如哈贝马斯所言),抑或仅仅意味着某种气质或态度(如福柯所言)? 在众说纷纭的现代性谈论中有没有可通约的地方或约定俗成的规则? 我们能否从纷繁复杂的现代性叙说中整理出几条粗略的线索? 现代性的哲学与现代性的社会理论、现代性的美学话语等题域的关

---

①　参见张法:《现代性与全球文化四方面》,《文艺研究》1999 年第 5 期。
②　Zygmunt Berman, *Modernity and Ambivalence*, Cambridge: Polity, 1991, p.4.

系为何？特别是，后现代究竟是现代的一个特殊阶段，还是与现代有本质不同的另一事物？我们究竟如何看待后现代主义？这都是世界学界至今一直争论不休的一些悬而未决的问题。但是，笔者认为，因为"现代"和"现代性"毕竟是两个不同的概念，所以，"现代性"并非只有在"现代"才存在，虽然"现代"是包括近代、现代和后现代，但"现代性"早在封建社会(特别是中世纪后期)的母体内已经孕育成长。因此，"现代性"应当包括封建社会后期(包括中世纪后期和文艺复兴)、近代、现代、后现代和现代化五个方面。

那么，在现代性造成人类异化的今天，如何使人类得到全面彻底的解放？西方有许多美学家都曾开出过相同的"药方"——审美教育。尤其是席勒等人，夸大了审美教育的救治作用，把它说成是百病皆治的良药，甚至认为审美教育可代替"暴力革命"。马克思也看到了审美教育对消除人类异化的作用，但他毕竟是19世纪的先人，对审美教育在今天将怎样消除异化、解放全人类，并没有给出具体的方案。而且现代的美学家也几乎没有人制定出比较完备的方案。美学几乎一直被学界人士(尤其是那些唯美主义者)看做是不识人间烟火的"大家闺秀"，脱离了生活实践。笔者认为，审美教育并不能直接消除人类社会的所有异化现象。要使人性得到全面、彻底的解放，实现人的完美人格，达到真正的自由，让人真正占有人的类本质，最终超越和消除异化，达到真正的人类高度文明时代，必须分两步走：首先，必须依靠审美来对人的心灵进行净化和陶冶，即对人通过进行全面的审美教育，不断调整、培养和陶冶人类本身，实现完美人格，成为全面协调发展的自由自觉的实践者；然后，具有完美人格的人再按照美的规律，在劳动实践中自觉抵制异化，进一步调整人与自然、人与社会、人与人的关系，最终才能间接达到消除异化之目的。然而，审美教育虽然是实现完美人格和消除异化的必由之路，但不是唯一道路，它是恢复和完善人性、超越异化的一剂良药，但并非百病皆治，尤其在当今还尚未达到高度文明的社会，它的作用还具有一定的局限性，我们不能无限地过分夸大它的作用。

的确，审美教育对人类消除异化具有重要作用，是实现完美人格的必由之路。然而，这难免有"亡羊补牢"之嫌，因为造成异化的根本原因——现代性并没有解决。对于消除异化来说，如果说审美教育是治"标"的话，那么，我们还应当治"本"。而这个"本"就是现代性批判理论规范基础的重建与美学的现代性转型。由于异化产生的根本原因在于现代性，更确切地说，在于现代性批判理论的哲学基础——主体性哲学，其中主要在于现代工具理性，使现代性批判理论陷于困境，因此，要治"本"就必须重建理性，即以交往理性代替工具理性，使现代性批判理论走向交往行为理论,超越主体性哲学,以主体间性超越主体性,以交往理性超越工具理性,并将美学转向以交往理性为基础的"文化修辞学美学",将文化修辞作为审美教育的主要手段,使修辞学与具体的事物相结合,其价值与逻辑学相对立,以诗性的方式达到真理,从而达到超越主体理性和消除现代异化之目的。

　　当然,要靠审美教育真正全面超越和消除异化,彻底解放全人类,是一个十分巨大、复杂、艰苦、漫长的人类工程,此非一朝一夕所能实现的。人类辞别 20 世纪,刚好踏进 21 世纪的门槛,甚至在还没有踏入新世纪的门槛之前,人们就沾沾自喜地高叫"人类已经达到了高度文明",而且是异口同声,响彻云霄。笔者认为,这是人类太过于自信和盲目乐观。当然,乐观和自信不失为一件好事,但盲目的乐观和自信,只能使人类本身遭受更大、更深、更长时间的蒙蔽。在人类异化现象极为普遍的今天,众口一词的呼声恰好证明了人类还仍处于严重的蒙蔽时期,在人类经历过和将要度过的时间长河中,人类还没有正确地把自己置于一个恰当的位置,还一直在盲目地骄傲自大,真可谓"身在夜郎,不知有汉"。

　　人类在今天的确已经取得了一些成绩,已经进入了 e 时代,但是,事实上并非像世人所说的那样已经进入了人类真正的高度文明时代,而是仍然还处于困惑和蒙蔽状态。因为今天世界上还充斥着形形色色的异化现象,现代性的根基——资本主义生产力和生产关系还没有根除,不文明的行为和现象等到处可见,暴力尚存,审美教育还不能成为万能;人类所掌握的知识与世界上所蕴藏的全部奥秘相比,只不过是沧海一粟,正如伽达默尔所言:"尽管近代科学的进军如此地高奏凯歌,尽管今天的每一个人都十分清楚,他们对存在的意识充满了对我们文化的科学预设,然而,继续支配着人类思想的问题不是科学所能回答的。"①人类有什么值得骄傲的呢?人类要超越异化,达到真正的高度文明时代,还必须经过艰苦、漫长的审美教育过程。有鉴于此,人类今天盲目地高呼早已进入真正高度文明时代,岂不太可笑、太愚昧了吗?然而,据笔者目力所及,目前,虽然国内外已经有许多学人主张通过审美教育消除异化,但还尚未发现有人从人类尚未消除"异化"和人类历史与未来发展相统一的比较高的角度,指出人类尚处于严重蒙蔽状态,还没有达到真正的人类高度文明时代的论文或专著。因此,笔者愿致力于这方面的工作。

　　但是,人类的可悲之处在于,世界无限,而人类的能力有限,世界本来是一个

---

① ［德］伽达默尔:《哲学解释学》,夏镇平译,上海译文出版社 1994 年版,第 109 页。

和谐的整体,我们却只能"片面"地认识和把握它。因此,要研究和把握世界,我们只能借助某一个特定的视角和媒介作为切入点,这不但是"必要的",而且是"必然的"。无论何人何时何地都只有透过一定的视角和媒介才有可能认识世界和把握世界,否则会一事无成。当然,本书的研究也不例外。如本书副标题所示,笔者旨在透过"现代性"和"审美教育"这一视角和媒介,采用文化学、心理学和美学相结合的方法,达到现代文明要求我们试图寻找知识的结合和统一之目的。透过有关现代性和审美教育言说的复杂性和矛盾,审时度势,既以现代性和审美教育的言说为基础,又要跳出已有的言说,既体会西方现代性论者和审美教育论者的言内言外之意,又超越西方学者用以进行表述的西文的局限。力图从丰富、复杂、矛盾的现代性言说和审美教育言说的迷宫里清理出它的内在意识中所欲表达的东西。将现代性与审美教育相联系,并与美学的现代转型相联系,立足于宇宙观的高度,扩大人类的视野,认清人类目前所处的现状和位置,启发人们早日冲破蒙蔽,走向真正的人类高度文明时代。可见,将现代性与审美教育以及人类所处的文化处境联系起来加以探索和考察,显然是世界学界刻不容缓的任务。特别是当代现代性研究和审美教育研究的热潮更能说明它们对于我们人类的巨大价值和现实意义。

目前,以"现代性"为题的、已出版的专著中,似乎还没有一本从"现代性与审美教育"这一角度来进行专门研究的著作。本书并不奢望对上述所有问题全部作出圆满的解答,而是试图在国内外对现代性系统研究和审美教育深度研究的基础上,跳出已有的言说,作出一次尝试,力图将理论问题与文化反思紧密结合,展现将现代性和审美教育与人类所处的文化处境联系和统一起来加以探索和考察的现代价值、意义,以说明美学的现代转型的重大现实意义和必要性。从而期冀在这个充满异化、人性迷失的时代,给出人类现在仍然还处于蒙蔽状态,还没有达到高度文明的历史定位;期冀人类早日走出蒙蔽,达到真正的高度文明。

当然,这并不意味着现代性和审美教育视角与文化学、心理学和美学相结合的方法是一个法力无边的咒语,笔者只是试图在前人对现代性和审美教育的研究成果的基础上,提出自己的一己之见,并把现代性和审美教育与人类所处的文化处境联系和统一起来加以探索和考察,立足于宇宙观和人类尚未消除"异化"和人类历史与未来发展相统一的比较高的角度,提出人类尚处于严重蒙蔽的时代,并且只有经过艰苦、漫长的审美教育,人类才能走出蒙蔽,进入人类真正高度的文明时代。笔者选择现代性和审美教育这一视角和媒介与文化学、心理学和美学相结合的方法,只是研究问题的一个启示。我们在透过现代性和审美教育这一视角研究问题时,还要时常借助于超乎此视角之外的其他视角来补充、丰富和完善。"点"组成"线","线"组成"面"。我们相信,只要无数个"片面"不断相加,必定能最大限度地接近那个"整体"。

　　但愿如此吧!

第一章　对现代性文化根源的探讨

路漫漫其修远兮,吾将上下而求索。

——屈原

在现代化、全球化的今天,(广义的)现代性几乎渗入全社会的每一个细胞,它像一把"双刃剑",不但给人类的生活带来了前所未有的便利与福祉,甚至可以说,没有现代性就没有现代人类的幸福与文明,而且同时,它也给人类带来了空前的异化,因为现代性的根基就在于资本主义生产力和生产关系。[①] 当今世界,的确充斥着形形色色的异化现象,人性也被异化了,人格失去了完美性而残缺不全、支离破碎,且其程度之甚,史无前例。随着人类要求消除异化的呼声的日益升高,现代性已成为当今世界学界的热题。近年来,有关研究现代性的论文与著作如雨后春笋般大量地涌现出来,其数量之多有些出人意料。然而,究竟什么是现代性? 现代性是怎样形成的? 现代性具有规范内容(如哈贝马斯所言),抑或仅仅意味着某种气质或态度(如福柯所言)? 学界人士,仁者见仁,智者见智,很难得出大家一致首肯的看法。这不仅是因为现代性具有一种跨学科的语境,而且因为它的起源也比较复杂。尽管如此,但为了更好地理解后文当中的异化现象及其与现代性的关系,为了达到人类超越和消除异化、解放人性、实现完美人格之目的,我们首先应当追根求源,重新探讨关于现代性的问题。

第一节　有案可稽的"身世"

一、现代性的切入

要理解"何为现代性",我们首先应当明确"现代"从何时开始,"现代"这个词何时进入日常谈论并成为人们的一种新意识。

---

① 参考周宪先生于 2002 年秋在华中师范大学作的关于"现代性"的学术报告上的讲话。

"现代"(modern)一词从词源学上来说源远流长。哈贝马斯根据姚斯(H. R. Jauss)的考证指出,"现代"一词的拉丁文形式 modernus 在 10 世纪就已经开始被人使用,在遥远的罗马和异教时代,它就成为基督教的官方术语。在基督教的观念中,"现代"不是指当下的现在,而是意味着正在到来的未来"新世界"(the still-to-come age of the world of the future),即上帝的末日审判后才开始的新时代,这也就是基督教末世学的现代观。因此,"现代"概念的意义蕴涵着一种不可逆的时间意识,一种不是朝向过去而是面向未来寻找历史意义的新意识。新的时代意识不再把未来的希望寄托于超人类的力量,而是相信新时代的太阳已经升起,哲学的任务是去捕捉那一历史新开端的意义,承担起启示宗教曾经担当过的作用,这也是"新时代"赋予哲学的使命。

自 18 世纪以来,人们将"现代"概念在宗教意义上的时代意识转译到世俗文化背景中。"世俗的现代性概念表达了一种信念:将来已经开始。这是一个面向未来而生活的时代,它自身向着未来敞开着。以这种方式,由新的开端划定的休止符移向过去。只有到 18 世纪,15 世纪左右的时代分水岭才被作为这一新的开端。"①在编年史上,西方史学家往往把从 15 世纪文艺复兴以来的西方历史称为"现代史"。而首先在历史语境中把现代概念当做一个时代概念来使用的是黑格尔,他认为"新时代"是一个"现时代"。哈贝马斯认为,这与当代英语和法语中的用法相吻合:modern times 或 temps moderns 指 1800 年左右以前的三百年,即 1500 年以来的三个世纪。

人们在运用"现代"这一概念时,通常总是在断代史意义上,用以指称自己生活的时代,现代意识则是一种既与过去有别,又与过去息息相关的时代意识。此含义仍保留在今天编年史意义上的"现代"之中。但这一编年史意义上的"现代"概念并没有揭示现代性特有的文化内涵和人们对它的态度。"现代"之为"现代",在于它不是过去的简单延续,而是新的开端。"现代"这个"新的时代"是一个向未来敞开的、开放的、正在形成的、有待于被未来否定的过程,所以,"现代"只是一个过渡性。在这一过渡性中,只有瞬间的在场(当下)才是确实的,然而即便是这种确实性也难逃被扬弃的命运。在黑格尔的现代性概念中,"现代"作为流动、作为过渡的敞开性,无疑已经得到了孕育。正是在此意义上,划时代的新开端才被设想为永远在每一个诞生新事物的时刻重新开始,即"新时代"不断地在每一个当下环节中获得再生。因此,使"最近的时期"从"现时

---

① [德]哈贝马斯:《关于现代性的哲学演讲》,剑桥:政治出版社 1987 年英文版,第 5 页。

代"中凸显出来,成为现代历史意识的一大特点。在"现时代"的地平线上,"当下"享有至高无上的地位。黑格尔甚至把"我们的时代"理解为"最近的时期",并且划定当下的起始日期是启蒙运动和法国大革命。他并且认为,前现代"那时候精神的目光必须以强制力量才能指向世俗的东西而停留于此尘世;费了很长时间才把上天独具的那种光明清澈地引进来照亮尘世之见的昏暗混乱,费了很长时间才使人们想念被称之为经验的那种对现世事物的注意研究是有益的和有效的。"①而现代的状况则完全不同了,对现代来说,重要的是把目光投向此世,并确立此世的原则。老黑格尔拂着这一"光荣的朝阳",认为我们来到了"历史的最近一个阶段,我们的世界,我们自己的时代"②。

明白了"现代"一词的来历及其本身的意义,再让我们看看它究竟应当包括哪一段具体的历史时期。

实际上,"modern"一词在英文中,既是"现代"又是"近代"的意思,英文本来就没有一个专门的词汇与中文的"近代"一词相对应。因此,在学界就产生了一种比较普遍的看法,即现代包括近代、现代和后现代。这样,也曾经造成了词汇混缠的现象。例如,在卡列尼斯库的《现代性的五个方面》当中,现代性,是指16世纪以来的造就统一世界史的西方文化,现代主义却是指从19世纪下半叶至20世纪上半叶的文艺美学潮流。其实,这一词汇混缠的现象并非只有文艺独占。从哲学上来看,有以笛卡尔、洛克、黑格尔为代表的理性哲学与16世纪以来的现代性相连,而现代哲学则主要是指以尼采、克尔凯郭尔、柏格森等为开端,以卡尔纳普、海德格尔、弗洛伊德、杜威等为代表,在时间上与文艺现代主义基本重合的新哲学潮流。从科学上来看,现代科学是指16世纪以来以伽利略、牛顿为代表的作为西方现代精神重要一翼的西方科学,现代物理学却是指20世纪初以爱因斯坦为代表的反牛顿的科学革命。为了在概念上使现代文艺、现代哲学、现代物理学与16世纪以来的、与现代性紧密相连的文艺、哲学、物理学相区别,从古典主义到现实主义的文艺、从笛卡尔到黑格尔的哲学以及从伽利略到牛顿的物理学三者都变成了"古典"。这当然又造成了更多词汇的混缠。柏拉图是古典,黑格尔也是古典;亚里士多德是古典,牛顿也是古典……因此,在学界也就产生了许多有趣的现象,例如,黑格尔在英语中就陷入左右为难的窘境:不是在"古典"一词里与和现代性捱不着边的柏拉图们混淆,就是在"现代"一词里与把

① [德]黑格尔:《精神现象学》,上卷,商务印书馆1983年版,第5页。
② [德]黑格尔:《历史哲学》,王造时译,三联书店1999年版,第454页。

他作为炮轰对象的形形色色现代哲学混缠。跳出西文的局限,用中文来讲析,立刻就见得非常明晰了。

可见,现在学界人士的确比较普遍地认为,现代应当包括近代、现代和后现代。具体地说,就是把 17 世纪下半叶的英国资产阶级革命作为现代(近代)史的开端。然而,如果说革命是危机激化而不可收拾的表征,我们很难想象它会是一夜之间突然酝酿而成的。就是说,危机的积累即革命的酝酿断然比革命本身还要早得多。但是,应当早到何时?

哲学大师黑格尔曾将"新世界"的发现、文艺复兴以及宗教改革——这三个1500 年前后的里程碑式的事件看做现代时期与中世纪之间的时代的分界线,并在《哲学史讲演录》和《历史哲学》中使用这一表述来划分从古希腊和古罗马演化而来的日耳曼基督教世界。黑格尔早在他的《哲学史讲演录》中就说:"真正说来,从宗教改革时期起,我们就进入了第三个时期;……历史已经踏上了一个转折点。"① 黑格尔在《历史哲学》中又说:"我们现在要讲到日耳曼帝国的第三个时期了,这个时期精神开始知道它是自由的,这就是说,它以真的永恒的东西为意志——以在自己和为自己的普遍的东西为意志。在这第三个时期内,也有三个阶段的区分。我们首先要考虑宗教改革自身……第二要考虑宗教改革以后的那种局面的展开;最后要考虑自 18 世纪末叶起的'现代'。"② 《牛津基督教史》中也说过:"在 1400—1600 年期间,尤其是 1520 年以后,传统基督教整个结构中的几乎每一个部分都受到了批评性的审查。"③ 伯顿和德沃金近期主编的阅读文献《现代性的踪迹》一书,副标题即"1500 年以来的欧洲",其文献的选取也是从马丁·路德开始。④ 可见,在他们看来,宗教改革乃是人类历史进入现代的一个确定无疑的信号。但是宗教改革本身也是从中世纪走向现代的因果链环当中的一个环节,它本身仍有待于解释。于是人们不得不再往前追溯到在 15 世纪末16 世纪初达到盛期的文艺复兴。文艺复兴时期"世界的发现"和"人的发现"无疑地可以被认作现代起源的标志。⑤ 可是,哥伦布对"新世界的发现"和意大利

---

① [德]黑格尔:《哲学史讲演录》,第四卷,贺麟等译,商务印书馆 1981 年版,第 3 页。
② [德]黑格尔:《历史哲学》,王造时译,三联书店 1999 年版,第 424 页。
③ [美]麦克曼勒斯主编:《牛津基督教史》,张景龙等译,贵州人民出版社 1995 年版,第 202 页。
④ See Stacy Burton & Dennis Dworkin, *Trials of Modernity: Europe Since 1500*, Simon & Schuster Custom Publishing, 1996.
⑤ 参见[瑞士]布克哈特:《意大利文艺复兴时期的文化》,何新译,商务印书馆 1979 年版,第4 篇。

人文主义对"人的发现",仍然不是两个孤零零的事件,至少,人们还得将新世界的发现归功于中国的指南针的发明,等等。

史学界在本世纪对"现代"的一个常见的看法是,将其源头追溯到 13 世纪。赫伊津哈曾说:"在中世纪和文艺复兴之间划出一道明显界线的每一尝试,都会把这一界线一再地向前推移。那些一贯被认为是文艺复兴特征的观念和形式,已被证实早在 13 世纪就已存在。……要是不带成见地研究文艺复兴,会发现它充满了各种仍是中世纪盛期的精神特征的要素。因此,要坚持这两者的对立关系几乎不可能,但没有它,我们又会面临窘境。"①但是,13 世纪毕竟只有些许萌动气息,急剧的变化要到 16 世纪才开始。特洛尔奇就曾将"启蒙运动"看做欧洲历史的转折点,是"欧洲文化及其历史的真正现代时期的开端和基础,与直到当时仍占支配地位的教会式和神学式文化对立"。他还认为如果说古代的文化—社会生活秩序的品质特征是一统性,那么一统性的破裂就意味着分化。这种分化起于 13 世纪,至 16 世纪开始加剧,至 17—18 世纪才形成现代式的社会—文化现象。②

人类学家则从人类学的视野看到,现代社会的特征不只是社会结构的转型,更是精神品质的变迁。舍勒认为,现代精神"这一类型自 13 世纪末以来逐渐形成,在发达资本主义中慢慢成长,它尽管有民族的和其他变异,仍是一种独特的、可以确切描绘的类型:通过'它的体验结构'来描绘。……对这种类型及其生活感来说,世界不再是真实的、有机的'家园',而是冷静计算的对象和工作进取的对象。"③

其实,正如吉登斯曾说,在近两百年里,社会理论大师的写作大多是为了理解"什么是现代社会"而展开的。④ 现代社会理论基本上就是现代性的理论。他们分析现代社会的结构、构成和发展轨迹,分析国家、社会、经济和文化等因素如何相互作用,如何形成不同于传统社会的一种特殊社会组织形式。在对这些因素与过程的分析中,马克思主义强调经济基础(尤其是生产力)的重要性,迪尔凯姆和韦伯强调社会分工、国家和科层机构的重要性,韦伯(尤其是《新教伦理与资本主义精神》中的韦伯)和舍勒则强调文化与伦理结构的优先性。吉登斯

---

① [荷兰]赫伊津哈:《中世纪的衰落》,刘军等译,中国美术学院出版社 1997 年版,第 282 页。
② 参见刘小枫:《现代性社会理论绪论》,香港牛津大学出版社 1996 年版,第 67—70 页。
③ 同上书,第 20 页。
④ 参见王铭铭:《"安东尼·吉登斯现代社会论丛"译序》,载吉登斯:《社会的构成》,李康等译,三联书店 1998 年版,第 5 页。

则认为,现代社会转型除了如马克思所说的"生产力"的提高、韦伯所说的人的"理性化"和迪尔凯姆所说的"社会分工"的发展之外,更重要的是国家形态的变化。把"现代社会"与"传统社会"区别开来的,主要是现代社会的民族或国家特征,其突出表现是国家与社会的高度整合,也就是世界由古代分散的世界史向现代统一的世界史的转型。

可见,对于"现代"如何划分这一问题,公说公有理,婆说婆有理,争议总是不可避免的,如此下去,没有终结之时。因此,我们赞同,关于"起源的偶像"必须被破除①,而关于"年代学"的幻想则必须被打碎②。其实,所谓开端或起始总是相对而言,"现代",本来就是相对于"传统",相对于"古代"而言的。我们很难想象在"中世纪"与"现代"之间存在着一道泾渭分明的分水岭。但是,人们既然已经约定俗成地在历史分期中使用"古代"、"中世纪"、"现代"等字眼,那么,只要不把它们当做有着固定内涵的本质主义概念,而是调节性的概念,那么这些概念就仍然有其效用。实际上,话语的积累通常是一个渐进的过程,只是到了某个时候,某种话语似乎一下子从地平线上冒了出来。有关现代性的话语就是在19世纪初大量而集中地涌现出来的。

如果真正地执意要对"现代"进行历史分期,我想把近代作为它的开端,即现代包括近代、现代和后现代是说得通的。因为,学者们一般都认为,大约从500年前开始,西欧发生的一些变化使世界发展的方向发生了决定性的转折,出现了向"现代"转化的种种因素。③ 再说,现代之所以能区别于古代,称得上是一个新时代,那么,社会的现代性质必须在社会当中转化为社会性质的主要方面,而这一转变也是从近代即从16世纪才开始的。当然,我们把16世纪(1500年前后)以来,最初是欧洲,随后是北美及世界其他地区相继进入的历史时期称为"现代",也只是一个大概的说法。

以上在描绘现代社会时采用了不同"中轴原理"④,强调了不同重心,这曾使古典社会理论出现流派纷呈的局面。其实,这一结果本身也就是黑格尔所说的现代社会精神"分崩离析"、韦伯的"诸神不和"以及丹尼尔·贝尔的"文化矛

---

① 参见[德]马克·布洛赫:《历史学史的技艺》,张和声等译,上海社会科学院出版社1992年版,第25页。
② 参见[意]克罗齐:《历史学的理论和实际》,傅任敢译,商务印书馆1982年版,第88页。
③ 参见钱乘旦等:《世界现代化进程》,南京大学出版社1997年版,第5页。
④ 参见[美]丹尼尔·贝尔:《后工业社会的来临》,高金舌等译,新华出版社1997年版,第8—9页。

盾"的表征。如此对"不和"的诸种社会理论进行勾勒,也不失为我们进入关于"现代性"讨论的一个最佳切入点。

二、现代性的概念

那么,何谓"现代性"?

从词源学上来说,"现代性"(modernity)一词属波德莱尔首创,并且由他首先使用于艺术批评。具体地说,波德莱尔是在 1863 年发表的对法国画家贡斯当丹·居伊(Constantin Guys,1802—1872)的绘画所作的评论时首次使用"现代性"这一术语的。他在《现代生活的画家》著名的"现代性"一节中说:"他(按:指画家居伊)寻找我们可以称为现代性的那种东西,因为再没有更好的词来表达我们现在谈的这种观念了。对他来说,问题在于从流行的东西中提取出它可能包含着的在历史中富有诗意的东西,从过渡中抽出永恒。"①波德莱尔在下段还接着给"现代性"下了一个著名定义:"现代性就是过渡、短暂、偶然,就是艺术的一半,另一半是永恒和不变。"②可见,在他看来,现代性不但意味着某种瞬间性和流动性,而且这种瞬间性和流动性中包含着永恒性和不变性。它把发端于浪漫主义的对当下关注概念化为一种原理,即只有现代的,才有可能成为经典的(或古典的)。直到今天,波德莱尔对"现代性"下的这个定义仍然有着不可动摇的经典地位。

波德莱尔还认为"现代性"既不仅仅是一个当下问题,也更不仅是历史分期问题,更是每个新的开端都在每个当下环节中再生的问题,以阐释学的话而言,"现代性"就是一个不断敞开的视界问题。可见,波德莱尔在强调当下的过渡性和偶然性中包含着永恒性和不变性的同时,还进一步指出,任何一个时代都有它自身的"现代性"。

波德莱尔的观点很实际,因为他看到了当时法国艺术家普遍具有把一切主题披上一件古代外衣的倾向,那种普遍的古典情结已将艺术陷入危险境地。本来画家们选的题材可适用于各种时代,但他们却执意要令其穿上中世纪、文艺复兴时期或东方的外套。他说,这种"秋行夏令"、"削足适履"的做法,显然是一种巨大的懒惰的标志,因为宣称一个时代的服饰中一切都是绝对的丑要比用心提

---

① [法]波德莱尔:《现代生活的画家》,载《波德莱尔美学论文选》,郭宏安译,人民文学出版社 1987 年版,第 484 页。

② 同上书,第 485 页。

炼它可能包含着的神秘的美(无论多么微不足道)方便得多。说懒惰是客气,其实是艺术创造力的衰竭和枯萎。他的批评无疑是浪漫主义者(如德拉克罗瓦)对新古典主义(如安格尔、大卫)批评的继续,但波德莱尔的过人之处不但在于继承了这一批评,而且进一步深化了主题,并将这一主题概念化为一种普遍的理念。

　　毫无疑问,波德莱尔的"现代性"观念与其美学观有着密切关系。波德莱尔在《现代生活的画家》中开始时所提出的那个古代论者与现代论者之间展开的著名论战,曾在席勒的名作《论素朴的诗和感伤的诗》中得到概念化的表述,其后在施莱格尔以及浪漫派对古典派的论战中作为一个恒常的主题出现。但是,波德莱尔以一种独到的方式,在古典主义所崇尚的绝对美与浪漫主义宣扬的相对美之间进行了重心转移。他说:"构成美的一种成分是永恒的,不变的,其多少极难加以确定,另一种成分是相对的,暂时的,可以说它是时代、风尚、道德、情欲,或是其中一种,或是兼容并蓄,它像是神糕有趣的、引人的、开胃的表皮,没有它,第一种成分将是不能消化和不能品评的,将不为人性所接受和吸收。"①可见,艺术创作,关键是要抓住相对的、暂时的瞬间,并且表现出它的永恒的和不变的特质;否则,艺术美会因无所依傍而两头落空,从而跌入抽象的、不可确定的美的虚无的深渊。一言以蔽之,艺术创作就是为了使任何"现代性"都值得变成"古典性",必须把人类生活无意间置于其中的神秘美提炼出来。

　　虽然"现代性"一词首次出现是在审美判断领域的意识中,但在此之前,它早已渗透到文化、历史、政治、经济、科技与社会等各个领域,它是一个内涵丰富而又莫衷一是的概念。笔者认为,学人对现代性之所以难以达成共识,主要是因为他们分别从某一个不同的侧面对其进行了界定。要说异,世界上没有两片相同的树叶;要讲同,如庄子所言,天地与一匹马无差别,万物与一手指相同一。关键看你怎么界定,为什么目的去界定。我们赞同,"现代性"就是与分散世界史中的传统文化相对的导向统一世界史的现代文化的特性。世界学界,表述"现代性"的名人名言的确已经数不胜数。除了波德莱尔对"现代性"作了经典性的界定:"现代性就是过渡,短暂,偶然,就是艺术的一半,另一半是永恒和不变。"法国象征派的另一位大诗人兰波,也曾有一句标志"现代性"的名言:"必须是绝

---

① ［法］波德莱尔:《现代生活的画家》,载《波德莱尔美学论文选》,郭宏安译,人民文学出版社 1987 年版,第 475 页。

对的现代!"①倘若波氏的界定强调的是现代主义永无止境的革新和变化特征的话,兰氏则强调了与过去一刀两断的决心和立场。当然,这已经成为一个萦绕着现代主义百年历程中的历史强音。因此,英国作家康拉德反复强调:"我是现代人,我宁愿做音乐家瓦格纳和雕塑家罗丹,……为了'新'……必须忍受痛苦。"②沃尔芙也惊慌失措:"1910 年 12 月前后,人类的本质一举改变了。"欧文豪不无道理地说,这句夸张的话里有一种"吓人的裂隙,横在传统的过去和遭受震荡的现代之间。……历史的线索遭到了扭曲,也许已被折断了"③。显然,现代主义和传统之间的确存在着断裂,它不断创新的冲动就是要冲破传统的羁绊和锁链。反对传统就是"必须是绝对的现代",就是"过渡、短暂和偶然",就是一举改变人类的古典意义上的本质。

但是,作为现代性产物的现代主义除了反传统之外,还转而反对现代性自身,说白了,就是"现代性"反对"现代性"自身。这是一个悖论,乍听起来好似不合逻辑,但现代主义这个桀骜不驯的"纨绔子弟"的确如此,这也是它令人费解之处。它吸着"传统"的乳汁和吃着资产阶级"现代性"的食粮成长壮大,但它羽翼丰满后恩将仇报、矛头相向,成了负义忘恩的"逆子贰臣",干起了釜底抽薪的"勾当"。于是,我们会产生一个难解的谜团,现代主义怎么会是这样一个"不孝之子"呢?英国社会学家鲍曼一语中的:"现代性的历史就是社会存在与其文化之间紧张的历史。现代存在迫使它的文化站在自己的对立面。这种不和谐恰恰正是现代性所需要的和谐。"④也正因为如此,卡列尼斯库总结现代性的五个方面是:现代主义、先锋派、颓废派、媚俗风、后现代主义。

现代主义的"反现代立场"的确要比现代主义的"反传统"立场令人难以理解,这需要我们进行更多的、更详细的辨析。晚近,西方哲学、社会学和文化研究等领域的热心学者,已将此问题吵得沸沸扬扬,不亦乐乎!特别是自从后现代问题凸显出来以后,人们一致认为,"现代性"这个本来就难以理解和把握的复杂现象,如今变得令人更加难以琢磨了。

如果要给现代性下个定义,我们不妨这样来理解:从广义上来说,现代性就是与分散世界史中的传统文化相对的、导向统一世界史的、现代文化的、全球化

① Peter Burger, *The Decline of Modernism*, University Park: The Pennsyvania State University Press, 1992.
② [美]弗莱德里克·R.卡尔:《现代与现代主义》,吉林教育出版社 1999 年版,第 1—2 页。
③ [美]丹尼尔·贝尔:《资本主义文化矛盾》,三联书店 1989 年版,第 95 页。
④ Zygmunt Berman, *Modernity and Ambivalence*, Cambridge: Polity, 1991, p. 10.

特性。它包括封建社会后期、近代、现代、后现代和现代化等五个方面,它是一个
不断敞开的视界,是瞬间性、流动性、未定性同永恒性和不变性的对立统一的、丰
富、复杂、多样的整体。在历时的向度上,现代性可分为前期现代性、中期现代性
和后期现代性;而按逻辑的方法,可分为启蒙现代性、理想现代性和审美(文化)
现代性。用两种方法划分出来的三种现代性,都既有相互独立、断裂的一面,又
有相互继承、互渗的一面。而从狭义上来看,现代性主要是指前期现代性和中期
现代性,或者启蒙现代性和理想现代性。它本质上是追求一种统一、一致、绝对
和确定性,一言以蔽之,就是追求秩序,反对和抵触混乱、差异和矛盾。

值得注意的是,目前,世界学术界对现代性和现代化谁是第一性、谁是第二
性的问题持有两种不同意见,即有人认为先有现代性,后有现代化,现代性包括
现代化;而有人认为先有现代化,后有现代性,现代性是在现代化的过程中产生
的现代的性质和特征。笔者认为,在中国,我们没有经历资本主义社会,在封建
社会后期就直接开始了西方推行的现代化,因此,中国的现代性就是通过现代化
进程所获得的或产生的属于现代的性质和特征,即先有现代化,后有现代性;但
是,从整个世界来看,现代化就是世界按照在西方首先制定而后波及全世界的现
代性指标去从事全面而深刻的社会转型的过程,是指非西方国家在统一世界史
形成后的现代性追求①,因此,现代性是第一性的,现代化是第二性的,现代化应
当从属于现代性。

三、现代性的基石

在对以上三个时期的现代性的辩证关系展开讨论之前,我想首先在此讨论
一下关于现代性的哲学理论基础问题,这样会使我们更准确地把握现代性的脉
搏,为下一步展开对三个不同时期的现代性的辩证关系的讨论,为更加有力地回
应后现代主义离开理性主义传统来批判理性的挑战,先做一番必要的理论准备。
因为先收缩回来的拳头出击的时候会更有力。

当然,我们在此要讨论的关于现代性的哲学理论基础问题,主要是指中期现
代性的哲学根基,因为现代性在前期阶段,其特征还不十分明显,还基本处于朦
胧、分散的状态,还没有形成一种系统的、典型的"现代性理想",现代性还没有
被作为一个哲学问题来把握。只有到了 18 世纪末,现代性的自我确证问题才成
为如此紧要的问题,以至于黑格尔才开始把它当做一个哲学问题来加以研究,关

---

① 参见张法:《现代性与全球文化四方面》,《文艺研究》1999 年第 5 期。

于现代性的争论的要旨从黑格尔开始才被确立起来。哈贝马斯认为,黑格尔是第一个发展出一个清晰的现代性概念的哲学家,因此,假如我们想要理解现代性与理性之间的内在关联,就不得不回到黑格尔身边。

黑格尔哲学向来以其"历史感"为人称颂。这与他将哲学本身看做是应现代社会精神危机应运而生的观点分不开。他认为,一种脱离现代问题、没有历史内容的"纯粹哲学"是难以令人想象的。现代几乎所有伟大的社会理论家都以解决"什么是现代社会的本质"或"如何理解现代社会"为己任,黑格尔也像他们一样,他的哲学也是关于现代性的哲学。黑格尔哲学首先对现代社会精神进行诊断,它所针对的是现代社会精神的病理:宗教的式微以及文化的分崩离析。他认为,宗教已经不能满足精神的基本需要,而必须代之以作为科学的哲学。对此,黑格尔曾经这样有趣地描述过:"从前有一个时期,人们的上天是充满了思想和图景的无穷财富的。在那个时候,一切存在着的东西的意义都在于光线,光线把万物与上天联结起来;在光线里,人们的目光并不停滞在此岸的现实存在里,而是越出于它之外,瞥向神圣的东西,瞥向一个,如果我们可以这样说的话,彼岸的现实存在。……而当务之急却似乎恰恰相反,人的目光是过于执著于世俗事物了,以至于必须花费同样的气力来使它高举于尘世之上。人的精神已显示出它的极端贫乏……"①当他断言启示宗教已不再是精神的最高形式时,哲学就必然要担当起它的使命来:"谁若只寻求启示,谁若想把他的生活与思想在尘世上的众像纷纭加以模糊,从只追求这种模糊不清的神性上获得模糊不清的享受,他尽可以到他能找得到的一些地方去寻找;他将很容易找到一种借以大吹大擂从而自命不凡的工具。但哲学必须竭力避免想成为有启示性的东西。"②因此,"新时代"赋予哲学的使命就是使其承担起启示宗教曾经担当过的作用。

从诞生之日起,现代性就同时具有既不断地否定自身又不断地确证自己的双重性格。现代性的时间意识,表明了现代人已感受到自己的脚下是虚空的深渊,是过渡、暂时与偶然,他们期望这种过渡、暂时和偶然能与永恒、本质与必然达到完美融合,这也恰恰表明了现代性自身的脆弱。作为现代性本质的流动性和敞开性,也越发要求必须为其自身奠定一个稳固的基础。波德莱尔首先在美术批评中论述了这一主题,本雅明则将这个源于美学经验的命题译解为一种历

---

① [德]黑格尔:《精神现象学》,上卷,贺麟、王玖兴译,商务印书馆1979年版,第5页。
② 同上书,第6页。

史哲学。如果说波德莱尔还停留在满足于瞬间和永恒能在真正的艺术作品之中得到结合的想法的话,那么,本雅明的抱负是这种瞬间与永恒的结合不能仅仅满足于出现在艺术作品中,而更应该再现于人类活生生的生活中:瞬间的生命如何像艺术作品那样成为"当下与永恒的结合体"。由此可见,现代性一旦脱离了传统的轨道,不再从外部(例如传统)借用准则,那么它为自身确立标准的要求就成为一种必需。从波德莱尔的艺术哲学到本雅明的历史哲学,现代性的时间意识已得到了相当程度的概念化,但是,第一次将现代性脱离过去的准则而将其上升为一种哲学问题的功劳还应当归功于黑格尔。

黑格尔把现代看做一个新时代(neuezeit)。"我们时代是一个新时期的降生和过渡时代,人的精神已经跟他的旧日的生活和观念决裂,正使旧的一切葬于过去,而着手自己的改造。"①哲学面临着把握"它自己的"时代的任务,哲学的本质就是关于现代(及其问题)的哲学。现代性唤醒了自觉意识,自我确认的需要也由此产生了,这一需要被黑格尔理解为对哲学的需求。

黑格尔认为,现代的原则是主体性(subjectivity),启蒙运动和康德哲学是这一现代性的表达形式。它们以意识同自身的关系取代传统哲学的自我同超验存在的关系,哲学转向主体自身去寻找自己时代的价值规范基础。主体性原则既说明了现代世界的优越性,也说明了现代世界的危机,它揭示了现代是进步与异化共生并存的世界。他还说,现代以他称之为主体性的自相关结构(a structure of self-relation)为普遍标志:"现代世界的原则就是主体自由,也就是说,存在于精神整体之中的一切本质方面,都在发展过程中达到它们的权利。"②可见,现代性被作为一个哲学问题是直到黑格尔才被请出理论思考的舞台。然而,我们在前文已经提到,现代性的自我奠基过程其实早在中世纪后期就已经开始了,人的主体性已开始觉醒。多尔迈在其《主体性的黄昏》一书中也说,自文艺复兴以来,主体性就一直是现代哲学的奠基石。在现代性哲学的奠基过程中,一般认为,尤其是法国哲学家笛卡尔功不可没。

笛卡尔的《沉思录》是现代哲学中"基础"隐喻的最著名表述。他说:"阿基米德只要求一个固定的靠得住的点,好把地球从它原来的位置挪到另外一个地方去。同样,如果我有幸找到哪管是一件确切无疑的事,那么我就有权抱远大的

---

① [德]黑格尔:《精神现象学》,上卷,贺麟、王玖兴译,商务印书馆1979年版,第6—7页。
② [德]黑格尔:《法哲学原理》,范扬等译,商务印书馆1961年版,第291页。

希望了。"①他对中世纪经院哲学的基本方法与基本思想表示不满,并提出了一种"普遍怀疑"的新方法,将怀疑置于信仰的对立面,而其无可置疑的"阿基米德点"——"我思"成为其理论的出发点。伯恩斯坦把这种寻找基础(确定无疑的事物)的冲动称为"笛卡尔式焦虑",并认为这种焦虑与其说是要为世界寻找一个固定的支点这种形而上学的冲动,还不如说是出于对人生有限性、易错性和偶然性的思考。这种"笛卡尔式焦虑",不单单是宗教的、形而上学的、认识论的或是道德上的,而且也正如海德格尔所说,是"本体论上的"。② 这种焦虑,是人类从中世纪走向现代的过程中,伴随着神义论的式微,而为自身寻找基础的焦虑,它是对怀疑一切的现代哲学原则的确立。他的哲学具有强烈的对理性主义建构的色彩。

到了康德,主体性原则才得到基本范式。康德的"哥白尼式倒转",使主体的地位定于一尊。在《纯粹理性批判》中,康德区分了"经验的自我"和"先验的自我"。他认为,虽然先验的自我不是经验认识的对象,却是经验认识的可能性条件,因此,必须首先承认先验的自我的存在。经验认识的一个重要条件是意识的统一性,先验的自我恰好确保了认识的统一性,它具有意识活动统调者的功能。经验认识的另一个重要条件是意识的结构或基本形式。先验的自我为经验认识提供结构,因而感性认识的对象处于时空的形式当中,并且知性认识的对象处于先验范畴的认识形式当中。

现代性哲学奠基于主体性原则,这一点在哲学史与思想史学界几乎已达成共识。但是,对于主体性内涵的界定,却仍然莫衷一是。在哈贝马斯看来,黑格尔的"主体性"概念主要包括个体主义(individualism)即个体性、批判的权利(the right to criticism)即理性、行动的自主(autonomy of action)即自主性和唯心哲学(idealistic philosophy)即反思性等四层含义。笔者想以此为切入点,来审视主体性原则的基本内涵。

第一,个体性。在黑格尔看来,主体性的第一层内涵就是个体性或个体主义。它是指,在现代社会个体成为一切的出发点与归宿。虽然个人地位的确立经过了文艺复兴、宗教改革、启蒙运动等漫长的历史过程,但第一位从哲学上论证个体性或个体主义的重要性的是英哲霍布斯。他被人们广泛地称为"个体主

---

① [法]笛卡尔:《第一哲学沉思录》,庞景仁译,商务印书馆 1986 年版,第 22 页。
② [美]理查德·J.伯恩斯坦:《超越客观主义与相对主义》,郭小平等译,光明日报出版社 1992 年版,第 19—23 页。

义之父"。列奥-斯特劳斯敏锐地指出了霍布斯在从传统思想向现代思想过渡中所起的重要作用:"传统自然法所关心的主要是一个客观的'法则与尺度',它是一种先于人类意志并独立于人类意志的、具有约束力的秩序。……而现代自然法则主要是或倾向于是一系列'权利',这些权利是主观上声称的,其来源是人类的意志。"①麦克弗森(C. B. Macpherson)也认为,英国 17 世纪的个体主义表现为两个形态:一是以霍布斯为代表的抛弃传统的社会、正义和自然法思想观念,而从个人的利益和意志中推导出政治权利与义务的思想;二是强调所有个人具有同等的道德价值与尊严的清教徒思想。两种形态共同地展示了现代自由主义的"所有权"这一基本概念。"所有权"首先表现在"个人是其自身的所有者"这一"个人"概念上。自由是所有权的一个功能,社会则是由许多自由、平等的个人构成的,这些个人以自身能力所有者的身份而互相联系,各个所有者之间的交换而形成社会。

　　与此相反,卢梭在个体主义的取向上却与霍布斯等人的个体主义自由主义言说迥然异趣。他主张,自由意味着"一个人一旦达到有理智的年龄,可以自行判断维护自己生存的适当方法时,他就从这时成为自己的主人。"②他的观点与霍布斯的不同之处在于,霍布斯认为,自由就是不受权力控制,因此人们在社会中必须做出基本选择——自由或被统治。卢梭却不仅否认自由与被统治之间存在着内在矛盾,而且断言人们只有在社会与政治生活中才能过一种最完美的自由生活。就是说,人们可以同时既是自由的,又是被统治的。这就是埃赛亚·伯林所说的典型的"积极的自由"观。要实现这一目标就必须采纳一种独特的社会契约,即每个结合者及其自身一切权利全部转让给整个集体,每个成员都以其自身及其全部的力量置于公意的指导之下,并且这个共同体把接纳的每个成员都作为全体之不可分割的一部分。这样,每个人全部转让了其天然自由,公意是全体成员的共同意志。当个人服从公意时,他不过是在服从自己本人,并且仍然感到像以往一样自由。

　　黑格尔跟卢梭如出一辙。他把国家看做是一个有机体,继卢梭以"普遍意志"装备它之后,黑格尔以一种自觉的和思维的本质,以及它的"理性"或"精神"来装备它。这个精神的"本质就是活动性",同时又是构成国家的集体的民族精神。民族的精神决定着它的潜在的历史命运,每个"希望成为存在"的民族必须

---

① 李强:《自由主义》,中国社会科学出版社 1998 年版,第 48 页。
② [法]卢梭:《社会契约论》,何兆武译,商务印书馆 1981 年版,第 9 页。

通过打败其他民族进入"历史舞台"来肯定其个性或灵魂,斗争的目的就是为了支配世界。他坚信,"历史是世界的正义法庭。"①可见,他也像赫拉克利特一样相信,战争是一切事物之王、之父。

因此,关于个体主义的理论,爱利·哈勒维有一句总结性的话经常为学者们所援引:"在整个现代欧洲,有一种事实是个体具备对他们自律的意识,每一个人都要求得到所有其他人的尊重,他将别人视为他的同类,或者看做是相互平等的;于是,社会便出现了,而且也许会越来越多地出现在由创造社会的个体意志的汇合之中。这种出现和个体主义学说的成功就足以证明:在西方社会里,个体主义是一种真正的哲学。"②斯特文·卢克斯在《个体主义》一书中,曾经对个体主义这一概念的本质简练明了地概括为以下四个主要特征,即对人的尊严的尊重、自律(或自我指导)、私人性和自我发展。他认为,这些原则乃是"个体主义的核心价值",在此意义上,"人的尊严或对个人的尊重观念便处于平等观念的心脏,而自律、私有性和自我发展则代表着解放或自由的三个方面"。③

多尔迈在《主体性的黄昏》中对个体主义曾经在西方历史上扮演的角色做过这样的总结:"西方文明被深深地烙上了个体主义的印记,或许可以说,两者是密不可分的。西方历史的各个阶段及其发展冲动都证实了这种紧密联系的稳定加强。古希腊哲学的兴起是一些富有个性并且对传统宇宙观不满的思想家努力的结果。在罗马帝国严密的社会结构中,基督教鼓吹人类灵魂的价值,坚持要拯救个人。在近代史刚刚破晓之时,宗教改革就将个人良心从牧师的控制下解放出来,正如在随后的几个世纪中文艺复兴将个体理性或'我思主体'从盲目的信仰中解放出来一样。"④

第二,理性。黑格尔认为,主体性的第二层基本内涵是批判的权利——理性。他是人类运用自己的理性对事物或状态做出判断的能力,是现代性的基本标志。理性的确立始于笛卡尔,后来,康德、黑格尔等进一步发展了这一现代哲学基本主题。福柯在《事物的秩序》中认为,笛卡尔(还有培根)代表了 17 世纪初的思想断裂。在 17 世纪初的巴罗克时期,思想停止了在相似性要素中的运动,这种相似性正是构筑"文艺复兴知识型"的要素;相似不再是知识的形式,而

---

① [奥]卡尔·波普尔:《开放社会及其敌人》,第二卷,郑一明等译,中国社会科学出版社1999 年版,第 76—77 页。
② [美]弗莱德·R.多尔迈前揭书,"导论",第 3 页。
③ 同上。
④ 同上书,第 12 页。

是错误和危险的场所,当人们不去检验混乱模糊的边界时,把自己暴露在了这一危险面前。笛卡尔认为,当我们在两件事物当中发现一些相似性时,将这些相似性平等地赋予这两件事物,甚至在那些事实上它们根本不同的地方,甚至在那些我们已经发现两者之中只有一个是正确的地方。相似性仅仅是那些必须依据同一与差异加以分析的不同范畴的大杂烩。相似性观念不能作为规序知识的一种方法,应当用比较观念来替代。比较概念可分为两类:度量概念和秩序概念。度量概念为了构成同一性和差异的关系而分解为诸多的单元;秩序概念依据最小的可能程度建构最简单的可能元素和配置不同的元素。于是,相似性(resemblance)文化与表象(representation)文化之间出现了根本断裂,西方文化的知识型在其最根本的配置中发生了巨大转换。

秩序概念是笛卡尔方法的关键。整个方法只在于为那些我们的心灵目光所集中关注的事物安排秩序。把混乱暧昧的命题首先还原为简单的命题,然后再从对所有最简单命题的直观出发,尝试以同样的步骤上升、扩展到关于其他一切事物的知识。因此,他对数学情有独钟,认为数学中那些长长的链条是由非常简单容易的推理构成的,几何学家通常用它们达到极为困难的证明。这使他联想到,人类认识范围中的一切东西,都是以同样的方式相互联系着的,一旦我们不再把非真的东西看做是真的,一旦我们总能遵循从某物演绎他物所必需的规则,就没有什么得不到或者无法发现的东西。这样,把数学方法推广到人类知识范围中的一切东西,就形成了一种“普遍的科学”(mathesis universalis)——其根部是形而上学,主干是物理学,由主干生长出来的支干则是各门其他科学。

笛卡尔把这种理想的“完善的知识”定义为“从第一因中推演出来的”知识。他还认为,我们每一个人都拥有揭示这种原则的内在能力,都能受到我们自身理性的自然之光的照耀和正确指导。只要人们严格地遵循这一方法,就绝不会把错误的东西当做是正确的,并且,随着人们的知识持续不断地增加,总有一天,人们会以自身的能力达到对万物的真正理解。

笛卡尔开创的大陆理性主义,为现代性的主体性原则奠定了第一块理论基石,然而,同时也为现代性的批判埋下了种子。虽然法国启蒙思想高举起理性万能的大旗,认为理性是主宰一切的力量,但苏格兰启蒙运动并不主张理性万能,而是倾向于划定理性的效力范围。尤其是休谟,他从洛克的经验论出发,认为从经验中找不到普遍性和必然性。他说,“所谓理性……我并不认为它在此处的含义是指那种构成了思想之链以及推论证据的领悟能力,而是指一些明确的行动原则,正是从这些原则的基础上,产生了所有的德性以及对于确当养育道德所必要的一切东西。理性与其说是确立并宣告这种自然法,倒不如说是在探寻并发现自然法。理性与其说是自然法的制定者,倒不如说是自然法的解释者。"①

休谟对理性能力局限最著名的洞见,还应当是他对因果关系的客观性与必然性的否定。他认为,"我们只是假设,却永不能证明,我们所经验过的那些对象必然类似于我们所未曾发现的那些对象。"②理性不能帮助人们发现原因和结果的最终关系,而且,在经验向我们指出它们的惯常联系之后,理性也不能使我们相信那些将经验扩大到人们曾经观察过的特殊事例之外去的根据。

令人遗憾的是,历史的发展并非属于某人一相情愿。休谟的这些真知灼见并没有被当时的大部分知识分子所认同,理性万能的滚滚潮水推动着启蒙运动的车轮毫无阻碍地隆隆向前,难怪最终导致了今天仍为人们诟病的那些对于理性的极端的理解,并为现代性的自我批判留下了理想的地盘。

第三,自主性。主体性的第三层含义是行动自决(自律)或意志自由,即自主性。如果说个体性是现代性的出发点和归宿,理性是现代性的基本标志与知识准则,那么,自主性则是现代性用以确立自身的行动准则或实践原理。就是说,在现代社会,上帝不再是自明的存在之由与真理之源,现代人需要为自己寻找一个安身立命的终极根据。人完全受制于上帝的意志,还是有彻底的意志自由,就成了现代性的基本问题。

笛卡尔认为,人的完满性在于其意志不受限制,既然人是自由的,那么他就可以做任何事(包括神未预先安排的事)。然而,"人的精神是有限的,神的能力和预先规定是无限的;我们不能判明人类灵魂的自由与神的全知全能之间究竟是什么关系",所以只能坚持我们在自我意识中所"确定地见到自由"这件事实。③

而斯宾诺莎则认为,万物都预先为神所决定,也就是万物皆遵守自然的法则,依照"自然的一般法则"或者说"上帝的永存的天命"而存在。但是,斯宾诺莎仍然强调权利的个体性和个人的自由意志。他说,既然神所显示的天意赋予每个人以自由,那么,如果个体希求自由,他便能自由,因为无论处于什么样的社会中,只要为理智所引导,他就可以是自由的。斯宾诺莎的这一自由观成为欧陆"积极自由"观的先导。

---

① [英]哈耶克:《法律、立法与自由》,第一卷,邓正来等译,中国大百科全书出版社2000年版,第46页。
② [英]休谟:《人性论》,关文运译,商务印书馆1991年版,第147页。
③ 参见[德]黑格尔:《哲学史讲演录》,第四卷,贺麟等译,商务印书馆1978年版,第92页。

　　但英美自由主义唯一认可的自由概念——"消极自由"（即"否定性的自由"）的始作俑者是霍布斯，他明确提出了个体意志自由原则。他认为，人的自由，是人在从事自己具有意志、欲望或意向想要做的事情上不受阻碍的状态。人的每一种意志都有上帝的意志，所以人的一切自愿行为既是自由的行为，又是出于必然的行为。这种必然性保证了人类的自由不至于与上帝的全能和自由发生冲突。可见，霍布斯的著作还是留下了一条神的意志的尾巴。但他在个体自由方面还有一大贡献，就是明确提出了"法律下的自由"的观念，即"在法律未加规定的一切行为中，人们有自由去做自己的理性认为最有利于自己的事情"。①

　　洛克的自由观更进一步，其中已不见神义论的踪影。他认为，人（即主体）可以有完全的行动自由，但人之能否做到行动自由，则还要视乎必然性的情形，而这必然性就是纯粹的物质运动与静止的一般规律。此外，洛克的更大贡献在于，他在从自然自由转向法律下的自由的过程中，开创并确立了自由主义政治哲学的主要原则。他首先非常明确地提出了英美自由主义所说的"否定性自由"的观念，即"自然自由"："人的自然自由，就是不受人间任何上级权力的制约，不处在人们的意志或立法权之下，只以自然法作为他的准绳。"他还进一步确立了社会（或法律）状态下的自由："法律的目的不是取消或限制自由，而是维护和扩大自由。这是因为在所有能够接受法律支配的人类的状态中，哪里没有法律，哪里就没有自由。……因此，在这样的法律下，他不受其他人的专断意志的支配，而是能够自由地遵循他自己的意志。"②

　　康德从理性自我立法、意志自律和行为自我负责的理论，也否定了神意决定论和因果必然论，从而肯定人可以是自由的。他认为必然性只支配自然领域，而道德领域则由道德律所支配。这样，他将道德的基础由经验的外在对象转向先验的主体意志，把意志自由与普遍道德看成一个"硬币"的两个方面：自由是道德律的基础，道德律则是认识自由的基础；承认了道德律及其实现的可能性，也就承认了实现道德律的条件，即自由。因此，康德还提出了"责任自负"的著名观点：责任以义务为主要内容，它是自由行为的必要性；由于人在行使意志时有选择既可以服从道德律和也可以不服从道德律的自由，即他是自身行为结果的制造者，因此他须为自己的行为后果负责。由此可见，康德也否定了所谓人的思想是被决定和无自由的，只是因果链条上的一个环节的机械论与神学论。

---

① ［英］霍布斯：《利维坦》，黎思复译，商务印书馆1985年版，第164页。
② ［英］约翰·洛克：《政府论》，下篇，叶启芳等译，商务印书馆1964年版，第16页。

　　总的来看,自主性问题既跟中世纪经院哲学以来的自由意志论与上帝决定论之争有关,也跟人们对传统中形成的那些行为规则的理解有关。欧陆建构式理性主义倾向于人的完全自决;而英式进化论理性主义则认为人没有完全的自决能力,其行为总要依赖于人的理性所不及的那些因素。哈耶克对此进行了很好的总结:"通过分析,我们可以发现,这种观点实际上出自一种谬误的唯理主义;此种唯理主义居然认为理性是自主的且自决的,并且在根本上忽略了这样一个事实,即一切理性的思想都活动于一切理性不及的信念及制度框架之中。"[1]

　　第四,反思性。主体性的第四层含义是反思性。反思性这一唯心论由黑格尔发挥到极致,成为现代哲学的突出特征。从康德经费希特、谢林到黑格尔,精神已经完全意识到自己,并掌握了自己。康德在他的三大批判中提出了这一反思哲学的方法,即把理性置于判断的最高席位,在理性面前,任何自称有效的事物都必须受其检验。康德把实践理性和判断力的能力跟理论知识的能力区分开来,并把它们置于各自的基础之上。批判理性在为客观知识、道德洞见和审美价值的可能性提供基础的过程中,还能确保它自身的主体能力,使理性的知识体系得以清楚明白,而且担当起最高裁判的角色。到了黑格尔,他在《哲学史讲演录》第4卷里,为整个现代哲学整理出一条直线发展、次第向前的精神的自我发现史:精神向前运动,并设定自己和自己的对立面,以此为中介使自己变得具体起来,然后又扬弃它们,获得新的发展动力和形式。在黑格尔看来,主体性的首要体现,就是在他的哲学体系里达到彻底自觉地"意识"自己。

　　黑格尔不但把康德哲学理解为标准的现代性的自我理解,而且他还在此时代最高程度的反思性表述中洞察到了尚未概念化的东西。他认为,康德并没有把理性中的差异和文化等其他领域中的分歧看做分裂,所以,他无视伴随着由主体性原则所激发的分裂而到来的统一的需求。倘若现代性需要历史地构想它自身,一种绝对需求就会加在哲学的头上,也就是说,如果它意识到榜样式的过去与创造那些以自身为规范的事物的需求相融合,现代性原则及其自我意识结构作为规范定向资源之不足的问题就会随之出现。人们能否从主体性及其自我意识那里获得准则? 还是这一准则来自现代世界并且同时能够适应自我定位? 这都意味着能否适应对一种自我变异的现代性的批判。

　　黑格尔带着他对康德等人的批判,向现代性的自我理解开战。他通过对批

---

[1]　[英]哈耶克:《法律、立法与自由》,第一卷,邓正来等译,中国大百科全书出版社2000年版,第227—228页。

判哲学的自然与精神、感知与认知、知性与理性、理论与实践、知识与信仰之间两分的假设,对生活自身的分裂危机做出反应;否则,哲学批判就不能满足需求。也正是这一需求,哲学才被客观地呼唤出来。当然,他对主观唯心主义的批判也就是对现代性的批判,唯有如此,现代性才能确保其概念的安全和自身的稳定性。而要实施这一计划,达到这一宏伟目标,批判就应当并且也只能利用反思这一"杀手锏",反思手段是现代原则的最纯粹的表现。

通过以上对主体性原则的基本内涵的审视,我们已经对现代性的哲学基础有了一个比较明确的把握。但是,除了以上论及的关于主体性的观点之外,还有许多思想家,如费尔巴哈、克尔凯郭尔、马克思等都对主体性的理解强调了不同的重心,我们可以将其读解为不同思想流派对现代性本质做出的不同调校。但总起来看,他们对现代性奠基于主体性这一论点则已经达成了共识。

四、现代性的特征

俗话说,插什么秧苗结什么果,撒什么种子开什么花。现代性在其主体性原则这一哲学种子的基础上,长成了一棵参天大树,并开出了五彩缤纷的现代性花朵,构成了一幅关于现代性基本特征的斑斓耀眼的画卷。概括说来,此画主要包括三个耀眼的点,我们可以浏览如下:

第一,个人主义,是现代性的首要特征,它居于现代性的中心地位。

现代性首先意味着人们对自我的理解由群体主义向个人主义的重大转变。从哲学上说,个人主义意味着否认人本身与其他事物有内在的关系,即否认个体主要由他(或她)与其他人的关系、与自然、历史抑或是神圣的造物主之间的关系所构成。笛卡尔对实体所下的定义最简洁地表达了这种个人主义思想。他说,实体乃是无须凭借任何事物只需凭借自身就成为自己的东西,人的灵魂是实体的一个首要样态。

个人主义不是把社会或共同体看成首要的东西,"个人"只是社会的产品,仅仅拥有有限的自主性;而是把社会理解为为达到某种目的而自愿地结合到一起的独立的个人的聚合体。虽然个人主义也不得不承认像个人与其父母等关系的一些重要性,但它只把这些关系当做是例外。作为一种理想,人们一直强调的是个人独立于他人的重要性。

如果说"个人主义"这个词通常是用来刻画现代精神与社会及其机构间的关系特点的话,那么,用来表达现代精神与自然世界的关系的就是"二元论"了。机械主义的自然观(即心灵——自然二元论的基础)认为,人的灵魂、思想或自我与其他造物完全不同,否认上帝存在于自然之中。由于现代性接受了这种机械主义的自然观,故而它在证明人的自由时,就理所当然地承认了这种绝对差异的存在。二元论主张灵魂本质上独立于身体;自然界是毫无知觉的。这为主客二元对立思维模式提供了思想基础,也为现代性肆意统治和掠夺自然(包括其他所有种类的生命)的欲望提供了意识形态上的理由。这种统治、征服、控制、支配自然的欲望是现代性的中心特征之一。其实,二元论在与自然的关系上,就是不折不扣的个人主义。

个人主义的特征还表现在它与时间的关系上。现代的"进步神话"通过把"现代科学"和原始的以及中世纪的"迷信"加以对照的办法来诋毁过去和传统,把现代性则说成"启蒙",把过去说成"黑暗的时代"。奥古斯特·孔德曾把人类历史划分为宗教时期、形而上学时期和科学时期三个阶段。这种划分方式就是对这种进步神话的最好表达。现代性在时间方面的另一个取向是彼得·伯杰所说的"未来主义",这是一种从与将来而不是从与过去的关系中寻找现在的意义的倾向。它割断了现在与过去的联系,认为任何同过去的肯定性的关系实质上都是不存在的,对过去持一种遗忘的、漠不关心的态度,否认与过去的联系是现在的构成要素,并把所有的注意力都集中到未来,总是沉醉于对新颖性的追求。这种极端的反传统主义的未来主义实质上也是个人主义的又一个翻版。

个人主义还表现为"世俗主义"。它是现代性和以前的人类存在模式在对与神圣之物的关系上所存在的巨大差别。在中世纪,人们认为神圣之物既是超验的,又是无所不在的。后来,新教抛弃了上帝无所不在的观念,转而认为上帝是纯粹超验的存在。早期的现代神学科学家们(包括像莫塞尼、笛卡尔那样的天主教徒和波义耳、牛顿那样的新教徒)把这一趋势推向了极端,将上帝完全置身于尘世之外。机械主义的自然观(即心灵——自然二元论的基础)否认上帝存在于自然之中。之后,在"感觉主义"的经验学说的影响下,上帝在人心灵中的自然存在也被否弃了,因为这种学说认为,除了通过生理感官进入心灵的东西之外,人的心灵中不存别的任何东西。感官无法感知上帝,上帝也就不能自然地呈现于人的心灵之中。当然,只要人们接受超自然主义的一神论,也可以借助于超自然的启示来认识上帝。但是,当超自然主义从一神论转向自然神论(上帝在创世之后就撒手不管了)的时候,人们只能从对被创造的秩序或天赋的、被灌输的观念的推演中认识上帝。神圣的实体只是某种信仰的事情,而不是直接经验的事情,神秘主义或宗教狂热都遭到排斥。人们的生活在很大程度上是在没有上帝的情况下度过的。宗教被局限于私人事务;在公共生活领域,已经彻底不见上帝的踪影了。可见自然神论是一神论向无神论过渡的中继站,它使现代性从根本上实现了向无神论的彻底转变,从而也实现了向"世俗主义"的过渡。然而,世俗主义并不意味着宗教狂热的衰落,而是意味着宗教的虔诚已从超验的对象转向完全尘世的对象。这种宗教狂热可以从法西斯主义、民族主义、科学主义、唯美主义、核能崇拜等其他世俗宗教(或称准宗教)形式中表现出来。

与超自然主义向无神论的转变密切相关的是从二元论到唯物主义的过渡。从二元论学说当中,我们可以把握到这样一个意旨:因为我们是经验着的、有目的的存在者,所以我们自己就是目的,而不仅仅是他人用来实现其目的的手段,因此,我们有理由相信,应当推己及人,把他人也看做他们自己的目的。可见,现代二元论暗含着一种人本主义或人道主义的伦理观。但是,在唯物主义者看来,人类并没有能使他们同自然的其余部分区别开来的灵魂或精神。这种对自然的现代解释为掠夺自然的行径提供了借口。

从超自然主义的二元论到无神论的唯物主义的转变又导致了相对主义、虚无主义、科学主义、实证主义、工具理性(zweckrationalitaet)、选择主义(decision-ism)和决定论等理论观点的出现。相对主义主张,一切价值判断都是相对于某种有限的目的和视角而言的,认为某种规范论断确实(客观上)比其他论断更好的那种立场是不存在的;虚无主义否定任何终极价值或意义,并因而否定关于我们应如何生活的客观准则;科学主义和实证主义认为,神学、形而上学、伦理学和美学都不能提供具有真假属性的达知断言,只有专注于探知事实(而不是价值)的现代自然科学方法才是探知真理的唯一方法;工具理性主义者强调理性不能处理目的和价值问题,而只能回答怎样才能最好地实现以非理性为基础的目的这类问题,他们将理性仅仅限定为工具理性,韦伯认为,这种思想是现代性的核心;选择主义则主张,只有在非理性决策的基础上,才可以接受终极性的目的或价值;决定论则提出,任何事物的出现都是必然的,因而那种认为人类可以通过选择来改变历史进程的观点只不过是一种幻想而已。

个人主义还表现于现代人对待自我利益与道德之关系的新态度。道德准则具有影响我们决策能力的功能,我们用它来规范我们自己的生活并影响我们之外的世界。人们传统上认为,在道德规范和自我利益之间总是存在着某种紧张状态,最值得赞赏的生活就是让自我利益受到道德规范的制约,服从于道德规范。然而,到了现代,人们已经逐渐把通常所理解的那种自我利益看做至少是生活的某个层面(如经济层面)的可接受的基础。在市场上不受道德约束地追求自我利益的做法得到允许,并且其合理性也得到了道德上的证明。在更为晚近的现代性中,把自我利益作为生活的运行原则加以接受的做法,已经进一步扩展到生活的其他许多方面。这使捍卫资本主义民主的"新保守主义者"开始担心现代性缺乏维系这个制度所必不可少的自我克制、关心普遍的善以及民族主义的爱国主义等美德,从而认为现代性不仅对个人而且对整个现代社会都具有很大的破坏性。

在晚近的现代性当中,自我利益同时间的关系也发生了变化。我们在上文中把早期现代性与时间的关系描述为"未来主义"。但是,在晚近现代性中,与未来的肯定性关系似乎也消失了,只留下以关心当前的满足来掩盖的"自恋人格"。人们为了自我利益而不再顾及后代的利益,这是个人主义发展的最终范例。

与自我利益密切相关的个人主义特征的另一表现是,人们将对其他存在物,尤其是对那些有知觉的、能自决的存在物使用权力的能力塑造为"强权即公理。"传统精神认为,由于这些存在物以他们自身为目的,所以人们在使用强制性力量,也就是在使这些存在物遭受痛苦并限制他们的自我决定的自由时,需要三思而后行。但是,晚近现代性已经反对这种观点,感到除了他人的力量,没有理由可以限制人们自己行使权力来努力实现自我利益。"上帝死了"被理解为不存在限制我们权力意志的准则,并认为社会达尔文主义为这种观念提供了道德上的意识形态的论据。宣称人种只有通过一种竞争性的个人主义制度才能得到改善,这种制度允许"不适者"的灭亡或使之处于屈从地位。

倘若我们换个视角来看,个人主义还表现为一种单面的大男子主义和父权制。在宗教史上,现代性初期的完全超验的、全知全能的上帝是对男性天神的恢复,内在于自然中的神灵一直被看做是女性神灵。但是,这些观点如今都被抛弃了。心灵与自然的二元论观点把意识、自我运动和内在价值仅仅归结为人类灵魂的属性,它不仅证明了人(man)对自然的优越性,而且证明了男性对女性的优越性。难怪17世纪的神学科学家们明确地声称,他们发展的是一种"男性"科学。其具体表现在重契约轻习俗、重知觉轻直觉、重客观轻主观、重事实轻价值等态度上。当然,提出这种观点的人并不认为现代性发明了大男子主义和父权制,因为大男子主义和父权制在大多数文化中已经存在数千年了。他们也承认现代妇女比在最传统的社会已经获得了更多重要的自由。但是,凯瑟琳·凯勒和查伦·斯普雷特纳克都一致认为,现代性重申并强化了大男子主义观点和男性精神,至今这种单面的精神仍在继续产生着影响;并且,由于它在现代大规模破坏性技术中的体现,显得它比过去任何时候都更危险。

第二,现代化(modernization),是现代性的又一个明显的特征,它是指世界按照在西方首先制定而后波及全世界的现代性指标去从事全面而深刻的社会转型的过程。

现代化首先表现为"二分化"。所谓二分化,就是个人主义和集中化的代名词。斐迪南·托尼斯认为,集中化主要包括经济上的工业化、社会的城市化和政治上的国家主义等。它是从社区(gemeinschaft)向整体性社会(gesellschaft)的过渡。集中化过程还被称作由习俗社会向契约社会,或从以传统为基础的社会向以理性分析为基础的社会的过渡。那些使人们具有亲密的面对面的关系且能解决大部分生活问题的结构,大部分已被摧毁或削弱了,以致个人的"社会关系"越来越受制于大型工厂、国民经济、大城市和民族国家等仅涉及人们生活的极抽象部分的大型非人格化群体。正如伯杰所说:"现代化带来了社会生活在巨大结构(megastructures)和私人生活之间的新奇的二分化。"它摧毁了那些"位于私人领域中的个人生活和公共领域中大型机构之间"的"中介结构"。① 它的破坏性引起了人们的广泛不满。

除了"二分化"外,用来描述现代化特征的另一个具有包容性的词是"分离"。首先,现代分离的特征之一就是"世俗化",它主要是指生活的各个方面,如政治、艺术、哲学、教育等挣脱教会控制的过程。人们之所以恰如其分地把美国称作是现代化最充分的国家,主要原因就在于它已经在很大程度上实现了宗教和政治的分离。其次,现代分离的另一重要特征是经济领域同政治领域的分离。这种分离意味着经济从道德中获得了解放(因为政治权力在某种程度上仍受道德观念的约束),因为一个自主的市场只能由行为者们的不同的自我利益来引导。经济领域还应摆脱政治领域而享有自主权,就此而言,我们把它称为自由主义。这种分离对于作为政治哲学的自由主义和作为经济哲学的资本主义的形成非常关键,而自由主义和资本主义两者在许多解释者看来乃是现代性最核心的东西。因此,这种分离对于现代性来说至关重要。

现代化特征还表现为"机械化"。在现代社会,工业化和技术化使"机器"变成了社会的中心。除了生活的完全机械化之外,还存在着一种使人类社会自身尽可能像一台高效机器那样运转的倾向。首先,现代的劳动分工就是一例,与之紧密相关的是"零件化"(componentiality)现象。在这种分工当中,每一位工人

---

① 参见[美]彼得·伯杰:《面向现代性:社会、政治和宗教浅探》,纽约:Basic Books 1977 年版,第132—133 页。

都是工业机器中的一个可更换的元件。其次,官僚主义则是另一例,它曾经被韦伯称之为有生命的机器。韦伯指出,现代社会的"官僚主义化"是现代"理性化"最阴险的表现,这种现象在工业社会主义社会中会比在资本主义社会中得到更充分的发展,因此它是现时代的主要威胁。

第三,现代性的最后一个特征就是"实利主义"或者"经济主义"。

这也是一个包容性的概念,它主要表现在以下三个方面:其一,用路易斯·杜蒙特(Louis Dumont)的话说,"人与物之间的关系——物质需要——是首要的,人与人之间的关系——社会——则是次要的"。杜蒙特认为,"人与物之间的关系高于人与人之间的关系……这是一个决定性的转变,这一转变将现代文明与所有其他文明形式区别开来,它也符合我们的意识形态领域关于经济至上的观点。"①一言以蔽之,社会应当从属于经济,而不是经济从属于社会。在这个新领域中,经济观代替了道德观,它注重收入、财富、物质的繁荣,并把它们视为社会生活的核心。其二,现代绝大多数人信仰"人是经济的动物"这一信条。由此出发,无限度地改善人的物质生活条件的欲望被看成是人的内在本性。现代人类的确具有这种欲望,它已经成为他们存在的最重要、事实上是决定一切的特征。其三,人们还坚信"无限丰富的物质商品可以解决所有的人类问题"这一信条。卡尔·波洛尼说,这一信条支撑着工业革命——一场其激进和偏激程度绝不亚于以往曾煽起宗派主义者狂热的事件的革命。这种信条与人是经济动物这一大众观点使我们坚信,物质财富与社会的普遍健康和福利之间的确存在着统一性。换言之,国民经济生产总值成了衡量一个社会运行状况好坏与否的主要标志。

除了上述诸特征外,现代性还具有民主、平等主义、宏大叙事和职业化等其他一些特征。它们从不同的角度反映了我们所说的现代性这一极端复杂和独特的社会现象。这些特征中的任何一个,甚至它们的每一个变种,都可以被上升为现代性的驱动力,每一个特征都代表了现代性的一个中心方面。现代性应该被视为涉及上述特征的相互作用的多元现象。

最后,笔者想在此说明的是,(当然)虽然现代性可分为前期、中期、后期三个不同时期,或者说,虽然我们在对现代性进行分期时,将后现代性也包括在现代性之内,但以上对现代性的基本精神的探讨并没有包括后现代性,即这里所说

---

① [美]路易斯·杜蒙特:《从曼德维尔到马克思:经济意识形态的起源和胜利》,芝加哥大学出版社1977年版,第81页。

的现代性还是狭义的。后现代性的特征将主要放到第二章进行更详细的专门研究。

第二节　有条不紊的"分歧"

一、现代性的分期

一般说来,每当提到"现代性",我们总是将其与宗教改革、启蒙运动、现代科学的兴起以及工业革命的发生等 1500 年之后的社会现实与社会思想文化变革联系起来。现代性的产生与现代社会的形成似乎是伴生的现象,或者说后者乃是前者的直接现实。但是,笔者以为,事实并非如此简单。现代性的各种特征并不会在一夜之间突然全部从地下冒出来,而其必定有一个漫长的、错综复杂的酝酿过程,有一个次第呈现的过程。虽然"现代"包括近代、现代和后现代,或者说,现代是从 17 世纪下半叶的英国资产阶级革命作为现代(近代)史的开端,但是,能够使现代成为现代的"现代性",却早在封建社会(特别是中世纪后期)的母体内已经孕育成长。因此,"现代性"应当包括封建社会后期(包括中世纪后期和文艺复兴)、近代、现代、后现代和现代化五个方面。

倘若我们仍沿用现代性反对现代性的悖论表述,那么,一个隐含的逻辑前提是存在着并非一种现代性,或者说,现代性在不同的历史阶段其内容也分别不同。"现代性"这一术语在词源学上的首次亮相出现在波德莱尔的美术批评中这一事实,使得该词至今仍保留着强烈的审美内涵。受到美学经验的启发,本雅明将波德莱尔的现代性的时间意识翻译为一种历史意识。从西方现代历史自身所呈现的纷繁复杂的现象来看,现代性又不是一个单纯的社会历史进程,可以说,从一开始它就充满了矛盾和张力。因此,一些西方学者提出了两种现代性的看法,即启蒙现代性和审美现代性(或文化现代性)。① 周宪曾采取两种思路来分析现代性的矛盾和张力:第一种是所谓历时的方法,即把现代性视为一个有前后不同阶段并显出不同特征的历史过程;第二种则是共时的方法,即在逻辑的层面上分析现代性的内在矛盾和张力。从前一种历史(历时)的方法出发,他把现代性区分为前期现代性和后期现代性;从逻辑的方法出发,他把现代性区分为社会的现代化(性)和文化的现代性。② 而笔者则从这两个向度重新作了进一步的

---

① 参见周宪:《现代性与后现代性——一种历史联系的分析》,《文艺研究》1999 年第 5 期。
② 参见周宪:《现代性的张力——现代主义的一种解读》,《文学评论》1999 年第 1 期。

划分,按照历时的方法,我们可把现代性划分为前期现代性、中期现代性和后期现代性;按照逻辑的方法,我们把现代性划分为启蒙现代性、理想现代性和审美(文化)现代性。两种方法有一个共同的特点,那就是三种"现代性"处于一种既爱又恨的紧张状态。

前期现代性也可以大致地界定为启蒙现代性。主要是指"现代性"从中世纪后期产生到启蒙运动的历史时期。在此期间,封建势力还比较强大,资本主义力量还比较软弱,"现代性"的特征还不明显,相对来说,"现代性"还处于一种萌芽或者说朦胧状态,还没有成为一种系统的、典型的"现代性理想"。正如美国社会学家伯曼所说,这时人们刚开始体验到现代生活,但对这样的生活知之甚少。

耶鲁大学的宗教哲学教授路易·迪普雷(Louis Dupre)认为,"现代性"首先与人们对自然的理解相关。中世纪后期,神学的各种思潮以及早期意大利人文主义,摧毁了将宇宙、人和超验因素结合起来的传统综合。早期意大利人文主义,史无前例地强调人的创造力,改变了传统的思想观念。人变成了意义的唯一来源,而自然——无所不包的自然,则降低为客体,故而,超验性从"超自然领域"分离了出来。其后,巴罗克文化虽然企图将它们重新统一,但分崩离析的局面已成为无法挽回的现实。因此,就西方文化而言,早在中世纪后期就已经埋下了"现代性"的种子。这里所说的现代性,无疑与传统世界观的解体和人的"主体性"觉醒有关。

当然,对现代性结构的考察还应当主要结合资本主义的产生和发展来进行,因为现代性与资本主义历史进程是相促并生的。尽管我们不能把现代性或现代化等同于资本主义,但毫无疑问,现代性正是在资本主义时代才得到充分的展现和演绎。正是在这个意义上,利奥塔认为,资本主义是现代性的名称之一。在世界各大文化中,主要是从西方文化中兴起的资本主义产生了把分散的世界史变成统一的世界史的力量,产生了从传统向现代的根本转变,因此,"现代性"与资本主义的产生和发展有着密切的、必然的联系,或者说,现代性的根基就在于资本主义生产力和生产关系。我们对现代性结构的考察应当结合着它的起源并行。

早在13世纪,意大利北部已经出现了早期的资本主义萌芽。濒临地中海的意大利,在地理大发现之前就是西欧与东方贸易的枢纽,因此,它的城市兴起比较早。北部的热那亚、威尼斯和佛罗伦萨是意大利和欧洲著名的城市,工商业发达。马克思、恩格斯说:"从中世纪的农奴中产生了初期城市的城关居民;从这些市民等级中发展出最初的资产阶级分子。"①在这些城市里出现了有数十或几百手工业工人的手工场。随后在法国的南部、德意志一些城市,也孕育着资本主义生产的因素。

意大利资本主义的早期萌芽是意大利出现文艺复兴的基础。新兴资产阶级不甘忍受封建神学的束缚,为了发展生产,他们需要了解自然科学,需要通晓生产理论和实践,资产阶级不仅需要为他们服务的各种各样的科学家、建筑师、银行和企业管理人员,而且还需要为他们服务的画家、雕刻家、诗人、音乐家等。为了实现这一切,首先要求在意识形态领域内展开对教会的精神统治的斗争。他们借助于希腊、罗马的古典文化,努力发掘古典文化中与封建意识形态相对立的积极因素,把自己的文化说成是古典文化的"再生"或复兴("文艺复兴"因此而得名),实际上是资产阶级新文化的兴起。他们在复兴古文化的借口下,对封建的天主教和神学思想进行猛烈的攻击和批判。他们提倡"人文主义"的思想,就是要以现实生活中的人为中心,反对以神为中心;要求"人性",反对"神性";提倡"人权"反对"神权";提倡个性自由,要求把人的思想感情、智慧和才能从神学的束缚中解放出来,反对教会宣布的来世观念和禁欲主义,肯定人是现实生活中的创造者或享受者。文艺复兴的重要代表人物是佛罗伦萨著名的诗人阿里格里·但丁(1256—1321),恩格斯称他"是中世纪的最后一位诗人,同时又是新时代的最初一位诗人"②。继但丁之后,在意大利和西欧相继出现了大批的人文主义作家和作品。他们极尽抨击封建宗教之能事,剥去宗教的神秘外衣,使神话故事中的人物栩栩如生,具有喜怒哀乐,表现出资产阶级的思想感情。

在文艺复兴运动中,除了文艺的发展以外,近代自然科学也产生了。自然科学的发展有力地打击了宗教神学体系。波兰天文学家哥白尼(1473—1543),写出《天体运行》一书,第一次系统地提出了"太阳中心说",戳穿了教会创世说的神话,引起天文学以至整个自然科学的巨大革命。意大利著名思想家和科学家布鲁诺(1548—1600),进一步推进了哥白尼的学说,他认为太阳不是宇宙的绝对中心,并认为宇宙是无限的。"太阳中心说"对地球中心论的否定,给封建教会以毁灭性的打击。

文艺复兴运动是一次资产阶级思想文化运动。它从观念形态上反映了新兴资产阶级的意志和要求,它同欧洲的宗教改革运动一起,大大推进了欧洲各国资

---

① 《马克思恩格斯选集》,第 1 卷,人民出版社 1995 年版,第 252 页。
② 同上书,第 249 页。

产阶级新文化运动的兴起,有力地推动了欧洲资本主义的进一步发展,也极大地动摇了欧洲封建制度的精神支柱——天主教会的统治,从而为资产阶级革命作了舆论准备。因此,它在当时是进步的,顺应历史潮流的。恩格斯赞誉文艺复兴的代表人物是"给现代资产阶级统治打下基础的人物"①。

资产阶级反对封建教会的反动统治,提倡人文主义,的确具有进步性,但是,随着它自身的发展和壮大,其反动性也日益暴露出来。资产阶级大讲"个体主义",而为了个人利益就必须迅速发展资本主义,而资本主义生产关系要进一步发展壮大,必须进行资本的原始积累,即需要集中大量的货币资本和获得大量的廉价劳动力。于是,他们为了满足个人私欲,除了对本国人民进行掠夺外,还将其贪婪的黑手伸向亚、非、拉人民。尤其是"新航路"的开辟和地理"大发现",为资本主义原始积累立下了赫赫战功。马克思在《资本论》中明确指出:"美洲金银产地的发现,土著居民的被剿灭……对东印度开始进行的征服和掠夺,非洲变成商业性地猎获黑人的场所。这一切标志着资本主义时代的曙光。"②"而对他们的这种剥夺的历史是用血与火的文字载入人类编年史的。"③

特别是1581年尼德兰资产阶级革命成功,这是历史上早期的第一次取得成功的资产阶级革命,它在欧洲建立起第一个资产阶级共和国,成为资本主义自身发展和向世界各地扩张和掠夺的大本营。17世纪荷兰代表着世界资本主义发展的水平和特征,成为"17世纪标准的资本主义国家"④。尼德兰资产阶级革命是英国资产阶级革命的一次演习,其革命的成功,表明资产阶级已带着本阶级夺取政权的要求走上历史舞台,资产阶级革命的时代即将来临。尼德兰革命揭开了世界近代史的序幕。同时,也意味着资本主义对世界新一轮更残酷的掠夺即将到来,因为资本主义的发展史就是资本主义对世界人民进行残酷掠夺的血腥发家史。正如马克思所说,资本主义从头到脚的每一个毛孔都滴着血和肮脏的东西。资本主义的本质就是战争、侵略、掠夺和扩张。直到今天,几个世纪以来,资本主义一直都在干着这罪恶的勾当。其所到之处,进行了残酷的军事殖民、经济殖民和文化殖民。

随着资本主义而成长发展起来的"现代性",除了从一开始就具有极强的"反传统"和强调"个体主义"与"主体性"特征外,它也已经蕴藏着一种比较强

---

① 《马克思恩格斯选集》,第3卷,人民出版社1995年版,第445页。
② 《马克思恩格斯选集》,第2卷,人民出版社1995年版,第255页。
③ 同上书,第221页。
④ 同上书,第256页。

烈的把分散的世界史变成统一世界史的趋势,已经形成了一种造就统一世界史的西方文化。到启蒙运动时期,由于得益于资本主义向世界各地殖民、侵略和扩张,它已成为非常明显的与分散世界史中的传统文化相对的导向统一世界史的现代文化的全球化特性。

中期现代性也可以粗略地界定为理想现代性。当然,它也是资本主义发展的产物,即科技进步、工业革命、经济与社会急速变化的产物。在这一时期,现代性已经发展成为一种比较系统的、典型的"现代性理想"。自启蒙运动以来,中世纪宗教神学的束缚被彻底打碎,知识和理性得到了广泛传播。"那是一个拥有原理和世界观的时代,对人类的精神解决它的问题的能力充满信心;它力图理解并阐明人类生活——诸如国家、宗教、道德——和整个宇宙。"①宗教——形而上学的统一让位于理性的统一,"知识就是权力(力量)"成为人们的一种普遍信念。启蒙运动给西方社会政治、经济、科学技术和文化的发展以巨大的推动力。但是,现代性的发展在给人类带来了巨大的福祉的同时,也带来了许多新问题的出现。现代性在其乐观主义冲动的同时,也伴随着各种对自身的反思和批判。卢梭既是第一个使用现代性概念的西方哲学家,同时也是批判现代性的始作俑者。"我真不知道未来我们喜欢什么。""我看到的尽是些幽灵,一旦我想抓住它们,这些幽灵便消失得无影无踪。"②马克思发现,资本主义使社会生产力获得空前发展和极大提高的同时,也导致了空前的阶级压迫和阶级奴役;韦伯指出,资本主义的合理化不但导致了理性化和官僚化,同时也造成了平均一律和无情的压制。随着对现代性的反思和批判的深入,一种对现代性的既爱又恨的矛盾态度继续迅速蔓延。

特别进入 20 世纪以来,社会现代化给人类带来的问题越来越尖锐和明显,社会生活各个领域中普遍存在着异化现象,尤其是世界大战、法西斯主义、死亡营、核弹爆炸等,粉碎了现代性的乐观主义,引起了学界有关人士的深刻思考。法兰克福学派的霍克海姆和阿多尔诺的《启蒙辩证法》,通过对现代性的深刻反思而对其进行了尖锐的批判,提出了著名的启蒙辩证法。"从进步思想最广泛的意义来看,历来启蒙的目的都是使人们摆脱恐惧,成为主人。但是完全受到启蒙的世界却充满了巨大的不幸。"③启蒙的统一理想变成了不平等的压制,"启蒙

---

① [美]梯利:《西方哲学史》,商务印书馆 1995 年版,第 421 页。
② Marshall Berman, *All That is Solid Melt into Air: The Experience of Modernity*, New York: Perguin, 1988, p. 18.
③ [德]霍克海默、阿多尔诺:《启蒙辩证法》,重庆出版社 1990 年版,第 1 页。

精神都始终是赞同社会强迫手段的。被操纵的集体的统一性就在于否定每个人的意愿"①。数字成了启蒙的规则,数学方法成了思想上的仪式,支配着资产阶级的法律和商品交换。人变成了工具理性的动物,"理性成了用来制造一切其他工具的一般的工具"②。"技术逻各斯被转化为持续下来的奴役的逻各斯。技术的解放力量——物的工具化——成为解放的桎梏。这就是人的工具化。"③正如美国社会学家伯曼所说,从18世纪法国大革命之后,公众有一种生活在革命年代的感觉。社会生活的方方面面都面临着深刻的变动,物质和精神的传统联系断裂了,人们感到自己好像生活在两个分裂的世界中。

如果我们把启蒙运动以来的现代性作为中期现代性,那么,何时进入后期现代性呢?世界学界对这个问题争论已久,难以定论。我们不妨粗略地把现代主义艺术的出现作为进入后期现代性的一个标志,即中期现代性和后期现代性以现代主义为分界线。后期现代性又称"审美现代性"或"文化的现代性"。美国社会学家伯曼认为,进入20世纪,现代化过程在全球范围内的扩张导致了社会的碎片化,可沟通性丧失了。人们发现自己处于一个与现代性根源失去联系的现代世界中。卡利奈斯库提出"审美的现代性"来对抗资本主义现代性,认为审美的现代性就是现代主义文化和艺术反对资本主义现代性,因此,"规定文化现代性的就是对资产阶级现代性的全面拒绝,就是一种强烈的否定情绪"④。审美(文化)现代性与中期的资产阶级现代性相对立,并对其进行否定,或者说,审美的现代性对抗社会的现代化。英国社会学家鲍曼也有类似的看法,他认为在西方历史上现代性实际体现为两种规划,一种是伴随着启蒙运动一起成长的文化规划,另一种是伴随着工业(资本主义和社会主义)社会一起发展的生活的社会规划。虽然他也曾经指出现代性不等同于现代主义,但他同时强调,在现代主义中,现代性反观自身并力图获得一种清晰的自我意识,即呈现出现代性的不可能性,而正也是这一观点为后来的后现代主义的出现铺平了道路。美国哲学家卡弘通过对法兰克福辩证理论的解读,提出的观点更是值得注意,他认为,后期现代性的出现就是对中期现代性的否定。在中期现代性中,文化具有一种调节主体与对象、外在与内在、精神与物质的机能。但是,随着现代性的发展,这时社

① [德]霍克海默、阿多尔诺:《启蒙辩证法》,重庆出版社1990年版,第10页。
② 同上书,第26页。
③ [德]马尔库塞:《单面人》,湖南人民出版社1988年版,第136页。
④ Matei Calinescu, *Fances of Modernity: Avangarde, Decadence, Kitsch*, Bloomington: Indiana University Press, 1977, p.4.

会—经济—管理系统的扩张消解了文化的这种调节机能,因而文化走向了社会的对立面,成为"反文化",即"自恋文化",也就是现代主义。他还进一步指出,倘若把中后期的现代性视为本身存在巨大差异的现象,尽管在中期现代性中已经出现了对现代性反思批判的声音,但总起来看,现代性自身的矛盾或张力,可以从历时的角度看做是中、后期现代性之间的历史转变,是后期现代性(在一定程度上也包括所谓的后现代性或后现代主义)对中期现代性的否定。把 19 世纪下半叶以来现代主义文化当做后期现代性的典型形态,就意味着把现代主义作为一种对抗文化或反文化,就是对中期现代性的工具理性和形而上学本质主义的断然否定。

通过以上对现代性的划分及其特征的分析可以看出,前期现代性的特点还不是十分明显,只有到了中期,现代性的特征才十分清楚地凸显出来。在前期,虽然现代性已经给人类带来了许多不文明的,甚至是非常野蛮的后果,但总起来看,现代性主要是反传统的,还没有十分明显地反对现代性自身。只有到了中期,即只有当现代性作为一种比较典型的、系统的现代性理想出现时,它才物极必反,明显走向自己的对立面,才强烈反对现代性自身。18 世纪启蒙思想家对现代性作了最充分的知识表达,虽然其初衷是美好的,他们试图根据现代性的内在逻辑建立客观科学、普遍道德、法律以及自主性艺术的计划,艺术和科学不仅能够促进对自然力量的控制,而且能够促进对外界和自我的了解,提升道德,推进制度的公正以及谋求人类的福祉。贯穿现代性的统一思路就是,相信通过与历史和传统的决裂能够取得进步,并使人类摆脱无知和迷信的束缚。但现代性在 20 世纪犯下的罪孽,彻底打碎了这种乐观主义,从而使现代性走向了对自身的否定,因此,后期现代性不但是对前期现代性和中期现代性的继承和发展,也是对它们的否定和拒绝。它们之间的这种拒斥和否定辩证关系也正是我们在此讨论的焦点。

二、现代性的张力

实际上,现代性从呱呱坠地降生,其体内就已经存在着内在冲突的先天性征候了,只不过这种冲突的征候直到 19 世纪下半叶才开始发作、恶化和凸显出来,因而转化为前、中、后期现代性之间的历史。换言之,现代性自身就含有两种彼此对立的力量,或者说,存在着两种现代性及其对抗逻辑和张力。只是随着西方社会现代化进程的加速,它们之间的冲突才越来越激烈、尖锐罢了。

初期现代性兴起于西方,由于封建势力比较强大,而它本身还比较弱小,所以它除了具有明显的反传统特征外,反现代性自身的野心还一直深藏不露。到了中期,现代性已经通过从军事、经济、政治上征服美、非、澳、亚诸洲而完成了世界史的全球化。它已经成为以西方为中心而构成的统一的世界史。世界已经成为由西方和非西方相对的多面二元对立和等级高下的统一体:西方与非西方、文明与野蛮、先进与落后、理性与愚昧、科学与迷信等。以新教伦理、黑格尔的绝对理念、牛顿物理学、达尔文生物进化论以及大英帝国的坚船利炮为代表的现代性,使西方文化呈现出了通过以西方的现代文明、先进、科学、理性,向愚昧、落后、迷信、野蛮的广大非西方地域进行征服、占领、扩张,与新兴资本主义的政治、经济、军事一样,形成了一种西方独尊的主导统一世界史的席卷天下、并吞八荒的对非西方的霸气。

在西方强劲的现代性热风的吹拂下,再加上现代物理学、现代哲学和现代主义文艺本来就有一种对非西方文化灵犀相通的情怀。对西方现代性文化渴望、迷信已久的非西方文化便开始纷纷走上"现代化"的道路。"现代化"这一概念,在西方学者那里主要在三个意义层面上被使用:一是指与自然相对的文化;二是指 16 世纪以来西方文化的演进,等同于现代性;三是指非西方国家在统一世界史形成后的现代性追求。当然,与现代性相关联的现代化理论主要是指第三种意义。它兴起于 20 世纪 50—60 年代,现代化理论使从西方文化中兴起和形成的现代性从西方文化扩展进入非西方文化,使现代性成了一个真正的全球性主题。① 在统一世界史的背景下,非西方国家的现代化基本上表现为对现代化西方国家的追赶。

现代化是现代性从西方向全球的空间大扩展,也是现代性在内容上的变异和丰富,因为在扩大现代性的同时又改变着现代性的内容,即现代性自身的内容在进一步产生和深化着。非西方文化,特别是那些具有悠长深厚传统的文化,在本土传统的时空中进行现代化时,必然呈现出不同于西方文化的特殊性。因此,各非西方国家在走向现代化的途中就产生了与西方现代性不尽相同多种多样的现代性,如俄国式现代性、中国式现代性、日本式现代性等。尤其是俄国十月革命的胜利,作为以现代性为核心的统一的世界史的演进来说,它已成为最重要的现象,因为它标志着,一个世界史变成了两个世界史,西方式的世界史和苏联式的世界史。这是两个在世界观、历史观、价值观上极不相同并且相互对立的世界史。从此,现代性被这两极对立的强光所笼罩。

---

① 参见张法:《现代性与全球文化四方面》,《文艺研究》1999 年第 5 期。

自 19 世纪末至 20 世纪 80 年代,随着西方帝国主义将世界这个大蛋糕瓜分完毕,随着两个世界的形成和对立,许多关于人类的现代性问题开始暴露出来。其一,西方文化自身对现代性进行反思。现代物理学对牛顿的批判而呈现出新的宇宙结构观;现代哲学对黑格尔的批判而呈现出对人类、社会、历史、文化、人生、心理、思维、上帝等的新思考;现代文艺对近代文化的反叛而呈现出对生活世界、个体生命、情感心灵、感性审美的新表现。其二,在全球一体化的大背景下,在两个世界史的紧张拉力和高光照射下,第三世界如何走向现代化。仔细想来,不外乎如下两种方式:一是通过对现代性的怀疑和否定来表现现代阶段的现代性;二是整个世界回到现代性话语。就是说,西方世界以科技革命和经济腾飞为背景,现代性成为一种谈论统一世界史的理论形态,西方通过对近代西方的批判来思考人类的现代性主题;在非西方,通过接受苏联模式,用另一种现代性的话语探索着自己的现代化道路。他们在经济和科技全球化的带动下,先后把现代化话语纳入自己民族振兴的理论结构的框架之内。

可见,统一世界史是一个丰富多样、色彩斑斓的世界。西方国家从封建社会后期、近代、现代到后现代,不断地推进、深化、反思着现代性,而非西方国家的现代化追赶面对着一个不断变化的西方。一方面,西方的现代性一路走来,展示它的丰富多彩;另一方面,现代化在形形色色的非西方国家中呈现出了五彩斑斓的实践。在这个统一的世界史里,在西方与非西方的互动中,现代性长成了一株绚丽多彩的美丽的奇葩,由封建社会后期、近代、现代、后现代和现代化五方面,盛开了它的丰富性、复杂性、多样性。这也就是人人都谈现代性而又人言言殊,人言言殊而又人人都讲的一个主要原因吧。

后期现代性与前期现代性和中期现代性相比,其特征十分明显。前期现代性和中期现代性皆工于"数学",后期现代性却工于"艺术"。韦伯曾指出,资本主义的基本精神之一就是"计算"。霍克海默和阿尔诺也曾认为,启蒙的基本精神就是思维和数学的统一。鲍曼干脆断言:"几何学是现代精神的原型"①。分类学、分等级、清单、目录和统计学是现代实践的基本策略。现代控制就是这样一种权力,是在思想、实践、思想实践和实践思想中进行分割、分类和分配的权力。这就是对理性和秩序的追求。尤其是中期现代性,体现了理性的逻各斯力量,代表了那种理性化统一的秩序和总体性的追求。然而,与此相对立的后期现代性却正好位于以现代主义艺术为代表的另一极,正好表征了非理性、混乱、零

---

① Zygmunt Baurnan, *Modernity and Ambivalence*, Cambridge: Polity, 1991, p. 15.

散化和多元宽容的反动。贝尔指出,"现代主义是一种秩序,尤其是对资产阶级
酷爱秩序心理的激烈反抗。它侧重个人,以及对经验无休止的追索。……他们
把理性主义当作过时的玩意儿"①。

如果说现代性在西方的出现,显示了人类以勃勃生机和浩然正气领导了世
界史从分散到统一的潮流的话,那么,现代主义诞生成长,却正是在资本主义向
全球的进军业已完成,现代性带来的矛盾和问题日益显著之时,现代主义有了一
种真正的全球眼光,有了一种真正的统一世界史的人类感受和人类思考。它担
负起了更深刻、更伟大的历史使命,用文学艺术的感悟象征了现代性的第一次伟
大转折。后期现代性把文艺上的先锋、颓废、媚俗作为自己的三大方面,这可以
看做现代性对自身的一次反思性直观。此外,现代主义还显示了西方文化在全
球化方面的一种质的"进步",例如西方现代绘画所象征的一种全球化观念。在
世界艺术史上,唯有西方产生了以焦点透视为核心的能够表现正确比例和色彩
变化的绘画风格。当现代绘画冲出焦点透视的模式,用变形变色和打破时空的
新风格来主导潮流的时候,它更接近各非西方文化的绘画原则。由此看来,在全
球化的大背景下,由于现代主义对古典的超越,西方文化就越发具有适合全球对
话和全球汇通的功能了。

在对现代性这一问题的看法上,鲍曼却颇有见地地站在了另一个独特的视
角。他发现,现代性的本质实际上是追求一种统一、一致、绝对和确定性,一言以
蔽之,现代性就是对一种秩序的追求,反对和抵触混乱、差异和矛盾。因此,现代
性对统一秩序的追求,必然带来一个秩序和混乱的辩证法,即秩序对混乱既排斥
又依赖。秩序意味着暴力和不宽容,因而必然导致对秩序的反抗。实际上,"典
型的现代性实践,即现代政治、思想和生活的本质,就是根除矛盾:努力精确地界
定——压制或根除一切不可能被精确界定的东西"。但是,一波未平,一波又
起。对秩序的追求,反过来又产生了"秩序的他者",即纯粹的否定性,也就是对
秩序本身构成的一切因素的全面否定。这主要体现在不可界定、不一致、不可比
较、非逻辑性、非理性、含混、混乱、不确定性和矛盾状态等诸方面。"现代思想
的他者就是多义性、认知不和谐、多价性界定和偶然性。""现代国家和现代思想
都需要混乱——但也不断地创造秩序"。② 正是由于秩序和混乱的辩证关系,现
代性的社会规划和文化规划才出现了断裂和矛盾。现代性的内在矛盾就是现代

---

① [美]丹尼尔·贝尔:《资本主义文化矛盾》,三联书店 1989 年版,第 31 页。

② Zygmunt Berman, *Modernity and Ambivalence*, Cambridge: Polity, 1991, pp. 7 - 9.

存在的社会生活形式和以现代主义为主要代表的现代文化的对抗和矛盾。

美国社会学家贝尔,从社会学角度对现代性的内在冲突逻辑曾经作过十分精彩的分析。他说,从一开始,资本主义经济冲动与现代文化发展就有着共同的根源,即关于自由和解放的思想。虽然它们在对传统的批判上是团结一致的,但它们并非铁板一块,很快出现了摩擦、缝隙,产生出一种敌对关系。由于自我发展和自我满足难以和资产阶级的理性化相一致,所以,当人们的工作与生产组织日益官僚化,个人被贬低到角色位置时,这种敌对性冲突就进一步恶化了。于是,现代主义的文学艺术就代表了一种冲突性的历史线索。此外,他还进一步认为,在资本主义社会,企业家和艺术家有着共同的冲动力,这就是寻找新奇,再造自然美,正是他们两者的合力开拓了西方世界。但是,这两种力量生性多疑,很快就变得互不信任,并且企图摧毁、消灭对方。于是,两种现代性之间便横眉冷对、剑拔弩张了。

现代性内部矛盾重重,关系复杂,有一点却是不争的事实,即审美的现代性本身就是前期现代性和中期现代性之后果,没有前者绝无后者。因为,审美现代性的一个基本标志是艺术的自律性,而艺术的自律性完全是一个现代的观念,西方学者认为,这一观念起源于启蒙运动,康德是这一观念的始作俑者,并且唯美主义、象征主义和形式主义等现代主义艺术流派,则是这观念的实践者。韦伯认为,"西方文化的现代性是一个不断分化的过程,是从早期宗教—形而上学的世界观向世俗的自身合法化的文化转变的过程。虽然艺术的起源和发展与宗教密切相关,但随着宗教的和世俗的以及社会的和文化的事物的分化,艺术和宗教之间既紧张又和谐的关系出现了变化。艺术从服务于宗教的那种'应用艺术'转向了'自身合法化'的艺术,形式从被宗教艺术所排斥的地位转而成为艺术的基本存在形态,宗教自身的博爱伦理和审美及感性刺激特征的紧张,随着两者的分化变得不那么严重了。""生活的理智化和合理化的发展改变了这种状况。因为在这些条件下,艺术变成为这样一个世界,它越来越有意识地把握住那些本身有其权利存在的价值。无论怎样来解释,艺术确实承担了一种世俗的拯救功能。它把人们从一种日常生活平庸刻板中拯救出来,特别是从理论的和实践的理性主义那不断增长的压力中拯救出来。"①

在此,韦伯指出了几个审美现代性的前提:首先,审美现代性是世俗化、理性

---

① H. H. Gerth & C. Wright Mills(eds.), *From Max Webber: Essays in Sociology*, New York: Oxford University Press, 1946, p. 342.

化的产物;其次,艺术在世俗的社会中又不同于其他日常活动领域,尤其是他还对理论和道德实践领域进行了区分,后来哈贝马斯把这个分化界定为文化现代性的基本特征,即科学的认知——工具理性,伦理的道德——实践理性和艺术的审美——表现理性的分离;再次,强调了艺术在分化基础上形成了自己的价值,也就是艺术存在的根据不再从艺术之外来寻找,而是在艺术自身,即艺术的"自身合法化"。这就是艺术的自律性。从这个意义上说,前期和中期现代性既是审美现代性形成之因,又是导致审美现代性反过来与之对抗之果。

伯曼也注意到后期现代性一方面反对前期和中期现代性,另一方面又依赖于这种现代性。他有力地证明了现代主义对资产阶级价值观的否定,在相当程度上又受惠和得益于这种价值观。魏尔默发现,"如果作仔细的审视,那么,有一点是显而易见的,那就是反对现代'理性主义'的'浪漫主义'对抗力量,令人惊异地保持着对现代性理性主义神话的依赖,至少在某种程度上,它在理论上和政治上表现出和审美上完全对立的姿态"①。英国鲍曼说,实际上,这种既依赖又对抗的关系正是现代性自身的内在矛盾和辩证法所致。"现代文化的积极性就在于它必然的否定性。现代文化的功能混乱就是它的功能。现代权力为建立人为的秩序的努力需要一种可以探究人为权力界线及其局限的文化。建立秩序的努力激发了这种探求,反过来又从其发现中有所获益。"②就是说,前期和中期现代性在确立统一、绝对和秩序的过程中,对其自身的不足和缺憾的反省与批判的需求是必不可少的,而这种对抗的文化使命就落到了现代主义的审美现代性的肩上。

审美现代性与前期和中期现代性,"本是同根生,相煎何太急?"在历史层面上,现代主义文化的确是脱胎于资产阶级文化,但它反过来又反对资产阶级制度和价值观本身,这正是现代性的内在矛盾所致。在逻辑层面上,后期的审美现代性是前期和中期现代性的必然结果,后者使前者反对自己成为可能和必然,即现代性存在迫使其文化站在其对立面,这种不和谐恰恰是现代性所需要的和谐。倘若我们把前期和中期现代性视为以数学或几何学为原型的社会规划,现代主义所代表的审美现代性则是对这种逻辑和规则的反抗;倘若前期和中期现代性是对秩序的追求,审美的现代性则是对混乱的渴求和冲动;倘若前期和中期现代性是对理性主义、合理化和官僚化等工具理性的片面强调,审美的现代性则正是

① Theodor W. Adomo, *Aesthetic Theory*, London: Routledge & Kegan Paul, 1970, p.87.
② Zygmunt. Berman, *Modernity and Ambivalence*, Cambridge: Polity, 1991, p.9.

对此倾向的反动,它更加关注感性和欲望,主张一种审美——表现理性;倘若前期和中期现代性是一种对绝对的完美的追索,审美的现代性则是一种在创新和变化中对相对性和暂时性的赞美;倘若前期和中期现代性是对普遍性的片面强调,审美的现代性则显然是对普遍性的反动,是对平均一律的日常生活的冲击,因为它更加关注的是差异和个别性;倘若前期和中期现代性把意义的确定性作为目标,审美的现代性则是对意义不确定性与含混多义的张扬,甚至是对意义的否定;倘若前期和中期现代性是致力于对人为统一规范的建立,审美的现代性无疑是以其特有的片断和零散化的方式反抗着前者的"暴力",它关注的是内在的自然和灵性抒发;倘若前期和中期现代性造就了日常生活的合理化和刻板性,审美的现代性则正好提供了一种"救赎"和"解脱"……

可见,后期审美现代性作为前期和中期现代性文化的产物,似乎之所以来到这个世界上,就是为了与前期和中期现代性作对,为了破坏导致它诞生的那个根基。难怪西方艺术家和学者将代表审美现代性的现代主义称为"打碎传统的传统"①(劳申伯)、"对抗文化"②(屈林)、"否定的文化"③(波吉奥利)、"反文化"④(卡弘)、"自恋文化"⑤(拉什)等。总之,现代主义所代表的审美现代性,本质上是一种否定性,它不但否定了源于希腊和希伯来的西方传统文化,而且更激进地否定了现代资本主义社会的价值观。

西方许多激进的艺术家的观念虽然有些偏激,但它们是对强调世界的秩序和统一、强调与理性的一致的现代性的强有力的颠覆。其中,法国艺术家杜布费的看法比较有代表性,他认为,西方文明到现代许多看法都是值得怀疑的。他还尖锐而又激烈地批判了西方文明的如下几个方面:认为人不同于其他物种;坚信世界的样态与人的理性形态是一致的;强调精致的观念和思想;偏好分析;语言的至上性;追求所谓美的观念等。杜布费甚至还认为,如果拿西方现代文明人的这些观念和原始人相比,后者的许多看似野蛮愚昧的观念其实更合理,更可取。"从个人角度说,我相信原始人的许多价值观,我的意思是:直觉,激情,情感,迷

---

① Harold Rosenberg, *The Trdition of the New in Horizon*, 1959, p. 81.

② Lionel Trilling, *Beyond Culture*, New York: Viking, 1965, p. xiii.

③ Renato Poggioli, *The Theory of the Avant—Garde*, Carnbridge: Harvard University Press, 1968, p. 111.

④ Lawrence E. Cahoone, *The Dilernma of Modernity*, Albany: SUNY Press, 1988, p. 203.

⑤ Christopher Lasch, *Culture of Narcissism*, New York: Warner, 1979, pp. 49 – 55.

狂,以及疯狂。"①他的这些看法在现代主义艺术家中都非常具有代表性。尽管对原始野性的赞美和颂扬有偏激之嫌,但这不失为审美现代性对前期和中期现代性进行颠覆和对其恶果进行批判的最佳方略。

然而,阿尔诺在相关问题的看法上比较辩证,他的理论代表了西方思想家对审美现代性的理解。他说,"艺术是社会的,这主要是因为它就站在社会的对立面。只有在变得自律时,这种对立的艺术才会出现。通过凝聚成一个自在的实体——而不是屈从于现存社会规范进而证实自身的'社会效用'——艺术正是经由自身的存在而实现社会批判的。纯粹的和精心构筑的艺术,是对处于某种生活境遇中被贬低的无言批判,人被贬低展示了一种向整体交换的社会运动的生存境况,在那儿一切都是'他为的'。艺术的这种社会偏奇恰恰就是对特定社会的坚决批判。"②

后期的审美现代性与前期和中期现代性的关系、性质和特点基本清楚了,那么,后期现代性是否也包括后现代主义呢? 或者说,(广义的)现代性是否应当也包括后现代性呢? 我想,回答应当是肯定的。当然,也有一种常见的观点是把后现代主义视为现代主义的终结。这种理论虽然也有一定道理,但笔者认为,看问题更应当抓主要矛盾,更应当看主流,所以我们有必要更加关注现代主义和后现代主义的历史联系。利奥塔曾经说过一句令人费解的悖论:后现代主义是现代主义的早期阶段。德国美学家比格尔也颇有见地地指出,现代主义不同于先锋派,因为前者主张艺术的自律性,而后者则反对自律性,因此,先锋派其实就是达达主义和超现实主义。从审美现代性对前期和中期现代性的颠覆,到先锋派作为现代主义潮流中的不和谐之声,以及把后现代主义视为现代主义的初期阶段等,这都在昭示着我们应当以一种新的视角审视审美现代性。从现代性内在冲突的逻辑来看,后现代主义在相当程度上是现代主义的延伸和发展,而不是现代主义精神的终结和衰落。魏尔默曾经对现代性有一个很值得注意的观点,他认为,现代性没有断裂,后现代主义是一种激进的现代性的体现。浪漫的现代性(即审美现代性)不仅包括现代主义,而且还包括了后现代主义。他说,"对现代性的批判从一开始就是现代精神的一部分。如果后现代主义中有某些新东西的话,那并不是对现代性的激进否定,而是这种批判的重新定向(redirection)。具

① Wylie Sypher, *Lossod the Selfin Modem Literature and Art*, New York: Vintage, 1964, pp. 170 – 176.

② Theodor W. Adomo, *Aesthetic Theory*, London: Routledge & Kegan Paul, 1970, p. 321.

有讽刺意味的是,随着后现代主义的出现,以下情形变得显而易见了,对现代性的批判由于深谙其决定因素,所以其目标只能是扩展现代性的内在空间,而不是超越它。因为后现代主义质疑的正是这种激进的超越立场。"①与他的主张相近的还有英国学者吉登斯,他不使用"后现代主义"而宁愿使用"后期现代性"。

可见,不管是后现代主义所强调的不确定性、非中心化,还是差异、宽容,还是从宏大叙事转向微型叙事,还是转向多元化和不可通约性,还是关注反基础主义和反本质主义等,这些基本精神其实在现代主义阶段(尤其在先锋派中)已是初见端倪。因此,我们最好把后现代主义视为一种自我批判的(怀疑的、反讽的而非宽容的)现代主义形式,视为一种超越乌托邦主义、科学主义和基础主义的现代主义,即一种后形而上学的现代主义。这种超越形而上学的现代性将会成为现代性大家庭中的一个新成员。后形而上学的现代性是没有最终和谐一致梦想的现代性,但是,它仍保持着现代民主、现代艺术、现代科学和现代个性主义那理性的、颠覆的和实验的特性。其道德和思想的本质是欧洲启蒙运动伟大传统的继承而非终结。同时,这种现代性也具有萦绕在现代精神之中的种种诱惑和新理解,例如极权主义、民族主义、科学主义和"工具主义"等,还具有民主普遍主义和多元论新的非同一性理解和实践,这种普遍主义和多元论也必定是现代性传统的重要组成部分。

由此看来,审美现代性实际上仍在后现代主义中生长、壮大,并达到了成熟。鲍曼说得好:"后现代性并不必然意味着现代性的终结,或现代性遭拒绝的耻辱。后现代性不过是现代精神长久地、审慎地和清醒地注视自身而已,注视自己的状况和过去的劳作,它并不完全喜欢所看到的东西,感受到一种改变的迫切需要。后现代性就是正在来临的时代的现代性:这种现代性是从远处而不是内部来注视自身,编制自己得失的清单,对自身进行心理分析,寻找以前从未表述过的意图,并发现这些意图是彼此抵消和不相一致的。后现代性就是与其不可能性达成妥协的现代性,是一种自我监控的现代性,它有意抛弃那些曾不自觉地做过的事情。"②

总之,从统一世界史立论,(广义的)现代性就是与分散世界史中的传统文化相对的导向统一世界史的现代文化的全球化特性。封建社会后期、近代、现代、后现代和现代化就是现代性的五个方面。前期现代性、中期现代性和后期现

---

① Albrecht Wellmer, *The Persistence of Modernity*, Carnbridge: MIT, 1991, p. viii.

② Zygmunt Berman, *Modernity and Ambivalence*, Cambridge: Polity, 1991, p. 272.

代性既有断裂的一面,又有继承和互渗的一面。但最重要的是,现代性在世界主流文化中所显出的复杂性和未定性,由此又产生了非西方国家在现代化过程中学习、借鉴和体悟现代性时的多样性和复杂性。(狭义的)现代性是造成现代人类社会异化的重要原因,但它并不是唯一根源,另一根源就是后现代性,我们将在本书第二章对其进一步探讨。

第二章　对后现代性文化根源的探讨

　　不存在任何完美的成就，一切都在创造之中。我们看不到终点，而只看到走向终点的道路。光辉的顶点尚未到达，细致入微的改进还在继续。

　　　　　　　　　　　　　　　　　　　　　　　　——鲁道夫·奥伊肯

　　后现代性其实也是一种现代性，它并不意味着现代性的终结，而是正在来临的时代的现代性，是对现代性的自我反思和超越。这一点虽然在前章已经简单提到，但笔者还是坚持认为，把后现代性单独作为一章进行讨论仍然很有必要，这不但因为它也是造成现代人类社会异化的重要根源，而且现在人们对后现代性和现代性关系的看法还存在着很大的分歧，后现代性在现代性中的位置和所占的分量也很重要，它正在渗透和直接影响着我们目前的现实生活，并已经引起了世界学术界的广泛关注。因此，弄清后现代性这一造成异化的重要根源，也同样是为我们达到消除现代人类社会异化、解放人性、实现完美人格之目的而必不可少的重要一环。

第一节　有板有眼的成长

一、后现代性的背景

　　要进一步弄清楚"后现代性到底为何物"以及"后现代性与现代性的关系究竟如何"等问题，我们首先应当明确一个基本问题，就是"何为后现代?"

　　"后现代"这一术语的出现，首先与"后现代主义"一词的出现有关。所谓后现代主义，就是后现代思想家们围绕后现代、后现代性展开的种种言路。"后现代主义"一词的出处，最早见于西班牙人弗·奥尼斯 1934 年编撰出版的《西班牙暨美洲诗选》一书。但是，关于后现代主义真正兴起的时间，哈桑则认为应以乔伊斯的《芬内根的守灵》(1939) 为上限。而关于后现代主义的开端，奥康诺则将英国 20 世纪 50 年代的"大学新才子"为中心的文学运动作为其标志。自 20

世纪50年代以来,西方社会及文化领域出现了许多引人注目的新现象,现代观念欲对其进行涵盖和解释,却已显得捉襟见肘,无能为力。尽管人们对究竟是什么构成了这一领域的特征还争论不休,但"后现代"这个术语此时已经比较适用于阐释第二次世界大战以来出现的各种文化现象了。由于这些"现象预示了某种情感和态度的变化,从而使得当前成了一个'现代之后'的时代"①,即"后现代"。沃森把魔幻现实主义作家品钦和"新小说家"罗伯·格里耶看做后现代兴起的标志。

所谓后现代,从字面上看,就是"后于现代",或者说"在现代之后"。但是,在杰姆逊看来,现今所谓的"后"至少有两层意义:第一层是时间意义上的先后;第二层意义是后现代在质和量上与现代性是冲突的、不同的,甚至是对抗性的,如后现代对于主体性的摧毁等。尽管后现代思想家反对立足于时间之维把握后现代与现代的关系,但毫无疑问,后现代是相对于现代而言的,在直接意义上(例如利奥塔尔的观点),它着眼于区别于现代知识状况的一种知识状况,由此引申(例如杰姆逊的观点),它也用以指称区别于现代的一个历史时期。

后现代和现代的关系是怎样的呢?是否后现代可以继承现代性计划所未能完成的那些步骤呢?在西方,许多学者都对后现代展开过种种不同的探讨。

贝尔捷足先登,率先以后工业社会理论为立足点,俯瞰了后现代文化全景,并对其进行了阐释。他说,往常伟大的文学修饰语总是以一个"超"字了得,如超悲剧、超文化、超社会等。我们现在似乎已经将"超"字用尽,因此,今天社会学的修饰语变成了"后"字。贝尔所谓的后工业社会,并不是对未来社会秩序的准确预言,而是一种推测性描绘,是根据已经出现的某些特征作出的一种假定。他之所以采用"后工业"一词,是因为他除了强调变迁的间质性和过渡性外,还强调理论知识的中心地位是组织新技术、经济增长和社会阶层的一个"中轴"。贝尔在《资本主义文化矛盾》中指出,经济、政治和文化三个领域各有不同的轴心原则:掌管经济的效益原则、决定政治运转的平等原则和引导文化的自我实现或自我满足的原则,西方社会150年来的紧张冲突就是由它们产生的机制断裂造成的。贝尔还认为,资本主义经济冲动与现代思想自从开始就有其共同根源——自由和解放思想,但是,倘若资本主义越来越正规程序化,那么激烈反抗秩序的现代主义则会越变越琐碎无聊了。正是20世纪60年代的后现代主义把

---

① [美]科勒:《"后现代主义":一种历史概念的概括》,转引自佛克马等编:《走向后现代主义》,北京大学出版社1991年版,第31页。

现代主义的逻辑推到了极端,它反对美学对生活的证明,完全依赖本能,抹杀了事物的界限,认为行动本身就是获得知识的途径。显然,在贝尔看来,后现代主义并不新颖,它只是把曾经秘而不宣的东西公开宣布为自己的意识形态,并把这一精神贵族的财产变成了现今大众的财产,其理论意义就是宣告中产阶级价值观的危机已迫在眉睫,应该重新发掘其神圣意义。可见,贝尔认为,后现代既是现代的终结,又是新时代的开端。

在关于后现代的观点上,哈桑与贝尔既有相似之处,也有他自己独到的见解。哈桑认为,后现代主义是对现代主义在其预示性时刻直接或间接瞥见到的难以想象之物所作出的反应,其流行并不意味着过去思想和制度对今天的影响已经终止,而传统依然在发展,同一的模式正经历着巨变。后现代主义虽然算不上 20 世纪西方社会中的一种原创性知识,却对当今世界具有重大的修订意义。其主要特征表现为不确定性、零乱性、非原则化、无我性、卑琐性、反讽、种类混杂、狂欢、内在性等,并且这些特征可能互相交叉或矛盾。在哈桑的理论视野中,后现代主义首先是作为问题或者说课题而存在的。后现代主义是文学思想中的描述性范畴还是评价性范畴,是一种艺术倾向还是一种社会现象乃至西方人文主义的一种变化? 这个现象的各个层面——心理学的、哲学的、经济的、政治的——又是如何结合或分裂的呢? 他如此地追问,真是耐人寻味、发人深思。

杰姆逊从西方马克思主义的理论立场出发指出,任何孤立的、个别的文化分析都无法逃离历史,都必定要在历史的法庭面前受到审判,只有在历史分期的论述里得到诠释。后现代主义与晚期资本主义密切相关,"不论是褒是贬,任何对后现代主义的观点,都同时也必然地表达了论者对当前跨国资本主义社会本质的(或隐或现的)政治立场"[①]。他还将后现代主义规定为"晚期资本主义的文化逻辑",并认为市场资本主义产生了现实主义,垄断资本主义产生了现代主义,而晚期资本主义产生的则是后现代主义,其表征是:深度模式削平,历史意识泯灭,主体性丧失以及距离感消失等。可见,杰姆逊所说的后现代主义是一个文化的历史分期概念,是一个描述性范畴,并且把后现代主义作为一个文化主因而非风格来加以把握。在他看来,后现代主义作为晚期资本主义文化的主导逻辑,并不完全排除现实主义、现代主义等异质成分的存在。用他的话说,并非今天所有的文化生产都可以用"后现代"这个广泛的观念来概括,"'后现代'就好比一

---

① [美]杰姆逊:《晚期资本主义的文化逻辑》,三联书店、牛津大学出版社 1997 年版,第 426 页。

个偌大的张力磁场,它吸引着来自四方八面、各种各样的文化动力,最后构成一个聚合不同力量的文化中枢"①。

利奥塔对"后现代"的理论观点,主要表现在用"后现代"一词表述发达资本主义社会中的知识状态上,而且将它定义为"对元叙事的怀疑"②。所谓元叙事,就是指18世纪以来人们为现代性知识在哲学和政治上作辩护的两种话语模式:启蒙主义话语和理想主义话语。前者将知识视为人类解放的工具,认为它可以使人类从传统的蒙昧中解脱出来;后者坚持知识必须受到绝对的透视,必须剥离任何片面性。然而,令人啼笑皆非的是,辩护的结果与元叙事的初衷构成绝妙的讽刺——理性并不能对解放作出承诺,启蒙也往往变成一种工具,被用来建立一种新的蒙昧和更加适宜的恐怖。一言以蔽之,正是启蒙主义和理想主义的内在构成导致了现代性话语的解体。因此利奥塔认为,后现代主义以致力于同一性或统一性的消解来增强我们对于差异的敏感度,促成我们对不可通约事物的宽容能力。后现代知识的原则不是专家的同一推理,而是创造者共同追求的谬误推理。由此可见,利奥塔所谓的"后现代"是一个分析性和评价性范畴,是一种非同一性的精神,是一套蔑视限制、专事反叛的价值模式。

汉斯·昆对"后现代"则是这样描述的:"后现代"既不是说明一切的魔符,也不是一个论争用语,而是一个新发明的概念,是一个用于说明一个时代的探索性概念,即应该否定现代的理性迷信、科学迷信和进步迷信,最终通过超越、上升,使现代性中被压抑的、委顿的方面获得崭新的、令人满足的、丰富的功能。

通过对以上诸位哲学家、史学家、文艺理论家对后现代理论探讨的审视,可以看出,很难说它们已经形成了一种界定明确的运动、范式或流派,但也的确呼唤出、揭示出一些相应的文化潮流及知识态度和生活态度,即所谓的后现代主义。可以说,有多少个后现代思想家,就有多少种后现代主义的概念。但总的看来,后现代话语主要关注的是观念层面、意识层面的问题,信奉的是"语言游戏论",认为语言符号的意义取决于符号间的差异,而不是对客观实在的再现和表征。当然,这只不过是后现代话语的自我感觉。其实,任何一种文化思潮都是一定时代的表征,后现代话语自然也不例外。从现实根源上看,后现代话语的兴起在其现实性上有两大根源:一是两次世界大战的爆发;二是科技领域所发生的巨

---

① ［美］杰姆逊:《晚期资本主义的文化逻辑》,三联书店、牛津大学出版社1997年版,第432页。

② ［德］利奥塔:《后现代状态》,三联书店1997年版,第2页。

大变革。如果说前者使西方社会对理性观念、人的自我控制、社会进步等信念发生怀疑，后者则使西方社会对随着知识增长而造成的人与世界的关系、人的能量以及多重性产生迷茫和恐惧。有鉴于此，后现代思想家对支配现代社会的基本理念——现代性，提出质疑，进行反思、解构和重写。

二、后现代性的特征

所谓后现代性是相对于（狭义）现代性而言的。后现代思想家所指斥的现代性，通常是指以启蒙运动为思想标志，以法国大革命为政治标志，以工业化及自由市场为经济标志的社会生存品质和样式。他们把现代性界定为启蒙理性、主体、自由、民主等现代社会的基本理念及运作机制。具体说来，它主要包括文艺作品对意图、设计、等级、大师法则等神圣、鲜明的形式主义特征的偏执，包括哲学家对大写的哲学、绝对真理、基础主义、本质主义等宏伟叙事的热衷，包括政治家对自由主体、历史线性进步论、自由民主主义法则的迷恋，等等。这些作为基本理念，贯穿于现代西方社会的一切价值领域、精神领域和意义领域，居于决定性的支配地位。后现代性则是对（狭义）现代性的解构，它质疑关于真理、理性、同一性和客观性等经典的现代概念，质疑关于社会进步和人类解放的普遍观念，质疑单一体系、宏伟叙事或者解释的最终根据。美国后现代主义者格里芬指出："如果说后现代主义这一词汇在使用时可以从不同方面找到共同之处的话，那就是，它指的是一种广泛的情绪而不是任何共同的教条——即一种认为人类可以而且必须超越现代的情绪。"[①]这种"超越现代的情绪"就是后现代话语中的后现代性。后现代主义，就是后现代思想家们围绕后现代、后现代性展开的种种言路，其理论宗旨就是重写现代性。

后现代主义作为一种社会思潮，其理路林林总总，把重写现代性作为一个错综复杂的思想历程呈现于世。我们可以通过对后现代思想的审视来把握后现代性的基本特征。在社会文化方面，后现代主义主要是对后工业社会的文化现象的反映；在世界观和生活观上，它对因果性、人道主义、合理性、责任和真理都提出了责难；在文学实践上，后现代主义以从内部向现代主义的美学原则发难为宗旨；在叙事风格上，它拒斥"宏伟叙事"，惯于"小型叙事"，其表现是无选择技法、无中心意义、无完整结构，叙述的过程呈发散型，故事的发展呈"增殖"状；在阐释代码和阅读策略上，后现代主义可以用来阐释西方的文艺文本，也可以用于对

---

① ［美］格里芬编：《后现代科学——科学魅力的再现》，中央编译出版社 1995 年版，第 17 页。

第三世界的文学文本的阐释;在文化批评上,它将自己的批评风格及策略发展到后殖民批评、女性主义批评、社会—历史批评等领域。后现代主义的理路虽然五彩斑斓、缤纷多彩,但是它们都贯穿着一种统一的知识态度,亦即后现代性特征。

后现代性特征首先表现在后现代思想家超越了现代的二元论和实利主义,而崇尚"有机主义"(organism)或"和谐"。后现代主义一反现代主义主张主、客体二元对立,强调主体的主导性和客体的从属性的观点,"破除了主—客二分法,摧毁了一方胜过另一方的权威地位,中断了同主体范畴相联系的独断权力关系,并由此消除了其隐藏的层系等级系统"。① 在对人与自然的关系上,后现代主义一反现代主义的"人类中心主义"观念,强调人类既不是宇宙的精华,也不是万物的灵长,人与自然的关系不应该是控制与被控制的关系,人类没有任何理由和权利凌驾于自然之上并随心所欲地改造和征服自然。后现代人并非感到自己是栖身于充满敌意和冷漠的自然之中的异乡人,而是像查伦·斯普雷特纳克所说的那样,他们拥有一种在家园的感觉。他们把其他物种看成是具有其自身经验、价值和目的的存在,并能感受到同这些物种之间的亲情关系。后现代人正是借助于这种家园感和亲情感,用在交往中获得享受和任其自然的态度取代了现代人的统治欲和占有欲。虽然自然之中处处都可以看到不同水平的价值经验的存在,否认人类是"创造之君",是其他东西的目的,其他东西都是为人类使用目的而设的手段,但这并不等于说人的内在价值可以与昆虫相提并论。于是,这种同实利主义的现代意识有着天壤之别的与自然融为一体的后现代意识,就产生了这样一种精神,即它不但把对人的福祉的特别关注与对生态的考虑融为一体,而且后现代人会很自然地在后现代科学中为他们的自我理解寻找支持。譬如说,如果现代精神是以原子物理学为基础,其中自然的最终要素只是外在地与它们的环境发生关系,那么后现代主义者则用生态学和量子物理学反复地证明,我们完全是由内在关系构成的社会存在物。他们把自我决定泛化到各种层次的个体,坚信我们不单是作为社会产品的社会存在物,而且是能在某种程度上对我们所处的环境作出自由反应的具有真正创造性的存在物。

此外,后现代主义也反对现代主义以"个人主义"为中心的观念,认为现代社会各种问题的根源都在于个人主义,强调内在关系的实在性。对内在联系的

---

① [美]波林·玛丽·罗斯诺:《后现代主义与社会科学》,张国清译,上海译文出版社1998年版,第71页。

重视,使得后现代思想家们想要克服社会个人主义或二分化。现代性视个体与他者的关系是外在的、偶然的、派生的,赤裸裸的个人和具有经济职能的民族国家是两个焦点。而后现代性则强调内在关系,把这些关系描述为内在的、本质的和构成性的(constitutive)。如大卫·格里芬所说,个体并非生来就是一个具有各种属性的自足的实体,他(她)只是借助这些属性同其他事物发生表面上的相互作用,而这些事物并不影响他(她)的本质。相反,个体与其躯体的关系、与其家庭的关系、与自然环境的关系、与文化的关系等,都是个人身份的构成性的东西。正是这各种各样的内在关系的存在,构成了个体的身份。后现代思想是公共的或社区主义的,它强调社会政策应当指向保存和重建不同形式的地方社区。后现代主义借助于对内在关系的强调指出,"竞争不是最终的准则"①,人与人之间的关系不是对立的、强制性的,而是和谐的关系。

后现代主义是多元论的和谐,而不是一元论的和谐。我们已经很清楚,现代性思想家将其目标定为预设世界的整体和统一,坚持思想写作的目的就是把本原、基础、中心、本质之类的东西揭示出来,呈现于世人面前。他们认为真理是唯一的"一",思想写作的主旨就是追寻这个"一"。但他们也并不否认"多",只是承认"多"的目的正是为了穿越"多",最终消灭"多",达到那崇高的"一"。"多"的意义在于起到"灯泡"(陪衬)的作用,在于展现自己的同时,渐次引退,渐次若隐若现,直至在"一"的内核中变得微不足道。与此相悖,后现代思想家为了避免对"一"的追寻所造成的知识暴力,充分肯定"多"的价值和意义,其中不但包含着脆弱的悲观主义,更饱含着对无尽的差异、变动和瓦解的愉快憧憬。利奥塔在《后现代状况》中所宣扬的"让我们向整体开战;让我们成为那不可表现之物的见证人;让我们触发差异,保留名称的荣誉",正是对后现代主义的真实写照。

其实,尼采早就指出,"统一性是惰性的需要,多义性是力的信号"②,方法的多元论与思想的多元论是相适应的。据此,后现代主义强调世界的多元性和多义性,因为他们将客体还原为视角的客体,将存在还原为"为我的存在";断然否定所谓"一个在理论上无所不知的观察者",将感知的主体个别化和多元化;强调视角的多面性、意义的多重性和解释的多元性等。后现代解释学强调,理解总是一种对话,一种不断延续的对话,它包括现在与过去的对话、解释者与文本的

① [美]格里芬编:《后现代科学——科学魅力的再现》,中央编译出版社 1995 年版,第 140 页。

② [德]尼采:《权力意志》,张念东等译,商务印书馆 1991 年版,第 600 页。

对话、解释者与解释者的对话等。人类要达到"协同性",只有诉诸多元对话。

后现代主义由崇尚多元和谐,反对现代主义所崇尚的"逻各斯中心主义",进一步走向关注远离权力中心的边缘地带,如黑人的政治权力、少数民族的独特性、殖民地问题、女性地位等。虽然后现代主义的旨趣在随着权力格局的变换而不断游移,但是,万变不离其宗,即始终离不开边缘群体、弱势力量和小型叙事等这些焦点。由于关注边缘、弱势就是关注压迫,因此其解放旨趣使后现代主义在现代社会中获得了所有受压迫者、受排斥者和受压抑者的群起响应。并且,解放不再是一种整体性的事业,而是成为一种微型政治,穿插交织于社会的不同层面和各个领域。

后现代性与时间亦即过去和未来也有某种新的关系。我们知道,现代思想家信奉线性连续进步观,即对未来的美好和社会的进步深信不疑,倾向于认为人类世界有目的地向着某种预先注定的目标进发,从而实现不断进步。然而,虽然现代性的激进的个人主义最初是以未来的新名义使人们摆脱了过去,但它最终削弱了人们对未来的关注,使他们自我拆台式地专注于目前。后现代思想家拆解了过去、现在和未来的时间序列,认为并不存在整体的历史叙事框架,一切都是支离破碎,"历史只是一堆文本、档案,记录的是一个确已不存在的事件或时代,留下来的只是一些纸、文件袋"①。后现代主义者并不是要回到前现代的传统主义——在前现代的传统主义中,人们失去了现代人所具有的那种对新事物和未来的积极向往——它只是恢复了人们对过去的关注和敬意。虽然后现代主义者承认人们是由人们的关系内在地构成的,但他们并不把这种关系局限于人们与当下客体的关系。他们认为,当下的经验在某些方面和某种程度上自身包容了整个过去的经验,每一个个体都包容了对过去和现在的反应。正如鲁珀特·谢尔德拉克(Rupert Sheldrake)所说的那样,在后现代,人们体现着许多流传已久的"习惯"。譬如说,人们对电子、原子、分子、大分子、细胞以及人的心灵的称呼都是已经持续了不同时间的存在习惯。

因为这种观点向人们逐渐灌输了对在过去曾行之有效的存在方式和联系方式的重新尊重,因此它就导致了一种新的保守主义,这种新型的保守主义鼓励保护。他们坚信,现代人由于离开了宗教信仰和实践、离开了亲密的社区的支持,所以他们进行的生存尝试不会产生一个可以长期为继的(sustainable)社会。后现代主义者进一步认为,恢复对传统的尊重并不会导致一种在本质上回避新事

---

① [美]杰姆逊:《后现代主义与文化理论》,北京大学出版社1997年版,第205页。

物的传统主义,而会导致一种具有改革能力的和创造性的保守主义。因为虽然他们承认人类本性不是无限可塑的,但是认为与其他动物的本性相比,人类本性具有更良好的适应性。因此,在后现代主义者看来,最重要的挑战是如何学会把创造性的新事物与破坏性的新事物更好地区别开来。

后现代性与时间的这种新型关系,决定了后现代性当中还包含着对未来利益的基础。现代性认为,未来与现在没有内在的联系,个人的合理的"自我利益"也就不会超出他(她)的有限的生命之外。因此,现代性的激进的个人主义无法提供对未来利益的基础。而后现代主义认为,未来与现在并非像过去与现在那样,以同样的方式发生着内在联系,因为这种将未来完全按过去的样子安排的观点会拒斥自由。然而,现在有些东西的确有未来的意义,未来必然从现在的土壤中生长出来,实际上,现在的贡献隐含着对未来的贡献。现代世界存在着由于即将来临的核毁灭而让人类断子绝孙的可能性,这种可能性对人生意义的威胁使我们认识到,展望未来对现在的存在具有十分重大的建设性意义。因此,为保护百年或千年之后的地球的行动提供资金,同为保护过去的成就提供资金,两者都同样重要和合理。

后现代性还为未来利益提供了另一个基础,即我们是由我们同神圣实体的关系构成的,由于我们关注不朽的神圣实体,因此我们就应关注世界的未来。人类与神圣实体的关系将我们引入了后现代性的中心。正像后现代性既拒斥二元论又拒斥物质至上主义一样,它也同样既拒斥超自然主义又拒斥无神论。虽然各种后现代主义者对此观点的描述各略有差异,但他们大多数都坚持一种所谓的自然主义的万有在神论(naturalistic panetheism)。他们认为,不但世界在神之中,而且神又在世界之中,即世界与神你中有我,我中有你。世界的状况既非只来自于单方面的神的行为,亦非只来自于单方面的被创造之物,而是来自于神与被创造之物的共同的创造性。如里查·福柯所言,此理论说明了精神能量在整个宇宙当中弥散的特点。

在后现代性这个多声部的大合唱中,创造的旋律始终占据着十分重要的地位,倡导创造性是后现代性的一个极为重要的特征。后现代主义对神圣的创造力的恢复,不但能克服晚近现代性中的侵蚀性的虚无主义(包括破坏性的后现代主义),而且又不必回复到早期现代性中经常鼓励傲慢和自负情绪的超自然主义之中去。透过这种后现代的自然主义我们可以看到,神圣实体并非单方面地、一贯正确地把规范和信念移植于任何一种传统之中,我们不能片面地相信神圣实体能把我们寄居的地球从我们愚蠢的行为所导致的自然后果中拯救出来。

虽然神圣实体并没有单方面地把规范植于人的心灵,但这些心灵可以直接地经验到具有神圣根基的规范。后现代性通过恢复一种神圣的观念,使规范和价值在这种观念中找到一种自然的栖身之地,后现代性还通过确证一种非感官水平上的知觉,使这些规范能够借助这种知觉被人们感知到。这样,后现代性就可以克服现代性世界的祛魅所招致的彻底的相对主义。

可见,后现代性虽然崇尚相对、多元、差异和不确定性,但并非注定滑入虚无主义、相对主义和无政府主义的泥潭。霍伊指出:"福柯和伽达默尔都没有一般地反对真理概念和自由概念,他们感兴趣的只不过是这些有待丰富的概念在实践中是如何具体地被解释的。"①罗蒂更是一针见血:"指责后现代主义是相对主义也就是硬说后现代主义持一种元叙说。"②后现代主义运作于现代主义的"局限处",有其特定的针对性,即旨在消解"绝对基础"、"纯粹理性"、"大写的哲学"等超稳定结构。因此,它是对现代主义的划界,它是对马克思、尼采以来拒斥柏拉图主义思想路线的弘扬和细化。由此,我们就可以清楚地理解哈桑所言:"我们都同时可以是维多利亚人、现代人和后现代人。"③霍伊更是具体而明确地进一步解释道:"同一个人、同一种纪律或设置在某些方面可以是传统的,在某些方面可以是现代的,在某些方面则可以是后现代的。"

此外,后现代主义者在对"责任"的看法上也与现代主义者大相径庭。现代主义非常重视责任,而后现代主义却认为责任是现代主义者一相情愿地套在自己脖子上的精神枷锁,后现代人没有必要理会什么责任,因为后现代的个体不是面向过去而是面向未来,倡导的是自由的、开放的思想方式,所以为想象力提供了任意驰骋的广阔空间。同时,后现代主义者对个体的主体性还保持着高度的警惕。在他们看来,各种各样的社会关系构成了一张庞大的权力之网,无论个体是否自觉与自愿,都无法逃避为这张权力之网所监禁、强制和吞噬的厄运。因此,个体的选择、行为以及行为结果之间便不再具有直接的因果关系,而"在缺乏因果关系的情况下,后现代个体无法被要求去担负其主观责任"④。伴随着责任的消解,后现代个体视一切为游戏,重过程而轻结果,重体验而轻理解,因此,

---

① Darid C. Hoy & Thomas Mc, *Carthy: Critical Theory*, Blackwell, 1994, p. 270.
② [美]理查德·罗蒂:《后哲学文化》,上海译文出版社 1992 年版,第 202 页。
③ [美]伊哈布·哈桑:《后现代转折》,载王岳川等编:《后现代主义文化与美学》,北京大学出版社 1992 年版,第 113 页。
④ [美]波林·玛丽·罗斯诺:《后现代主义与社会科学》,张国清译,上海译文出版社 1998 年版,第 81 页。

生活本身则表现为一个无限替换的无中心、无本原的过程,具有很大的随意性和偶然性,这也就必然放弃了担当生命本身所固有的严肃性。

强调有机性、内在联系和创造性的后现代社会思想的另一个总体特征是,它力图克服致使现代社会机械化的现代性。迪恩·弗罗伊登博格(Dean Freuden-berger)在他的论文当中强调,农业的第一重点不再是让大批劳动者像机器一样高效率地工作,而不顾及他们有发挥自己的想象力和创造力以及参与决策过程的需要。农业只有减少其机械化程度并增加其有机性,才能得以继续维持下去。

后现代性还有另一个重要特征,就是后父权制观点。对此,里查·福柯、乔·霍兰德、凯瑟琳·凯勒和查伦·斯普雷特纳克等都有相同的观点,他们认为,现代性是父权制文化的极端表现,因此对现代性的恐惧唤起了人类心灵对父权制所包含的东西的恐惧,而对现代性的超越就会导致对父权制的超越,因而也是对过去数千年的主流的超越。我们面临的变革比起克服过去几百年中占统治地位的主流倾向具有更重要的意义,因为后父权制这一后现代性特征使许多过去可望而不可即的事成为可能,正如福柯所说,我们可能正生活在新的重大突破的第一阶段。当然,愤世嫉俗者也许会认为这些观念本来就在意料之中,它们现在只不过是被世纪末的期待(end-of-the-millenium,世纪末的期待,基督教《圣经·启示录》载,世界末日前的1000年,基督将会复活,并亲自为王来治理世界,那时历史就会进入一个黄金时代)加倍地渲染了的乌托邦式的幻想曲,因而会对这些观念嗤之以鼻。但后现代主义者认为,这些愤世嫉俗者应被划归后愤世嫉俗者(postcynical)之列。未来更加美好的新事物必定会产生,而且,那些新事物的产生很有可能要靠那些与愤世嫉俗主义和乌托邦主义格格不入的后愤世嫉俗者来实现。

我们知道,后现代性特征可以大体上分为两类:建设性的后现代性特征和解构性的后现代性特征。以上我们所了解的后现代性特征,都基本上只是属于前者当中的一部分,除此之外,我们还可以通过审视如下后现代主义的分类,再进一步把握建设性的后现代性特征和解构性的后现代性特征。

首先,怀疑论的后现代主义和肯定论的后现代主义。前者受尼采和海德格尔思想的影响,认为没有什么社会的或政治的方案值得人们去为之奋斗,剩下的只是游戏,后现代是一个片断、解体、抑郁不安、无意义、含混不清的时代,真理不再存在;后者赞同怀疑论的后现代主义者对现代性的批判,但是他们对后现代持有一种比较乐观的看法,既满足于认同现实,又欢迎积极的斗争。其次,反应性后现代主义和抵制性后现代主义。前者着重于描述现象,后者则着眼于对现实的态度；前者歌颂现实，后者则反抗现状。因而前者亦可称做庸俗的后现代主义，后者亦可称做积极的后现代主义。源于西方马克思主义批判传统的后现代思想家杰姆逊就是被解释为庸俗的后现代主义者引介到中国的，从而使得后现代主义难逃"骂"名。再次，G.格拉夫区分了愤世嫉俗、悲观绝望的后现代主义和耽于幻想、放浪形骸的后现代主义。霍尔·福斯特区分了"新保守"的后现代主义和"后结构"的后现代主义，前者保留了叙述的传统、传统的历史、主体、表象和人道主义等概念；后者则明确地反主体、反表象、反历史和反人道主义；等等。

建设性的后现代性，试图通过对现代前提和传统概念的修正而建构一种后现代世界观来战胜现代世界观，而不是通过消除世界观本身存在的可能性；而解构性的后现代性，是通过消除世界观中的上帝、自我、目的、意义和客观实在等不可或缺的成分，以一种反世界观的方法战胜现代世界观。然而，"解构性"与"建设性"之分，不能太想当然，不能过分夸大，其实它们只是在开始回头"建设"之前将"破坏性"推及的程度不同而已。例如，虽然德里达和福柯往往被看做是破坏性的后现代主义的代表人物，但是，德里达对现代主义进行解构并不是为了封闭其自身意象，而是为了将其开放和重写，福柯也只不过是追踪现代性作为问题的谱系，他们与所谓建设性的后现代主义者罗蒂并没有原则上的不同。按照利奥塔关于后现代主义旨在重写现代性的观点来看，德里达和福柯是把工作的中心放在了"重"上，致力于思考"重"何以可能，亦即"重写"的前提条件和可能性问题；而罗蒂则将其关注的眼光集中在"写"上，比较多地思考"写"的具体运用，亦即"重写"的策略和机制等问题。可见，德里达、福柯与罗蒂之间并非"破坏性"和"建设性"的不同，而只是他们在"建设"之前将"破坏性"所推及的程度的差异。

以前，国内绝大多数学者对后现代性的研究和介绍只侧重于破坏性的后现代性，只局限于后现代性的摧毁、解构和否定性向度，而对其积极的、肯定的、建设性的内涵则鲜有考察，以至于对后现代性的理解形成这样一种思维定式：后现代性是专讲摧毁和否定的，因此是虚无主义的、否定主义的和悲观主义的。这样，就把后现代性简单化、片面化了，它遮蔽了后现代性的丰富性、复杂性和多样性的理论内涵。我认为，只有将后现代性的建设性向度和破坏性向度全面把握，才能合理地、正确地理解后现代性，才能以其正确地指导我们的生活实践。其实，发端于西方的后现代主义之所以能越过大洋，引起国内学者的极大地广泛地关注，并非主要在于声势的浩大，而是在于其思想的独特与新颖，在于它所提出的问题都是与今天全人类的生存和命运息息相关的,都是人类要生存和发展下去必须亟待解决的问题。

在笔者看来,后现代性不但作为一种知识态度值得赞赏,而且作为一种边缘话语也发人深思,但这种知识态度和边缘话语逻辑地导向了或预设了一个新的生活世界,即后现代世界图景。笔者认为,与其说后现代性倡导反理性,不如说它是在强调绝对理性的霸权和虚妄;与其说后现代性彻底怀疑历史的进步性,不如说它只是想警告世人关于历史进步的信念往往使人耽于迷信而缺乏警惕;与其说后现代性倡导反人道主义,不如说它在强调人道主义的内在虚弱和暂时性。后现代主义无非是要人明确,没有什么东西能为人类幸福和社会发展提供绝对保证,上帝根本不存在,人性也是虚构的。虽然后现代性承认同一性与非同一性、整体与差异、自我与他者、科学与意识形态等相互统一、相互依存,但在后现代世界图景中,差异、多元性、异质性却被置于强调和肯定的一边,而整体、中心和连续性则被视作压迫性的力量。因此,后现代性既无法提供一套系统的理论来对现实社会进行总体性的认识,也不能提供一个可靠的支点用以建构一个新的世界。所以,后现代世界图景必然是支离破碎、动荡不定的,必然是削平了深度的、平面化的。这样一个世界还能称之为"世界"吗? 后现代世界图景的根基究竟何在?

总起来看,后现代思想家众声喧哗,通过把现代性作为需要直面的问题,集中展示了当代社会的精神困境,他们试图重写现代性,使后现代性呈现出斑斓驳杂、五彩缤纷的局面,毫无疑问,这不但有利于我们从新的视角出发,重新省察人与人、人与世界之间的关系,而且有利于我们重新省察语言与世界、理论与实践、历史与虚构的关系,从而不断突破形而上学的思维方式,使人们得以面对事物本身,从形而上学的高空返回坚实的大地,重新获得圆润、真实的幸福。但是,令人失望的是,后现代主义者没有从根本上指出一条摆脱困境的具体道路。后现代性在否认任何对世界进行整体描述的可能性的同时,它自己却又不知不觉地从事了这项工作,重新蹈入了一种"新的宏大叙事"的覆辙。

通过上述分析,我们可以给后现代性粗略地下个定义了:后现代性是第二次世界大战以后出现的一种(广义)现代性,是与(狭义)现代性相对的导向统一世界史的现代文化的全球化特性,是对(狭义)现代性的解构。它崇尚相对、多元、差异、异质性和不确定性,倡导解构性、创造性、有机性和内在联系。它消解责任,质疑关于因果性、人道主义、真理、理性、同一性和客观性等经典的现代概念,质疑关于社会进步和人类解放的普遍观念,质疑单一体系、宏伟叙事或者解释的最终根据,反对现代性主张主、客体二元对立和强调主体的主导性和客体的从属性的观点,反对现代的"人类中心主义"观念,力图克服致使现代社会机械化的现代性。更详细地说,它强调绝对理性的霸权和虚妄,强调人道主义的内在虚弱和暂时性,警告世人关于历史进步的信念往往使人耽于迷信而缺乏警惕,认为没有什么东西能为人类幸福和社会发展提供绝对保证,上帝根本不存在,人性也是虚构的,将整体、中心和连续性视为压迫性的力量。所以,它也必然给人类社会带来异化。后现代性主要是指审美现代性,它是世俗化、理性化的产物。因此,与其称之为审美现代性,倒不如称之为文化现代性;将审美现代性的定语"审美"称为"审美",倒不如称之为"文化"。所以,这个"审美"与审美教育的定语"审美"并非是同一个概念,这也就是审美现代性(后现代性)必然会给人类社会带来异化的原因吧!

三、后现代性的基石

后现代性虽然色彩斑斓,纷繁复杂,但它们并非空穴来风、天马行空、无中生有。如果撇开后现代主义者之间的那些局部差异,而暂时把着眼点置于他们之间的共同点,那就会发现后现代性存在着一个鲜明的共通点,即其思想资源皆基于后现代主义哲学话语。其基本立场与态度表现为对现代性由以奠定与确证自己的基本原则的无情攻击,其气质表现为激烈的审美情绪,但这种审美情绪又不同于浪漫主义。倘若把浪漫主义文艺及其美学视为现代性话语内部的一种调校性和反思性声音的话,后现代主义的泛审美话语则从总体上反对和摒弃现代性的各个侧面,从而成为后现代景观中没有规则的游戏的范式。

后现代主义哲学话语导源于尼采。在尼采之前,无论是黑格尔本人,还是其左翼和右翼的门徒都没有对现代性作出全盘否定和批判,都只是围绕着对主体中心理性的不同侧面进行强调,只是在启蒙辩证法的总体框架的内部进行微调,来实现为更高的理性所扬弃的自动主义;而只有从尼采开始,才从根本上对现代性由以确证自身的主体中心理性以及它的全部启蒙方案进行质疑,才将它们统统作为应当被扫进垃圾堆的颓废的象征,启蒙辩证法整个地成了"对生命力的持续反动"的现代版本。尼采说:"思想启蒙运动,是一种必要的手段,使人变得更无主见、更无意志、更需要成帮结伙。简言之,在人们中间促进'群畜'的发展。这也就是过去一切伟大的统治艺术家(中国的孔夫子、罗马帝国、拿破仑、教皇,当这些人同时将目光扫向世界,并且毫不掩饰地追求权力的时候),在以往统治本能的极盛时期,他们也利用过思想启蒙的原因。……在'进步'的幌子下,会使人变得更卑贱,使人变得更顺从统治!"我们可以将此看做尼采全盘反对现代启蒙运动的总纲领。

尼采对现代性的攻击与现代性的奠基完全是针锋相对的。首先,现代性将主体性作为奠定自身的根本基石,尼采就攻击主体性。他首先从哲学的角度对主体性哲学进行了现代以来最为彻底的批判与拆解。他认为,传统哲学对"主体性"——在大多数哲学家那里体现为"自我同一性"——的追寻都是徒劳无功的,其根本原因并不在于方法上的错误,而在于恒定不变的自我或主体是根本不存在的,都是虚构的。现代哲学为了把握世界而虚构了自我或主体的概念,反之,也正是因为它虚构了自我或主体,世界也就成了主体加以凝视的对象——客体,这样,原来生生不息的世界("生成")变成了一种凝滞物和存在物,即一种固定的对象。现代哲学因此也就陷入虚无主义的荒漠之中。尼采在他的《权力意志》中以明快的语言和犀利的文笔对这一主题进行了集中阐述。倘若尼采对现象之生生不息的生成、演化过程的阐明,对同一性哲学的质疑,对欧洲主体性哲学起源于印欧语系的世界逻辑化等思想,直接预示了海德格尔和德里达的话,目前的思想无疑启发了福柯,福柯的大多数主题都可以从这里找到起源。尼采主要是哲学层面的论述,到了福柯才将其作为社会思想层面的东西。是福柯实现了从尼采的权力意志(作为个人生命力的充盈和丰沛的哲学概念)向权力—话语(作为人与人之间的统治与支配关系的社会学概念)的转变。毫无疑问,尼采是全部后现代思想的策源地,而后现代思想的力量又来自对全部现代哲学的攻击。

其次,主体性集中地体现在客观科学之中,尼采就攻击客观科学。尼采认为,主体(首先是笛卡尔的"我思")成为现代科学的起点。倘若没有主体性思想,没有将世界对象化的主客两分法,也就不会有现代科学。因此,他从拆解这一二元对立的世界观开始便着手对客观科学及其真理观进行批判。尼采不但认为"主体"只是一种虚构,作为科学核心原则的因果关系原则也是一种虚构,而且还对同一性进行拆解。他通过拆解科学客观性的基础——因果性,最后达到对于科学真理的颠倒、消解和覆盖。后来,德里达的解构理论就是由此发展而来。所谓解构,首先就是颠倒原有的关系,其次是消解原有的界线,最后将打乱了的要素置于一种具有更大的包容性的状态。这也就是德里达所谓的"覆盖"。

再次,主体性又体现在道德自决之中,尼采就攻击道德自决。我们通常认为尼采以攻击基督教道德闻名于世,但在此我们看重的是他的具有批判现代性意义的对一般道德现象的阐述,特别是他揭示了现代性的重要基础——道德自决

（主体性原则的一大分支原则）——的现代狂妄，并对其进行了消解。具体说来，尼采攻击现代性的自由意志、道德自决原则，主要是从如下三个方面入手的：第一，尼采抨击了现代人道德自决的前提——现代人知道自己每个行动的原因——这一致命的自负，并将这一现象视为现代自大狂的一大例证。第二，尼采指出，虽然到了现代人们才将道德自决归因于道德认知，并把道德（善）等同于认识（知）的"最古老的幻想"推向登峰造极的状态，但它早在苏格拉底和柏拉图那里就已经奠定了基础。第三，尼采将道德估价的基础从根本上进行了扭转。他认为，道德的善恶为生命力的强弱所取代，德性的追求为权力意志所取代。"好"成为强者充沛、力量、慷慨和肯定的价值，而"坏"则是弱者虚伪、阴毒、怨恨和否定的价值，即主子道德与奴才道德的不同价值在全新的基础上得到了重估。

最后，主体性更体现在浪漫主义及其艺术自主的主张之中，尼采就攻击浪漫主义及其艺术自主的主张。然而，尼采对艺术自主的攻击与对客观科学和道德自主的攻击不同。在对待客观科学与道德自主原则时，他采取了颠倒、打乱和覆盖的典型解构程序。而在对待艺术自主时，他却或多或少地作了保留，即他并没有全盘否定艺术自主这一原则，而是就艺术自主原则的内涵作了调校。因此，尼采的背后留有严重的现代主体哲学的尾巴，从而导向了海德格尔所批评的"最后的形而上学"。

然而，尼采对主体性的攻击并非以简单否定了事，而是把主体中心理性本身理解为权力意志的一种受虐狂式的颠倒，现代的以主体为中心的理性的虚无主义的统治则被理解为权力意志的反常表达。尼采认为，它们都是权力意志的表现，但那是作伪的权力意志。他在分析主体性的核心基础——个体中心主义——时说："我们中间的绝大多数人，无论他们是多么热衷于想象和谈论他们的'自我中心主义'，却终其一生不曾为他们的自我做过一件事情：他们的所作所为全都是在为他们的自我的幻想效劳，这种幻想是在他们周围的人的头脑里形成并被灌输到他们的头脑里——他们全都生活在一片抽象和半抽象的流行意见的捉摸不定的迷雾中，像做梦一样评价和被评价着，一个人居住在另一个人的头脑中，而这另一个人又永远居住在其他什么人的头脑中：一个离奇古怪的幽灵世界！……这种习惯和意见的迷雾几乎独立于生活于其中的人群而存在和生长，对于通常所谓的'人'的观念产生了无法估量的影响，使这些对于他们自己一无所知的芸芸众生对于苍白的抽象的'人'——实际上是一个虚构——反倒坚信不疑。"①

---

① ［德］尼采：《权力意志》，张念东等译，商务印书馆1991年版，第77页。

尼采对现代性的抨击异常有力,可谓击中了现代性的命门。

但是,尼采在人的行动、作为和过程背后设定一个原本性的东西——权力意志,仍然在两个向度上陷入了他自己曾一度拼命反对的形而上学:一是他的肉体—权力的还原论倾向;二是他的回归前苏格拉底的泛审美化倾向。在某种程度上,我们可以将尼采的新形而上学视为"生命—权力—肉体"三位一体的哲学。尼采曾经呼吁:"弟兄们,宁肯随我听从健康的肉体的声音吧,此为更诚实、更纯洁的声音。健康的肉体在更诚实更纯洁地说话,这个完美的端正的肉体在叙说着尘世的意义。"①他还指出:"根本的问题:要以肉体为出发点,并且以肉体为线索。肉体是更丰富的现象,肉体可以仔细观察。肯定对肉体的信仰,胜于肯定对精神的信仰。"②而尼采的回归前苏格拉底的审美泛化是其新形而上学的另一个锚点。因为尼采将"人"、"自我"、"主体"之类的概念皆视为虚构,所以他无法发展出一种社会概念。对尼采来说,只有肉体、力感、权力意志才是唯一真实的,这就使他只有通过审美化的泛滥来谋求对现代以个体主体为中心的理性进行批判,因此他也就不可能提出一种有效的社会分析和批判。

尼采既是反现代性的勇敢斗士,也是后现代的策源地。他的新形而上学哲学思想成为后来海德格尔、德里达、巴塔耶、福柯等后现代主义哲学思想家的源头活水。

继尼采之后,欧洲最重要的思想家海德格尔在关于现代性的后现代言说中占据了重要地位。他的后现代话语集中表现在对现代性三位一体——现代科技、虚无主义与形而上学——的批判中。首先,海德格尔认为,现代的根本现象是科学,机械技术始终是现代技术之本质的迄今为止最为显眼的后代余孽,而现代科学,特别是现代技术的本质乃是形而上学。"如若我们成功地探得了为现代科学建基的形而上学基础,那么就必然完全可以从这个形而上学基础出发来认识现代的本质。"③他进一步说,我们今天称之为科学的东西的本质是研究,而科学研究的本质首先就是从存在论上去建构一个存在者领域,即一个研究的对象领域。科学研究的第二个本质则是"表象方法",也就是说,现代科学研究的本质,除了首先取决于建构一个对象领域外,还取决于对这个对象领域进一步精细的筹划,这个过程就是"表象"。表象意味着再现、重复、验证。现代科学研究

---

① 　[德]尼采:《查拉图斯特拉如是说》,黄明嘉译,漓江出版社2000年版,第25—27页。
② 　[德]尼采:《权力意志》,张念东等译,商务印书馆1991年版,第178页。
③ 　[德]海德格尔:《世界图像的时代》,见孙周兴选编:《海德格尔选集》,下卷,上海三联书店1996年版,第886页。

的第三个本质特征是"企业活动"（betrieb），意思是，现代科学的研究就像企业一样，随时调配各种要素，并且使人（学者）也成为其中的一个要素（研究者）。总而言之，在海氏看来，现代之为现代，就是人作为主体从万事万物中顶天立地出来的过程。

海德格尔对现代技术本质的反思贯穿了他整个后期思想，反映了他对现代性的总体看法。同批判现代科学一样，海氏断然否定技术的工具性和人类学——技术是合目的的手段以及技术是人的行动——这一理论的圆满性，认为现代技术的本质远非是工具性和人类学特征所能概括的。海氏首先通过对希腊词"解蔽"（常译为"真理"）一词的词源学分析，揭示技术的本质是一种解蔽，即本质上是一种对于世界的构造（展现、解蔽），而不只是单纯的手段。他认为，技术的一般本质是解蔽或展现，而现代技术的本质乃是对世界的纯技术的构造。他在《技术的追问》中对现代技术的本质作了比较详细的界定：首先，海氏认为现代技术虽然是一种解蔽，但不是一般意义上的解蔽，而是一种强求或促逼（herausfordern）。他说："此种促逼向自然提出蛮横要求，要求自然提供本身能够被开采和贮藏的能量。"① 其次，现代技术的解蔽还是一种限定或订造（bestellen）。他说："现在，就连田地也已经沦于一种完全不同的摆置着自然的订造的旋涡中了。它在促逼意义上摆置自然。于是，耕作农业成了机械化的食物工业。空气为着氮料的出产而被摆置着，土地为着矿石而被摆置着，矿石为着铀之类的材料而被摆置，铀为着原子能而被摆置，而原子能则可以为毁灭或和平利用的目的而被释放出来。"②也就是说，自然之物被从某一方面预订和限定在某个维度上，因此预订或订造总是一种限定和定位。

海德格尔认为，"这个世界之成为今天这个样子以及它如何成为今天这个样子，不能是通过人做到的，但也不能是没有人就做到的。"就是说，现代技术之所以如此，既不完全是人类自造孽的结果，也不是与人类全然无关的事情，而是存在的天命，对于这个天命，人类除了应合于它之外，别无他策。技术在本质上并非就摆在人手中的一种东西，而是靠人自身的力量控制不了的。

海德格尔还认为，现代科学技术的本质奠基于现代形而上学。所谓形而上学，就是只追问什么是存在者或什么是存在者的存在，而没有追问存在本身或未

---

① ［德］海德格尔：《技术的追问》，见孙周兴选编：《海德格尔选集》，下卷，上海三联书店1996年版，第932—933页。

② 同上书，第933页。

思存在的真理。形而上学就是存在论。无论是现代形而上学还是希腊形而上学都建立在存在论的基础上，即把存在者当做持留或者持续的在场。由于形而上学把存在作为存在者之根据，所以它很难摆脱将存在也当做一种存在者的思想，无论它是作为最普遍的存在者的"存在"，还是作为最高级的存在者的上帝，作为根据之思的根据都始终晦暗不明，形而上学历史也就陷入德里达所说的"根据的不断替代中"。康德曾将形而上学奠基于主体之主体性，而这个主体之主体性被揭示为先验自我。但在海德格尔看来，这个基础根本上就是仍在动摇着的和晦暗不明的。自从海氏明确意识到这一问题时，他就明确提出了放弃形而上学不断寻求新的根据的替代努力。海氏后期明确主张形而上学奠基工程不可能在形而上学内部完成，他坚决主张完全废用"存在论"一词。

　　海德格尔还认为，形而上学本质上是虚无主义，对虚无主义本质的思考也就是对现代人的处境的思考，就能把握现代性的本质。海氏通过对尼采的话"上帝死了"的阐述，说明了尼采最终完结了西方形而上学的历史，并说明了在后形而上学中思考该如何开始。他说，尼采颠倒了形而上学的基础，但这次颠倒在许多方面都不同于以往的颠倒。以往只是单纯的颠倒，只是以一种根据替代另一种根据，从而也就不能逃脱原有形而上学二元对立的基本结构。而尼采却不然，他的哲学是对形而上学的反动，是对西方整个形而上学的颠倒，并将颠倒后的基础设定为权力意志。因为他否定了超感性世界（尼采将超感性世界当做感性世界的心理投射），感性世界也就丧失了由以立足的境域。换言之，一旦被废黜超感性世界，感性世界也就失去了借以被界出的那个视界，这样，尼采就瓦解了西方形而上学的二元对立结构。海氏还断言："如果作为超感性的根据和一切现实的目标的上帝死了，如果超感性的观念世界丧失了它的约束力，特别是它的激发力和建构力，那么，就不再有什么东西是人能够遵循和可以当作指南的了。"①"上帝死了"说明这种虚无展开自身。"虚无"又意味着一个超感性的、约束性的世界的不在场。这样，"一切客人中最可怕的客人"——虚无主义——就随之来临。形而上学是虚无主义这个不速之客得以寄宿的栖身之所，西方形而上学千变万化的面孔所赖以展开的那个谜底原来是虚无！

　　然而，尼采反对以新的价值替代上帝的空缺的那种"不完全的虚无主义"，主张完全的、完成了的经典的虚无主义。"上帝死了"意味着开始关于迄今为止的最高价值的彻底重估。经典虚无主义虽然包含着"对一切以往价值的重估"，

---

① 孙周兴选编：《海德格尔选集》，下卷，上海三联书店 1996 年版，第 771 页。

但这种重估并非仅以新的价值来替代旧的价值,而是对价值评价的特性和方式的颠倒。价值设定需要新的领域、新的原则,而且其原则不再是已经失去生命的超感性世界。所以,这样的虚无主义将去寻求最有生命的东西,而这个最有生命的东西,这个新的最高价值,这个作为以往的最高价值废黜之后此岸世界本身的最高原则,就是尼采所说的权力意志。由于尼采最终还是免不了要给世界寻找一个终极的基础,所以他也就免不了陷于最后的形而上学。因此,海氏断言把尼采哲学称为权力意志的形而上学。他说,假如形而上学把在其存在中的存在者思考为强力意志,那么它就势必把存在者思考为设定价值的东西。形而上学在价值、价值作用、价值废黜和价值重估的视界中来思考一切。现代形而上学由此发端,其本质就在于它探求绝对不可怀疑的东西、确定可知的东西、确定性。现代人的本质特征,就是他不仅决定于权力意志,而且对决定于权力意志这一事实达到完全的自觉。这种自觉的有意识状态,被尼采称为"伟大的日午",即最明亮的时代或意识的时代。其要义就在于,现代人已经不再无意识地受权力意志的驱使去保持和提高,而是有意识地、心安理得地遵照权力意志的存在法则去生存和张扬。

海氏对现代性的诊断反映出玄学化和审美化的泛滥,因此不可能概念化现代社会的基本特征,从而也就无法在理论层面上对其作出区分。海氏认为,现代进入了彼此对立的世界强力观念最激烈的斗争阶段,即美国主义、共产主义和国家社会主义之间相互斗争的阶段。它们各自的基本立场区别明显,各自都为自己辩护,但它们都是在被技术魔化了的十分接近的共同基础上进行的。形而上学地看,美国与俄国"完全是一回事","同样都是脱缰的技术化和组织化,是无根底的普通人的绝望狂奔"[1],一句话,同样都是现代性的产物。"在这个斗争中……人类使用无节制的暴力对一切东西进行计算、计划和培植饲养。"这样,计算的美国主义、计划的共产主义与培植饲养的国家社会主义最后一起归属到了现代性的大本营。

海德格尔从哲学的角度为现代性,尤其是在他眼中已达到顶点的20世纪的现代性,作出了至为深刻的病理学诊断,因此他的思想是深刻的。但是,海氏对现实问题的哲学涂色,特别是对政治问题的玄虚化(即哈贝马斯的"蒸发化"),使其缺少最基本的社会理论概念,从而不可能对社会现实问题作出基本的分层与区别。难怪阿尔诺曾愤怒地批评说,海德格尔的存在论是导向法西斯制度的

---

① 萨弗兰斯坦前揭书,第389页。

"待命状态"。

海德格尔推进了尼采以来的后现代哲学话语,然而,德里达沿着他们思想的足迹在后现代主义哲学的道路上走得更远,步伐更激进。他将哲学史和思想史上争论不休的问题推到其逻辑极点,并尖锐地指出,争先恐后的各种哲学都是逻各斯中心主义的不同版本。德里达廓清了所涉问题的云遮雾绕,且将问题推论至荒谬绝伦的地步,从而使人们对现代性话语有了一个更为清晰的参照系,也正是他把现代性问题凸显到了令人不得不正视的位置。

德里达在为人们对现代性话语提供了一个更为清晰的参照系的同时,他自己也被其解构的立场蒙住了眼睛。他通过揭示语言与言语的循环来反对索绪尔的意义理论,通过揭示言语行为与语境之间的循环来反对奥斯丁的意义理论。结构主义说意义来源于语言符号的结构性差异,德里达便说此结构是没有边界的,因而意义也是无从着落的。语用学说意义来自说话人的意向以及话语的语境,德里达就说讲话人的意向被永久地纳入惯例的可重复性,且语境也可以无穷扩展,使意义无法得到最后的确认。倘若认为如此抽象的讨论缺乏强有力的说服力,我们不妨试举一例,既可以洞察德里达的解构之道和解构风格,又能彻底暴露德里达解构哲学的弱点。

德里达曾将芝诺悖论作为解构所有在场的形而上学的最好例子,卡勒对此又作了进一步阐明:倘若说现实是任何特定瞬间所呈现的东西,飞箭便产生了一个矛盾。箭在任何一个瞬间都是个特定的点,它总是处在一个特定的点上永远不动。但是,箭在飞行的自始至终的确在每一瞬间运动着,而它的运动永远无法在呈现的任何刹那间呈现出来。卡勒指出,芝诺悖论本意是要说明运动的不可能性,但令人信服的是它所展示的在呈现之上建立一种体系的困难。我们将真实视为任何给定瞬间所呈现的东西,是因为这个现时的瞬间似乎是一简明而又无以分解的独立体。过去是对先时的呈现,将来是对预期的呈现,而现时的瞬间却毫无疑问是一个自足自立的给定结构。可见,德里达和卡勒对芝诺悖论的解读,是对形而上学进行解构的一个极为出色的范例。

物体运动的实际情况应当是辩证的。运动的呈现只有在每一瞬间已经被刻上过去和将来的踪迹的情况下才可想象。也就是说,唯有当现时的瞬间不是某一给定之物,而是与过去与将来之关系的产物之时,运动才能被呈现出来。一个给定的瞬间,唯有当其自身内部分裂并为非呈现所居之时,其间才有事件发生。卡勒由此认为,芝诺悖论是一种非辩证的对世界的观照,所以芝诺是荒唐的;德里达不明白事物运动与静止的辩证关系,也不明白呈现与非呈现、在场与非在场的辩证关系,因此他也是荒唐的。能解决芝诺悖论的,既非仅仅固执在芝诺的两项对立,亦非只停留在德里达揭示两项对立的荒谬上,而只有辩证法中的第三项,揭示两项对立的荒谬并不能消除这个两项对立本身。一言以蔽之,要从根本上消除两项对立的人类宿命,只能诉诸不断进行的人类实践。

无独有偶,卡勒还列举了尼采对因果关系进行解构的例子。尼采在《权力意志》中反复争辩说,因果结构的概念并非某种天生使然的东西,而是种精巧的比喻或修辞活动的产物,是一种因果先后秩序的颠倒。"日益被我们意识到的外部世界的片断是源出我们心上产生的效果,继之投射上某种'后来之物'作为它的'因',而在内在世界的现象学中,我们颠倒了因和果的先后顺序。'内在经验'的基本事实,即是果发生后去想象因。"①所以因果图式不是一种无可置疑的基础,而是由一类比喻操作所生,是某种转喻或换喻,即以因代果的产物。卡勒坚决反对尼采的这一观点,认为因果关系是我们这个宇宙中的一个基本法则。假如不是首先认定因产生果,我们将无法生存或思考,因此,因果原则在逻辑上和时序上维护了因对果的居先地位。

尼采对因果关系的解构被认为是解构主义的经典之作。我们知道,尼采为了对现代性由以奠定自身的那些基本原则实施攻击,他的矛头首先对准了主体性概念,其次把他的火力集中于客观科学的观念。他认为,由于主体性是一种虚构,因而使主体得以从中独立出来的客观实在与因果同样也是人类在观念上的构造。尼采为了自圆其说,他不惜将感觉现象与人类理性的秩序头足倒置,将居先权赋予感觉—肉身—生命。由此可见,尼采对因果关系的解构完全建立在对知觉或现象秩序高于理性秩序的假设之上,他也正是由此跌进了肉体还原论的形而上学的泥坑。在尼采上演了这出悲剧之后,追随尼氏的德里达又戏剧性地重演了同样的一幕。因为德里达虽然避免了肉体还原论,但他陷入了"源始书写"的还原之中,更可悲的是,德里达文本的寄生性与绝育性使其不可能产生任何建设性力量,从而成了后现代主义"没有规则的游戏"的典型范例。

此外,福柯作为一位重要的后现代主义思想家也受到尼采的直接启发,他也处于当代哲学和社会思想领域的问题的核心。哈贝马斯认为,尼采的理性批判的动机是通过巴塔耶到达福柯的。巴塔耶以社会理论和思想史为突破口,对启蒙理性和现代文化进行攻击,其姿态与理论性向正与福柯"臭味相投"。巴塔耶对那些能够颠覆和扰乱工具理性、资产阶级文化规范的异质性领域以及宗教热

---

① [英]乔纳森·卡勒:《论解构》,陆扬译,中国社会科学出版社1998年版,第73页。

忧、性事和"迷狂经验"所具有的那种狂乱的、爆炸性的力量坚决拥护。他一反理性主义的政治经济学观点和哲学观点,试图超越功利主义生产与需要,颂扬一种将消费、浪费和挥霍视为解放之途的"一般经济学"。尤其是他对自主的哲学主体的猛烈攻击以及对逾越性经验的拥护,深深地影响了福柯。巴塔耶在迷狂的自我放纵和纵欲的自我迷失的范例经验中发现了日常生活的同质世界中之异质力量的爆发,福柯与他有惊人的相似,怀疑在临床医学上出现的精神疾病,怀疑那些疯狂的各种面具背后存在着某种真正的东西,只是其缄默之口还没有被开启,等等。

福柯的著名之处在于他的丰富的、具有独创性的后现代主义话语,而其后现代性话语主要集中在他从以下几个方面展开的对现代性的批判当中:

首先,福柯对现代性由以奠定自身的理性基础进行了批判。福柯对理性的攻击和批判的导火线是尼采的权力理论。概而言之,现代理性就是邪恶而又令人厌恶的权力意志。因此,揭开理性的面纱而显现权力之所为的赤裸的状况就是对理性进行批判的目标。为达到这一目标,"在巴塔耶那里,这采取了调查'理性的它者'的形式。所谓'理性的它者',是指那些被有效用的、可计算的和可掌握的世界放逐和贬斥到一边的事物。在福柯那里,它采取了系谱学揭秘的形式,即揭示知识与权力之间的盘根错节的内在关联。"①福柯认为,现代理性是一种颇具压迫性的力量,它通过社会制度、话语和实践等形式进行对个人的统治,像疯狂、性行为等各种人类经验都受到它严密的分析和监视,将它们全部拿到理性的法庭面前进行审判。在理性主义和科学的框架内以及在现代知识的话语中,它们被推论性地反复建构,并变得更加易于管理和控制。福柯对理性所作的尖锐批判莫过于对理性的压迫性力量的黑暗的无情揭露。启蒙思想家坚信人是理性的造物,理性是一种结构性的力量,而所谓启蒙就是敢于使用这种力量。福柯巧妙地颠倒了启蒙思想家的这一基本命题,他通过其考古学,将理性置于历史的那个语境之中,并把理性看做一种事件,就是使理性成为独白逻辑的对疯狂的迫害运动。福柯认为,理性不仅通过对疯狂的禁闭阐明自己,而且更是通过结束同非理性的对话而将非理性彻底地从现代社会中驱逐出去。"一种情感诞生了。它划出了一道界限,安放下一块基石。它选择了唯一的方案:放逐。……在这里,理性通过一次预先为它安排好的对狂暴的疯癫的胜利,实行着绝对的统

---

① Mc Carthy, "Introduction",参见哈贝马斯前揭书,第 xiv 页。

治。"①将疯癫放逐到一个中性的和划一的排斥世界,既不标志着医学技术演变的停顿,也不标志着人道主义理念进步的停顿。说到底,禁闭的目的在于压制疯癫,在于从社会秩序中清除一种找不到自己位置的形象。福柯批判理性,同时认为疯癫不是一种现象,而是一种文明产物。

福柯不但攻击理性的霸权,而且将对理性的批判作为他一以贯之的基本主题。他在其20世纪70年代的系谱学著作中,同样指责现代理性是统治的根源。现代理性把知识和真理视为中立的、客观的和普遍的,并认为它们是推动进步和解放的力量,而福柯却将其视为构成权力和统治的基本要素。福柯对统一的、总体化的理论模式进行了否定,并将其视为还原论的,视为启蒙运动的理性主义神话,认为它遮蔽了社会领域内的差异性和多元性,同时在政治上导致了对多元性、多样性和个体性的压制,从而助长了同质性和顺从性。但是,哈贝马斯认为,在以理性工具来批判理性的问题上,福柯无法逃脱"述行的矛盾"(performative contradiction),并且已经产生了严重的后果:福柯将其系谱学研究建立在一种令人尴尬的、与他尖锐地批判过的"人的科学"相似的情境之上。被系谱学批判清除出去的意义观念、有效性观念和价值观念,又以"当下主义"、"相对主义"和"隐蔽的规范主义"面貌悄悄地溜了回来。结果,得到权力理论启发的对现代性的社会—理论化的读解,变成了它本来想予以置换的标准的人文主义读解的一个简单颠倒。

其次,福柯对构成现代性哲学话语的人文主义也进行了批判。我们知道,现代性几乎是伴随着人文主义的诞生而出现的,因此,人文主义往往成了绝大多数现代性的攻击者的众矢之的。福柯当然也不例外,他把对现代性进攻的矛头也直接指向了人文主义。福柯认为,语言问题的确同人类本身的问题息息相关,但是,只有当语言不再是知识的毋庸置疑的普遍模式时,作为科学知识对象的"人"才粉墨登场。现代哲学在一系列不稳定的"二元体"(doublets)中构造出了既是知识的对象又是知识的主体的"人"。在超验与经验(transcendental and empirical)二元中,人既是外部世界的构造者,又是由外部世界所构造的,它既能够通过先验范畴为知识找到可靠的基础,也能够通过"还原"程序使意识把自身从经验世界中净化出来;在我思与非思(the cogito and non‑thought)二元中,"人"既是由外在力量所决定的,却又能意识到这种被决定状态,并能够将自己从中解放出来;在对源始的逃避与回归(the retreat and return of origin)二元中,历史既

①　[法]米歇尔·福柯:《癫狂与文明》,刘北成等译,三联书店1999年版,第57页。

先于"人",但人又是历史得以展开的现象学之源。在这任何一个二元体中,人文主义思想都试图恢复思维主体的优先性和自主性,恢复其主宰外在于己的一切东西的特权。福柯批判了人的科学像哲学一样,均以这样一种不可能实现的企图为前提,即试图调和思维中不可调和的两极,并且构想了一个构成性的主体。这种批判所具有的全部重要性在他的系谱学著作中得以展现,福柯在此清楚地认识到人文主义作为规诫性社会的认识论基础所具有的政治意义。他在分析了"人"诞生过程之后,大胆宣告了"人的消亡",从此,"人"被当成了语言、欲望以及无意识的产物被废黜了。"人"不再是具有自主性的我思或超验的根据,而是成了某种先于个人力量的附带现象。

再次,福柯还对现代性哲学的主体性原则进行了批判。福柯首先使自己靠向结构主义,然后反戈一击,加入了反主体性的大军。哈贝马斯认为,福柯自从将列维-斯特劳斯的"关于主体的否定话语"观点引进到自己的理论,就开始对现代性的批判。在现代哲学当中,无论是笛卡尔的我思、康德的先验自我、黑格尔的反思自我还是马克思的实践的人类,都是假设的一个前定的、统一的主体,即一种先于一切社会活动的永恒的人性,并且都把这一主体看为话语的出发点,它决定和控制着权力。尼采在人的行动、作为和过程的背后设定了一个原本性的东西——权力意志,并且在他的《道德系谱学》中提出:自我知识,尤其是表现为道德意识的自我知识,乃是权力借以使个人将社会控制予以内化的策略以及这种内化的后果。福柯继承了尼采的这一观点,并反对那种把良心、自我反省与自由联系起来的启蒙运动模式。他认为,"主体"一词具有双重含义,即主体既可能由于统治或依赖关系而受制于他人,也可能由于良心或自我知识而受到自身认同的束缚。构成性主体概念是人文主义者骗人的伎俩,它妨碍了人们对各种制度性场址的批判性考察,但主体却正是在这些场址的权力关系中形成的。他呼吁要解构主体,并将这种解构视为一种重要的政治策略。"我们必须摒弃构成性主体(constituent subject),并废除主体本身,也就是说,要通过分析来说明主体在历史框架中的构成过程"。为达到这一目的,主体的"创造性角色就必须被剥夺,必须将它视为话语的一个复杂的可变函数"。① 这样,福柯就颠倒了现代哲学的基本构想,将主体看成话语实践的建构物。换言之,即先有近现代的各种话语实践,然后,作为现代主体的"人"才在 19 世纪初诞生于世。福柯在他的《词与物》中,详尽地描绘了现代"人"的诞生过程及其必然消亡的命运。而在其

---

① ［美］斯蒂芬·贝斯特、道格拉斯·凯尔纳前揭书,第 66 页。

方法论反思性著作《知识考古学》中,自觉地宣告了"一种新的历史形式正试图发展出它自己的理论"。他在此指出,连续性、目的论、始因、总体性和主体这些现代概念不再是自明的,而是需要加以废弃或者重建。他通过整理新史学的方法论话语,继续了他一贯的战斗作风,即对以理性主义为中心的主体性和人文主义的批判。消解了史学中的连续性这一魔头,也就等于摧毁了主体性赖以生存的根据地。

从以上论及的尼采、海德格尔、德里达和福柯等四位反现代性的勇敢斗士的哲学理论思想来看,他们都一反现代性的哲学话语,为后现代哲学理论的建构作出了决定性的贡献。他们的后现代哲学理论为后现代主义的产生和发展,以及为现代性的重建(即后现代性)提供了必要的哲学理论基础。

第二节　思想激流的超越

后现代性与现代性的关系到底如何? 这既是一个理论热点,又是一个理论难点。概而言之,学界人士对此问题的观点不外乎如下两种:断裂论和连续论。前者是指那些为后现代主义大唱赞歌的激进主义者和新保守主义者,主张现代性和后现代性之间存在着一种内在的逻辑的断裂,强调它们是截然不同的两种社会特性。后者则是指那些温和的后现代主义者或反后现代主义者,虽然认为后现代性与现代性之间有巨大差异,但它们却存在着某种内在的连续性和发展变化的逻辑。英国吉尔斯曾经指出,自杰姆逊以来,后现代主义对现代主义和后现代主义关系的界定可分为四种:一是后现代主义由于热衷于审美的流行主义,因而显然和极盛的现代主义(high modernism)断裂了,拒绝了极盛的现代主义;二是后现代主义乃是现代主义的终结,现代主义现在已是寿终正寝;三是后现代主义是从某些现代主义运动的更激进的派别(如达达主义)中发展而来,但它又不同于现代主义;四是后现代主义强化了一些现代主义的倾向,并仍在现代主义的轨道之内运行。前两者属于断裂论,后两者则属于连续论。① 然而,笔者坚持认为,后现代主义和现代主义的关系远不是单纯的截然对立,或后现代主义对现代主义的简单取代,而应当辩证地从两个维度着眼,看到它们既有断裂与区别,又有复杂的历史联系。

后现代主义和现代主义毕竟是两种不同的文化结构和形态,它们之间的确

———
① 参见周宪:《现代性与后现代性———种历史联系的分析》,《文艺研究》1999 年第 5 期。

存在着断裂和区别。除了我们在上文已经总结过的后现代性和现代性特征的那些主要区别外,西方还有许多学者对其不同特点提出了自己独到的见解。法国的解构主义哲学,否定"在场"而强调表征,否定本原而强调现象,否定统一而强调多元,否定先验性而注重规范的内在性,通过建构性的他者来分析现象。这一方法论原则,把后现代主义提升到了一种哲学的高度,为后现代理论奠定了哲学基础。美国的卡利奈斯库认为,后现代主义反叛现代主义的一元论(或二元论)的本质,它昭示了一场多元论的复兴,其多元论是一种首创。它已经默认了如下事实:存在着许多不可还原的原则,因而也就存在着诸多世界。德国利奥塔认为,后现代就是抛弃元叙事(解放的叙事和启蒙的叙事),由追求共识的统一性转向差异、多元论、不可通约性和局部决定论。美国哈桑指出,后现代最基本的特征就是不确定性和内在性,前者是非中心化和本体论消失的产物,而后者则是将一切实在据为己有的精神倾向。菲德勒则抓住后现代主义反对现代主义那种只限于少数文化人的精英主义倾向大做文章,从后现代小说转向通俗小说、科学小说和言情小说等趋向上,准确地把握了后现代走向"流行主义"的文化策略。法国波德里亚则从符号生产的角度指出,后现代社会是现代社会的终结,即生产的社会转变为消费的社会,仿像的技术逻辑统治着一切,现实被超现实所取代。美国女学者桑塔格举起了"反对解释"的后现代大旗,从意义及其解释角度分析了现代主义和后现代主义的区别。她认为现代主义者相信在符号表层之下隐含着某种深层意义,而后现代主义者则坚信意义就是表层,根本不存在什么深层意义。现代主义艺术有赖于一种理解和解释,而后现代主义艺术则需要一种体验,开创了一种"新感性"。英国后现代理论家拉什也深入探讨了现代主义和后现代主义的分野。他认为,现代主义文化既是一种分化文化,又是一种话语文化,因为理论、道德和艺术逐渐取得了各自的合法化,语言在其中也占有根本的地位,理性(现实原则)是基本原则。而后现代主义的文化是一种去分化文化,现代主义时期所分化开来的各种边界和特征在后现代条件下模糊不清,甚至融为一体了。后现代主义文化又以形象为核心,被形象取代了语言的作用,欲望(快乐原则)成了其基本原则。杰姆逊也比较注重现代主义与后现代主义的差异,在他看来,现代主义是时间深度模式,而后现代主义则是空间平面化模式;现代主义是主体中心化的焦虑,而后现代主义则是非中心化的主体零散化;现代主义主张自律的审美观,而后现代主义则倾向于商业社会的消费逻辑;现代主义具有个性化的风格,而后现代主义则是无风格;等等。他还以国家资本主义—现实主义、垄断资本主义—现代主义、晚期资本主义—后现代主义的历史分期,将后现代主义视为资本主义的一个全新阶段,等等。以上所有后现代理论,不但昭示了后现代主义与现代主义的差异与断裂,而且也反映了后现代主义本身的多样性和复杂性。

后现代主义与现代主义虽然具有断裂的一面,但若只注意到这一点,难免会有片面之嫌,因此,要全面把握其两者的关系,我们还应当注意到它们之间在相当程度上的确具有复杂的联系。其实,随着资本主义的产生和发展而产生和发展起来的现代性,从出生之日起就具有一种反对自身的内部张力。只是在现代性的前期,虽然现代性已经给人类带来了许多不文明的,甚至是非常野蛮的后果,但总起来看,现代性主要是反传统的,还没有十分明显地反对现代性自身。只有到了中期,即只有当现代性作为一种比较典型的、系统的现代性理想出现时,它才物极必反,明显走向自己的对立面,才对其自身进行强烈的反思和批判,现代性才陷入了既爱又恨的两难困境。打个比方说,在现代性这个大家庭里,的确从一开始就蕴涵着两股不同的势力,我们在这里不妨称其为"保守势力"和"反对势力"。前者是现代性的忠实拥护者,全心全意、忠心耿耿地维护这个家庭的现代性体制;而后者则是这个现代性大家庭的"逆子贰臣"、"败家子",它本身具有反对这个家庭的现代性体制的内在冲动。只是在现代性前期,他们各自年龄尚小,个性尚不明显,在反对"外敌入侵",即反传统这一目标上还能将家庭利益放在首位,敌我矛盾是主要矛盾,家庭内部矛盾暂且得到缓和,能团结起来一致对外。但是,随着他们日渐成熟,个性日渐明显,到现代性的中期,他们共同反对的传统势力对他们来说已经微不足道,敌我矛盾就退居二线,保守派的弊病日渐显露,家庭内部矛盾日渐突出;反对派的气焰就日渐彰显,与保守派剑拔弩张,矛头相向,分道扬镳,公开叛变"革命"。于是,保守派和反对派各扯大旗,占山为王,组成了两支敌对的大军,分裂为两大对立阵营,即保守派阵营和反对派阵营,这也就是我们所说的广义的现代主义和狭义的现代主义。

在对广义的现代主义历史的考察中,一些细心的西方学者其实早就注意到,这个现代性大家庭的内部并非"铁板"一块,它自"起家"以来就存在着内部矛盾。卢梭是第一个使用现代性概念的人,也是率先对现代性反思和质疑的思想家。马克思在批判资本主义现代性时指出,资本主义生产力的发展,是人类历史的巨大进步,但它同时又造成了空前的阶级压迫,并且这种压迫使社会主义成为可能。韦伯则从另一个角度也对资本主义现代性的内在矛盾进行了揭露,他说,现代性既造成了社会生活的合理化和管理的官僚化,又不可避免地造成了压制和服从,使得合理化变成为僵死的"铁笼"。在现代性大家庭中,随着现代性的发展,保守势力的反动性日渐暴露,反对势力日渐壮大,羽翼日渐丰满,家庭内部矛盾不断激化,不但使整个现代性家庭分裂为两大对立阵营,而且两大阵营之间的斗争亦愈演愈烈。保守派阵营为维护现代性家庭体制鞠躬尽瘁,而反对派阵营则极尽反叛这个家庭体制之能事。西方学者提出的启蒙现代性就是保守派阵营的一面旗帜,它追求数学意义上的精确、明晰和统一,追求形而上学和绝对,合理化和工具理性是其基本表现,它具体展现为社会生活的现代化。卡利奈斯库认为,这种现代性是资本主义发展的必然产物,是科技进步、工业革命、经济和社会急速变化的产物。魏尔默认为,这种现代性是不断发展的合理化、官僚化和工具理性对社会生活的侵蚀过程,是乌托邦主义、科学主义和基础主义的现代主义。而在反对派阵营里却树起了卡利奈斯库所谓的文化的现代性(或审美的现代性)的大旗。这种现代性出身于现代性的大家庭,吮吸着现代性的乳汁长大,却又忘恩负义,甚至恩将仇报,走上了反对现代性的道路。它的内在规定就是对前一种资产阶级现代性的全面拒绝,是一种激烈的否定情绪。魏尔默则从历史的角度,美其名曰"浪漫的现代性",它包括历史上的浪漫主义者,也包括许多哲学家、思想家(如青年马克思、尼采、阿多尔诺等),当然还有无政府主义者和大多数现代主义者。虽然魏尔默与卡利奈斯库对现代性的审视采取了不同的视角,但他们殊途同归,分别将"审美的现代性"和"浪漫的现代性"的基本表现形态都归为现代主义艺术。

自从反对派势力从现代性大家庭当中分离出来,独立为王之后,其内部又进一步分裂为两股不同的势力,即现代主义内部又形成了现代主义和后现代主义两个对立阵营。利奥塔指出,后现代就是对启蒙运动和法国大革命以来的元叙事的拒绝,是向总体性的宣战,以维护差异这个名称的尊严。后现代并不是一个历史分期的概念,并不是现代性的终结,而是现代性对自身的超越和反思。他说:"一部作品只有先成为后现代的,它才能成为现代的。照此理解,后现代主义并不是行将灭亡的现代主义,而是处于初期状态的现代主义,这种状态是持之以恒的。"①也就是说,后现代总是蕴涵在现代之中,因为现代性(时间性)本身就含有一种进入超越自身状态的冲动,本来就不断地孕育着它的后现代性。后现代性不是一个新时期,而是对现代性某些特征的重写,首先是对现代性将其合法性的根据建立在通过科学技术而实现的人性解放规划基础之上的要求的重

---

① Jean-Francois Lyotard, "What is Postmodernism?" in Wook-Dong Kim(ed.), *Postmodernism*, Seoul: Hanshin, 1991, p. 278.

写,这种重写在现代性自身之中早已开始了。被誉为对现代主义研究最有贡献的德国学者比格尔以其敏锐的洞察力也曾经指出,在现代主义主旋律中存在一些不和谐的声音,它特别突出地反映在达达主义和超现实主义中。在传统上,人们往往把现代主义和先锋派(主要是达达主义和超现实主义)视为同一现象,实际上忽略了它们两者之间许多重要的差别。他认为,现代主义的典型形态是象征主义和唯美主义,其基本特征在于对审美自律性的追求。审美的自律性在资产阶级社会进一步呈现为艺术与生活实践的分离,这种分离也就是现代主义艺术被体制化的一个根本原因。与其相背,先锋派本质上则反对自律性,是对资产阶级社会艺术体制化的一种否定,先锋派艺术力求艺术与生活实践相关联。可见,区分现代主义和先锋派的一个基本标准乃是艺术的自律性,即艺术是否被体制化,是否与生活实践相分离。先锋派与现代主义的区别,正是利奥塔所说的后现代主义和现代主义的差异。换言之,在现代性中就蕴涵着后现代性,或者说,有两种现代性。更进一步,有两种现代主义。一种是以唯美主义和象征主义为代表的现代主义,它们不断被体制化,逐渐失去了对现代性自身的批判和反思功能。而另一种则是先锋派,它否定了艺术的自律性,主张艺术和生活实践的联系,并对现代性本身进行"重写",这就是后现代主义。英国社会学家鲍曼总结得非常精辟:"后现代性并不必然意味着现代性的终结,或现代性遭拒绝的耻辱。后现代性不过是现代精神长久地、审慎地和清醒地注视自身而已,注视自己的状况和过去的劳作,它并不完全喜欢所看到的东西,感受到一种改变的迫切需要。后现代性就是正在来临的时代的现代性:这种现代性是从远处而不是内部来注视自身,编制自己得失的清单,对自身进行心理分析,寻找以前从未明确表达过的意图,并发现这些意图是彼此抵触和不一致的。后现代性就是与其不可能性达成妥协的现代性,是一种自我监控的现代性,它有意抛弃那些曾不自觉地做过的事情。"①鲍曼所描述的种种后现代性的表征,其实正是利奥塔所说的对现代性的"重写"。但是,这种"重写"并不是在现代性死去之后才开始,而是早在现代性的初期阶段就已经蠢蠢欲动了。我们知道,现代性以反传统起家,现代性大家庭当中的反对派势力桀骜不驯,从现代性起家之日起,就一直与保守派对立,以至于现代性在反传统之后,又继续反叛家庭,又继续反对现代性自身,后现代主义也正是继承了这种反叛的"光荣"传统,它来自现代性,又反对现代性。因此,从这个意义上来说,后现代是现代主义的初期阶段,它是对现代性的反叛

---

① Lawrence Cahoone, *The Dilemma of Modernity*, Albany: SUNY Press, 1988, p. 2.

与重写。

再看看现代主义阵营内部分裂演变的内幕,我们就会更加清楚地把握后现代主义与现代主义的关系。在早期,现代主义作为反对派阵营的一员主将,其反对现代性的决心比较坚决,革命性比较彻底。它有一种与生俱来的颠覆性,即对现存的文化规范和价值的批判和否定。它旗帜鲜明地反对现存资产阶级价值观和意识形态的倾向性,自律性是其反抗资产阶级价值观的前提,对制度化的反抗乃是其基本精神。但是,物极必反,当现代主义到达鼎盛时期,随着资本主义日常生活意识形态的广泛渗透,随着消费社会交换逻辑的作用和各种公共机构和制度(出版、美术馆、大学、公司等)对现代主义艺术的认可、接纳和赞美,其内部开始"腐败","革命性"日渐式微。再说,自律性这一"政策"本身的贯彻实施,虽然为现代主义冲破资产阶级日常生活规范的束缚而解脱出来提供了可能性,并且正是这种"间离"(布莱希特语)使得现代主义艺术家可以站在社会的对立面(阿多尔诺语),进而否定现存的资本主义社会及其启蒙现代性带来的极权主义、民族主义、科学主义和工具主义等;但是,它同时又造成了艺术与社会生活实践的分离,这在现存的资本主义社会逐渐地被加以体制化,进而"蜕变"为这个社会体制力量的一部分。现代主义艺术便从反文化角色转向了对现存社会的默认和依从,现代主义这一"罪行"早在抽象表现主义时代就已经浮出水面,昭彰卓著了。

现代主义反抗现代性的"革命精神"的丧失,是由"体制化"一手造成的。所谓体制化或制度化,按比格尔的理解,就是指在一个社会中形成了具有一些特定目标的制度:"它发展形成一种审美符号,起到反对其他文学实践的边界功能;它宣称具有某种无限的有效性(这就是一种制度,它决定了在特定时期什么才被视为文学)。……它决定了生产者的行为模式,又规定了接受者的行为模式。"①福柯一语道破其天机,认为体制化就是在施行一种"认知范式"的排斥功能,是一种以"求真意志"或"求知意志"为导向的"权力话语"。现代主义由于被现存的资本主义社会体制化,所以它本来具有的那种颠覆和反抗的功能大打折扣。作为"反对派"阵营当中的"左派"势力的先锋派(或称激进现代主义),对现代主义的右倾投降主义(被现存的资本主义社会体制化)大为不满,扮演了一种不断批判现存社会的现代化进程及其弊端的文化角色。布尔迪厄发现,印

---

① Peter Bürger, *The Decline of Modernism*, University Park: The Pennsylvania State University Press, 1992, p. 6.

象派作为一种先锋派艺术兴起时,就与官方正统的艺术家、批评家和赞助人等唱起了对台戏。前者以反抗后者所代表的体制为目标,而后者则极力捍卫这种体制。由于(狭义的)现代主义的右派的投降叛变,转变成了它所对抗的文化的一部分,因此,现代主义的经典文学作品摇身变成了大学讲坛分析的对象,现代主义的绘画成为富有者的收藏和装饰;然而,先锋派("左派")却被现代主义视为"逆子贰臣",陷于了被排挤和压制的悲惨命运,先锋派戏剧也被打入"冷宫",蜕变成了一种闹剧和玩笑;等等。换个角度看,现代主义的那种反抗和颠覆的"革命精神"并没有丧失殆尽,正是先锋派在相当程度上仍保留着现代主义的那种冲动和颠覆的革命精神。达达主义和超现实主义对体制化的反抗,关注艺术和生活实践的联系,正意味着现代主义这一革命精神的延续,并且,先锋派所蕴涵的冲动和颠覆精神,后来在后现代主义中得到了承传,这种先锋派或激进的现代主义就是最初的后现代主义(即利奥塔所谓的初期的现代主义)。超现实主义的代表人物杜桑就是一个地地道道的后现代主义者,他对被体制化了的现代主义艺术观提出严峻的挑战并加以有力地颠覆。美国学者费什尔对此问题进行了清楚的分析并指出,那些被体制化了的现代主义艺术在相当程度上认可这样一些审美观念:第一,艺术是手工制作的;第二,艺术是独特的;第三,艺术应该是美的;第四,艺术应当表现某种观点;第五,艺术要求某种技巧或技艺。但杜桑则以各种"现成物"或对古典作品的"戏仿"来对现代主义艺术的这些观念和"什么是艺术品"提出了深刻的怀疑。由此来看,后现代主义就是对现代主义的反思和超越。

后现代主义的"开山者"就是先锋派,它是最初的后现代主义,它为后现代主义树立了第一面鲜明的旗帜,其反抗和颠覆精神的星星"革命"之火在后来的后现代主义王国当中形成了燎原之势。美国的后现代主义就是对欧洲先锋派精神的发扬和光大。安德里斯·胡伊森曾经对其作过全面考察,他指出,"20世纪60—70年代的后现代主义既拒绝了又批判了现代主义的某些形态。它反对前几十年已经被神圣化了的极盛现代主义,力图复兴欧洲先锋派的遗产,并依照一种人们所说的杜桑—凯奇—沃霍尔轴心来赋予一种美国特色。"①就是说,美国早期的后现代主义具有明显的欧洲先锋派色彩,它的颠覆性和批判性完全是秉承了"审美现代性"精神,对日益制度化的现代主义进行质疑和批判。尽管20

① Andreas Huyssen, "Mapping the Postmodern," Jean-Francois Lyotard, "What is Postmodernism?" in Wook-Dong Kim(ed.), *Postmodernism*, Seoul: Hanshin, 1991, p. 278, p. 83.

世纪 60 年代的后现代主义走的是一条"流行主义"(popularism)的道路,但它正是通过这种"流行主义"来对抗制度化了的现代主义。70 年代以后,后现代主义进一步发展,其"流行主义"日益与消费社会的意识形态和商品美学联姻,使得那种从欧洲先锋派老前辈那里承传下来的不妥协的批判传统日渐式微,那种以"审美现代性"来批判工具主义、科学主义和极权主义的冲动日益耗尽,后现代主义从此腐败、堕落了。无独有偶,波曼对后现代主义也有独到的见解,他坚持认为后现代主义是个神话。他把其他学者在 60 年代所谓的后现代主义的艺术潮流仍界定为现代主义,并认为其表现形态主要有三种:"退却的现代主义"、"否定的现代主义"和"肯定的现代主义"。"退却的现代主义"强调艺术的自律性和艺术与生活实践的区别,鼓吹纯艺术和纯形式,文学中的巴尔特和造型艺术中的格林伯格是其最典型的代表。这种现代主义极力使艺术家从不纯粹的、平庸的现代生活中摆脱出来,确立了他们职业的自律性和尊严。因此,许多艺术家和作家,甚至包括许多文学艺术批评家,都对它感激涕零。而"否定的现代主义"却是永无止境地反对"现代"存在的总体性的革命,力图强有力地抛弃一切价值,但对如何建构它所打碎的世界漠不关心。这种否定的现代主义最终发展成为像 1968 年哥伦比亚大学的学生反叛等激进的学生运动,因此,屈林戏称这种现代主义是"街道上的现代主义"。波曼曾担心,这种颠覆的现代主义有助于滋生一种新保守主义思潮。所谓"肯定的现代主义"以"波普现代主义"而闻名,其主题体现在凯奇的"唤起我们当下的生活"和菲德勒的"跨越边界——填平鸿沟"的口号当中。"这就意味着,打碎艺术和其他人类活动的种种界限,诸如商业性娱乐、工业技术、时装和设计、政治等。它也鼓励作家、画家、舞蹈家、作曲家和电影制作人打破专业界限,以混合媒介生产和表演来工作,这就创造出各种更丰富和更多元化的艺术。"①这种现代主义的代表除了凯奇和菲德勒这两位后现代主义的风云人物外,还有阿洛威、麦克鲁汉、桑塔格、文杜里等。这就是人们一般所说的后现代主义。可见,所谓"退却的现代主义"和比格尔所说的自律的制度化的现代主义相似;"否定的现代主义"更像是早期的现代主义或欧洲的先锋派;"肯定的现代主义"就是被胡伊森视为带有颠覆性的 60 年代的后现代主义,而被胡伊森肯定的后现代主义,在波曼那里却被否定了,并认为这第三种"肯定的现代主义"从未发展出一种批判立场。由此来看,后现代主义内部本身又存

① Marshall Berman, *All That is Solid Melt into Air: The Experience of Modernity*, New York: Penguin, 1988, pp. 29 – 32.

在着巨大的复杂性和多样性。

综上所述,现代性内部是极其复杂的。它从起家之日起,其内部就充满了矛盾和张力,充满了反抗性和颠覆性,只是在现代性的前期,它的主要任务是反传统,其矛盾双方的关系还比较缓和。而到了现代性的中期,其内部矛盾开始激化,现代性开始分裂,现代主义作为一支反抗和颠覆现代性的力量开始登上舞台,极尽颠覆现代性体制之能事,审美自律性是其反抗资产阶级价值观的前提,对制度化的反抗乃是其基本精神。现代主义强调艺术的自律性,其初衷就是为了站在社会对立面来批判社会(韦伯和阿多尔诺的"救赎美学"),亦即以审美的现代性来批判启蒙的现代性。但是,到了现代主义的鼎盛时期,它在反对现代性同时,却又被资本主义日常生活意识形态广泛渗透,消费社会交换逻辑的作用和各种公共机构和制度开始对现代主义艺术认可、接纳和赞美,进而现代主义被制度化了,它在"歌舞升平"之中逐渐丧失了其原有的"革命性",最终走向了它的反面,走向审美现代性所批判的对立阵营。而其中的反抗力量对现代主义这种"右倾投降主义"极为不满,于是就举起了反对现代主义的"义旗",这就是欧洲的先锋派,它否定了自律性而保持和生活实践的联系,因此而未被制度化,这就是最初的后现代主义。胡伊森所谓的20世纪60年代的现代主义和波曼所称的"否定的现代主义",其初衷都是对极盛现代主义制度化的反叛,这与比格尔所说的"初期先锋派",即达达主义和超现实主义的颠覆是一致的。从这个意义上来说,后现代主义是一种初期的现代主义,或后现代性包孕在现代性之中。而胡伊森所说的70年代以后的后现代主义,最初是以流行主义来消解制度化了的极盛现代主义,模糊被现代主义纯粹化和神圣化了的各种边界和规范,这在一定程度上和一定范围内显然是具有反叛性和颠覆性的,但是,后现代主义实际上是将"流行主义"这一最初用来对抗自律的纯粹化的现代主义的武器同消费社会的日常生活以及商品美学结合了起来,这种结合预示了60年代后现代主义的那种反叛性和颠覆性的消解。显然,流行主义不再针对自律的美学时,最容易被消费社会中商品逻辑所侵蚀,它从"先辈们"那里继承下来的那种反抗和颠覆的"革命精神"就会丧失。而且,后现代主义本身也有一个逐渐被制度化的过程。它在混淆边界、取消艺术和生活实践的区别时,在把流行主义当做反抗制度化的现代主义的武器的同时,却又为它自身的制度化提供了新的可能性。于是,后现代主义的内在矛盾就暴露无遗了:后现代主义艺术在粉碎现代主义自律性的制度化和在"跨越边界——填平鸿沟"的同时,又导致了新的危险,即将艺术和非艺术混为一谈,进而为消费社会的商品逻辑进入艺术提供了可能。所以,波曼所谓的"波普现代主义"最终失去了自身的独立性和颠覆性,蜕变成对现代资本主义日常生活的"肯定性"文化。但是,换个角度来看,由于后现代主义是由早期先锋派发展而来,而早期先锋派又是从现代主义中发展出来的,所以后现代主义其实并不是与现代主义截然对立的,它的体内先天地带有现代主义对现代性的反思、批判和颠覆精神的遗传"基因",具有现代主义精神,或者说后现代主义是现代主义的一种特殊形态。后现代主义不但没有偏离现代主义的基本精神,而且发展和强化了这些精神。并且,它还启发和促使我们必须更加审慎和辩证地思考艺术和社会的关系,以及各种复杂的可能性。因此,后现代性不是对现代性的简单的终结,而是对现代性的反思、重写和超越。

　　总之,后现代性也是一种现代性,它并不意味着现代性的终结,而是正在来临的时代的现代性。它和现代性一样,都是造成现代人类社会异化、人性奴役和人格破碎的重要根源。

第三章 异化的悲剧变奏曲

> 我现在在这儿,除此一无所知,除此一无所能。我的小船没有舵,只能随着吹向死亡最底层的风行驶。
>
> ——卡夫卡

现代性自从作为反传统的勇敢斗士来到这个世界上,就以人类的"解放者"自居,尤其自现代文明的列车驶入 20 世纪,它的确给人类社会、文化和生活等带来了前所未有的舒适与便利;然而,这把"双刃剑",同时的确刺伤了人类本身,也给人类造成了空前的异化。本雅明曾这样敲响了警钟:"没有任何一份文明的记录不同时也是一份野蛮的记录。"①后现代性看到了"先辈们"的这一缺陷,继承了现代性的"解放"品质,作为"新的解放者"问世,然而,它又同样不可避免地给人类造成了新的异化,且其程度之甚史无前例。人性被异化了,人生陷入了异化的诸多困扰,人格失去了完美性而支离破碎,人的心灵也失去了依托,失去了温馨的精神家园,人类精神的大厦坍塌了。

第一节 现代性的悲剧节奏

一、"异化"概念的探讨

何为"异化"?"异化"(alienation)一词源于拉丁语 alienatio,意为疏远、脱离、转让、他者化,主要指某者成为他者,某者将自己推诿于他者,某者把自己的东西移让给他者。从此出发,该词逐渐作为科学术语固定下来而分裂为二:一是作为普通的、一般的科学术语,即一物向他物的变化,就是事物自己向异己物的变化,也就是事物自身向异于自身的他物的变化。17—18 世纪,这个词首先被用于科学理论著作,荷兰历史学家胡果・格老秀斯在《战争与和平的法规》一书

---

① [德]W. 本雅明:《单行道及其他作品》,载《历史哲学主题》,伦敦 1979 年版,第 359 页。

中,以"转让"的意义使用这一概念来探讨人类权力的起源和性质,这时异化只是单纯的经济概念。后来,卢梭在《社会契约论》中谈人的自由时论及异化,异化从单纯的经济概念跃变为政治意义上的概念。19世纪异化概念纳入哲学范畴,费希特从"自我论"出发,认为异化即"非自我",是"自我"的异化。但是,费希特使用的不是异化这个词,而是与异化相近的"外化"这一概念。黑格尔的"异化"与"外化"、"对象化"是一个意思,都无贬义,是指绝对精神(理念)的异化。如自然界是绝对精神的自我异化。费尔巴哈在《基督教的本质》中所用的核心概念"异化"是抽象的人本质的异化,是带有贬义的。上帝是人的本质的异化、外化、对象化,上帝的人格性是手段,人借以使他自己的本质之规定及表象成为另一个存在者、一个外在于他的存在者之规定及表象。上帝的人格性,本身不外就是人之被异化了的、被对象化了的人格性。作为这种一般科学术语的异化之典型概念,是生物学上相对"同化"而言的"异化"。同化是他物向自身的变化,而异化则是自身向他物的变化。二是作为特殊的、量体的科学术语,即作为人道主义思想体系的基本概念。马克思在《巴黎手稿》中就把异化作为人道主义的基本概念,并赋予它以新的内涵,指出了资本主义社会产生异化的根源就在于资本主义生产力和生产关系。他主要讲资本主义生产劳动的异化,包括劳动产品的异化、劳动过程的异化、劳动者本身的异化、劳动中人与人关系的异化等四个方面。异化主要是"指人的命运不由自身主宰,而受外界力量、他人命运、他人运气或一定制度等的支配时所产生的感受。"①"异化是一种体验方式,在这种体验方式中,个人觉得自己是一个外人,或如人们所说的他变得和自己疏远起来。他体验不到自己是自我世界的中心、自己行动的创造者——而他的行动和行动的结果却变成了他的主人,他要服从它们,甚至他要崇拜它们。"②可见,异化主要是指人的不自由、受奴役、被强制、被统治的行为。

然而,笔者认为,"异化"概念发展到今天,其内涵较以前更加丰富了。简单地说,异化就是异己化和畸形化。一是指主体在自己活动中产生了客体,而被创造的客体本来是属于主体自己的东西,逐渐被主体疏远,脱离了主体,变成一种外在的、敌对的异己力量,反过来支配、统治、奴役、压迫主体,使主体丧失类本质,向否定或畸形的方向发展。这样的主体,就是异化的主体。二是指在实践活

① [英]《简明不列颠百科全书》,中国大百科全书出版社1986年版,第87—88页。
② [美]弗洛姆:《国外学者论人和人道主义》(一),社会科学文献出版社1991年版,第226页。

动中,为使客体事物迎合自己的某种需要或目的而对其施以外力影响,使其丧失其类本质,向着否定或畸形的方向发展。这样的客体就是异化的客体。

二、历时向度异化的巡礼

纵观历史,整个人类文明发展的历史就是一部不断异化和扬弃异化的历史。它遵循着这样一个规律:异化—扬弃异化—新的异化。异化的产生与人类社会经历的文化危机直接相关。从古希腊时代起,理性主义一直是西方文化的基本精神之一,古希腊哲学家在本体论层面上对"宇宙理性"的揭示建构起西方人最基本的理性主义文化信念:世界是合乎理性(即逻各斯)的存在结构,人作为理性的存在物可以通过理性把握世界的结构,从而控制和操纵自然。柏拉图的"理想国"就是在这种理性主义文化信念上建立起来的。他崇尚理性鄙弃肉体的思想及其神秘主义为中世纪基督教神学伦理和禁欲主义提供了理论概括。人们压抑自己的情感、欲望,人性被异化了。

经过文艺复兴思想解放运动的洗礼,欧洲人终于走出了中世纪的漫漫长夜,挣脱了彼岸世界的重负,欣喜地回到了此岸世界。人性,人的自然属性被高扬了。然而由于时代的局限,当时思想家们没有也不可能正确地理解人性。他们把人性仅仅归结为人的自然属性,仅仅理解为情欲范围内的东西。因此,他们只是一味追求享乐和满足,什么理性、道德,一概弃之不顾。特别是当时罗马盛行的纵欲主义,简直到了让人难以容忍的地步,正如海涅所说:"在这罗马人的世界里,肉身已变得如此肆无忌惮,看来需要基督的纪律,来使它就范。吃了一顿特利马尔奇翁的盛宴之后,是需要一次基督教似的饥饿疗法的。"①纵欲主义在天主教世界的中心罗马泛滥成灾,实在是具有讽刺意义的,它是堕落的。人性又被严重异化了。

欧洲启蒙运动,给西方社会政治、经济、科学技术和文化的发展以巨大的推动力。自启蒙运动以来,中世纪宗教神学的束缚被彻底打碎,理性主义死灰复燃,知识和理性得到了广泛传播,"知识就是权力(力量)"成为人们的一种普遍信念,宗教——形而上学的统一让位于理性的统一,以理性为基础的现代性已经发展成为一种比较系统的、典型的"现代性理想"。但是,现代性的发展在给人类带来了巨大福祉的同时,也带来了许多新问题的出现。

在近现代,这种理性主义同现代科学技术相结合,形成了技术理性主义文化

---

① 《海涅选集》,人民文学出版社 1983 年版,第 13 页。

信念。一方面,人们相信,人可以凭借理性把握的手段或技术征服的办法来无限地控制自然,而不必求助于某种超人的实体或力量;另一方面,人们相信,人对自然的理性把握和技术征服的结果必然是人的自由和主体性的增长,并且会导致人的最终解放和完善完满。这一技术理性主义文化信念在几个世纪中一直是西方科学技术和工业文明发展的主要文化支撑力。人类理性的产物——科学技术——成了继古代的"自然"、中世纪的"上帝"及"宗教"的第三个人类膜拜的对象。雅克·埃卢尔把技术比喻成是 enjeu dusiecle(我们时代的"赌注"),实在是既十分形象又耐人寻味。技术,人本质力的外化,是人类的一个骄傲。人把建设幸福社会的希望很大程度上都寄托在它的身上,但它所带来的副作用甚至灾难又让人相当不安。费耶阿本德认为,科学曾经是人类思想的解放力量,它成功地反抗了宗教传统对人类心灵的压抑,但到了 19 世纪,特别是 20 世纪,科学代替了宗教的位置,已发展成压制人类其他传统(神话、宗教、占星术等)的沙文主义,它大大地使人类心灵不自由。科学技术成了一种在人类之外并控制人类的强大力量。可见,现代性使人性进一步异化了。

20 世纪,生活世界愈演愈烈的一种趋势是全球化(据汤因比的理论,全球化的本义即是"全球在技术上的一体化"的趋势)——以信息化为特征的全球化,正在使人类趋步迈进真正的信息时代(Cyber Times)。信息高速公路的建设和联网,更是打破了时空,消灭了国界,使地球缩小为一个"村落",五洲四海"鸡犬之声相闻"(《老子》)。在这崭新的时代里,人类生活世界的状况产生了深刻的质变——人和技术结成了更为亲密的共同体,生活世界从形式到内涵越来越被本质地技术化:"人—技术关系反映着人类实践或行为"。①

现时代,技术理性主义文化信念开始发生危机。标志着现代文明的科学技术是一把双刃剑,它在为人类带来福利的同时,又刺伤了人类。现代科技的高速发展的确提供了前所未有的物质财富和高质量的物质生活条件,但并没有像人们期待的那样,同时带来全面自由和人的解放。信息时代并非是一个令人高枕无忧的时代,高科技不仅带来了新的危机,也使生活世界中原有的危机——种种"全球化问题"(生态危机、环境污染、人口膨胀、能源紧张、贫富分化、政治腐败)愈加清晰地凸显出来了。人由于受制于自己的造物和丧失了超越的维度而陷于深刻的异化之中。

在此背景下,对科学技术和技术理性的文化批判思潮开始兴起,韦伯对工具

① [美]马斯洛:《个人的潜能与价值》,华夏出版社 1987 年版,第 20 页。

理性的批判、胡塞尔对欧洲科学危机的分析和对实证主义的批判、席美尔对现代技术世界的物化和异化的批判等,都是这一思潮的重要表现。相比之下,新马克思主义对技术理性的批判更为全面与深刻,其中,法兰克福学派的"启蒙辩证法"、"单向度的人"、"作为意识形态的科学技术"等理论最有代表性。

霍克海默和阿尔诺于 20 世纪 40 年代发表的《启蒙辩证法》是法兰克福学派技术理性批判的代表作。这里的启蒙运动泛指近现代强调理性至上性和人对自然的技术统治权的各种理性启蒙思潮,其核心是技术理性主义,它强调理性万能,其目的是用知识取代神话,把人类从迷信和愚昧中解放出来,并通过人对自然的技术统治来增强人的自由和本质力量。而"启蒙运动"的悲剧性辩证法就在于,它的上述目标非但没有达到,反而走向了反面,走向了启蒙的自我摧毁,结果,启蒙退化为神话和新的迷信,对自然的统治导致人与自然关系的破坏和人与人的异化,导致技术对个人的自由和个性的扼杀。他们认为,现代科技聚合成一种全面统治人的总体力量,技术上的合理性,就是统治上的合理性本身。它具有自身异化的社会的强制性质,在这种条件下,人处于深刻的异化状态之中,"不仅对自然界的支配是以人与所支配的个体的异化为代价的,随着精神的物化,人与人之间的关系本身,甚至个人之间的关系也神话化了"①。

马尔库塞在单向度的人(单面人)的理论中,提出了一个著名公式:技术进步＝社会财富的增长＝奴役的扩展,以此来揭示科学技术进步和技术理性发展的两面性。他认为,在深度技术化的时代,科学技术不再是中性的,它在带来巨大的物质财富的同时,也变成了一种操纵和统治的力量。这种技术统治取代了传统的政治统治,使社会统治具有了技术的性质。由于技术统治采取的形式主要不是强权和暴力,而是越来越多的财富和消遣,所以它具有更大的合法性外观。由于技术合理化及其配套制度(资本主义制度是其主体)的迫压,技术成为一种控制力量,人类成了整个技术系统的奴隶,工具成了目的,目的成了工具。人由此被消解到给定的秩序中,丧失了批判和超越的维度和思维勇气,丧失了创造性的原动力和超越性的理想追求,个人的生活方式、消费方式均是千篇一律,没有个性,人们成为安于现状、维护事实、思想僵化、目光短浅、感情麻木的"单面人"或"单向度的人"(one dimensional man)。人又一次被异化了。

迄今为止,从某种程度上说,不仅整个人类历史是一部异化史,而且整个世界是一个充满异化的世界。伟大的启蒙哲学家卢梭在《爱弥儿》开篇第一句话

---

① 〔古希腊〕柏拉图:《文艺对话集》,人民文学出版社 1963 年版,第 114 页。

就说:"出自上帝之手时一切都是好的,而一到了人手里就都变坏了。"

三、共时向度异化的剖析

再横观现代人类文明发展历史,它也是一部异化史。

首先,从人与自然界的关系来看。一部人类历史,就是不断试图摆脱自然制约,征服自然,统治自然,而自然又不断报复人类的历史。这还要追溯到主张以人的理念构造整个世界的柏拉图,在其理性主义基础上,人类从自然崇拜转到人类中心主义。经过笛卡尔,他宣扬要借助实践哲学使自己成为自然界的主人和统治者。到康德集大成,他认为人是自然界的最高立法者。现代性的个人主义为人类满足自己统治、征服、控制、支配自然的欲望提供了意识形态上的支持。个人主义认为,实体乃是无须凭借任何事物只需凭借自身就成为自己的东西,人的灵魂是实体的一个首要样态,而把社会理解为为达到某种目的而自愿地结合到一起的独立的个人的聚合体。二元论就是现代性在表达现代精神与自然界的关系上的个人主义,它不但接受了机械主义的自然观,即认为人的灵魂、思想或自我与其他造物是完全不同的,而且它在证明人的自由时,还理所当然地承认了这种绝对差异的存在。二元论主张灵魂本质上独立于身体,而自然界是毫无知觉的。这为现代性肆意统治和掠夺自然(包括其他所有种类的生命)的欲望提供了意识形态上的理由。现代性的世俗主义,否弃了上帝在人的心灵中的自然存在,神圣的实体只是某种信仰的事情,而不是直接经验的事情,人们的生活在很大程度上是在没有上帝的情况下度过的。没有了上帝,人类便可以对自然界为所欲为,一些西方哲学家甚至认为,人类要有效地从自然的束缚下解放出来,对自然的否定,"就是通往幸福之路"。于是,人类越来越傲视四方,目空一切,自认对其他生命形成及至一切自然物都有生杀予夺、随意处置的权利。

现代性的"实利主义"或者"经济主义"对人类与自然的这种紧张关系,无异于火上浇油。认为"人与物之间的关系——物质需要——是首要的,人与人之间的关系——社会——则是次要的","人与物之间的关系高于人与人之间的关系……这是一个决定性的转变,这一转变将现代文明与所有其他文明形式区别开来,它也符合我们的意识形态领域关于经济至上的观点"。[①] 社会应当从属于经济,而不是经济从属于社会。经济观代替了道德观,它注重收入、财富、物质的

[①] [美]路易斯·杜蒙特:《从曼德维尔到马克思:经济意识形态的起源和胜利》,芝加哥大学出版社1977年版,第81页。

繁荣,并把它们视为社会生活的核心。现代绝大多数人信仰"人是经济的动物"这一信条,无限度地改善人的物质生活条件的欲望被看成是人的内在本性,并且它已经成为人类存在的最重要、事实上是决定一切的特征。此外,人们还坚信"无限丰富的物质商品可以解决所有的人类问题"这一信条,这种信条与人是经济动物这一大众观点使我们坚信,物质财富与社会的普遍健康和福利之间的确存在着统一性。因此,人们将人类的进步理解为物质财富的无止境增长,以人统治自然的文化环境。人类为了最大限度地从自然界攫取物质财富,拼命地开发自然资源,调动起自己的全部潜能与力量去开采、探奇、占有、消费物,甚至不问这些资源将如何利用或滥用时不计后果。

在人类中心主义和经济主义的怂恿下,科学主义对人类与自然关系的破坏,更是有过之而无不及。科学主义和实证主义认为,神学、形而上学、伦理学和美学都不能提供具有真假属性的达知断言,只有专注于探知事实(而不是价值)的现代自然科学方法才是探知真理的唯一方法。工具理性主义者强调理性不能处理目的和价值问题,而只能回答怎样才能最好地实现以非理性为基础的目的这类问题。他们将理性仅仅限定为工具理性,韦伯认为,这种思想是现代性的核心。科学技术的高速发展,为人类提供了前所未有的物质财富和高质量的物质生活条件,这也使人们对科技情有独钟。于是,人类大力发展科学技术,甚至不惜一切代价,反过来,再运用发展的科学技术来进行大力聚财。随着人类对自然的疯狂掠夺,其中带来的一系列问题也接踵而至。"阿尔卑斯山的意大利人,当他们在山南坡把在北坡得到精心保护的那同一种枞树林砍光用尽时,没有预料到,这样一来,他们就把本地区的高山畜牧业的根基给毁掉了。他们更没有预料到,他们这样做,竟使山泉在一年中的大部分时间内枯竭了,同时在雨季又使更加凶猛的洪水倾泻到平原上。"①现在情况更加严重,不要说大陆的森林大面积毁坏,草原退化,土壤沙化,沙漠扩大,地陷塌方,山体滑坡,泥石流不断,环境污染,江河淤塞,水质恶化,物种灭绝,生态失衡,能源危机,就是海洋、天空也被污染,臭氧层被破坏,温室效应、酸雨肆虐。这些问题,实际上是人类实践所造成的反主体性负效应,是以"天灾"表现出来的"人祸"。人类赖以生存、繁衍、发展的地球,被人类以自身的力量破坏着,地球在沉沦。更可笑的是,为了治理他们抢夺资源所造成的污染和公害,人们不得不耗费一些资源。更可悲的是,不少人为了对资源的强取豪夺,而失去或放弃了在劳作中的乐趣和创造性,原来的符号活动变成

---

① 《马克思恩格斯选集》,第4卷,人民出版社1995年版,第383页。

了单纯的工具操作,创造变成了被奴役。在类似对自然节节胜利的过程中,人类把自己推入生态危机的困境,并输掉了自然赋予人的灵性。科学拯救了人类,科学又在毁灭着人类的生存。正如一位外国科学家所言:"这个世纪将以前所未有的气势大举挞伐贫困、天灾和战祸。然而,这个世纪却又将造成以往闻所未闻的死亡、破坏和污染。"①罗马俱乐部创始人贝切伊指出,人类创造了技术圈,入侵生物圈,进行过多的榨取,从而破坏了人类自己明天的生活基础。其实,革命导师恩格斯早就高瞻远瞩地告诫人们:"我们不要过分陶醉于我们人类对自然界的胜利。对于每一次这样的胜利,自然界都对我们进行报复。每一次胜利,起初确实取得了我们预期的结果,但是往后和再往后却发生完全不同的、出乎预料的影响,常常把最初的结果又消除了。"②更为令人担忧的是,人类看到了自己正朝着一条绝路走去,却还在为一种异己的力量推动着脚步——人类还没有为自己找到更好的出路。

其次,从人与社会的关系来看。现代的"进步神话"通过把"现代科学"和原始的以及中世纪的"迷信"加以对照的办法来诋毁过去和传统,把现代性则说成"启蒙",把过去说成"黑暗的时代"。"未来主义"从与将来而不是从与过去的关系中寻找现在的意义的倾向,割断了现在与过去的联系,认为任何同过去的肯定性的关系实质上都是不存在的,对过去持一种遗忘的、漠不关心的态度,否认与过去的联系是现在的构成要素,并把所有的注意力都集中到未来,总是沉醉于对新颖性的追求。这种极端的反传统主义的未来主义,为人类大肆否定和破坏传统提供了借口。人们传统上认为,在道德规范和自我利益之间总是存在着某种紧张状态,最值得赞赏的生活就是让自我利益受到道德规范的制约,服从于道德规范。道德准则具有影响我们决策能力的功能,我们用它来规范我们自己的生活并影响我们之外的世界。然而,现代人已经逐渐把通常所理解的那种自我利益看做至少是生活的某个层面(如经济层面)的可接受的基础。在市场上不受道德约束地追求自我利益的做法得到允许,并且其合理性也得到了道德上的证明。在更为晚近的现代性中,把自我利益作为生活的运行原则加以接受的做法,已经进一步扩展到生活的其他许多方面。现代性破坏了维系这个制度所必不可少的自我克制、关心普遍的善以及民族主义的爱国主义等美德,它对整个现代社会都具有很大的破坏性。"世俗主义"将宗教的虔诚从超验的对象转向完

① [美]J. T. 哈迪:《科学、技术和环境》,科学普及出版社1986年版,第13页。
② 《马克思恩格斯选集》,第4卷,人民出版社1995年版,第383页。

全尘世的对象,于是,法西斯主义、民族主义、科学主义、唯美主义、核能崇拜等不断涌现。现代人将对其他社会存在物,尤其是对那些有知觉的、能自决的存在物使用权力的能力塑造为"强权即公理"。他们一反传统精神,在使其他存在物遭受痛苦并限制它们的自我决定的自由时,不再需要三思而后行。感到除了他人的力量,没有理由可以限制人们自己行使权力来努力实现自我利益。"上帝死了"被理解为不存在限制我们权力意志的准则,并认为社会达尔文主义为这种观念提供了道德上的意识形态的论据。宣称人种只有通过一种竞争性的个人主义制度才能得到改善,这种制度允许"不适者"的灭亡或使之处于屈从地位。

　　现代社会个人主义和集中化的"二分化",使人们具有亲密的面对面的关系且能解决大部分生活问题的结构,大部分已被摧毁或削弱了,以致个人的"社会关系"越来越受制于大型工厂、国民经济、大城市和民族国家等仅涉及人们生活的极抽象部分的大型非人格化群体。不管人们迫于生存的压力可能作出何种道德判断,他们都是倾向于消极而非积极、谴责而非劝诫、禁令而非指示。正如伯杰所说:"现代化带来了社会生活在巨大结构(megastructures)和私人生活之间的新奇的二分化。"它摧毁了那些"位于私人领域中的个人生活和公共领域中大型机构之间"的"中介结构"。① 其破坏性引起了人们的广泛不满。此外,现代社会的工业化和技术化,使"机器"变成了社会的中心。除了生活的完全机械化之外,还存在着一种使人类社会自身尽可能像一台高效机器那样运转的倾向,"零件化"(componentiality)现象异常严重。在现代的劳动分工当中,每一位工人都是工业机器中的一个可更换的元件,但官僚主义则成为有生命的机器。韦伯指出,现代社会的"官僚主义化"是现代"理性化"最阴险的表现,这种现象在工业社会主义社会中会比在资本主义社会中得到更充分的发展,因此它是现时代的主要威胁。官僚专制和官僚主义是一种理性的管理形式,它把僵硬的科学理性精神贯穿于管理之中。对于这种异化关系,弗洛姆作了这样的描述:"由于管理机构的庞大和随之而来的抽象化,官僚们和人民的关系就成了一种彻底的异化。被管理的人们只是那些既无爱也无恨完全地被官僚认定的客观物体。从管理人——官僚的专业工作来说,它不需要有什么感情,他必须像他掌握数字或

---

① ［美］彼得·伯杰:《面向现代性:社会、政治和宗教浅探》,纽约:Basic Books 1977 年版,第132—133 页。

物品那样去管理人们。因为组织的庞大和分工的过细阻碍了任何人去顾及全体……"①

其实,早在工业革命之初,法国思想家卢梭就指出:"随着科学与艺术的光芒在我们的天边上升起,德行也就消失了。"②尼采认识到"苏格拉底式"的理性(即工具理性)是"一种破坏生命的危险力量"③,而科学追求的非精神化影响,必将导致人性的奴化与沦亡。马克思提出:"……技术的胜利,似乎是以道德的败坏为代价换来的。随着人类愈益控制自然,个人却似乎愈益成为别人的奴隶。"④胡塞尔也注意到,"只见事实的科学造就了只见事实的人"⑤,陷于物役的人将无暇顾及人生的意义从而导致精神的危机。他们预见到了被科学理性化了的文化世界(即所谓"客观知识世界")中理性的(极端)工具化以及知识的过渡科学化将会引起生活世界内在构架失衡的事实。

再次,从人与人之间的关系来看。现代二元论使现代人坚信,自己就是经验着的、有目的的存在者,所以认为自己就是目的,而不仅仅是他人用来实现其目的的手段。于是,他们有理由相信,应当推己及人,把他人也看做他们自己的目的。在这一信念的支配下,一个主体不把与之交往的另一个主体视作主体,而是视作手段、客体、物,主体与主体之间的交往就降格为主体与客体的交往。人们都把交往的对方视作手段、客体与物,主体与主体间交往就降格为客体与客体之间的关系,即人与人的关系变成物与物的关系或金钱关系,其结果是物的关系吞食与取代了人与人的关系,而成为占统治地位的关系。从本质上说,主体间交往关系的异化就是主体间交往关系的物化、客体化。人们将自己看做目的,而将他人作为自己达到某种目的的手段。因此,他们在生活和工作当中,为达到自己的目的,满足自己的私利欲望,不惜牺牲他人的利益,甚至只为目的,不择手段。人与人之间毫无友谊、感情可言,即使有时满嘴友谊,那也只是达到目的的幌子。人与人的关系异化为人与物的关系了。

人与人的物化关系表现为功能化、表面化的关系。功能化关系,是指交往双

---

① ［美］弗洛姆:《资本主义制度下的异化问题》,载《异化问题》(下),文化艺术出版社 1988 年版。

② ［法］卢梭:《论科学和艺术》,何兆武译,商务印书馆 1959 年版,第 14 页。

③ ［德］尼采:《偶像的黄昏》(三),周国平译,湖南人民出版社 1987 年版,第 319 页。

④ 《马克思恩格斯选集》第 1 卷,人民出版社 1995 年版,第 775 页。

⑤ Edmund Hussel, *The Crisis of European Sciences and Transcendental Phenomenology*, Evanston, Northwestern University Press, 1970, p. 163.

方均把对方当做满足自己的某种需要和欲求的手段或工具,也就是忽略对方的情感、品质、尊严等而将对方视作客体、物、抽象的实体。联结人与人的感情和友好的伴侣关系,变为赤裸裸的相互利用的、活机器之间的物物关系,在与他人交往时,首先考虑到的是对方有什么价值与功能,如何从对方身上获得现实利益。在这种交往关系中,人与人之间的关系只是一种可转换的功能交往。人们同他的同伴之间没有密切的亲人关系的意识,不再能够爱他们,而只是利用他们。人与人之间不再有心灵的碰撞与沟通。"个人被仅仅当做是一种被实现了的功能,它在无限空洞的形式中丧失了自己的本真性。人们开始害怕用自己的语言说话,害怕自己的愿望和情感。除了技术上的问题以外,其他一切均不再留存。而且,当技术问题被处理之后,随之而来的便是沉默无言,但这并不是一种意义深刻的沉默,而只是空虚的表现。人似乎但愿能放弃他自己,但愿投入自己的工作就好像投入欲望之海中去一样,但愿不再是自由的,而只是'自然'的,仿佛'自然'即等于某种被技术把握住了的东西。"①交往关系的表面化,表现为主体间的交往仅停留在礼节性的应酬上,其交往的动力来自于对利益的追求,这种交往的方式体现为个体对大众观念统治的服从与认可。

物化意识还导致了人和自身相分离。由于市场经济的作用,人已不把自己当做活生生的人,而作为一件待价而沽的商品。"他的目标是在市场上成功地出卖自己"。② 对他来说,学习和工作,都是一种投资,他的品质、人格、技术、知识、情感都融化于商品中,其目标是在市场上获得更高的价格,他的自我价值取决于市场上交换价值的实现。如果不能顺利地推销出自己,他就将被社会所遗弃,失去存在价值。因此,人只是尽力地适应外界的需要,按社会需要的模式塑造自己,成为没有自我的物品。

在现代"实利主义"或者"经济主义"的影响下,人与物之间的关系——物质需要——在人们的生活中占据了首要地位,人与人之间的关系——社会——则成为次要的。人与物之间的关系高于人与人之间的关系,经济至上,金钱第一。人们对物的崇拜与占有已经达到了极端,对物质财富占有的多少成为衡量一个人能力与身份的象征,这种获取财富与物质的能力代替了传统意义上用来评价人的那些标准:如诚实、善良、高尚、纯洁……这些传统意义上的做人标准统统被物欲的洪流冲垮。因而,弗洛姆把这样的社会称为"集体性的疯狂"时代,他说,

---

① ［德］雅斯贝尔斯:《时代的精神状况》,上海译文出版社 1997 年版,第 155 页。
② ［美］弗洛姆:《健全的社会》,中国文联出版公司 1988 年版,第 143 页。

"正如有过两个人的疯狂一样，也有过'数百人的疯狂'，大家具有相同的恶行，并不能使这些恶行变成美德；大家犯有相同的错误，并不能使这些错误变成真理；大家患有相同的精神病，并不能使他们成为健全的人。"①在这个时代，人不再是"目的"，当个体功利主义处理物时，存有本身表现为手段、目的、工具、需要和操持(procuring)的世界，人成为人的工具，这时"伪具体的世界"(科西克语)生成。人把自己的生活意义投射到对"物"的占有与追求上。经济观代替了道德观，它注重收入、财富、物质的繁荣，并把它们视为社会生活的核心。

随着物化的加强与商品经济的发展，主体间的交往关系演变为赤裸裸的金钱关系，或者货币化的关系。人们坚信"人是经济的动物"这一信条，将无限度地改善人的物质生活条件的欲望被看成是人的内在本性。金钱成为衡量个人存在价值的唯一尺度，同时金钱也成为确定和他人的关系及其保障个人在社会中地位的最有力的手段。万事"钱"为首，一切向"钱"看，一切为了"权利"和"前途"：权利，有"权"就得"利"，"前途"，有"钱"就"图"。万般皆下品，唯有"金钱"高。在商品社会中，"货币具有购买一切东西、占有一切对象的特征"②。金钱可以使爱变成恨，使恨成为爱，使平庸成为伟大，使不尊敬变为尊敬，金钱具有统摄人类灵魂的力量，一个人是什么与能够做什么，绝不是由其个性来决定，而是由金钱来决定。"我是丑的，但是我能给我买到最美的女人。可见，我并不丑，因为丑的作用，丑的吓人的力量，被货币化为乌有了。我——就我的个人特点而言——是个跛子，可是货币使我获得了二十四只脚。可见，我并不是跛子。我是一个邪恶的、不诚实的、没有良心的、没有头脑的人，可是货币是受尊敬的，所以，它的持有者也受尊敬。货币是具有最高的善，所以，它的持有者也是善的。"③有一首打油诗是对现代拜金主义的最好反映：现代人睁眼观看，论英雄"钱"是好汉，有了它诸般称意，没了它寸步也难，瘸子有钱走歪步合款，哑巴有钱打手势好看，一分钱能难倒英雄好汉，孔明没钱也说不过潼关……可以说，在现代商品社会中，货币是把我同他人、自然、社会联系起来的纽带，它是交往的基础与动力来源。金钱欲望已经成为他们存在的最重要、事实上是决定一切的特征。人们还坚信"无限丰富的物质商品可以解决所有的人类问题"这一信条。这种信条与人是经济动物这一大众观点使我们坚信，物质财富与社会的普遍健

---

① [美]弗洛姆：《健全的社会》，中国文联出版公司1988年版，第143页。

② 《马克思恩格斯全集》，第42卷，人民出版社1979年版，第152—153页。

③ 同上。

康和福利之间的确存在着统一性,错误地认为金钱越多就越幸福,金钱万能论充斥着人们的头脑。于是,人们见钱眼开,有钱就是爹,有奶便是娘。他们为了金钱,不惜一切手段,甚至不惜丧失人性。人性异化程度之甚史无前例。

弗洛姆精辟地描述了上述种种异化现象,他说:"是现代人异化于自己,异化于同类,异化于自然。人变成了商品,其生命变成了投资,以便获得在现存市场条件下可能得到的最大利润。人与人之间的关系从本质上讲不过是已经异化为自动机器的人与人之间的关系。"①结果是现代人成为失落个性的机器人,待价而沽的商品人,贪婪占有的消费人。

交往关系的功能化、表面化、货币化必将导致的结果就是心灵之间的彼此日益陌生、疏远与冷漠。这种交往关系的冷漠化,一方面表现为:在大城市中,每个人和每个家庭,与左邻右舍的人几乎无任何人与人之间的联系,大家都充满戒备,彼此孤立地生活。并且主体间的这种冷漠感已经蔓延到夫妇、父子、兄弟姐妹之间。从根本上说,这与现代发达工业社会的"物化"所导致的彻底利己主义密切相关。另一方面主体间交往关系的淡化还表现为人与人之间的难以沟通。这种难以沟通是指"我"在"人群"之中的寂寞。"我"在言说着、交往着,然而却依旧感到寂寞。这是因为我的言说与交往并不是发自于我的内心,来源于我的思想,而是在说"众人之所说"。陀斯妥耶夫斯基在《地下室手记》中,以文学的手法描述了个体的孤独与苦闷。卡夫卡在《变形记》一文中更以敏锐而极端的形式表述人与人之间无法逾越的心灵障碍。对此,海德格尔也写道:"互相关心、互不反对,互不关照、望望然去之,互不关涉,都是烦神的可能的方式。而上述最后几种残缺而淡漠的样式恰恰表明日常的相互共在的特点。"②

在现代社会,主体间的交往关系最终陷入了两难状态,即为了生存与避免孤独,个体必须与他人交往,融入到社会生活中,但是这将导致主体被社会的同化与消解,最终使人的自由与个性丧失。弗洛姆在《逃避自由》一书中描述了人的这种两难状态,他说,人渴望自由,却又缺乏承担自由的能力,因为自由带来的空虚是无法逃匿的。对于人来说,积极性的自由存在于整个而完整的人格的自发活动中,一种创造性活动中,它的先决条件是精神的完整。然而现代人却失去了这个要素。自由带给他的只是无可归依的空虚,正是对自我存在无根的漂泊感的恐惧,使当代个人根本上依赖于大众意识形态,依赖于秩序,试图借此摆脱个

---

① 〔美〕弗洛姆:《爱的艺术》,四川人民出版社 1986 年版,第 96 页。
② 〔德〕海德格尔:《存在与时间》,三联书店 1987 年版,第 149 页。

体存在的危机与孤独。韦伯也为现代人的形象勾勒出一幅悲观的前景：每当想到世界有一天将会充满这样一些小小的齿轮——一些小人物紧紧抓着职位不放并极力钻营更高的职位——就像埃及历史的景象重现……真使人不寒而栗。我们只需要"秩序"，此外别无他求；倘若一旦秩序发生动摇，我们就会感到六神无主，畏葸不前；倘若完全脱离秩序，就会感到孤立无援。① 实质上，依靠大众确认自我，这是一种恶性循环，虽然与大众合流可以摆脱孤独，但是，同时大众意识又使个体更深地消解自身。这种大众意识对于真正人的生活世界是一种毁灭性的威胁。个人日渐迷失在大众之中，丧失了自我存在的本真意义。他已不再是孤立的自我，因为某种一致的普遍的大众意识具有的一般性占据并同化了他的身心。它的最终目标是使人成为千篇一律的"单面人"。这样，在真正的自我消失后，人与人之间的交往只停留于表面，越来越功能化、单一化、公式化了。

　　物化导致的直接后果是人格的完美性的消失、人的世界的片面化发展。当人们把对物的追求、占有与消费当做人的全部目标时，人自身的完整性就失去了，因为他失落了人生的一个重要方面，即精神世界。这意味着他失去了向善、向美的动力，失去了追求总体的内在冲动，完全沉溺于外在的、表面的、物化的存在状态中。在现代社会中，面对局部工作的丰富成果，我们都处于一种可悲境地，无法把生活当做一个整体对待，物化意识已经渗透到人的生活方式之中，它对于真正人的总体的存在是一种毁灭性的威胁。个人日渐迷失在物质之中，丧失了自我存在的本真意义。他已不再是他自己的孤立的自我，因为某种一致的、普遍实用的模式化的社会的一般特性占据并同化了他的身心。这种物化意识竭尽全力地使我们有目的的生活变得无效。它悄然地损害着人的个体自我。甚至人处于其中，却依然不晓。"这种生活秩序普遍化将导致这样的结果，即把现实世界中的现实的人的生活变成单纯的履行功能。"②个人被融入了功能之中，生命被客观化了。他的存在的目标在于增进物质生产的效率。

　　在这种状态下，实用化、功能化日益成为衡量人的价值的普遍社会尺度，雅斯贝尔斯指出："一旦普遍的秩序所起的作用是将这个整体肢解成诸种局部功能，而这些功能的执行者可以无差别地替换，那么，在工作中的这种快乐就被毁掉了，当这种情形发生时，关于总体的理想便消退了。以往曾经要求将整体的存

----

① 参见《现代西方哲学家评传》（社会学卷），山东人民出版社1996年版。
② ［德］雅斯贝尔斯：《时代精神的状况》，上海译文出版社1997年版，第187页。

在寄托于连续的构成性成就之上的活动,现在则被贬低为一种仅仅是副业的活动。"①这个世界是以疯狂追求物质生产效率为目的。它迫使一切事物、一切人均为它服务。它消灭任何它不能容纳的东西。它试图转移人应具有的价值与尊严,从而成为它达到某一目的的纯粹手段,成为没有目的或意义的东西。如果说人们现在仍然恪守着常规,那只是出于物质利益的考虑或惧怕法律的惩罚,而非源于任何道德和良知,不是源于真心。因而,"当所有的一切都归结为生活利益的目的性时,关于整体的实质内容的意识便消失了"。②

人的总体性失落主要指的是超验世界——信仰、意义、价值、理想等神圣性的丧失。从宏观上看,这种失落将导致我们失去向善向美的动力。而对于人类个体来说,总体性的失落意味着人自身人格的完整性的丧失,即人的精神世界的远遁。人沉浸在物化的状态中,成为纯粹的个体感官经验主义者。在这种状态中,人的一切活动、一切行为均以对物质的追逐与占有为目标与尺度,其结果是人自身降格为商品。随之而来的是人的世界全方面的物化、功利化,全都被纳入市场经济的轨道,受价值规律所左右,而演化为物质世界的附庸。总之,总体性失落之后的人自身及人的世界处于失去精神之维的黑暗状态之中。

由上述可见,现代为幸福而立法的理性之梦结出了苦果。最恶劣的反人性的罪行以理性的统治、更佳的秩序和更大幸福的名义得以施行。使思想麻木的破坏原来却是哲学必然性与职权的骄傲自信相结合的结果。现代的普遍理性与完美的浪漫向往已被证实是一种代价高昂的事务。秩序的伟大工厂继续带来更多的混乱,反矛盾态度的圣战制造了更多的矛盾,因此,它们也被证实是失败的。人与自然、人与社会、人与人之间的诸多异化问题汇集在一起,构成了人类生存的复杂困境,不断地骚扰着人们的神经。

于是,人类的心理宇宙倾斜了。

第二节　后现代性的悲剧和弦

一、无法抗拒的物役

现代性作为人类的"解放者"来到世界上,的确给人类社会、文化和生活等带来了前所未有的舒适与便利,然而,也给人类造成了前所未有的异化。后现代

---

① ［德］雅斯贝尔斯:《时代精神的状况》,上海译文出版社1997年版,第187页。
② 同上。

性看到了"先辈们"的这一缺陷,继承了现代性的"解放"品质,作为"新的解放者"问世。后现代性对现代性进行解构,为解放人们的思想和社会的进步,的确具有不可磨灭的贡献。然而,后现代性在冲破现代性牢笼的同时,它又同样不可避免地给人类造成了新的异化,且其程度之甚史无前例。

在信息爆炸的"后工业社会",人类因物役而产生的精神危机比工业社会犹有过之而无不及。所谓"后工业社会"中的信息爆炸和产业信息化趋势是工业社会的一种合逻辑而又非理性的畸形发展和延续。如果说,工业社会的优势如生产力、社会总财富的增长和人们生活质量的改善被更"有效"地放大了,那么它原有的弊病也更加深重了。人与自然、人与人之间的隔膜并未因信息的增多而成比例地破除掉,反而成比例地加深了。人与自然之间的生态平衡更难恢复,交易双方根深蒂固的互不信任(商业秘密的增加和侦察—反侦察环节的增加)增加了交易成本,广告的泛滥使消费失误增加了,等等。归纳起来,信息爆炸带来的问题大致有三个方面:

第一,信息总量的增加是不平衡的。一些方面的信息猛增,例如科技信息和商业信息;而另一些方面的信息却没有成比例地增加,例如关于人的存在和健全人格培育方面的信息。而由于信息技术水平上的差异,交往各方所掌握的信息本身也是有差异的,表现在商业上就造成贸易的事实上的不平等或贸易失败。由于文化差异和意识形态的不同,新闻媒体关于异域文明的报道总是有倾向的:西方人对中国的了解可能是片面的,反之中国人对世界的了解也可能是片面的。双方信息内容被关切程度相差太多。

第二,信息的增加使信息整合发生困难。许多信息成为难以理解的、与其他信息缺少联系的,因而仿佛是些"碎片"。人的文化图景也成了支离破碎的。尤其对于个人而言,他可自由支配或用于比较专门的阅读时间相对地越来越少了,能比较集中地阅读几本大部头的经典著作几乎成了奢望。电视节目的命运也不太好。人们经常看一些没头没尾的片子,看完之后连标题是什么也不知道,而其中插播的广告却多得让人心烦。人们在大街上面对各种大字标牌,甚至难以分清,哪些是单位名称,哪些是商业广告。为了招徕顾客而具有独特风格的一幢幢商厦、店面及其在附近建筑的大面积玻璃幕墙中的反射,令路人应接不暇。基础教育部门则总是为了在相对短暂的学制中安排更完整的现代知识体系而伤脑筋,可太多的艺术或思想派别却为割断与传统的联系而煞费苦心。

第三,信息爆炸的最大问题是信息的真实度问题。电视、电脑及电信业的发展使人们不出门便了解到世界各地的消息,不仅声像俱全,还号称"现场"、"直播"等。殊不知,电视图像不仅不是真正的"三维动画",反而是"双重失真":与真正的现场比,它的图像是平面的,它的声音也是平面的。至于说内容的真实性就更成为问题。广告中的少女是因为美发或妙龄而被请进演播室的,不是使用了所宣传的化妆品而变得姿色动人的。"剪辑"和"正拍倒放"的电影拍摄手段使人感到现实中的因果关系也是可以任意颠倒的,过多的广告甚至使人对真正的信念发生动摇。

信息爆炸使个人面对以技术为媒介的生活方式日益感到依赖性和孤独无助,无力形成共同体认同感。同时,信息化传媒带来的单向度的无回应的话语方式,使人们备感到自己与世界之间的铭心刻骨的疏离。

人与人之间最典型的疏离形式是交往异化。交往异化最典型的形式之一是交往主体的抽象化或符号化(数字化)。具体说来,在高度发达的技术世界中,人往往被消解了情感、特性、价值、多样性,变成了庞大机器体系中的零件,从而使主体变为抽象的数字、符号、原子等。相应地,人与人的交往沦为抽象原子或数字之间的无法真正沟通的交往。人与人隔膜、疏离、冷漠,人与人之间丧失了统一性和有机的联系,变成各自孤立的、被动的原子。在这种情况下,社会完全是按照物的关系和物的原则组织起来的,人的关系被物的关系所吞没和掩盖。用卢卡奇的话说:"生产程序被机械地分解为它的组成部分,也破坏了在生产还是'有机的'的整体时个人和社会之间的紧密联系。在这一方面,机械化也把他们分裂成孤立的、抽象的原子,他们的工作不再把他们直接地有机地结合在一起。由于禁锢他们机械抽象规律作用,在日益扩大的范围内,他们成了中介。"①

管理术的异化。随着高科技的发展,社会整个管理体制有效性更加显著,每个人都是整个管理机器系统的一个小小的螺丝钉。计算机监控与管理工人上下班及生产劳动情况已经相当普遍。"你的位置就在这里,你只能这样干,你的胳膊在以 Y 为半径的范围内只能活动 X 寸,并且行动的时间只能是千分之几分。"②可见,虽然古老的等级束缚已经松弛,但人并未获得自由;相反,一种新的限制,即把个人局限于社会机器的某一规定位置上的限制,已变得极为明显与更加专制。最后,劳动已不再是人的创造性和个性的体现,它变得单调乏味,简单机械。人已经成为一架机器上的可以替换的单纯的零件,他顺从地做着那不断

---

① [匈牙利]卢卡奇:《历史和阶级意识》,重庆出版社 1989 年版,第 100 页。
② [美]弗洛姆:《资本主义制度下的异化问题》,载《异化问题》(下),文化艺术出版社 1988 年版。

重复的动作。如果有某种决定要求他来作出,那么这个决定也是在他有限的功能范围内被偶然作出的,他没有必要去探究事物的根本。这种生活的基础在于忘却,生命已经失去了历史特征,除了赤裸裸的当前外,几乎没有任何东西留存在精神中。在机器跟前的工人只专注于直接的目标,无暇也无兴趣去整个地思索生活,丧失了历史维度的个体在过着一种无根的生活。他的劳动与兴趣、快乐、创造等完全脱离,而属谋生的领域,成为一种功能的存在。"这种文明最终只能造就大量的这样的人:人不再进行选择,不能进行自发的和自主的活动,最多不过有点耐性,驯服和服从单调的工作到了令人可怜的地步,当他选择的余地愈来愈少时,他就愈来愈不负责任。最后他成了一个被条件反射所支配的生物。"①他日复一日地执行着他的日常任务,被拉到物的水平上的人,已经丧失了超越感、否定性、批判性等一个真正的人应具有的精神品质,成为"物化的人"。人的自主性、可选择性其范围愈来愈小。在现代相对主义和虚无主义的影响下,人们认为一切价值判断都是相对于某种有限的目的和视角而言的,认为某种规范论断确实(客观上)比其他论断更好的那种立场是不存在的。否定任何终极价值或意义,并因而否定关于我们应如何生活的客观准则。再加上各种晋升、标准、赏罚制度左右着人们的行为,许多人的心中没有了一种永恒的价值,而被各种暂时的、功利的价值标准所支配。人们成了社会实现其目的的工具。

人的需要也异化成平面化的需要。贪婪的敛财者为了满足自己的占有欲,为了攫取别人身上的"黄金鸟","每个人都千方百计在别人身上唤起某种新的需要,以便迫使他作出新的牺牲,使他处于一种新的依赖地位,诱使他追求新的享受方式,从而陷入经济上的破产"。② 不仅如此,"工业的宦官"甚至不惜"投合消费者最下流的意念,充当他和他的需要之间的牵线人,激起他病态的欲望,窥伺他的每一个缺点,然后要求对这种殷勤的服务付报酬"。③ "我们现在的消费欲望已经脱离人的真正需要"④,人们受到种种广告的诱惑,什么都想要,即使没有消费的欲望和能力,也求得到更多、更好、更新的五颜六色的商品。消费不再是手段,而成了最终目的,于是购买与占有变成非理性的、强迫性的活动,使用时得到的享受、幸福和满足降为次要的事情。人本身越来越成为一个贪婪的、被动的消费者。物品不是用来为人服务,相反,人却成了物品的奴仆。

---

① [美]弗洛姆:《健全的社会》,中国文联出版公司 1988 年版,第 143 页。
② 《马克思恩格斯全集》,第 42 卷,人民出版社 1979 年版,第 132 页。
③ 同上书,第 133 页。
④ [德]弗洛姆:《健全的社会》,中国文联出版公司 1988 年版,第 143 页。

　　需要深度的削平说明人被剥夺了自由,意味着需要失去了自主性和个性,需要不再是需要者的本质,不再是生于需要者的内在要求,而只是被工业的宦官所激起的需要者病态的生理欲望。需要变得外在于人,因而出现了错位:人们纷纷提出与自身本质不符的需要,提出体现他人本质的需要,不懂音乐的人却要去听音乐,而懂音乐的人却在忙于为生存而奔波。既然不是自身本质的对象化,不是确证自身力量的对象,强要占有、硬去享用是无法实现人与对象的真实统一的,享用者体验不到身心的愉悦,反而是对身心的摧残,精神产品对于没有精神底蕴的人无疑是"对牛弹琴",是"噪音"。而物质财富在只求占有的人手中也只能流于满足其病态需要的工具。由于需要本身的错位,需要失去了本质力量的根基,那么需要(不显现自己本质的需要)的满足也只能用需要者可能有的"本质力量"或手段,于是,用金钱购买"爱"、"友谊"之类现象随之泛滥。

　　如果高科技给人类带来的这些异化现象还不足为奇,给人类精神世界造成的损害也不足为甚,则令人岌岌可危的应是如下现象,它们将给人类命运以致命的冲击:

　　考古学的发现使中华民族的起源愈发扑朔迷离;克隆技术使道德、伦理措手不及;人工授精所生的婴儿是男女"爱情结晶"还是超级市场的玩具?"父亲"是精子的提供者还是后天的抚养者?生育和婚姻的分离,会不会破坏现有的家庭模式,进而瓦解整个社会结构?易性手术使人怎样分辨男女?它是帮助病人走向新生,还是迁就病人的病态心理?社会该如何面对生理和心理的分离?人到底有没有选择性别的权利?英国病理学家发明了一种能自由选择性别的"妙药",这是福音还是灾难?这种"自由"会不会破坏两性比例?被做了隆胸手术的女性拥有的是两只乳房还是两堆硅?器官移植使人体内的大部分"原装"器官被兽的器官或人造器官替换,会不会影响其人性、人格?这时的"他"是人是兽,还是机器?

　　随着计算机化、数字化技术的发展,21世纪的人们将处在各种电子眼、电子耳和电子鼻的监视中,这不但使罪犯无处藏身,正常人的个人隐私也荡然无存,新的数字电子监视的世界没有任何东西可以躲藏。这些电子装置能穿墙而视,在一定的距离内,能做彻底的探视,并且可将视线穿过你的衣服甚至身体,在不知不觉之中,它们摄取了你的裸体像。会客室、卧室、浴室和洗漱间都成了暴露公开的地方。人们越来越失去其作为个人的独享的精神和物质空间。人们因害怕失去作为人的独立性和只有上帝才能窥视的私密性而精神高度紧张——如果上帝存在的话。社会生活中的人们人人自危!

二、面目全非的道德

人类的伦理道德也发生了异化。由于后现代主义认为责任是现代主义者一相情愿地套在自己脖子上的精神枷锁,后现代人没有必要理会什么责任,因为后现代的个体不是面向过去而是面向未来,倡导的是自由的、开放的思想方式,所以为想象力提供了任意驰骋的广阔空间。他们还认为,个体的选择、行为以及行为结果之间便不再具有直接的因果关系,而"在缺乏因果关系的情况下,后现代个体无法被要求去担负其主观责任"①。伴随着责任的消解,后现代个体视一切为游戏,重过程而轻结果,重体验而轻理解,因此,生活本身则表现为一个无限替换的无中心、无本原的过程,具有很大的随意性和偶然性,这也就必然放弃了担当生命本身所固有的严肃性。后现代性是现代自由之梦和使之成真的漫长而曲折的奋斗的顶峰成就,形成了一个摆脱了假想义务和虚假责任的世界。随着普遍法则和绝对真理的消失,或者说被逐出时髦,不管人们拥抱(但不再紧密)和服从(但不必太认真)的个人准则和私有真理是什么,都无关紧要。因此,道德也发生了错位。人们认为,由于据称是统一的、明显的、独特的伦理准则的消亡,道德责任这一"调整标准"才得以展翅高飞、鹏程万里。随着国家伦理垄断(确切地说,是国家对垄断的渴望)的中止,以及伦理规则供应的私有化和让给市场处理,道德通过将自身直截了当地暴露给那种交给了他或她自己的道德意识的道德自我而取得进步,选择的暴政又重返人间。吉尔兰·罗斯(Gillian Rose)曾对这种不确定性(及忧虑)发出撕心裂肺的痛苦的呼喊:那种拒绝"任何政治原则",并将他者而不是道德主体放在中心的后现代新道德观正在向"他者"挥手致意,而他者正溺水下沉,以强烈的、垂死的姿态把他的孩子拉在自己身下。新伦理虽然关注"他者",但是,既然它切断了与法律的任何联系,那么它既可能是仁慈的,也可能是不仁慈的。无论属于哪种情况,由于放弃了原则和动机,新伦理展示了它的"最好动机"——赋予事情正确性。但由于其"绝对仁慈"的统治方式,因此,新伦理和它原则性很强的前任一样,同样预示着无法预期的后果。②可见,后现代性既是道德个人新生的契机,又是他的毁灭。克里斯托弗·拉什(Christoper Lasch)在他最近的研究中总结道:社会"不再受道德上的共识的统

---

① 〔美〕波林·玛丽·罗斯诺:《后现代主义与社会科学》,张国清译,上海译文出版社1998年版,第81页。

② See Gillian Rose, *Judaism and Modernity: Philosophical Essay*, Oxford: Blackwell, 1993, p. 6.

治"。他还指出,我们的社会秩序不再需要"公民的知识性认同"。这与"对限制我们至高无上选择自由权的一切事物的厌烦……对'无约束的行为'的偏爱"①存在着密切的联系。正如马克斯·弗里希所说,现在我们能够为所欲为,而唯一的问题是我们想要什么。我们终于来到了亚当与夏娃当年所处的境地:现在我们所面临的是道德问题。后现代这一道德问题的根源,在于社会情境的破碎化和生活追求的插曲化。人们面对道德的永恒困惑,陷入生活的巨大痛苦之中。

为解除道德的困惑和生活的痛苦,后工业技术为人们设立了一个乌托邦,声称社会的、政治的、道德的社会问题都受到技术方案的影响,一切领域的进步都只能靠技术的变革来保证;而且,我们今天生活的社会正通过技术的进步而不断地取得新的质的发展。其实,恰恰相反,正是由于科技的、经济的、政治的发展使一切战争、极权主义、北方的富裕和南方的贫困之间的鸿沟、失业和"新的贫困"等成为可能。在发达的科技手段的掩饰下,常见的暴力水平及其残暴行为的残忍性逃脱了人们的注意,正不断上升。先进的电子传播手段使大量的战争惊吓场面更为简单,让人忘记了枪击和爆炸真正的危险,因为毕竟不是真的在射击或投弹,而只是移动飞机操纵杆和按下按钮。他们在地中海上空就能准确地命中在伊拉克的军事目标,从来都用不着亲眼目睹受害者,在屏幕上计数的只是亮点,而不是死尸。迈克尔·J.夏皮罗(Michael J. Shapiro)说,拥有杀伤力巨大的最新武器的人"依靠电子辨认系统所攻击的只是一些符号而不是可辨认的形体,'敌人'已完全而且一直不可见了"。马克斯·弗里希在日记中写道:"我们并非都是被分派为刽子手的人,但我们几乎全都能成为士兵,都能站在炮的后面,瞄准、拉动发炮绳线。"②希姆莱(Himmler)可能要为他的那些负责近距离杀戮布尔什维克和犹太人的执行部队的精神健康担忧,而施瓦茨科普夫(Schwarz-kopf)将军则不必为他的众多谋杀者的精神健全操心。执行完轰炸任务的飞行员们带着兴奋及得意从轰击中返回,他们兴奋地说就像在"电影"里一样,就像一场计算机"游戏"。他们的崇拜者们屏息注视着电视屏幕上他们在游乐中心娱乐时就熟知的画面——重合在交叉上的亮点,看到的就是一场精彩的游戏。那些所谓的"无辜的"受害者(大多数或"正常情况下"的受害者并非无辜而是罪有应得的)现在则被简单地辩解为是"计算机错误"。

---

① Christopher Lasch, *The True and Only Heaven: Progress and its Critics*, New York: W. W. Norton, 1991, p. 30, p. 31, p. 34.

② Max Frisch, *Sketchbook 1946—1949*, trans. Geoffrey Skelton, New York: Harcourt Brace Jovanovich, 1977, p. 34.

　　将现在的战争同它的道德意义分割开来不是更简单、更完善的事。而高科技新式武器在战争中的使用还预示着另一种新的突破：一位海湾飞行员在总结他的作战经历时说道："我们能到达并碰到他（敌人），但他却无法碰到我们。"可见，将现在的战争，与其像以前那样被描述为"战斗"，不如说它现在更像一种"死刑"：其行动的目标不会回击，所有的行动是单向的。早在打响第一枪之前，其中的角色和权利已被划分和安排好了。刽子手们确信他们的行动将是不受惩罚的，他们参加行动的权利是无可争辩的。在听从者的点头赞成下，将军们及大众媒体反复宣扬：主要的战略原则是"拯救生命"。这就暗示了这样一种思维逻辑：只有某种值得拯救的生命才能得到拯救。拯救的方法之一就是尽可能多地消灭那些无价值的生命，抢先在这些人送命前作出类似反应时消灭他们。最先进的武器和战略就是大屠杀、大杀戮，不是战斗的武器、战斗的战略。他们将国外的暴力战争划入国内的"捍卫法律和秩序"项目之内，认为毁坏是一种"创造性的毁灭"，而少数人的不幸是为大多数人谋幸福而付出的一种低廉的代价。

　　道德冲动及约束，由于被中立和失去意义而变得不起作用。人世已有可能犯下非人的行径而不会觉得自己是丧失人性的。杀手们不需要变得很残酷，他们没有可能感觉到可悲。那些残暴的事情由那些不残暴的人就能完成，邪恶不再需要邪恶之徒。明理的人，那些被现代机构的非人格性的、不置可否的网络深深吸引的男男女女就能异常出色地为恶。欧内斯特·盖尔纳（Ernest Gellner）耐人寻味地说："站立于现代社会秩序基石上的不是刽子手而是教授。国家权力的主要工具和象征不是断头台，而是（被恰当地命名的）'国家博士'。"①可见，后现代性使其自身合法化为一种文明进程，在这个前进的过程中，粗俗变成文雅，残酷变成善良，无教养的变为有教养的。

　　"在过去，各种机构都知道有形暴力的使用。然而今天，我们得说一个国家是（成功地）声称在一个特定的领域内垄断着有形暴力的合法使用的人类社会。"②现在"文明世界"的军工部门煞费心机地制造了越来越尖端的、越来越具有毁灭性的武器，像所有的超前于目标的技术手段一样，狂热地寻求可以赋予它们以意义的战场，渴望将最近的发明在"行动"中进行测试。其过多的军事库存以及大量的军事研发人员，持续且充裕地供给着"外在的野蛮主义"。它们还设

①　Ernest Gellner, *Nations and Nationalism*, Oxford: Blackwell, 1983, p. 134.
②　*From Wirtschaft und Gesellschsft: Quoted after From Max Weber*, ed. H. H. Gertz and C. Wright Mills, London: Rougledge, 1970, p. 78.

置出新的反暴力战争的目标,并将更精巧的暴力手段施加到"主权领土空间的边界"的另一边。正如诗人评论海湾战争期间的已售技术与未售技术间的斗争时所吟诵的:我们昔日微笑的顾客,现在却是撒谎大王。(你们)犯下种种可耻的暴行,真让人惊讶、惊讶、惊讶呵⋯⋯接下来的问题是,"文明世界"以大量暴力对"少数文明"或"低等文明"的边缘地区施加"文明化"的影响,而自己却被大量的、无休止的部落战争所困扰,并渴望求助于屠杀和恐怖来维持秩序。乌尔贝希·贝克在其《危险社会》中指出,我们的社会日益成为一个制造危险、监控危险和对付危险的社会。我们与其说"前进",还不如说清除混乱状况,寻求从以往我们自己制造的浩劫中退出的出口。尽管这些危险是意外的,常常是难以预料或思考的,但它是我们自己的产物。并且,它们遥远的后果作为新的危险、新的问题因此是新的任务反弹回来。因此,我们同意凯吉尔(Caygill)对全面趋势的正确把握——"暴力的潜能"虽曾被许诺,甚至有时被宣称已被永远放逐,现又迅速地"返回中心"。

我们生活在残恶行为的持续狂欢作乐之中,文明进程所关注的不是有关暴力的根除而是暴力的再分配,因为"文明世界"只有通过他们的高压统治才能免除他们发誓要消除的压力的束缚,他们的文明化即是另一些人被迫的无能化。道德也异化为"文明人"的道德。被指控为不道德的人必定是已被击败的人。除非战胜者反过来又被击败,否则他们的残暴,或他们的追随者以及受其保护者的残暴并不会受到审判。除了今天的战胜者外,没有任何人能讲述正义,正义每次都这样描述世界:不道德就应受惩罚,正义应得以伸张。

"文明的"的现代正建立在种族灭绝之上,并通过更多的种族灭绝进行。现代人对昔日大屠杀的羞愧结果却不足以防止今日的屠杀者,进步的理性令人惊叹的阐释意义的能力竟在现代"文明人"面前表现出软弱的状态。正像艾雷·贝希所指出的:"越南战争所带来的深深的不自在并不是因为杀人而自责,而是因战败而抱愧。"战败者要是在对越南进行可耻的干涉真有一种不自在感的话,就是要吸取和牢记战败的教训,需要更多的武力、更有效的武器,而不是更多的伦理良心。对越南之战失败的羞愧所促进的高科技战备远远地超过了羞愧所促发的道德自省。

战胜者无论显得多么崇高,都是由于极度的残暴,而不是突然涌起的道德情操,因而他们也表现不出令人尊敬的道德,而受害者同样也是如此,他们并不总是在伦理上优于压迫者而使自己看起来更道德。得到信任的人有可能变得值得信赖,而被当做狼来对待的人则常常以狼一样的方式去对待他人。轮到越南军队征服老挝和柬埔寨时,越南军人表明,他们几乎都是以他们的美国折磨者们为榜样。在纳粹统治时期,由克罗地亚的乌斯达莎人(Ustashi)和他们的穆斯林自愿帮手们所犯的种族灭绝的罪行,使塞尔维亚受害者的后代更渴望进行杀戮、强暴和种族清洗。大屠杀的回忆加强了以色列占领者对阿拉伯地区的控制,大规模的围捕、流放、扣押人质和集中营都被视为值得做的事而被牢记。现在人们学会的不仅是更多的生产,变得更为富有,更快的旅行,能更加自由自在地四处行动,同时还学会了快速有效的杀戮,科学地设计和管理的种族灭绝。难怪有强有力的理由怀疑道德进步的真实性,尤其是后现代性声称促进的那种道德进步。

对种族灭绝大屠杀进行旁观的文明人的道德也好不了多少。1975 年,印度尼西亚的军队占领了邻土东帝汶。此后有三分之一的东帝汶人遭到屠杀,一个个的村庄整个儿整个儿地遭到那些肆意烧杀劫掠的部队的屠宰。文明世界对此作出了什么反应呢? 美国容忍了这种侵略;澳大利亚与雅加达政府签订了贸易条款去开发东帝汶的油田;英国向印尼的军事独裁政府提供了大量武器,包括轰炸平民社区所需的飞机在内。并且,英国前国防部长艾伦·克拉克(Alan Clark)明确表示:"我对某些外国对其他国家的所作所为并不十分关心。"在对东帝汶人口的种族灭绝大屠杀开始的 20 年之后的 1994 年 2 月 22 日的英国《卫报》上,也曾出现了大量的如此类似的言辞。我们不知道这些拷打、致残与杀人的军队是出于对被征服者的憎恨,还只是因为那是指挥官和士兵们的职责所在。我们明确知道的是,对派出军队和出售飞机去犯灭绝性罪行的国防部长而言,除了对一笔生意成交而可能感到满意之外别无感受。自英国飞机的出售并被使用后,艾伦·克拉克部长所属的党派被英国的选民连选的次数达到三次之多,因此,我们可以从中推断,大多数选民就像他们所选的部长一样,对一群外国人对其他外国人的屠杀行为并不在意。同样也可以断定,东帝汶人的灭绝,是因为印度尼西亚当局希望建立一个没有东帝汶人的立足之地的世界,而这个世界只有在东帝汶人被消灭时才能创立。甚至我们还可以说,印尼当政者认为,他们对东帝汶人的毁灭就是他们为世界作出的一种伟大的创建行为,对他们的消灭是一种创造性的消灭,正像除草是为追求一个美丽花园而做的创造性清除。

因此,道德的异化并不意味着集中营及种族灭绝大屠杀的时代已经结束了,相反,这意味着新的种族灭绝的开始。随着人类历史的前进,暴行和大规模杀戮已不再是新闻。海伦·法因(Helen Fein)在对当代种族灭绝大屠杀进行广泛研究后指出:"在 1960 年到 1979 年间,至少有一打种族灭绝及种族灭绝的大屠杀——这些例子包括:在伊拉克的库尔德人,在苏丹的南方人,在卢旺达的图西人,在布隆迪的胡图人,在印尼的中国人,在东巴基斯坦的印度人及其他的孟加拉人,在巴拉圭的亚克人(Ache)以及在乌干达的许多人……"①文明世界几乎没有人采取措施去制止这类情况的发生,或将那些使得这些情况发生的人告上法庭。他们只是为了自己的利益,让工厂继续开工,保证向谋杀者们源源不断地供应枪支弹药及毒气,以使杀人者能为所欲为,而他们自己便能趁火打劫,捞取最大的好处。

谋杀者对受害者的处死,并不是因为受害者做错了什么,而只是因为他们的存在。进一步说,只是因为他们存在的形式及所可能成为什么,或是出于他们所不能成为什么而被杀死。受害者或顺从或战斗,或投降或抵抗,无论做什么或不做什么,只要被认定了是受害者,都无法逃脱被处死的命运,甚至连死的方法都不能选择。谁是受害者以及受害者是干什么的等问题,都是由他们的行刑人来决定的。乔科(Chalk)与乔纳森(Jonassohn)总结道:"种族灭绝是一种单方面作大量屠杀的形式,其中一个国家或其他的行政当权者意欲去毁灭一个群体,而那个群体或群体的成员是由杀人者们规定的。"②种族灭绝的受害者与战争中的敌人不同,他们没有自我,甚至也不是犯罪作恶者意义上的主体,所以他们是一种不能以他们的行为进行评判的人。他们的唯一过错(但也是充分的过错)就是他们被指控并划为那种有罪的或无可救药的病态种类的"坏运气"。换言之,他们倒霉就倒霉在遇到了他们不愿遇到的异化的道德。

现代精神的阴暗面清晰可见,而且其程度越来越大。挪威犯罪学家尼尔斯·克里斯蒂(Nils Christie)令人信服地说,"现代工业社会将大量人口放入收容机构的能力"显示了人口中囚犯的稳定增长。在 1986 年,美国有 26% 的男性黑人退学者坐了大牢,这些人的数量从此一直在上升,且其发展之迅速令人吃惊。难怪历史学家们将我们这个世界冠以"集中营的时代"或人类患上癌症的时代这样的名称。这个"集中营的时代"将是理性、启蒙与革命等时代真实而合理的继承者。而没有科学技术现代化的条件,就不会有集中营,不会有如此残忍的种族灭绝的屠杀。正是现代化,才使我们从使用达米妥(Damien)、绞刑、斩首的手工处死时代,进入了工业化处死时代,那些将死刑犯运往断头台的车辆预示着现代的屠宰场;正是现代化,才使恐吓、强迫、压制以及屠杀变得那么轻而易

---

① Helen Fein, *Genocide: A Sociological Perspective*, Sage, 1993, p. 6.
② Frand Chalk and Kurt Jonassohn, *The History and Sociology of Genocide: Analyses and Case Studies*, New Haven: Yale University Press, 1990, p. 23.

举。但是,恐吓、强迫、压制以及屠杀是一种完全适合于管理牲畜的手段,而牲畜,只有牲畜,才必须在恐吓、强迫及压制下才被推动、驱赶或胁迫而进入一种与其现存不同的形式中。因此,我们真应该好好反思一下现代精神的先天缺陷和人类对社会进步所付出的代价了,尤其是要反思一下现代的"道德进步"了。所谓"进步的道德"就是优胜者的道德。

在现代文明人的"道德经"当中,他们还把残忍伪装成关爱,让暴力装扮为仁慈,将战争和屠杀进一步解释为"解放"。也正是随着他们的关爱、仁慈和解放,不可明言的灾难以幸福的名义惩罚了这个世界的现存的"全球经济",惩罚了"野蛮人",现在,解放的痛苦与发达的现代科技和人们的生活方式紧密联系在了一起。肩负着"解放"使命的文明人,从未过问过贫民及其存在,更不谈与他们有任何一点联系,那些贫民将被迫陷入被遗忘、抛弃、不折不扣地消失等困境。就像斯特基帕·梅斯特罗威克(Stjepan G. Mestrovic)所指出的:"真正的道德,自我克制的习惯和友邻之爱,在紧张中减弱了……然而,贫民变得更加贫困,富人却越来越富有。与此同时,媒体却谈论'同情的疲乏',用以解释为什么几乎没有人真正关心这个世界的饥饿和其他的灾难。"①暴力的独特的后现代基石正被私有化——被分散、被传播,失去具体目标。新种族主义以不同于昔日的部落而作为假想的社区的自身的存在方式,并没有设定的组织,没有"传统的死规定"来维护、保持、重塑它们。而新种族集团预期的成员必须被塑造为"在领导者的手下是顺从的傀儡,同时,在对外作战时又是富于进攻性的冲锋队员……"②最可怕的道德又在殉道的面具下实施。

全球性的帝国主义及其无限制的贪欲,不过是对一项令思想发怵的任务的实际反应,这项任务就是在无序统治的地方只依靠自己的努力创建一种新秩序,除了他们自己的意志外,既没有外部的帮助,也没有成功的保证。这项任务需要的是强有力的手腕,冷酷无情是追求和达成这一目标必不可少的。在进行这项任务时要摧毁许多东西,但是,他们把这种摧毁称为创造。目的的崇高也会使仁慈变成犯罪,使胡作非为变成博爱行为。我们可以预料,使人人变得摩登和幸福的气势恢弘的全球性发展将因为下列原因而不复存在:地方保护主义的陷阱,普遍的对流动资金的争夺,以及各国政府窃取别国人民的职位,将失业问题转嫁外

①　Stjepan G. Mestrovic, *The Barbarian Temperament: Toward a Postmodern Critical Theory*, London: Routledge, 1993, p. 5.
②　Ferenc Feher And Agnes Heller, *Biopolitic*, Vienna: European Centre, 1994, p. 28.

国的做法等。无论如何,没有什么能通过发展获得解放的古老教义,也没有什么能够激活这样的古老希望:在发展的尽头等待人们的是一个所谓的有序地、合理地设计和管理的世界。

随着科技的发展和经济全球化,后现代道德问题也越来越影响到人们的日常生活。今天,那些被大肆宣扬的相对新奇的暴力形式与日益渗透于我们日常生活中的后现代现象之间有着一种相同的亲密关系。相对较新的后现代机制已成为日常生活的组成部分,再现于暴力行为的后现代模式中。后现代主义者对个体的主体性还保持着高度的警惕,而在"国家伦理服务"的处方上,主体自主的补偿药难以寻到。它只能在自由市场,在药品公司间密集的残酷广告战中购得;而正是这些公司互相指称对方虚张声势,极力夸赞自己的产品并且破坏竞争要求。在信息泛滥的后现代文化背景下,公众的注意力是其中最难得的资源,笛卡尔的"我思故我在"被替换为"我受关注,故我存在"(或称"我叫喊,故我存在")。叫喊得越响,越受人注意,它的存在也就越稳固。越来越丰富多彩及过分渲染的娱乐使得公众的注意力迟钝且感到厌倦,只有挖空心思地创造出比过去更强的震动力,才可能抓住公众的注意力。宣传的暴力正在上升,且令人毛骨悚然。正如刘易斯·卡罗尔(Lewis Carroll)所说,在这里你欲坚持不变而做的一切努力都无济于事,在这个纵情的世界里,需要用最强的刺激来使注意力在稍长的一段时间内保持清醒状态。宣传的暴力激起了人们的病态欲望,人们开始购买他们需要的东西,他们误认为,购买它就是因为需要它;这不但掩盖了供应先于需求和商品"买进"潜在顾客的问题,而且掩盖了对工业产品的需求是与对市场上能满足顾客需求的其他商品的需求一样的问题。那些简陋的街道、贫民区曾经因商业冒险而成为孤岛并一度兴盛,而现已败落并产生恐慌,这与其说是剥削的牺牲品,不如说是由于道德漠视而导致的抛弃所造成的。现代组织和现代商业都不提倡道德,甚至使坚定地信守道德的人的生活变得艰难而无报偿。

那些通过破坏道德、不择手段而赚了大钱的"商业宦官",并没有感到像预先想象的那样理想。富人并不比中产阶级幸福,上层中产阶级也并不比下层中产阶级幸福。那些会因大量的收入而其幸福可能增长的人,几乎没有机会扩大他们的所得,而那些赚大钱的人注意不到他们的幸福的增加。增加的收入本来应该给处于贫困中的人带来幸福,但是,恰恰正是贫困中的人并不希望"发展"能带来收入的增加,因为,现在尽管他们的地位上升了,但相对收入降低了,而且深入而持久的友谊、爱情和婚姻逐渐变得难以获得。在贫困和接近贫困的收入水平之外,如果金钱能够买到幸福,它只能买到一点点;而且,它更经常的是买不到幸福。

由于现代人的生活是在市场机制的主导下进行,人们从中获得了十分客观的物质奖励和实惠,但是,责任的光谱也变得黯然失色了。人们热衷于不考虑责任的自由,不承担对结果的忧虑,将生命分裂成一段段比其结果更加短暂并且不经预期仍将到来的插曲。自由自在的无责任取代了囚徒的无责任,人们感觉上就像是解放、逃脱。现在随着道德自身和道德责任的现实伦理的乌云的消散,道德问题便从人类的生活经历中出现了,我们必然在它们裸露的真相中直接面对道德问题。首先,在不同的复杂声音中,经常的反对、争吵和冲突改变了标志着"解除管制的"破碎的后现代境况的忠诚,预先设定的善恶的分界线已不值得信任,这就给行动的个人仅仅留下了一条道路——学习并运用一种适用于这一时刻的毫不含糊的伦理的原则;其次,存在的明显的偶然性、生活中偶尔的插曲和社会存在的任何一方面的不稳定性,造成了快速改变的"正常状态"的标准。昔日的他律道德行为的两种根源正在走向枯竭。后现代时期的人们不但必须直接面对他们的道德自治,而且也必须直面他们的道德责任。这既是道德造成极度痛苦的根源,也是道德自身从未面临过的机遇。

三、生活方式的扭曲

拒绝责任的道德使后现代人走上了自由选择和自由迁移的道路。他们的箴言是"我需要更多的空间",他们的情感是对被绑在一个地方而且不许离开的忧虑。为寻找更多的空间,不管是谁,一定会小心翼翼地不去承担义务,尤其不允许这种义务比可以从中得到的快乐更持久。因此,他们必须尽量使行为避免产生可能的责任后果,如果预计确实会产生责任后果,那么就提前拒绝所有责任。为得到尽可能多的空间,他们不希望其他人闯入,只希望考虑他们自己,只考虑对他们来说有利和渴望的事情。这些人需要脱离尘世的喧嚣,荒漠是他们必定选择的栖息地,因为荒漠远离日常生活,远离城镇和乡村,远离世俗的领域,远离城邦。荒漠意味着在自身和"在尘世间"之间设置的距离。"在尘世间"就是与他人相处,被他人注视,以及被他人的观察、需求和期望所框定和浇铸的状态下的义务和责任、关心和痛苦。"在尘世间",琐事充斥着现实生活,人们的手脚被束缚,思想被禁锢。"在尘世间",无论你走到哪儿,总在尘世的一处,这里布满了"禁止入内"(No go in)和"禁止外出"(No go out)的标牌,人们必须将其可居住的空间限制在严格规划的"集中聚居区",以便最大限度地保证余下的城市居民免受限制。但荒漠不同,它没有被分割得支离破碎,正因此我们说它是自我创造的地方。爱得蒙德·雅布斯(Edmond Jabes)说道:"荒漠就是这样的一个地方:人们走的每一步就是为下一步铺路,地平线意味着对明天的希望。""你在荒漠中找不到身份,反而会丢失它,丧失你的特色,变得无名无姓……随后,不同寻常的事发生了:你听到沉默在说话。"①荒漠是产生没有任何束缚的、赤裸的、原始的、无底线的自由的温室和天堂。在荒漠的人们觉得自己就像上帝一样,不被习惯和传统束缚,不为自我的身体需求和他人的灵魂需求所左右,不因过去和现在的行为而受制,这种感觉使他们觉得在荒漠中距上帝如此之近,成为真正的体验到"流动的"、"畅通无阻的"自我的人。

现代人的道德困境直接影响到了他们的日常生活方式。他们为得到更多的空间,千方百计地避免与他人偶遇,因为偶遇是令人讨厌的而且是一种耽搁,他人是一种障碍。在繁忙的街区或者商业购物中心,存在一种易变的偶遇。匆匆所经之处,是片刻的亲密和瞬间离别之处,也是充溢着流动物的易变场所。彼此间的相伴无法逃避,但是人们尽力避免与人为伍。在办公大楼或工厂车间里,是一种有目的、有组织的偶遇,是一种标准化管理的、法规控制的、先期限制的偶遇,虽然人们为了各自不同的目的走到一起来了,但也是出于某种无奈不得已而为之。在火车车厢、飞机舱或者候车厅里,永远不会再见的陌生人聚集在一起,他们知道不久将各自走各自的路,但是在各走各的路之前他们必须在此时此处分享空间,不是因为任何特别的事情,不是由于他们所从事的事情需要他们身体靠得很近,他们中没有谁真正需要任何他人的存在。无论以哪种方式看待,那种相遇完全是意外的、偶然的和多余的;如果所有其他的人都将消失或者干脆从未在此呆过,那么,一个人自身在此处存在的意图也不会受到任何影响。事实上,其他人成了障碍物,除了带来不必要的麻烦,也没有什么别的用处。人们一旦陷于这种困境当中,必竭尽将热情保持于搁置状态之能事。米歇尔·施罗特和戴维·李曾经诙谐地描述:"一旦有可能,我们就会用雨衣和雨伞占据咖啡屋中我们座旁的座位,不停地凝视着医院候诊室中关于麻疹病的宣传单……一切都有可能发生,但绝不是主动招来的偶遇;除了被牵涉进他人的事务。"这一切都是为了单单不招致冲突,单单不卷入。② 富有经验的设计迎合、助长了这种心态:在时兴的客车车厢、长途汽车和飞机上,乘客们凝视着前排乘客的颈项,而其他

---

① Edmond Jabes, *The Book of Questions*, Vol. 2, trans. Rosmarie Waldrop, Hanover: Wesleyan University Press, 1991, p. 342.

② See Michael Schluter and David Lee, *The R Factor*, London: Hodder & Stoughton, 1993, pp. 14 - 15.

的座位,连同它们的占有者,统统藏在视线之外;拥挤的地方看似空荡,隔离使物质上的丰富转变成了精神上的空虚。在设计失败的地方,富有逃避空虚经验的人采用了颇为奏效的补救办法:他们能将自己的视线埋在印刷品中,或者转脸不睬,或者干脆闭上眼睛……以避免与他人遭遇那种易变的偶遇。

在每一种偶遇的环境中,偶遇者彼此弃置不顾,他们或者是由碎片构成的,或者是短暂的,或者两者兼而有之。他们之所以是破碎的,是因为人们据以处理选择和偏好问题的一切知识早已是一种破碎的知识,它预先假定了存在的破碎;虽然有多种多样的想法和兴趣充溢着偶遇,但他们仅仅是多面的自我的一部分,其他的方面被暂时搁置起来,或者被偷偷地转移,或者明显地作为隐私而被隐瞒了,也就是对此时此地的偶遇来说,这些被认为是不相关的;他们之所以是短暂的,是就偶遇者而言,似乎他们没有了过去和将来;每次偶遇好似一个自闭甚至自制的实体,一切都在偶遇的过程中发生、发展和结束,在偶遇的同时都会被遗忘和耗尽。偶遇的展开与不产生结果的想法相随相伴。偶遇的短暂的最重要的本质是缺少影响,从某种意义上来说,偶遇是不产生后果的,在每次插曲式的偶遇之后,没有留下偶遇双方权利或义务这种持久的遗产,破碎的、短暂的偶遇的重要技巧就是致力于阻止留下这样一种遗产。阿恩·约翰·维拉森(Arne Johan Vetlesen)曾对这种偶遇总结说:“视线相碰,面孔相对,相当于一种因瞬间的约定而起的联系。但这种约定不同于其他;它不是主观目的的产物,它不是被渴望获得的,而是它强加于自己的一种与亲近关系的结构有关的性质。”①

在这种拒绝责任的道德的影响下,家本身也变得贫乏和平庸,大家庭分裂成核心和单亲家庭,在那里个人的欲望和利益特色鲜明地领先于群体的欲望和利益。由于在大社会里不能避免踩上彼此的脚,所以他们走进单独的家并关上门,接着走进他们单独的房间并关上门。家变成了一个多功能休闲中心,在那里家庭成员仿佛可以在一起却又各自独立地生活。他们往往说“我不想卷入”。制作更巧妙的锁、门闩和防盗铃是这个时代流行的和为数不多的繁荣工业之一,这不仅仅是因为它们真正或假想的实际用途,而且是因为它们的象征性价值:对内,它们划定了主人不会受到打扰的隐士般的住处的边界;而对外,它们传达了主人的决定。对于所有他们关心的事物来说,外面就是一个荒地。

如果将现代人的生活比拟为贯穿终身的朝圣生活,朝圣者的旅行路线已经

---

① Arne Johan Vetlesen, *Preception, Empathy, and Judgment: An Inquiry into the Precondition of Moral Performance*, Pennsylvania State University Press, 1993, p. 202.

按照他希望到达的目的地提前绘出来,他做每一件事都经过考虑以使他更接近目标。他能首尾一贯地选择每个前后相继的步骤,清醒地意识到每一步都很重要并且结果不可能更改。然而,时下后现代的男女即使希望如此,也几乎不可能以一种朝圣活动来对待他们的生活,因为这个世界不再对朝圣者友好。在这样的世界中,人和事物都丧失了稳定、权威和永恒;"身份能像换戏装一样被随意采用和丢弃"。① 完好建造的、持久的身份是在将赞同变为责任的过程中出现的,而后现代生活策略的中心不是建立身份,而是逃避限制。结果,创业的全部艰辛只不过是徒劳;而其诱人之处在于,不被过去的琐事束缚,永远不会被无可挽回地击垮,总是保持选择的开放性。游戏规则在游戏过程中不断变化,因而明智的策略总是将每个游戏进行得很短,以便将一切需要重大赌注的包含一切的生命游戏分解成一系列小赌注的短小游戏。"事到临头再决定如何对付","把日常生活变成琐事"②,成为一切行为的指导原则。

在这个世界中,不仅终身职业已经消失,而且人们失望地发现,职业要求的技能很少能够持续到与获得这些技能所花的时间那么长久,工作不再是受保护的,大部分工作都无法提供一个较现状更稳定的环境。坚定信念在易变的环境中对人没有好处。无论何时谈起"理性化"、"投资"或"技术进步",人们知道必定有更多的工作和工厂将要消失了。人际关系网络的稳定性和可信赖性也好不到哪儿去。我们正处于一个"纯粹联系"的时代,它"为了自己,为了每个人都能获得的事物而存在","在任何一个特殊的点上,它都能被任何一个伙伴中断,或多或少是随心所欲地";它"与浪漫爱情的'永远'和'唯一'相违背,因此罗曼史不再等于永恒";一个"性爱"的时代,性快乐"已从传统的生育、血亲关系和传宗接代中分割出来"。③ 事实在不断地无声地严肃地告诫人们,不能把一种身份"挂上"那些已无可挽回地"脱钩"的关系,不要去做这样的愚蠢的尝试,因为像"忠诚"、"可靠"、"永恒"等已成为对目前那些落后的思想的赞词,将自我与伙伴分离的时刻必定会到来,牢固的约定和深深的依附(依附有着约束作用,而约定意味着义务和责任)可能会造成伤害。即使那些最有征服力的力量,也已经与稳定的伙伴关系相冲突。

---

① Christopher Lasch, *The Minimal Self; Psychic Survival in Troubled Times*, London: Pan Books, 1985, p. 38.

② Ibid. p. 57, p. 62.

③ Anthony Giddens, *The Transformation of Intimacy: Sexuality, Love and Eroticism in Modern Societies*, Cambridge: Polity Press, 1992, p. 58, p. 137, p. 61, p. 52, p. 27.

在这个世界里,没有一条稳定而有内聚力的生活策略,没有人能理解早期朝圣者的追求和坚定决心的意义。不要把你的旅程计划得太远,因为旅程越短,你完成的机会就越大;不要把感情过多地投入到在逗留地遇到的人身上,因为你对他关心越少,你前进的代价就越小;也不要让自己被人物、地点、事件所牵制,因为你不可能知道这些将持续多久,或在多长时间内对你的行为有价值;更不要把你当前的资源当做资本,因为存款很快就会失去它的价值,曾经自夸的"文化资本"转眼就会变成文化的债务。如果你能够即时获得满足,就绝不要将满足延迟。无论你追求什么,现在就要努力得到它;因为你不能断定,今天你追求的满足明天还会不会仍然是你的追求。人们清楚,一个人必须要像朝圣者那样生活,以避免在荒漠中迷失方向;然而,当浪迹于无目的地的地方时,须把目的赋予行走。

如果说现代人像朝圣者一样的生活,那么,后现代人更像是游戏者。游戏式的生活是快速有趣而又耗精力的,它不给人暂停、思考和精心设计的时间。但由于不能再使人困惑,游戏的规则在其结束之前总是在变化。人们珍爱并为之积极奋斗的价值、奋斗所求的回报,以及为获得它们而采取的策略,都是经过估算的,都是为了最大的影响和最迅速的废弃。追求最大影响,是因为这个信息注意力饱和的世界变得最缺乏信息来源和一条比前一条更加"令人战栗"的消息;迅速的废弃,是因为当注意力场所被充塞时,它必须被清空而为新爆发的信息腾出空间。结果,时间被分成片段,每一段都与其过去和将来割裂开来,每一段都是自我封闭和自给自足的。时间不再像过去一样如河流,而只是封闭的池塘。

后现代人还像是漫步者。漫步不但意味着将人生现实排练为一系列的插曲,排练为没有过去和结果的事件,而且也意味着将相会排练成"伪相会",排练成没有影响的偶遇。漫步者是不因创造而受惩罚的创造者,是不需担忧行为后果的优胜者。漫步者对朝圣者认真做事轻松地嘲弄,而他们却摆脱了代价和结果,并且拥有现代生活的所有欢乐而无相关的痛苦。他们是悠闲的人,在悠闲的时光中漫步。漫步者和漫步都在边缘等待着他们的时代的到来,事实上它的确到来了,并且散步这一曾经被边缘的人在"真实生活"的边缘实施的行为,成了生活本身。"Malls"的原意是指为漫步提供的广阔空间,现在大多数 Malls 是指商业的购物中心,即在漫步中购物和在购物中漫步的广阔空间。这是伪相会、绝对插曲式的偶遇、脱离过去和未来的现在、遮掩了真面目的"表象"进行或展开的场所。在这个世界中,漫步者把自己生活中飞驰的碎片看成故事,他自己就是演员,但不知晓剧本的情节。他们还能将自己想象为导演,尽管所有的漫步者自身都是被指导的对象。这种指导是谨慎而不露面的,因此感觉上鼓动就像欲望,压力就像意愿,诱惑就像做决定;在购物于漫步中和漫步于购物中的生活中,依赖融解于自由,自由寻找着依赖。

在比彻的论文《一起生活》(*Living Together*)的题词中,夏洛蒂·勃朗特讲述了她在伦敦散步的亲身体验:由于"随心所欲的漫步"和"迷失在对过去生活的回忆中",而感受到了"兴高采烈和愉悦"以及"对自由和享乐的着迷"。随着这种随心所欲的偶然性,与生活在任何偶然性指引的地方不期而遇,或在任何地方遭遇已经过去的生活,是高兴和沉迷的源泉,是一种与亢奋的性爱愉悦相类似的体验;因为过去的生活停留在视野之内,足够长远以至于神游之际能被想起,但没有长远到能让心神受缚、被迫停止,而能让心神随感觉漫步;足够长远以至于能放任想象,但没有长远到挑战顽固的、强硬的反面真理所想象的不论什么东西。

后现代人还像流浪者。流浪者是后传统无序之中的游击队或者先遣队,如果秩序变成法则,他们就不得不离开。他们没有主人,失去控制,失去约束,处于散漫之中,这是现代社会不能容忍的。表面上的流动自由和因此而来的对地方性预设的控制网络的逃避,使流浪者显得如此可怕。更糟糕的是,流浪者的流动是不可预见的,他们没有固定的目的地,因而也根本无法预计结果;他们的行为中总是包含着冒险和投机因素,而且总是因缺乏可靠路标而烦恼。你不知道他们下一步会到哪儿去,因为他们自己也不知道或者说不关心。他们的生活没有预定的旅程,他们的路线是一点一点地拼凑起来的,一次仅一小截。每个地方都是他们的驿站,并且他们永远不知道自己将会呆多久。他们所停留时间的长短,既取决于当地居民的宽宏大量和耐心,也取决于来自其他地方的消息所激起的新希望。他们被已经令人沮丧的希望推向前行,而尚未被验证的希望则在前方引导着他们。当流浪者到达十字路口时,他才决定转向哪里。他们通过阅读路标上的名字选择下一站。由于流浪者的路线和行为是完全不可预见的,因此,要控制反复无常而乖僻的流浪者是令人气馁和白费工夫的。

流浪者永远是他们所经之处的陌生人,永远不可能成为"本地人"、"居民"、"扎根于这片土地"的人。他们浑身上下每一个毛孔都散发着外地的气息,融入本地人的梦想只能使他们以相互的责难和嘲讽而告终,因此,他们最好不要太习惯于某个地方。幸运的是,还有其他的地方向他们招手,尽管还没拜访过,但希望也许少一些冷漠或多一些好客,希望也许能提供现在这个地方明确拒绝提供的机会,他们的选择永远不会中断;但一个人的故乡是另一个人的不友好的客地,他们永远找不到一个能像其他人那样安定下来的地方。流浪者越多,定居地越少,尤其在后现代的今天,"定居的"地方已所剩无几。本地居民也已经清楚地发现,他们原来所属的那些地方已经不再存在或者不再友好和通融,今天还整洁的街道明天就变得污秽不堪而令人难耐,工厂和工作一起消失了,技能再也找不到买主,知识变成无知,专业经验变成不利条件,亲属关系的安全网络解体了并且变得污浊、肮脏。流浪者现在之所以流浪,不再因为不情愿,而是因为缺乏赖以安定的地方而难以安定下来。他们在流浪中碰到的人们也都是流浪者,是今天或明天的流浪者。世界在与流浪者并驾齐驱,甚至赶超他们,它正在按照流浪者的标准将自己分割零售。

　　后现代人还像旅游者。旅游者像流浪者一样,也处于不断流动之中。他们到达每一个地方,但并不属于任何一个地方。他们不能也不愿提前决定下一步将参观哪一个地方以及各个车站的顺序是什么,也从来不知道他们所到达的地方是否就是他们的最后目的地,而确切知道的只是他们必须不断前进,任何人都不可能在任何地方扎下深根,也不会同当地人发展太强烈的感情;他们可能做的是将每一个地方只作为临时停留地来对待,只有他们从那儿得到满足才是最重要的;但无论何时,当满足消失或绿草更为葱茏的牧场在其他地方向他们招手时,他们必须准备好再次离开。像克里斯·罗杰克(Chris Rojek)深刻地指出的,我们的游客气质源于"静不下来的不满和进行对比的愿望……我们永远不能确信我们已完全足够地经历过一些事情……我们常常难以觉察自己的体验可能已经变得好起来;一旦加入'逃避'行动,我们就会感觉到来自它们不停地催促。"[1]无论何时,旅游的目的都是获取新的体验和新的刺激,游客就是对这种新颖的体验和刺激的有意识的追寻者,因为熟悉的快乐很快就会消退并失去魅力。旅游者渴望将自己沉浸于一种神奇而不寻常的力量中,而他们只有从不断的旅游中才能得到那种神奇的力量,才能得到一种快乐的感觉,一种逗乐的恢复活力的感觉,一种将模糊的危险与获救的感觉相混合的感觉,一种像是自己被海浪冲击的感觉。

　　游戏者、漫步者、流浪者、旅行者等形象之间虽然有所差别,但后现代生活模式的确具有他们相互纠缠和渗透的共性。他们都赞成和提倡人与人之间的距离,并把他人首先视为审美的而不是道德评价的客体,是情感的而不是责任的源

---

[1]　Chris Rojek, "Ways of Escape: Modern Transformation", in *Leisure and Travel*, London: Macmillan, 1993, p. 216.

泉。他们把生命过程接续到一系列独立自主、自我封闭、没有过去也没有后果的经历中去,坚决反对建立相互责任和义务的持久网络,结果造成了人际关系的残缺、破碎和不连贯,使道德责任脱离道德自我。实际上,他们将个人的自主置于与道德责任的对立面,并将人际互相影响的广大领域,甚至他们之间最亲密的领域,排除在道德判断之外。他们摆脱了道德的关照就无须再为他人承担责任和义务,因为受道德的驱使意味着为他人承担义务和责任,转而导致与他者命运的约定和对他者的幸福的承诺。婚姻、家庭、家长、邻居、工作场所也失去了它们作为社会管理秩序的代理人的前沿哨所的作用,并被指责为无端的暴力及不可饶恕的残忍,因此,维护秩序的道德系统的毛细血管受到损耗,大量的人际关系渐渐脱离了道德评价。曾经是无可争辩的等级体系遭到非议,人际关系的习惯模式也被审议,过去强迫及要求纪律的道德权利被高声地质问和猛烈地抵制,先前被遵从且不加注意地行使的至高无上的权力被归为非法的暴力。

四、心理宇宙的失衡

由于失却了道德的平衡,世界看起来不再像以前那么稳固,陷于了混乱、无序、碎片化的状态。工作不再被视为生计所需,而纯粹是暂时性的,甚至连同提供工作机会的工厂或银行系统的办公室一起毫无预兆地真正消失。工作所需的技术也会迅速过时,一夜之间从有用资源变成了不利条件。人们几乎没有积累技术知识的意识,因为明天也许就不需要了。省钱的意识也没有了,因为明天这些钱也许就失去了大部分购买力。因此,谨慎、节俭和思考未来等统统都变得更加困难。青年男女进入生活这个赛场时,没有人能说清随着时光流逝比赛规则将会是什么样,但有一点可以十分确定,即在这场比赛结束之前,他们将改变许多。世界已经失去其明显的统一性和连续性,所有存在于我们周围的形式,无论看起来多么坚固,都不可能一成不变。事物毫无前兆地突然引起我们的注意接着又消失或渐为人遗忘而不留痕迹。今天风靡一时,明天则变成笑柄;今天得到宣扬、推荐和硬性灌输的事物明天受到轻蔑对待。时间被切割成一个个情节,每个情节都有开头和结尾但却没有前史和将来;各个情节之间极少或没有任何逻辑联系,甚至它们的连续性也很可疑,看起来好像纯粹是巧合的、偶然的、随机的。整个世界表现出碎片化、突变性和非逻辑性的特征。

俗话说:"识时务者为俊杰。"在这个飘忽不定的世界中,人们也不再愿意制订长期计划,更不愿意做远期投资;不愿同任何特定的地方、人群、事业有太紧密的联系,甚至不要过久地保持自己的某种形象,以免发现自己不仅不安定、四处漂泊而且根本就没有精神支柱；今天指导人们作出选择的，不是控制未来的愿望，而是不愿将未来抵押出去的勉强心态。他们如此谨慎，其目的有且仅有一个，即"现在一定要避免受约束"，当机会敲门时可以随意移动，当机会不再时也可以自由退出。

世界就像"走马灯"，你方唱罢我登场，一个形象赶走并代替了前一个形象，然而接着又被另一个所代替。各界名流每天都在出现每天都在消失，引人注意的问题时刻都在产生，而它们一出现马上就消失，并且连同它们引起的大众关注。大众的关注已经变成最稀缺的资源。乔治·施坦纳说得好，我们的文化已经变成某种"宇宙夜总会"，在那里每一样事物都是为了"最大影响，快速过时"的目的；就最大影响而言，由于人们不断受到震撼的想象力已经厌倦，因此要引起最大影响，需要更强有力的震撼，每一个比先前那一个更震撼人心；就快速过时而言，由于注意力容量有限，因此必须制造空间以吸收新的名流和流行方式。如果储蓄单是现代生活的缩影，那么，信用卡就是后现代生活的典型象征；如果现代传递信息的手段是照相纸，那么后现代的同等物就是录像带。照相纸能且仅能使用一次，且一旦被使用，其中每一个图像，无论好坏，都永远存在；而录像带就不同了，每一个情节都从头开始，无论其结果如何，它们仍可以被抹得无影无踪，剩下一盘处女般纯洁的磁带。人们可以一次次地抹去其中的图像而重新记录那些当时看起来很有趣或很好笑的事情，但保留它的时间不超过兴趣持续的时间。所有的事物独自存在，只有进一步注意它，它才会有价值。如果现代的流行语是秩序和创造，那么后现代的流行语则是解除管制、循环利用和复制。

后现代的生活世界实际上是失重的、支离破碎的、削平了深度的、平面化的世界。后现代人不但生活在相似的环境中——都生活在钢筋水泥的建筑当中，甚至建筑物的名字都是一样的；而且每个人都有类似的、属于自己的忧伤：破碎的婚姻、丢失了那一份似乎是这世界上最安稳的工作、有凝聚力的世界崩溃了……人们都各自沉浸于自己的故事，没有人倾听他人的故事；人们的会话常常重复了一样的内容，或者每次都诉说一个不可思议地类似于其他人的故事。人们彼此倾诉而实际上是在对自己倾诉，对话变成了独白，是一种机械的配合而不是也不可能是共同分享。"生活总体上的私人化"的长长的触角延伸到每一个地方。私人化的生活饱含着痛苦、不满和抱怨，而只有短暂的幸福。私人化的不幸属于个人而无法汇总，每一种不幸仿佛都指向不同的方向并且要求不同的治疗方法。在私人化的社会中，不满似乎指向十分不同的方向，甚至彼此冲突；源自同一个原因的痛苦并没有汇聚成反对那个共同原因的共同事业……

　　后现代人们已成为相对被动的碎片。高科技的发展,使人的身体本身变成了技术的对象;身体的主人一身而兼管理者、监督者和操作者的职能。现代化使人的身体工业化、碎片化。美国艾伦·古特麦切(Alan Gutmacher)研究所曾经对 3650 万育龄妇女进行了调查:1160 万人采取了绝育措施,1000 万人使用避孕药,2300 万人使用宫内避孕器,大约有 500 万人依靠对方对避孕套的使用,1900 万人使用子宫帽,还有 150 万人使用杀精子药物。① 越来越多的人像是由医药权威任命去看守、监督那分派给他进行管理的工具的工头那样思考与生活;他们对健康的关注,表现了他们的自信与严重不足感的含糊不定的混合。个人的力量与对专家指导的服从和消费技术产品的必然性紧密交织;控制自己身体和操纵身体动作的自由与对技术及其产品的日益增长的依赖密切相连。泰格说,难怪科学家们"已广泛地将人类视为生理学上相对被动的碎片……"②而在精神上也好不到哪里去,精神空虚的后现代人,常常将看电视剧作为自己精神的舢板,但每当打开电视,迎面扑来的却往往是那些重复数遍的令人心烦的广告,它们在不知疲倦地摧残着人们的视觉、听觉和心灵,暴露在电视面前的观众在精神上受到的无异于是强奸! 但对此无能为力而又麻木不仁的人们,把这种认可当做他们的解放,认为他们主动地掌握着自己的命运。

　　在后现代世界图景中,中心变成了边缘,边缘变成了中心。边缘的人曾经在边缘采取的行为方式现在成了大多数人生活世界的中心地带的生活方式;精英意识倡导放弃理想、不谈主义、淡化价值,与民间意识形态混合;先锋艺术致力于打破艺术与生活的界限,从对意义的追寻走向文本的不断花样翻新,从有意识的组合走向无意识偶然拼凑的大杂烩,"零度写作"成为时髦,意义是无意义这片海洋中的岛屿,摇晃、漂浮,无法在海底找到抛锚点;艺术由此不再具有超越性,而成为适应性和沉沦性的代名词,最终与大众文化融为一体。如果说后现代主义起初是一种异质的、充满反叛性的声音,致力于新的知识状态的确立,并从边缘话语的立场出发,力图超越现实生活的僵化、盲目信仰及平庸,那么,其结果却往往是在消解生活与艺术、真理与谬误、本源与复制、高尚与低俗之后,堕入了"什么都可以"、"一切都无所谓"的平庸境地。可以说,后现代主义是企图在暗夜里寻求新的光亮,最终却使白昼也混同于黑夜。艾伦·伍德说,对后现代主义

---

①　Lion Tiger, *The Manufacture of Evil: Ethics, Evolution and the Industrial System*, New York: Harper & Row, 1987, p. 219.

②　Ibid, p. 10.

知识分子来说,后现代性似乎不是历史的契机,而是人类状况本身。他们把受到威胁的启蒙价值视作现代邪恶之源,并公然把它作为压迫性的东西加以拒斥。换言之,与其说后现代主义是对疾病的诊断,不如说它就是疾病本身。

在过去,边缘化、肤浅的、情感的和凡俗的单调、时间的拼接汇成了不连续的碎片,这些常常是孤独的流浪者、随意漫步者、肤浅的偶遇者和那些不承诺用任何事物做交换的人的乐趣和专利;然而,现在它们已内在于大多数的城市居民,因为城市生活是一种道德贫乏的生活,所以能够自由地接受道德标准以外的不受挑战的任何规则。

毫不奇怪,每一个后现代个人都忍受着严重精神分裂症的苦恼,这是因为实际生活策略的显著的焦虑、易变和优柔寡断而继续扩展。后现代人"知道怎么办"的知识消失得无影无踪,取而代之的是技能的匮乏;商品化的劳动在男人和女人曾经生活的地方出现;传统变成了不好使用的沉淀物和昂贵的负担;常见的有用东西变成未经充分利用的资源,智慧变为偏见,明智的人变为迷信之徒。任何修补这一裂缝的处方都是不值得信赖的;它们越是彻底,就越值得怀疑。每一种修补的努力只会使试图改变的状况更加恶化。后现代人注定要生活在破碎的中间,而无法在其他地方生活;因为不存在其他生活的地方,事实上也不可能存在。

在上帝掌管的世界之后,出现的是陷入自身机智和狡诈的人类世界。男人和女人都被放纵;放纵的男人和放纵的女人是一种不受拘束、不负责任的想法的外化,而不是实际活动的目标。他们行事草率、不假思索,而且不害怕错误结果;他们的生命,重新变得痛苦、野蛮和短暂。他们觉得自己在无边无际的险恶异常的海浪中沉浮,不是在游泳,而更像是被海浪冲击;不是在自由地移动,而是被人推着;不是自由选择,而是"不得不"这样做。

"结庐在人境,而无车马喧。问君何能尔,心远地自偏。采菊东篱下,悠然见南山。山气日夕佳,飞鸟相与还。此中有真味,欲辩已忘言!"(陶渊明:《饮酒》其一)陶渊明所描绘的这种境界已被认为是农业文明时代东方隐士的境界,这种境界对于今天的人来说,已无处可寻。今天,到处是行色匆匆的人群,到处是运转的机器,到处是飞驰的汽车,到处是冷冰冰的钢筋和水泥,到处是各种管理法规,没有了农业文明时代明净的天空、秀美的群山和享受这一切的世外高人,如果有的话,也被视为落后的象征。生存的危机迫使人们向内在的精神家园退却,人类精神沦为技术"螺壳"里的一只"寄居蟹"。技术膨胀发展中精神的被冷落和"零增长",已使得人类的"心性情怀"在信息围城的惶恐与困惑中荒芜、萎缩。结果是,无路可退的人类不得不沉溺于感官的物欲享受中去,沉溺于感性横流的世界——光影摇曳的迪吧、酒吧、网吧、镭射影视厅、琳琅满目充斥报纸版面的购物信息和商品广告、富丽堂皇的舶来品……人们在富有神奇诱惑力的文化信息的"按摩"之下,那种在工业化时代形成的痛苦意识和灵魂无可皈依的异化感没有了,久而久之,人们习惯于享受已有的感性文化。人们对于物质的依赖,在精神领域对于媒介的依赖,都使人日益浅薄化、平面化。因而丧失长期目标和准则,丧失对彼岸世界的追求,以当下的满足取代了既往的终极关怀。然而,"人是精神,人之为人所处的境况就是精神的境况"。① 人类精神的全球性的全方位迷失,是现时代生活世界最为深刻的危机。人们视之为精神寄托的舢板已经在时代大潮中顺流漂走,命运回到了个体手中。人与人、人与自然、人与社会的诸多问题进一步恶化,汇集在一起构成了人类生存的更加复杂的困境,损害着人们的神经。

于是,人类的心理宇宙就要坍塌了。

五、雪上加霜的困扰

此外,导致人心理失衡的还有人生的诸多困扰。

首先,生死问题。这是一个最基本的问题。人生无常,古往今来,无数先哲对此进行了不懈的探索,"青山遮不住,毕竟东流去"(《菩萨蛮》),结果都只能面对个体生命的死亡发出了一声无力的喟叹——起死回生永远只是美好的神话。人生如梦,转瞬即逝,而世人在大梦中仍不觉不悟,"人生天地之间,若白驹之过隙,忽然而已。……已化而生,又化而死,生物哀之,人类悲之。"(《庄子·知北游》)"哀吾生之须臾,羡长江之无穷。挟飞仙以遨游,抱明月而长终。知不可乎骤得,托遗响于悲风……"(《赤壁赋》)哀岁月之匆匆,叹生命之不永。"梦饮酒者,旦而哭泣;梦哭泣者,旦而田猎。方其梦也,不知其梦也。而愚者自以为觉,窃窃然知之。君夫,牧乎,固哉!丘也与女,皆梦也;予谓女梦,亦梦也。是其言也,其名为吊诡,万世之后而一遇大圣,知其解者,是旦暮遇之也。"(《庄子·齐物论》)"人生一大梦,未审觉何时。"(《静庵诗稿》)为了延长这有限的生命,人们便只能尽情享受生命的现在,今朝有酒今朝醉,似乎只有现在才是真实的——过去的已经过去,未来的还在一种不可知中。然而,叔本华否定了这种做

---

① [德]雅斯贝尔斯:《怪异的一代——新人类》,周晓亮等译,中国社会科学出版社1992年版,第3页。

法,"这种见解,也是最愚蠢的见解,因为(现在)在其次的瞬间就不复存在,如梦幻般完全消失"。①"一切都是命运,一切都是烟云,一切都是没有结局的开始,一切都是稍纵即逝的追寻。"(《一切》)人生如梦,人生如幻,人生如烟。像海德格尔所认为,生存主义是"死亡哲学",死亡是伟大的、唯一的、真正的永存。在他看来,"自我存在"的基本状态是烦、畏、死。作为此在的人,他所处的世界一片虚无。人在这样的世界中无依无靠,陷入孤独无援的境地。作为短暂者,不可避免地要陷入烦恼、恐惧之中,这样就不得不把存在的不可能性,即人的死也作为一种发展的可能性。并且,死亡是使短暂者得以从烦和畏中超拔出来的唯一途径。死亡是指"此在"的终了,是人的未来和最根本的可能性。它决定了我们作为短暂者的宿命。蟪蛄不知春秋,朝菌不知晦朔。即便寿若彭祖,置于茫茫大化的迁流中也同样是微不足道的。任何企图使生命之树常绿的努力都是徒劳的,唯有死亡才能由短暂跨入永恒。

其次,孤独问题。孤独是人类最可怕的一种境遇。这是一种与世隔绝的痛苦与丧失了生命活力的悲哀。它足以弄断那些最坚强的神经,使人陷入绝望之中。然而,孤独于人生又是那样的不可避免:失去伴侣子女的孤独,独处的孤独,不被理解的孤独,以及成功和失败之后的孤独,等等。于是,人的心灵陷入一种窒息般的黑暗。

再次,疾病、衰老以及人生的各种不幸。尽管现代科学技术高度发达,疾病与衰老仍以其不可抗拒性伴随着人生走向死亡的终点。疾病尤其是那些不治之症足以导致人身心交瘁;衰老又令现代人格外恐惧。当人们祈求着青春永驻的时候,皱纹却悄悄爬上了眼角,鬓发已淡淡染上了白霜。而人生的各种不幸又以其不可捉摸性赋予生命以一种神秘,一种虚幻,使人长期陷入困扰中得不到解脱。

最后,至于欲望,更是人生之一大桎梏。叔本华认为,人生本身就是痛苦,因为有生就有欲,欲望就是痛苦。人类的需要有限,但人类的欲望无穷。人的欲望恰如一个无底洞,是永远不可能满足的,"一切意愿都产生自需要,因而是产生自缺乏,因而是产生自痛苦。……欲念的目标一旦达到,就绝不可能永远给人满足,而只给人片刻的满足;就像扔给乞丐的面包,只维持他今天不死,使他的痛苦可以延续到明天。因此,只要我们的意识里充满了我们自己的意志……我们就

① [德]叔本华:《生存空虚说》,作家出版社1987年版,第91页。

绝对不可能有持久的幸福和安宁。"①许多纷争都起源于自私,许多罪恶都肇因于贪念。"人之有生,以欲望生也。欲望之将达也,有希望之快乐,不得达,则有失望之苦痛。然欲望之能达者一,而不能达者什佰,故人生之苦痛亦多余。若胸中偶然无一欲望,又有空虚之感乘之。此空虚之感,尤人生所难堪。"(《去毒篇》)所以,卡尔德隆说:"人之大孽,在其有生。"②老子说:"吾所以有大患者,为吾有身。"(《老子》)庄子说:"大块载我以形,劳我以生,佚我以老,息我以死。"(《庄子·大宗师》)"人之生也,与忧惧生。"(《庄子·至乐》)庄子还说:"夫天下之所者,富贵寿善也;所乐者,身安厚味美服好色音声也;所下者,贫贱夭恶也。所苦者,身不得安逸,口不得厚味,形不得美服,目不得好色,耳不得音声;若不得者,则大忧以惧。"(《庄子·至乐》)世人的欲望是永远不会满足的,得不到时,大忧以惧,得到了,还是不满足,仍旧劳心苦形,富人还想更富,"夫富者苦身疾作,多积财而不得其用",所以说"人之生也,与忧惧生,寿者惛惛,久忧不死,何(其)苦也!"(《庄子·至乐》)这就是人生痛苦的根源。庄子还在《庄子·则阳》篇假借柏矩之口,悲愤地哭诉这罪恶的世界,哀悼人类痛苦、悲惨的命运,"至齐,见辜人(受刑示众的尸体)焉,推而张之,解朝服而幕之,号天而哭之曰:'子乎子乎,天下有大菑(大患),子独先离之。曰莫为盗,莫为杀人!荣辱立,然后睹所病;货财聚,然后睹所争。今立人之所病者,聚人之所争,穷困人之身使无休时,欲无至此,得乎!'"这哀恸的嚎哭,岂止是在哀悼被刑示众的僵尸?岂止是在哭诉统治者的残酷?这是在向世人昭示人类的悲剧!被欲望充塞的人类,要想不走到这一步,办得到么?"欲无至此,得乎"!人一出生在世,就被欲望驱使,受苦受难,"一受其成形,不化以待尽。与物相刃相靡,其形进如驰,而莫之能止,不亦悲乎!终身役役而不见其成功,恭然疲役而不知道所归,可不哀邪!人谓之不死,奚益!其形化,其心与之然,可不谓大哀乎?"(《庄子·齐物论》)叔本华说:"在看到悲剧灾难的瞬刻,生活是一场噩梦的信念,变得比以往任何时刻都要更为清晰。"③

在物质和精神生活极大丰富的现代,人的欲望也迅速膨胀。荣誉、地位、金钱、幸福及至自我实现,这些世俗的无限贪欲和追求成了人衡量自身价值的尺度,驱使着人们为之忙碌,疲于奔命。其实,鹪鹩巢于森林,不过一枝;鼹鼠饮河,

① ［德］叔本华:《作为意志和表象的世界》,石冲白译,商务印书馆1982年版,第272页。
② ［德］叔本华:《作为意志和表象的世界》(三),中译本参见商务印书馆1997年版,第346页。
③ 转引自宋锦添:《人生学导论》,中国人民大学出版社1990年版,第148页。

不过满腹。人类也一样，睡不过八尺，食不过升米。以人类占有的空间与宇宙的浩瀚相比，不过是沧海一粟，渺乎其小；以人类生存的时间与宇宙的永恒相比，不过是电光石火，转瞬即逝。彼特拉克就曾宣称，他不想变成上帝，或者居住在永恒中，或者把天地抱在怀抱里，属于人的那种光荣对他就够了，这是他所祈求的一切。他认为自己是凡人，自己只要求凡人的幸福。这是人之为人的极正常的需求。但是，命运之神似乎总是故意同人开玩笑，从来不肯让人的欲望顺利实现。而欲望的不可实现反过来又刺激了欲望的更加膨胀，人便在希望与失望的痛苦中不断挣扎。"人生是在痛苦和无聊之间像钟摆一样的来回摆动着。"①人生"像一条由炽热的煤炭铺成的环形跑道"②，"我们必须在这条跑道上不断地奔驰"③，"任何一种愿望也都是痛苦；愿望的追求使我们不得安宁，而那种难以忍受的无聊更使我们的生存成为沉重的负担。"④人生"永远只不过是欠缺和痛苦而已。"⑤存在主义认为，人完全凭偶然性无缘无故地来到世间，这种人生世界是"令人作呕"的世界。人生时时在追求，但到处碰到的是失望。求生不得，求死不得。叔本华甚至说："要是有人敲坟墓的门，问死者愿不愿意再生，他们一定会摇头谢绝。"⑥

较之自然界和社会的困扰来说，人生的困扰更具神秘性和永恒性，因而也更加不易摆脱。斯芬克斯之谜似乎永远无解。

六、精神大厦的坍塌

于是，人的心灵失去了依托，精神的大厦坍塌了。而失去了依托的心灵通常会出现如下五种状态：

第一，忧虑。在人的生活当中，忧虑绝不是新事物，人类从一开始就与它相依相伴。每个时代都有其独特的忧虑，并且每个时代都赋予众所周知的忧虑以其独创的具有时代特色的名称，这使它区别于其他的时代。这些名称隐藏着深刻含义：令人忧虑的威胁的根源，躲避这些忧虑的方法，以及之所以无法逃避它们的原因等。后现代人同样具有自己的忧虑——不确定，缺乏理解，不知如何前

① 转引自宋锦添：《人生学导论》，中国人民大学出版社1990年版，第148页。
② 同上。
③ 同上。
④ 同上。
⑤ 同上。
⑥ 转引自朱光潜：《悲剧心理学》，人民文学出版社1983年版，第142页。

行。共同监管的严密网络被打破了,对未知事物的忧虑在崩溃的碎片中盘旋。霍克海默和阿多尔诺曾准确地将描述现代焦虑的核心为"对空虚的忧虑",这是一种害怕与众不同和由此导致的孤独的体验。而对后现代的忧虑的描述却做不到那么简单明确了,因为后现代与线性的、连续的现代完全相反,它是"扁平的"、破碎的和插曲式的。在后现代焦虑这个丰富的池塘里几乎找不到一个在每种类别中都会出现的特征。

身体和身体的社会性生产机构的"私有化"是后现代焦虑的首要原因,它为后现代文化注入了前所未有的活力,即一种不断运动的内在冲动。这使后现代人陷入神经质的、无节律的、任意的、无序的、混乱的、强制性的后现代文化焦虑及其一系列惊人的风尚和怪癖、昙花一现的欲望、短暂的希望、被更可怕的恐惧取代的令人恐惧的忧虑。后现代文化的创造物很像一支带有橡皮擦的铅笔,它擦掉自己书写的内容并且因此无法停止在作业本上令人目眩的空白中移动。而私人保卫边界和在界线以内管理边界是他们自己的责任。被这项责任的内在矛盾所加剧的责任艰巨性,滋生了一种围困心理,即身体,尤其是它的适应性,正经受着多方的威胁。但是人们无法安全地加强自我以对抗这些威胁,因为边界事故不但是不可避免的,而且还是被积极地希望的。而它的张力毕竟是以"保持适应"作为其终极目标,所以,这是一种永远不能被解除的围困,即一种永久的、终其一生的围困;并且这种围困心理会时不时或更加频繁地引爆短暂而剧烈的身体惊慌。然而,后现代人认为,失却道德责任的意义就在于它所能激发的兴趣。它作为一种可期待的乐趣来源出现在自我的世界里,作为一种未被满足的期待或未被穷尽的乐趣。但是,最后它是一个探索和冒险的领域,或是一片使兴奋枯竭的荒野。后现代人,还将他者视为未被掌握的真正未来,视为永久的不确定性的盘踞地,而且是一个名副其实的诱惑和忧虑的焦点。作为商品供应者的他者以行动的机会为诱饵;而作为乐趣采集者的他者则以感受的承诺为诱饵。前一种他者产生了关于对抗拒行动、对达到目标的威胁的忧虑;后一种他者产生了对体验的枯燥无味、对追求刺激的失望的忧虑。前者原本是一种麻烦;后者是一种不快乐,或缺乏快乐,或缺乏期望的快乐—— 一种失望。

第二,恐惧。恐惧来源于人对环境和命运的无从把握。外界的和来自生命内部的压力过于强大了,人怎样战胜这强大的压力,怎样在人生的惊涛骇浪中寻找一处宁静的港湾?理性似乎对回答这些问题已显得苍白无力,有的只是束手无策。于是,人终于发现了天与地之间自身的渺小与软弱,恐惧便油然而生。

处于恐惧中的心灵会备感紧张和不安。它会睁大一双惊骇的眼睛为自己寻找一条出路,以种种的努力摆脱生存的困扰。而当强大的外力宣告了它的失败时,感性与理性的关系便会发生错乱——理性丧失了自身的清醒,感性则将恐惧的力量无限夸大,从而使人感到悲观绝望。

第三,空虚。空虚源自精神上的失落。现实的困境无法摆脱,命运中的偶然、疾病和死亡又无力抗拒。信念原来薄如蝉翼,经不住来自客观外界和命运本身的一点风吹草动。人活着究竟为了什么? 人生的出路到底在哪里呢? 希望失落了,心灵跌入了失望和痛苦的虚无的幽谷,在精神的沙漠中疲惫地四处游荡而找不到温馨的精神家园。

空虚是一种最为痛苦的精神状态。此时的心灵销蚀了全部的生命活力,处于孤独和无助之中。没有什么可以引起它的兴趣。因为"曾经存在的东西,如今已经不复存在。现在不存在的,恰和曾经不存在的一样。然而现在所有的存在,在转瞬间又成了'曾经'存在"。① "任何人到最后都是船破樯折地走进港湾中……你我的结局完全相同"②,最终在上帝面前人人"平等"。这是一种看破前的痛苦,超越前的迷惘,因而其程度也就格外深重。

第四,疲惫。"活得太累了",这是现代人常常用来形容自身生存状态的一句话。它不仅指人的身体,更确切地说是指人的心灵。生存的压力过于强大,命运又总是让人不那么一帆风顺,要想战胜那些来自外部的和生命本身的压力,需要足够顽强的心智力。然而,心灵的承受能力毕竟有限,无论是生活的强者还是弱者都会产生精神上的疲惫。"所谓人生就是任凭造物者在痛苦与倦怠之间抛掷。"③

疲惫会使心灵对人的自身价值和终极追求发生疑问,在挣扎中赢得的一切也会因疲惫而令其感到索然无味。客观的和命运中的重重困难会使他因生畏而急于逃脱,名誉、物欲、利害也都会被看成是对生命的束缚。"活得轻松些",现代人一方面这样希望着,哭喊着;另一方面又陷于世俗欲望的束缚而无力自拔。人的生气就像扎了一个窟窿的气球,再也打不起精神继续活下去。

第五,想家。"我想有个家,一个不需要多大的地方,当我孤独的时候,才不会害怕……"长期漂泊、流浪的筋疲力尽的现代人,常常从内心深处爆发出这样思家的追求和怀乡的渴望。拥有一个避难所——家——的想法是一种对他们无

① [德]叔本华:《生存空虚说》,作家出版社 1987 年版,第 90 页。
② 同上书,第 92 页。
③ [德]叔本华:《爱与生的苦恼》,中国和平出版社 1991 年版,第 103 页。

法抗拒的诱惑。思家是一种对归属的向往,对存在的向往。"家"是一个不受约束和舒适的地方,这个地方无疑是属于自己的。在充满疲惫的流浪和冒险结束后,可以回到这个地方。"家"是安全的象征,是卸去盔甲和吐露心思的地方。正是家的平静,促使游客去寻找新的奇遇;也正是这一平静,使对奇遇的追寻成为一种明确的令人愉快的消遣活动——"我只是在这儿观光,那儿才是我的家"。他们都有安全家园的理想化概念;安全家园的形象使"家园的外部"变成了充满危险的地区;外部居民变成了必须被限制、驱逐和隔离的危险分子;外部环境被视为一贯地不必要的和危险的,只有当躲藏在象征性的饰带之后时,个人的标准才能维持。家是一个关于"可防守的空间",一个有着安全和有效防护界线的地方,一个消除了危险,尤其是不可预知的危险的场所的梦想。梦中的"家"从冒险与控制、危险与安全、战争与和平、插曲与永恒、破碎与整体这些对立面中获得意义。换言之,家是陌生人所渴望的医治城市生活的痛苦和失意的良方,因为虽然并非所有的城市生活都是现代生活,但是所有的现代生活都是城市生活,成为现代的生活就意味着变得更像城市里的生活。米歇尔·施罗特(Michael Schluter)和戴维·李(David Lee)说,陌生人就是"我们中每一个外出的人"①。城市生活就是由陌生人在陌生人之间进行着。城市是快乐和危险、机会和威胁并存的场所。它既有吸引力又有排斥力,因为这里滋生着兴奋和疲惫。没有什么地方能比这儿更紧张地体验交织着的兴奋和忧虑,也没有什么地方比漫步于城市时更能如此深刻而痛苦地感受到这种兴奋和忧虑。正是这儿,变化多样的快乐、无羁的身份、对"家"的渴望、对束缚并结束了后现代普罗透斯的永久流放的"共同体"的渴望同时诞生。

然而,"家"这帖良方只能存在于想象和假定之中。在其被热望的形态上,它就像城市生活的令人苦恼的特点一样不可避免、无所不在、无法克服。正是这帖假想良方的不现实,在梦中之家和每一处砖瓦水泥建筑、每一处"防备的邻里关系"之间大张着的鸿沟,使地区性的冲突变为单一的家的形态。在门口的陌生人就是感觉被湮没却没有一丝能力能逃脱的患有思家病的流浪人。正是在思"家"的时候,漫游将陌生人从充满诱惑力的改造为充满威胁的,从闪现的快乐之源改造为持久的烦恼的征兆。

"欲觅吾心已自难,更从何处把心安"。(《静庵诗稿》)三界无安,犹如火宅,芸芸众生,备受煎熬。"我现在在这儿,除此一无所知,除此一无所能。我的

---

① Michael Schluter and David Lee, *The R-factor*, London: Hodder & Stoughton, 1993, p. 15.

小船没有舵,只能随着吹向死亡最底层的风行驶。"(卡夫卡)

忧虑、恐惧、空虚、疲惫、思家的精神在惊涛骇浪的大海中寻找着宁静的港湾。

第四章 审美教育——实现完美 人格的必由之路

在我的心坚硬焦躁的时候,请洒我以慈霖。当生命失去恩宠的时候,请赐我以欢歌。当烦躁的工作在四周喧闹,使我和外界隔绝的时候,我的宁静的主,请带着你的和平与安息来临。

——泰戈尔

的确,现代性给人类带来福祉的同时,也给人类带来了空前的异化,人性也被异化了,人类失去了精神家园,丧失了完美人格。然而,人类要消除异化,超越异化,治愈社会痼疾,使分裂的人性臻于完善,必须依靠审美教育这一"药方"。泰戈尔曾高呼:"在我的心坚硬焦躁的时候,请洒我以慈霖。当生命失去恩宠的时候,请赐我以欢歌。当烦躁的工作在四周喧闹,使我和外界隔绝的时候,我的宁静的主,请带着你的和平与安息来临。"这慈霖和宁静的主,就应当是审美教育。唯有审美教育,才是消除异化和实现完美人格的必由之路。

第一节 完美人格与审美教育

一、"完美人格"的要义

何谓"完美人格"?要弄清这一概念,首先必须明确什么是"人格"。人格(personality)一词源自拉丁语"Persona",其意是指脸谱、面具。公元前一百多年以前,古罗马的一名戏剧演员为了遮掩他的斜眼而戴上面具,因此就出现了这个词。后来这个词的含义很快进一步扩充,被人们用来指其他一些东西。在古罗马著名学者西赛罗的著作中,人格一词就有多种不同的含义,它可以指一个人表现在别人面前的外表的自我、在生活中扮演的角色或真实的自我、与自己工作相适应的个人品质的总和以及一个人的声望、尊严和优越等等。自从"人格"一词出现以来两千多年的历史中,许多哲学家、宗教家、法学家、社会学家、伦理学家以及心理学家,都通过自己的理解、改变与扩充,促进了人格概念内涵的演化与发展。

在中世纪,基督教会的神父们首先探讨了人格的内涵,他们用"人格"一词来表示上帝三位一体的神性,相信神存在于圣父、圣子和圣灵三位之中,而每一位都享有相同的本质。神父们的扩充,促进了人格一词的统一性,把人格概念与真实的本质联系起来,强调了人格的内部和真实性,从而削弱了该概念原来所包含的外表的、不真实的假面具的含义。

哲学家则更进一步,除了承认人格的真实性外,还加上了有理性。波伊悉阿斯曾经指出,人格是真实的有理性的个人的本性。他开创了哲学家探讨人格概念的先河,之后,许多哲学家都对人格作出不同的定义:克里斯欣·沃尔夫强调自我意识和记忆是人格的重要标准;莱布尼茨认为人格是"赋有理解的实体";洛克进一步强调了自我意识的属性,认为人格是一个会思考的聪明的存在物,有推理和反省并能考虑自我本身。这些哲学家大都把人的理性和自我意识作为人格的根本属性和人存在的核心。

伦理学家则认为,人格的核心是人的崇高价值。陆宰视人格为"完善的理想";歌德视人格为"最高的价值";康德的人格定义则认为,人格把我们本性的崇高性清楚地显示在我们的眼前,它是每一个人的一种品质,这种品质使人有价值,不管别人怎样使用他。继康德开创人格主义之后,人格主义者普遍主张:人格有崇高的价值;人格应形而上学地与各种物区别开来;主观经验是人格最后的心理评价标准;等等。①

法学家则另辟蹊径,从另一面扩充了人格的内涵。古罗马民法法典(即古代查士丁尼法典)规定,奴隶只是会说话的工具而不是人,因而没有人格。只有那些自由的公民才是人,才具有人格,才可以要求法律上规定的权利和保护。可见,所谓人格是指"享有法律地位的任何人"。此后,法学家不但保留了人格这一法学的含义,而且进一步引申为一个活的人类生物及其一切;甚至不单包括一个自然人的权利与义务及其一切,而且是一群人或法人的权利与义务。

社会学家则不仅仅从个人的角度而且还从社会的角度去看人格,认为人格是"人类团体的最终的颗粒";认为文化的主观方面、社会传统、风俗文化等在个人生活中的主观化就是人格。伯吉斯曾经给人格下了一个比较全面的定义,即人格是决定人在社会中的角色和地位的一切特性的综合,所以人格可定义为社

---

① 参见郑雪:《人格心理学》,暨南大学出版社 2002 年版,第 3 页。

会的有效性。

心理学家则从心理学的角度提出了对人格的见解。自西塞罗时代以来，就有人从心理学的角度谈到人格。但对其进行广泛深入的心理学探讨的是近现代的西方学者，他们从心理学角度提出了人格的许多不同的定义：有采用"集合"、"组合"或"聚合"等词汇列举出属于人格的东西的罗列式的定义，如普林斯说，"人格是个体一切生物的先天倾向、冲动、趋向、欲求和本能，以及由经验而获得的倾向和趋向的总和"；有强调个人属性的组织性和整体性的整合的或完形的定义，如华伦和卡尔启尔认为，人格是"一个人在任何发展阶段的全部组织"；有把人格的属性或特征按一定的层次结构排列起来，使人格特征层次分明，并具有内在的相互联系和统一性的层次性定义，如美国著名心理学家詹姆士把自我（即人格）分成物质的自我、社会的自我、精神的自我和纯粹的自我等四个层次；还有把人格看成是生物进化过程中对环境适应的一种现象的适应性定义，如肯朴夫将人格定义为"人对环境进行独特的适应中所具有的那些习惯系统的综合"；还有特别强调个人人格的独特性、人与人之间在人格上的差异性或区别性定义，如苏恩认为："人格是习惯、倾向和情操的有组织的系统，起作用的整体或同一体，而那些习惯、倾向和情操是区别一群人中任何一个成员不同于其他成员的特征。"以上诸类定义虽然都指出或强调了人格的某些方面或某些特征，但都是片面的和不完善的。美国著名心理学家、人格心理学的创始人奥尔波特，对前人的人格概念进行了归纳总结，提出了对人格的较为全面的定义。他认为，简单说来，人格就是"一个人真正是什么"，更具体地说："人格是在个体内在心理物理系统中的动力组织，它决定人对环境适应的独特性。"他的人格定义包括了以上所说的层次性、整合性、适应性和区别性等定义的基本要点，代表了现代人格心理学中的人格习惯用法的综合。人格心理学虽然在奥尔波特之后有了很大的发展，但人格概念仍然难以形成大家都公认的、统一的定义。

然而，以上诸领域的学者对人格概念的探讨，丰富和发展了人格的内涵，展示了人格现象本身的复杂性，为我们把握人格的本质内涵积累了丰富的经验。因此，我们不妨粗略地给人格下一个定义，即人格是个体在遗传素质基础上，通过与后天环境的相互作用而形成的、相对稳定的、独特的心理行为模式。具体说来，人格是由内在的心理特征与外部行为方式构成的，它不仅仅是一个个单一的心理特征或行为方式，而是这些一个个心理特征和行为方式相互联系形成的一定组织和层次结构的模式；这种心理行为模式是独特的，即从整体上来说，每个人的人格都是独一无二的，这不仅表现在某些个别的心理或行为特征上，而且更主要是表现在整个模式上,从而使得人与人之间相互区别开来;这种心理行为模式是相对稳定的,并不意味着它在一个人的一生中一成不变,人格都具有可塑性和可变性;人格不是生下来就有的,而是在先天遗传素质的基础上,通过与后天环境相互作用而形成起来的。遗传素质是人格形成发展的重要基础,但它不是人格的唯一决定因素。离开了后天的环境教育,遗传素质不可能自发地演化为人格。同样,后天环境教育对一个人的人格形成也起着十分重要的作用,但离开了遗传素质的基础,它的作用就无法表现出来。遗传素质与环境教育相互制约、相互作用共同影响着人格的形成发展。

人格的概念已经明确了,那么,所谓"完美人格",就应当是指具有整体性、协调性、创造性、情感性等特征的人格。它是人的个性的全面和谐发展,表现为不受自己一定的特殊的活动范围的局限,若能力的发展达到一定的程度和全面性,以致他能够作为一个完整的人,占有自己的全面的类本质。

然而,在这充满异化的世界里,人性被严重异化了,人将如何扬弃异化走向新生呢?失去了依托的心灵,怎样才能回到精神家园?畸形、片面发展、单向度的人怎样才能够得到自由全面发展,建构自己的完美人格?技术异化论者把扬弃异化的希望寄托于技术本身。有人提出简称"AT"的所谓"替换技术"(Alternative Technology),希望通过"最小限度地使用不可再生资源,最小限度地干扰环境,在地区或小区域内自给自足,消除人类的异化和剥削"。① 然而,这种观点忽视了技术本身是人创造的,而人又总是社会的人,小国寡民是不可能的幻想。以科学技术来消除科技造成的异化的现象,犹抱薪救火,薪不尽火不灭。我们知道,艺术与科学是人生的两大支柱,科学尚且如此,所以,人要扬弃异化,达到复归,培养和构建完美人格,获得自由全面的发展,回到幸福、理想的精神家园,唯一的途径要靠艺术,靠审美教育。马斯洛说:"从最严格的生物学意义上讲,人类对于美的需要,就像人类需要钙一样,美使得人类更为健康。"②

二、"审美教育"的内涵

何谓审美教育?"美育"作为一个独立的概念,是由德国的席勒于1793年在其著名的《审美教育书简》(又称《美育书简》)中首次提出来的,这是人类文化史上第一部明确、系统地论述美育的论著。然而,席勒的审美教育的基本思想

---

① ［日］星野芳郎:《未来文明的原点》,哈尔滨工业大学出版社1985年版,第43页。
② ［美］马斯洛:《个人的潜能与价值》,华夏出版社1987年版,第86页。

框架,却是来自康德的。

康德为席勒美育思想的建立所提供的基本原则,首先是将美划入情感领域的原则,而这一原则是建立在物自体与现象界二元分裂对立的哲学基础上。康德认为,现象界与物自体是根本对立的,人的认识能力(感性与知性)只能认识现象界,而不能认识物自体。物自体只能凭借属于信仰领域的理性的意志去把握。因此,在人的心理结构中就形成了“知”与“意”两个相互隔绝的领域。而沟通这两个领域的只能借助“情感”,这样,“情”就成了“知”与“意”之间的中介与桥梁,而与情感对应的美也就成了真与善的中介与桥梁。康德还认为,人可分为动物性的人、理性的人以及既有动物性又有理性的现实的人;生理快感只适合于动物性的人,善则只适合于理性的人,只有美才适合于动物性与理性兼而有之的现实的人。同时,康德还认为美是自由的游戏,所谓美的艺术就是想象力不受任何强制地同知性力、理性力处于一种自由和谐的游戏状态,由此唤起了主体的某种高尚的愉悦的情感。

席勒对康德的上述美学思想给予了批判的继承,并在这些美学的基本原则的基础上建立了自己的审美教育思想。席勒认为,审美教育就是要在感性和理性的领域之外开辟一个新的清除了感性和理性束缚的高尚的情感的领域。在审美活动中,对美的形象的认识和美的形象所引起的情感之间的关系是不能割断的。席勒说:“我们因美而感到赏心悦目时,我们就分辨不出主动与被动之间的这种更替,在这里反思与情感完全交织在一起,以至于使我们以为直接感觉到了形式。因此,美对我们来说固然是对象,因为有反思作条件我们才对美有一种感觉;但同时美又是我们主体的一种状态,因为有情感作条件我们对美才有一种意象。”①

席勒还用“游戏冲动”来沟通“感性冲动”与“理性冲动”的分裂。他认为,“感性冲动”和“理性冲动”是两种对立的力,它们使人完成双重的任务,把必然转化为现实,使现实服从必然的规律。“感性冲动是由人的物质存在或者说由人的感性天性而产生的,它的职责是把人放在时间的限制之中,使人变成物质”;理性冲动“来自人的绝对存在,或者说来自人的理性天性;它竭力使人得以自由,使人的各种不同的表现得以和谐”,“它扬弃了时间,扬弃了变化;它要现实的事物是必然的和永恒的,它要必然的和永恒的事物是现实的”,它要“建立法则——当涉及认识时,是适用于每个判断的法则,当涉及行动时,是适用于意

---

① ［德］席勒:《审美教育书简》,冯至等译,北京大学出版社 1985 年版,第 133 页。

志的法则"。① 这两种冲动各自保持着自己的疆界和范围。如果人同时有这双重的经验，"他意识到自己的自由同时又感觉到他的生存，他既感到自己是物质又认识到自己是精神"，这样，就会在人心内唤起一种新的冲动——"游戏冲动"，从而"使演变与绝对存在，使变与不变合而为一"，在时间中扬弃时间。②

可以看出，席勒的游戏冲动，就是要在力量的自然王国与法制的理性王国之外，建立一个自由的审美王国。席勒说："在力的可怕王国与法则的神圣王国之间，审美的创造冲动不知不觉地建立起第三个王国，即游戏和假象的快乐王国。在这个王国里，审美的创造冲动给人卸去了一切关系的枷锁，使人摆脱了一切称为强制的东西，不论这些强制是物质的，还是道德的。"③所以，审美的王国就是自由的王国、高尚的情感的王国。在这审美的王国里，人们所借助的力量既非感性的自然力也非理性的法则，而是感性与理性完全融合的"审美的外观"、"活的形象"，"活的形象"所产生的心理效果是唤起想象力的自由的游戏。这里所谓的"游戏"，就是指想象力在"活的形象"中处于一种不受任何束缚的自由自在的状态，仿佛如游戏一般。人的游戏冲动作为审美活动，是感性与形式合一的自由的游戏。它已经同自然需要的枷锁割断了关系，摆脱了动物性的本能需求的桎梏，使想象力在其自由的活动中自然而然地符合了理性的要求。而人在这种想象力的自由的游戏中，就处于一种高尚的情感快乐之中。

席勒还认为，人在审美当中的快乐有三种：一种是"感性的快乐"，人只有作为个体才能享受，是不具有普遍性的；另一种是"理性的快乐"，人只能作为族类才能对其享受，但由于每个人都具有个体的痕迹，因而这种快乐也是不具有普遍性的；再一种是"审美的快乐"，人只有在自由的游戏之中，才能既作为个人又作为族类的代表，享受到使个体的人成为整体的快乐。这种快乐既是感性的又是理性的，既是个人的又是族类的，因而是一种具有普遍性的高尚的情感快乐。只有通过审美教育，才能使人类真正获得自由，使纯粹自然的野人（Wilder）和纯粹理性原则的蛮人（Barbar）成为性格全面的审美的人。

目前，对于审美教育可以有两种不同范围的理解：广义的审美教育也就是感性教育，这是从鲍姆嘉通把美学定义为"感性学"的意义引申来的，其目的是通过对人的感性能力的培养与陶冶，使人形成对于生活的审美态度；狭义的审美教

① ［德］席勒：《审美教育书简》，冯至等译，北京大学出版社 1985 年版，第 62—63 页。
② 参见上书，第 73 页。
③ 同上书，第 151 页。

育,则是同具体的审美活动有关的,尤其表现为对于艺术的审美态度、审美鉴赏力与审美创造力的培养。审美教育更为艰巨的任务是广义的审美教育所要达到的目标,也就是生活的审美态度的培养,或者说是使人的感性需求由仅仅满足于自发、本能的层次,上升到文化的、审美的层次;使更多的人意识到感性需求不应仅仅停留于肉体的、生理的、个人的层面上,而应该逐渐自觉将其纳入理智的、心理的、社会的层面;使更多的人懂得感性的满足不应单单是为了一时的快乐、发泄与自我释放,而应该通过这种满足使自己的感性世界更加丰富多彩,使自己的精神世界得到提升。审美教育不只是审美形态教育,即培养人们对自然中千变万化的美的形态和结构(包括艺术品的形态、形式、风格)的鉴赏、识辨能力,侧重于对象之客观形态的描述和认识,而且是美感教育,即培养人们健全的审美心理结构,包括感觉、知觉、情感、想象、理解诸心理能力的提高和相互协调,最终落实为某种敏锐的审美知觉和对美的欣赏力和创造力(包括艺术欣赏和艺术创造能力)。审美教育不只是感官观照欣赏,心理感受体验,而且是人性、心灵的培养、陶冶和塑造。审美教育不只是审美能力的培养,而且是审美态度的陶冶。审美教育的独特价值就在于它侧重于以美的规律塑造人的心灵,培养完美人格,在潜移默化中将人引入一种新的人生境界。

　　审美教育主要是一种情感教育,它可以升华感性、引导趣味和完美人格,所以,美育不是单一的和平面的,它是一个综合的有机体,它既是感性教育、趣味教育,又是人格教育,其中,感性教育是基础,趣味教育是中介,人格教育是目的,三者相辅相成,缺一不可。审美教育主要是培养和塑造一种感性、情感能力和态度,也就是陶冶性情。性情,作为原始欲求活动,具有强烈的功利性(认知和伦理)的介入、渗透、融合,这种功利性的淡化、净化而被超越,转为或升华为一种审美的感性或情感,所以审美教育作为性情陶冶,又包含某种理性教育。审美教育引导感性情感趋向理性,而又引导理性渗透融合于性情之中。就后一种意义说,它又使理性复归于感性,复归不是还原,是在审美层次上理性融入于感性,取得一种新的存在方式。就此,可以说审美教育始终是感性升华与理性复归相统一的教育,确实可以采用中国美学传统的表达方式,即心性——性情陶冶。审美教育引导感性趋向理性(升华)、理性趋向感性(复归),把感性与理性融会起来,走向审美境界,实现人性的完美,达到"从心所欲不逾矩",从而达到审美教育之目的。

　　审美教育的最终目的并非仅仅囿于培养几个艺术家和生产出几幅伟大的艺术品,而是培养和塑造丰富的、具有完美个性的人以及获得整个社会的稳定、协调和进步。因此,美育不应仅仅着眼于美的领域,它还应对智力的开发和道德领域产生深远的影响。把美育的原则贯彻到智育和德育中,使枯燥、死板的说教变成吸引人、鼓舞人和令人心悦诚服的美好形象,最终落实为审美心理结构的成熟,培育能够自觉按照美的规律从事改造世界之伟大实践的人。

因此,我们认为,所谓"审美美育",就是通过对令人鼓舞和令人心悦诚服的美好形象的审美欣赏,进行感性教育,通过对艺术的审美态度、审美鉴赏力与审美创造力的培养,来培养和陶冶人的感性能力,从而达到人对生活的审美态度的培养和陶冶之目的,并使人的感性世界更加丰富多彩,使精神世界得到提升,人格得到完善。审美教育不但是培养人们对美的形态和结构(包括艺术品的形态、形式、风格)的鉴赏、识辨能力的审美形态教育,而且是培养人们健全的审美心理结构的美感教育;它不但是感官观照欣赏,心理感受体验,而且是人性、心灵的培养、陶冶和塑造。审美教育的独特价值就在于它侧重于以美的规律塑造人的心灵,培养完美人格,在潜移默化中将人引入一种新的人生境界。审美教育主要是一种情感教育,它升华感性、引导趣味、陶冶性情和完美人格,是以感性教育为基础,以趣味教育为中介,以陶冶性情和人格教育为目的的综合的、统一的有机体。同时,陶冶性情和完美人格的目的,又决定了审美教育也包含着理性教育。它引导感性情感趋向理性(升华),而又引导理性渗透融合于性情之中,理性趋向感性(复归),所以,审美教育始终是感性升华与理性复归相统一的教育。它把感性与理性融会起来,使人的审美心理结构达到成熟,走向审美境界,实现人性的完美,使人成为按照美的规律进行自由自觉的实践者,最终获得整个社会的稳定、协调和进步,使人类达到高度文明。

第二节　中西方英雄所见略同

美育在完美人格的塑造中,具有特殊的作用,也就是说,美育是不能被其他教育所替代的。因此,在健康完美人格的塑造中,离不开审美教育。翻开人类历史文化长卷,中外许多美学家、教育家都把审美教育看做陶冶性情、净化心灵、培养和塑造完美人格的情感教育,是人类自我完善的重要手段。

一、西方学者的远见

首先从西方来看。古希腊哲学家、美学家柏拉图,亲眼看到或亲身感受到了艺术的巨大力量——健康的艺术产生的巨大鼓舞力量和病态的艺术产生的破坏力量,提出了种种对艺术加以规范和节制的理论,这就是美育的最初的萌芽。柏拉图从道德的角度,拼命地攻击诗歌和悲剧,因为诗和悲剧"逢迎人性中低劣的部分",所以就要"拒绝它进到一个政治修明的国家里来"。当然,柏拉图还将美育视为道德教育的特殊方式,它以有节制的乐事活动来陶冶和节制心灵。他看到了审美教育对完美人格的塑造的不可替代的作用,提出"寓美于心灵"。靠审美教育来培养具有健康、完美的人格的公民,实现他的"理想国"。柏拉图大大地赞美音乐,他认为音乐的"节奏与乐调有最强烈的力量浸入心灵深处,如果教育的方式适合,它们就会拿美来浸润心灵,使它也就因此而美化;……受过良好音乐教育的人可以很敏捷地看出一切艺术作品中和自然事物中的丑陋,很准确地加以批评;但是一看到美的东西,他就会赞赏它们,很快乐地把它们吸收到心灵里,作为滋养,因此自己性格也变得高尚优美"。① 在古希腊,国家政府还要求人们定期到剧院看戏,并发给会费,为的是使人们更多地接受艺术的熏陶,更好地把国人培养成为具有完美人格的上等公民。

　　德国古典哲学家、美学家席勒,针对现代性文明破坏了人性的完整,为使分裂的人性臻于完善,也为社会开了同一剂药方——审美教育。他把美育提高到哲学高度加以深刻阐述。如何在审美的自由活动中克服人性的分裂,克服矛盾,让人性重新回复到古希腊"和谐"而又"静穆"的境界,是他美学的最高理想。他认为,"发达的美感可以改良习俗,……经过教养的鉴赏力通常是同知性的明晰、情感的活跃、自由思想以及行为的庄重联结在一起的,而缺乏教养的人却与此相反。……古代一切最有教养的民族……那里美的情感同时达到了其最高的发展,而在原始的民族或者野蛮的民族那里却不乏相反的例证"。② "从感觉的受动状态到思维和意志的能动状态的改变,只有通过审美自由的中间状态才能完成。……总之,要使感性的人成为理性的人,除了首先使他成为审美的人,没有其他途径。"③

　　席勒借助于"游戏冲动"这个概念,正式提出了他的审美教育思想。他的美学思想的整个核心是其人本主义的自由观,他所理解的自由,是一种精神上的解放和完美人格的形成。席勒认为,美是游戏冲动的对象,美的特性是自由的观照。在自由观照中,一方面它进入了观念的世界,可是另一方面它又不丢掉感觉

---

① ［古希腊］柏拉图:《文艺对话集》,人民文学出版社 1963 年版,第 63 页。
② ［德］席勒:《美育书简》,中国文联出版公司 1984 年版,第 149 页。
③ 同上书,第 53 页。

的世界。"美是自由观照的作品,我们同它一起进入观念的世界。然而……我们并不会像认识真理时那样抛弃感性世界。"①这样,在审美的观照中,物质和精神、有限和无限、必然和自由,就不是分裂,而是统一在一起。人们不用离开感性的客观自然,就能够达到道德理性上的自由。正因为这样,所以最崇高完整的人性,能够通过审美来实现,也正因为这样,所以艺术具有审美的教育主义,能够完成革命所完成不了的使命,能够把人教育成真正的人。

席勒进而认为,理想、完满人性的实现,无论个人或民族,都必须经过三个阶段:物质(自然)状态、审美状态、道德状态。在第一阶段,人受自然的盲目必然性的支配,此时人是无理性的动物;在最后一个阶段,人是充分理性化的、道德的人。人不能从自然阶段一下跃至道德阶段,而必须经过审美这个中介。在审美教育之前,人或受感性冲动的物质力量支配,或受形式冲动的理性力量支配。此时人充其量是无理性的动物或有理性的动物,他还不具有人的人性。人性要有人的自由决定,而人性要达于自由,就必须经过审美状态。只有在审美状态,人才能摆脱物质力量的束缚和理性意志的限制,人才既非动物式的人,也非抹杀了个性的抽象的人,而是成为一个具有完美人性的社会人,从而才能通达真正的道德自由。于是,审美在席勒这里不仅仅是一种培养人的道德和理想的一种手段和中介,它更成了人的一种理想生存状态和目的。席勒曾经明确地说:"有促进健康的教育,有促进认识的教育,有促进道德的教育,还有促进鉴赏力和美的教育。这最后一种教育的目的在于,培养我们的感性和精神力量的整体达到尽可能和谐。"②"在紧张的人身上恢复和谐,在松弛的人身上恢复能力,并以此方式按照人的本性使局限状态返回到绝对状态,使人成为自身完美的整体。"③这正是美育的目的。"只有美的观念才使人成为整体,因为它要求人的两种本性与它协调一致。"④总之,在席勒看来,只有在审美状态中,人才免去了物质的片面性和道德的片面性,他既不再是动物一样的个人,也不是抹杀了个性的抽象的种族,而是成为一个完整的社会的个人。客观和主观、感性和理性、必然和自由、内容与形式,一切都取得了和谐。在这时,一切是自由的,也因而是平等的,政治革命所不能取得的自由和平等,就这样在审美的领域中实现了。所以审美教育是最重要、最基本的教育。因此,席勒才是将美学真正人类化的美学家。如果说,

---

① [德]席勒:《美育书简》,中国文联出版公司 1984 年版,第 78 页。
② 同上书,第 108 页。
③ 同上书,第 95—96 页。
④ 同上书,第 145—146 页。

人类学本体论美学在康德那里还只是一个萌芽的话，那么席勒便是这株萌芽的精心培育和护理者。

德国伟大的哲学家、美学家黑格尔也同样注意到了审美教育对塑造健康、完美人格的重要作用。他明确指出："艺术作品却不仅是作为感性对象，只诉之于感性掌握的，它一方面是感性，另一方面却基本上是诉之于心灵的，心灵也受它感动，从它得到某种满足。"①他认为，在人身上，存在着种种冲突，"理性要求统一，要求种族共同性；自然要求杂多，要求个性，人需同时服从这两种法令权威。在这些对立面的冲突之中，美感教育所要做的正是实现调停与和解的要求"②，因为"美就是理性与感性的统一"③。

可见，美育并不只是发展人的感性，它既发展人的感性，同时也发展人的理性，这一切，既不是通过压抑感性来实现的，也不是通过压抑理性来实现的，而是通过激发、泄导和升华感性，通过消解人性各方面的冲突，使感性具有文明的内容，具有人性的内容，使理性得到滋润，而一改其"灰色的"属性。理性因为有了感性的支撑而立足于坚实的根基之上，感性因为有了理性的提携而飞翔在文明的天空，最终导致人性的融合与完美，这就是健康人格。所以，美不仅与感性有关，而且还与理性有关；美育不仅是健康人格塑造中必不可少的手段，而且也是衡量人之为人的一个重要尺度。所以，我国古人说："是故知声而不知音者，禽兽是也。知音而不知乐者，众庶是也。惟君子为能知乐。"（《乐记·本记》）

德国大美学家叔本华也洞察到了艺术对人生的意义。他提出，艺术是人摆脱痛苦的手段之一，这是艺术的特有功能。生命意志的本质就是痛苦，因为意志是永不满足的欲求，因而人的痛苦是与生俱有的、生生不息的。要想摆脱痛苦，唯有使认识从为意志服务、充当意志的工具的关系中解脱出来。根本彻底的解脱之途只有灭绝意志，走向"寂灭"、"涅槃"，即死亡。暂时的解脱之途则有赖艺术了。因为艺术采取的是独立于根据律之外的纯粹观审方式，它在表象世界中直观到理念这个意志的直接客体性，因而能躲避为意志服务的劳役，挣脱意志的束缚，而达到主体与理念的水乳交融，主体"自失"于对象之中，即物我两忘的审美境界，主体内心充满着喜悦的美感，从而将日常生活的痛苦忘怀于九霄云外。艺术就是这样神奇地引导人们摆脱痛苦。意志本身是痛苦，但若经理念中介而

① ［德］黑格尔：《美学》（一），商务印书馆1979年版，第42—43页。
② 同上书，第28页。
③ 同上。

进入纯粹观审状态,就会消除痛苦。因为艺术通过各种方式暗示了宇宙和人生的本来性质即痛苦,从而带来心灵的净化和对生命意志的否定,使人领悟到摆脱痛苦的根本途径,痛苦就会转化为精神财富安慰、心灵的愉快和美的享受。艺术就扮演了这个消除痛苦的角色,实质上,艺术是观审状态的强化和完善:"作为表象的这世界,要是人生中最令人愉快和唯一纯洁无罪的一面,——那么,我们都要把艺术看作这一切东西的上升、加强和更完美的发展,因为艺术所完成的在本质上也就是这可见的世界自身所完成的,不过更集中、更完备,而具有预定的目的和深刻的用心罢了"①。就是说,艺术是观审的升华与提高,是更自觉、更集中、更完善、更高级的观审。正是在这个意义上,叔本华宣称艺术是"人生的花朵",认为这就是艺术的重要性和高度的价值。

"西方马克思主义"也同样看到了艺术对人生的重要作用。他们认为,人的异化是当代资本主义的最主要弊病,而能够治愈这一弊病的良药就是艺术。列斐弗尔主张通过日常生活批判的道路实现社会变革。他认为,当代资本主义异化的最深刻形式就是日常生活异化,在日常在生活中,人被异化为一种被动的存在物,工人阶级被异化为一个个孤立的消费者而丧失其作为革命主体的历史地位,所以社会革命的历史起点应从日常生活开始。所谓日常生活批判,不是变革现状和财产的分配,而是要生成一种新的生活方式,"把日常生活变成一件艺术品"。通过这样的变革,把人从异化中解放出来,克服人性的内部分裂和矛盾,以便使人成为"真正的人"、"完成的人",从而实现社会主义社会。虽然"西方马克思主义"的社会革命理论并非完全正确,因为他们把抽象的人性的解放、人的自由看做社会革命的动因和目的,否认社会革命是生产力和生产关系、经济基础和上层建筑矛盾运动的必然结果,他们的社会革命是不现实的,而只能是一种带有浓厚乌托邦性质的心理革命、意识革命或"本能革命",但是,他们看到了艺术对解放人性的重要意义。

可见,对通过审美教育实现完美人格这一观点,在西方的确英雄所见略同。

二、中国方家的卓识

审美教育在西方源远流长,西方先哲们早已清楚地认识到审美教育对人生的重要意义,然而在中国,审美教育有着更悠久的历史,甚至可以这么说,中国教育的历史实则是审美教育的历史。

---

① ［德］叔本华:《作为意志和表象的世界》(三),中译本,商务印书馆1997年版,第337页。

　　我们知道,中国古代文化是反省人生的智慧,它最重视的不是确立对于身外世界的认识,而是始终不倦地致力于成就某种高度完善的人格境界。在中国古代思想家看来,人格的完善,人与人的和谐,是人生和人类的最高追求。而这种高度完善的人格境界,当它感性现实地外化为物的属性,成为直观和情感体验的对象的时候,便理所当然地被解释为美的具体存在。由于把人格境界的完善视为世界的最高存在,此外再无更高存在,所以中国古典美学便以人作为美的最终皈依。这同西方或者把美皈依于上帝,或者归于物的自然属性完全不同。透过艳丽之极的现象之美,中国古典美学渗透着深刻的人性内容和高尚的人格精神。中国古典美学在对美的认识中,始终不曾脱离人的丰富生动的感情生活与生命,同时又内在地超越了它,上升到了远比日常的现实世界更高的精神境界,较早地达到了对人的"类"本质的自觉,更富于一种深邃的人的意味,这是西方美学所不能企及的。

　　早在我国周代,统治者就吸取了商代统治者崇信暴力、否弃教化的历史教训,从周公开始,就非常重视社会教化工作,倡导移风易俗。周公亲自组织官方出面到民间采集诗歌,观风俗,知厚薄,以制定相应的教化措施。据说,周公曾亲自采集文王时周地以南的民歌,以昭告天下,培养人民高雅的审美趣味,使人民树立良好的风俗习惯,现存的《国风》中的《周南》、《召南》就是当时该地的民歌。《毛诗序》认为《诗经》中的《国风·豳风·七月》是周公采集的。统治者在采集民间的歌诗后,经过专门音乐机关的整理与发布,成为对民众进行教化的工具。从周代的采诗与宣诗制度,可以看出中国古代从西周开始,就从制度上保证了美育的实施。

　　汉代的董仲舒大力推崇上古教育,大力倡导以社会为场所的乐教:"乐者,所以变民风,化民俗也;其变民也易,其化人也著。故声发于和而本于情,接于肌肤,臧(藏)于骨髓。故王道微缺,而管弦之声未衰也。"(《举贤良对策》)在董仲舒看来,音乐与诗歌都是先王之道的显现,也是他们用来作为教化百姓的工具,用"乐教"来化民,是一种最直接与最易行的途径。他还说,百姓的好利心只有用教化才能感化向善,像秦朝那样,纯粹暴力是无济于事的,"夫万民之从利也,如水之走下,不以教化堤防之,不能止也。是故教化立而奸邪皆止者,其堤防完也。教化废而奸邪并出,刑罚不能胜者,其堤防坏也。古之王者明于此,是故南面而治天下,莫不以教化为大务。"(《举贤良对策》)汉武帝接受了董仲舒的建议,立五经博士,设乐府机构。乐府采集民间诗歌,以"观风俗,知厚薄",同时派专门的文人造作新诗。以是"正得失,动天地,感鬼神","经夫妇,成孝敬,厚人伦,美教化,移风俗"。他们十分重视《诗》的审美教化作用。东汉末年朝廷还在首都洛阳设立了鸿都门学,它是中国古代官学中具有艺术教育专科性质的专门的艺术教育学校,而且其学生毕业后地位要高于士大夫所向往的太学生。可见,中国古人对审美教育是十分重视的。

其实,中国古代最关心美育,最重视美育的是孔子。据说孔子是一个极爱音乐的人,然而他自己对音乐的欣赏,又不是为了贪图快乐,而是为了音乐内容中的善。《论语》中记载,他在齐闻韶乐,三月不知肉味。还说:"不图为乐之至于斯也"。《论语·八佾》记载说:"子谓韶,尽美矣,又尽善也。谓武,尽美矣,未尽善也。"孔子认为韶乐中既表现了圣人的德行,又表现着一个初生婴儿的天真圣洁。孔子酷爱韶乐,而不喜欢郑声,认为郑声太刺激,不够质朴,不够文质彬彬,不能唤起心中美好和谐的力量和感情。最能体现孔子的美育思想的,是他的"兴于《诗》,立于礼,成于乐"。孔子把《诗》、礼、乐作为人生修养的三个相互关联和依赖的方面。首先,以《诗》来引导人的审美感兴,培养想象力和创造力;其次,以礼来规范和塑造人格品性,培养道德意识,最后无论是创造力的激发,还是道德人格的培养,最终都要靠音乐来完成。这就是说,理想人格最终是通过"乐教"来完成的。这其实也就是说,没有"乐教"即审美教育,理想人格是不能塑造成功的。正是在这个意义上,我们完全可以说:美育又是一种人格教育。整体人格的完成离不开艺术和美育。孔子的另一名言是:"志于道,据于德,依于仁,游于艺。"(《论语》)显然,"游于艺"是最高的境界或层次,它包容了"道"、"德"、"仁"的内容,并且是实现这三者的最后途径,使之成为自由完美的人性的组成部分。孔子深知审美教育对人的力量,因而把它看成教育人和人自我修养的最有效的途径。

另外,中国古人对审美教育还有更深刻的认识。《吕氏春秋》说:"凡音者产乎人心者也,感于心则荡乎音,音成于外而化乎内"(《吕氏春秋·季夏纪》),也就是说,乐教或审美教育是直接针对人的内心的一种教育,所以,它对人的内心所起的作用也是最大、最直接的。这就是孟子所说的"仁言不如仁声之入人深也"(《孟子·尽心上》)的意思。荀子说:"调和,乐也。"(《荀子·臣道》)乐教也就是今天所说的美育,其主要功能就是调和或协调,更可以协调个体诸种心理机能之间的关系,既不使人的某一种感情过于强烈,又不使人的某一种心理机能过于膨胀,从而达成人的多种心理机能之间的协调,使它们相互制约,又相互促进,使人性日益丰富与完满。可以说,美育独特的功能与最大的优势就在于它的协调性,它可以消解人性各方面的冲突。因此,医治现代人内心深刻的创伤,美育可以发挥事半功倍的疗效。因此，荀子《乐论》中说："夫声乐之入人也深，其化人也速，故先王谨为之文……乐者，圣人之所乐也，而可以善民心，其感人深，其移风易俗易，故先王导之以礼乐而民和睦。"

至于近代，美学的最早启蒙者王国维最早提出用美育改造国民精神。他说，"教育之宗旨"在于培养"完全之人物"，即各种能力得到调和的"全面发展"的人物。人的能力包括"身体之能力"和"精神之能力"，"而精神之中又分为三部：知力、感情及意志是也。对此三者而有真美善之理想，真者知力之理想，美者感情之理想，善者意志之理想也。完全之人物不可不备真善美之三德，欲达此理想，于是教育之事起。教育之事亦分三部：智育、德育（即意志）、美育（即情育）是也。"①王国维正式使用"美育"的概念，强调审美和艺术的独立地位，将美育与智育、体育、德育并列，可以说是开风气之先的。王国维还在《去毒篇》中说："美术者，上流社会之教也。"吸鸦片这种"亡国的疾病"，根源在于国人没有希望和慰藉，因而是一种"感情上之疾病"。而对于"感情上之疾病"，枯燥的科学和道德说教是难以治愈的，要想对症下药，"非以感情治之不可"。"人之心力不寄于此则寄于彼，不寄于高尚之嗜好，则卑劣之嗜好所不能免矣。"这里治病的药方就是审美教育。这是他在传统衰落的时代，求助于叔本华哲学来抚慰自己痛苦的心灵的结果，强调了美学、美育和艺术的独立地位和独特功能，表现了他的审美的人生境界。在《人间词话》中，王国维所标举的意境是他追求的最高境界。他继承了中国传统的意境思想，而且又做了独到的发挥，产生了很大影响。进入意境之中"使吾人超然于利害之外而忘物我之关系"，从而获得无限的自由与愉快，因而意境成为人生苦痛"解脱"之境和"息肩之说"（《红楼梦评论》）。近代标举意境说的人很多，其中著名者，除王国维外，还有朱光潜、宗白华等。朱光潜认为，意境是一种"理想境界，是时间与空间中执著一微点而辊以永恒化与普遍化"。"它可以在无数心灵中继续复现，虽复现而却不落于陈腐，因为它能够在每个欣赏者的当时当境的特殊性格与情趣中吸取新鲜生命……在刹那间见终点，在微尘中显大千，在有限中寓无限。"②

被人们誉为"美育之父"的蔡元培，将王国维建立的审美教育的基本范式继承下来并进一步发展。蔡元培认为，以孔学为代表的传统观念被推倒之后，填补

---

①　王国维：《论教育之宗旨》，载《中国近代教育史资料》，人民教育出版社 1961 年版，第 1008—1010 页。

②　朱光潜：《朱光潜美学论文选集》，湖南人民出版社 1980 年版，第 186 页。

人们的价值真空的应当是美育。他本着"教育救国"的宗旨,把美育确定为其新式教育方针的内容之一。1912 年 2 月,刚就任教育总长的蔡元培,在设计中华民国教育方针的时候,提出了教育的五个方面,即军国民主义、实利主义、德育主义、世界观和美育,试图以五育的有机结合,在教育上完成民主革命的大业。美育在这里已不限于一般的课程设置,而是当成了民主社会的教育的重要组成部分,甚至发展方向和目标。1917 年,他鲜明地打出了"以美育代宗教"的旗帜。王国维提出艺术是上流社会的宗教,虽然已暗含着以审美代宗教的思想,但他还是站在儒家"上智"与"下愚"、"君子"与"小人"的贵族主义立场上,认为艺术代宗教只是上流社会的事,而对于下层社会的"愚民",则只能慰之以宗教。相对而言,蔡元培的"以美育代宗教",就表现了一种民主主义者平等博爱的立场。美育是属于全人类的,没有什么"上层"与"下层"之别,更不应该为少数人所垄断。在王国维那里,艺术作为上流社会的宗教只是他的一种学术思想,而在蔡元培这里,以美育代宗教则具有更为明显的现实性。蔡元培还说,"我说美育,一直从未生以前,说到既死以后,可以休了。"①所谓"未生以前",指的是胎教院中的美育;而"既死以后",则是说美育能超越有限而与无限——实体而合。

当蔡元培打出了"以美育代宗教"的旗子时,其现实针对性很强,并且抓住美育是陶冶人的性情的情感教育这一特点,反复阐发美的普遍性。他说,美育是自由的,而宗教是强制的;美育是进步的,而宗教是保守的;美育是普及的,而宗教是有界的。美的普遍性、共通性是蔡元培以美育代宗教的理论基石。他追求现代化,但反对现代化带来的异化,他推崇审美的人生观和劳动的艺术化的美育主义是与他的反异化结合的。他还认为,人在现实社会中的利己自私、等级偏见,都是由于利害的不同而造成的,而审美的无利害特征使美成为消除人与人之间的等级偏见和利己自私的利器:"名川大山,人人得而游览,夕阳明月,人人得而赏玩;公园的造像,美术馆的图画,人人得而畅观……这都是美的普遍性的证明。"②"美以普遍性之故,不复有人我之关系,遂以不能有利害之关系。"③人我与利害之心消失了,廓然大公的时候就到了。

当新文化运动在知识界以排山倒海之势、雷霆万钧之力由北大推向全国时,蔡元培先生著文疾呼:"文化运动不要忘了美育"。④ 他还说:"文化进步的国

---

①　蔡元培:《蔡元培选集》,中华书局 1959 年版,第 107 页。
②　蔡元培:《美育与人生》,载《蔡元培全集》,(台湾)商务印书馆 1979 年版。
③　蔡元培:《以美育代宗教说》,载《蔡元培选集》,中华书局 1959 年版。
④　蔡元培:《文化运动不要忘了美育》,载《蔡元培选集》,中华书局 1959 年版。

民,既然实施科学教育,尤要普及美术教育。"①在他看来,美育是改造人的世界观,陶冶人的感情,促进科学发展的最好途径。他把美育比作人体的神经系统,并且作了生动的解释:"人人都有美感,而并非都有伟大而高尚的行为,这由于感情推动力的薄弱。要转弱而为强,转薄而为厚,有待于陶养。陶养的工具为美的对象;陶养的作用,叫作美育。"②"纯粹之美育,所以陶养吾人之感情,使有高尚纯洁之习惯,而使人我之见、利己损人之思念,以渐消沮者。……破人我之见,去利害得失之计较,则其所以陶养性灵,使之日进于高尚者,固已足矣。"③他认为,美育是"美的对象"与审美主体交互融合、物我化一而产生的一种积极成果。"融合"、"化一"也就是一种美感境界,只有在这种状态下,才能发生"陶养"的作用。美的对象总是以自身的生动具体的形象(而不是抽象的概念)和感染力量(不靠论证、规范)打动人心,引起审美主体的情感活动,并通过主体情感活动的快与不快的体验,作出或肯定性(美感—愉悦)或否定性(丑感—反感)的审美判断。这就是蔡元培所说情感的"陶养"作用。经过这种无数次的"陶养"、潜移默化的过程,自然养成一种爱美斥丑的行为、习惯,铸成表里一致、"文质彬彬"的高尚人格。蔡元培说:"美育之目的,在陶冶活泼敏锐之性灵,养成高尚绝(疑为纯)洁之人格。"(《创办国立艺术大学之提案》)

蔡元培还从康德超功利主义美学理论出发,并与中国儒家"礼乐相济"的美育思想传统融会贯通,进行了创造性的发挥。看重道德,强调美育的道德意义,高扬一种完美的人格精神和献身精神。他一再强调孟子的"富贵不能淫,贫贱不能移,威武不能屈"的气概和孔子所提倡的"杀身以成仁"的献身精神。他希望有更多的人具有这种高尚的精神,以振兴中华,实现人道主义理想。

总之,在蔡元培那里,美育是一种全面教育,陶冶情感,发展个性,健全人格。激发创作冲动和想象力,非美育不为功。同时,美育也是一种高尚的文化修养,激发人们去追求一种超越的精神自由境界,以完美人的精神生活。

尽管蔡元培在美育理论倡导和实践上的贡献比较大,但是,真正能够称得上现代美育的先驱的应当是鲁迅。因为虽然鲁迅的美育思想在许多方面都与蔡元培的相似,例如,他们都以情感为艺术的特质,都主张美育从儿童入手等,但他的美学思想也具有与蔡氏不同的现代特色。更为可贵的是,当蔡元培离任之后,鲁

---

① 蔡元培:《蔡元培美学文选》,北京大学出版社1983年版,第83页。
② 同上书,第220页。
③ 同上书,第70页。

迅仍为美育的实施而继续奋斗。只要我们对他的美学思想进行探讨,就不难看出这些特点。

鲁迅在《坟·科学史教篇》介绍科学的时候,主张科学应与艺术并举:"盖使举世惟知识之崇,久堂必大归于枯寂,如是既久,则美上之感情漓,明敏之思想失,所谓科学,亦同趣于无有矣。"鲁迅还反对蔡元培静态的审美观,倡导对立崇高的审美观。在《坟·摩罗诗力说》中,鲁迅的审美理想是"立意在反抗,旨归在动作";推崇"常抗、必动、贵力、尚强"的摩罗诗人,而厌弃缺乏"反抗挑战"的"中国之诗"。他称中国艺术的和谐特征为"污浊之平和",而"平和之破,人道蒸也。"他劝青少年读或不读中国书的原因,就在于中国艺术缺乏对立崇高的审美特征而让人"沉静下去"。他推崇"独具我见,不和众嚣",敢于与社会对立、向庸众挑战的个性战士。倘若说蔡元培的美育思想是康德美学与中国传统美学的结合,那么鲁迅则是以拜伦、尼采的美学思想,向中国传统美学发出最强劲的反叛的战叫!

鲁迅与蔡元培哲人式的美育不同,他终生都在艺术创造的第一线上。鲁迅要以艺术改造国民性,使国民在潜移默化中转移性情。希望中国出现刚健不挠、抱诚守真的诗人,"不取媚于群,以随顺旧俗;发为雄声,以起其国人之新生,而大其国于天下。"在"没有花,没有诗,没有光,没有热"的"荒寒"的"沙漠"上,吹起了一股"热风",以新艺术的"呐喊",惊醒国人平和而沉静的梦。试图以艺术教育人民,使他们的思想情感由传统形态转化成现代形态。

在王国维、蔡元培、鲁迅等人的倡导下,美育之花迎风绽放。许多人都提到人生的诗化和生活的艺术化,也都在美育的范围之内。王统照以"爱"与"美"为超越人生之法门,认为"美育是一个改造人间的福音、划除万恶的利器,便是一切教育宗旨里的先决问题。"美育"是超乎物质对象的一种高尚快感而引起人类自然灵明的教育",能够"使人生达到完美完善之地"。① 丰子恺、欧阳予倩等人还成立了中华美育会,出版《美育》会刊,认为"'美'是人生的一种究竟目的,'美育'是新时代必须做的一件事。"丰子恺还说,世界倘没有了美术,人生将何等寂寥而枯燥! 美术是感情的产物,是人生的慰安。它能用慰安的方式来潜移默化我们的感情。朱光潜认为,"美感教育是一种情感教育","作用就在怡情养性,所以是德育的基础工夫"。"现在我们要想复兴民族,必须恢复周以前歌乐

---

① 王统照:《王统照致范煜璜、李树峻》,《曙光》第1卷第1期。

舞的盛况,这就是说,必须提倡普及的美感教育。"①商务印书馆于 1922 年出刊的《教育杂志》,更是以提倡美育而著称,对美育与德智体三育的关系,也进行了富有建设性的探讨。李石岑就说:"美育之力,遂隐隐代德智体三育而有之。"②以上诸君,虽然对美育的置重的同时也有将美育无限拔高的倾向,但他们将美育与人类的大同理想相联系,都看到了美育对陶冶性情、改造国民的重要作用。

　　百川入海,殊途同归。从以上对中西方种种美学观点的追述中,我们可以清楚地看到,不论是中国美学家,还是西方美学家,不论是古代的,还是现代的,都有一个共同的认识:强调通过文化修养和审美教育,提高审美能力,培养审美趣味,塑造完美人格;不仅生存于现实,还要超越现实,才能有高尚的精神生活,才能觉得人生有价值,才能获得真正的"类"本质,才能达到高度自由的人生境界,获得全面发展。审美教育是培养完美人格的有效途径,是必由之路,而且有着巨大的潜力。我们期待着,在不久的将来,审美教育将以其深厚坚实的基础、博大丰厚的容量、科学严谨的体系,在人生阵地上高扬起烈烈的红旗,独领风骚。

第三节　审美教育心理的探秘

一、他山之石,可以攻玉

　　由上述可以看出,无论是西方的美学家还是中国的美学家,都看到了审美教育对实现完美人格的重要作用,都认识到了审美教育是培养完美人格的有效途径,是必由之路。然而,他们都是凭直觉,提出的都是些大而化之的理论。他们的解释虽然也有某些合理之处,但大都停留在表面的经验描述,并未触及美感的心理深层。怎样通过审美教育达到完美人格的实现?艺术与人们的情感的到底具有怎样的密切关系?他们对此问题探讨都不能尽如人意。笔者认为,要真正揭开审美(艺术)对实现完美人格的秘密,必须诉诸心理学的方法。

　　所谓心理学方法,并非指心理学所运用的观察法、内省法、实验法等具体方法,而是指从心理学的角度或者借鉴心理学研究的成果来阐发美学和文艺研究中的理论问题的途径。因为不但心理学本身的性质、对象和任务制约着心理学方法在美学和文艺研究中的运用,而且心理学与美学或文艺理论在研究领域上的交叉之处也就是美学或文艺研究运用心理学方法的范围所在,且这个交叉点

---

① 朱光潜:《谈美感教育》,《朱光潜美学文集》,卷二,上海文艺出版社 1982 年版。
② 李石岑:《美育之原理》,《教育杂志》第 14 卷第 1 号(1922 年)。

就是审美(或文艺创作和欣赏)的客体和审美主体的心理活动(心理过程和个性心理特征)及其形成和发展的规律。美学和文艺理论有着共同的研究对象——艺术,而心理学方法在美学和文艺研究中运用的范围也主要是艺术(包括艺术作品、艺术家、艺术的创作和欣赏)之中的心理活动的形成和发展的规律。文艺心理学和审美心理学就是应此运而生的。

其实,古往今来,许多美学家和文艺理论家早就注意到发挥心理学的功能了。从西方美学史来看,古希腊的德谟克利特和柏拉图对灵感问题的关注,亚里士多德从求知本能论证艺术模仿自然说,英国经验派美学家博克从人类的自我保存本能和社会交际本能论证崇高和美的本质,德国古典美学家康德把美和审美划定在情感的领域、用共同的心理结构来论证美和美感的普遍性,英国美学家布洛用心理距离而德国移情派美学家用情感的外射来阐释美的本质等等,都或多或少、自觉或不自觉地利用了心理学方法的功能。但是,他们的研究成果仍没有深入到令人满意的程度。这主要是因为,与文艺理论和美学相比,心理学独立成为一门学科是最迟的。文艺理论从亚里士多德的《诗学》开始,就已经成为一门独立的学科了。美学在1750年德国美学家鲍姆嘉通的《美学》问世时,也作为一门独立学科出现了。而心理学却是在冯特于1879年在莱比锡建立了第一个心理实验室之后才宣告独立的。在19世纪末叶以前,心理学往往与哲学混为一体,还未能成为一门独立的科学,美学和文艺理论诸范畴的本质探讨仍然带有浓厚的思辨色彩,机械唯物主义和主观唯心主义往往窒息或取代了心理学方法的功能。进入20世纪,心理学研究的迅猛发展以及辩证唯物主义和历史唯物主义的广泛传播,才为发挥心理学方法的功能提供了广阔的天地,心理学才被美学家和文艺理论家越来越广泛地重视和运用。然而,虽然有许多美学家已经意识到审美教育与实现完美人格的密切关系,甚至他们的解释也有某些合理之处,但大都停留在表面的经验描述,并未触及美感的心理深层,总不能切中肯綮。有的虽然力图从深层心理上来解释,但是他们或者把美感归诸无意识中的本能,如弗洛伊德学派的性欲升华说,或者把美感看做是先验心理结构的适应性,如格式塔学派的同形同构说,又往往流于主观唯心主义和反理性主义。

张玉能曾对前人的心理学、美学和文艺理论的研究成果进行了更为详细的探讨,明确指出了心理学方法对美学和文艺理论研究有三大功能:定性功能、定量功能和定构功能。所谓定性功能,就是从心理学的角度和利用心理学的研究成果来确定美学和文艺理论中某些范畴的本质;所谓定量功能,就是从心理学角度和利用心理学的研究成果,来确定美学和文艺理论所探讨的各种现象和对象之间的数量关系和量的结构,也就是把在心理学中成功地运用了的数学方法运用到美学和文艺研究之中去;所谓定构功能,就是从心理学角度和利用心理学的研究成果来确定美学和文艺理论所探讨的各种对象、主体和客体的内在结构及其性质和功能。张玉能摒弃前人流于主观唯心主义和反理性主义的弊端,以马克思主义的观点来汲取和运用现代心理学的研究成果,比较科学地总结和解释了心理学对美学和文艺理论研究功能。这为我们更深刻地理解审美活动和审美教育在人类全面发展和实现自身的本质力量(即马斯洛所谓的"自我实现")的伟大历史进程中的巨大作用,开启了一扇希望之门,而这种巨大作用是席勒等前辈美学家和思想家早已天才地猜测到了却无力加以科学解释的。

我们借助现代心理学的发展和研究成果,首先可以更加明确地把握艺术的本质。从古至今,美学家们对艺术的本质聚讼不已,众说纷纭。他们或者把艺术这个复杂事物的本质归于单一的层级,即或归于认识,或归于直觉,或归于情感,或归于生活内容,或归于外在形式(或符号),或归于个人无意识,或归于集体无意识,或归于操作技巧等;或者把意识单元化,即把艺术中所凝聚的人类意识简化为单一的元素,或简化为认识,或简化为直觉,或简化为情感,或简化为意志行为,或简化为无意识(本能)。这都是比较片面的。我们运用心理学的研究成果,从艺术的存在和实践出发,就可以比较全面地看到艺术的本质至少可以分为三级:第一级由艺术与社会生活的关系所规定,显示出艺术的意识形态性;第二级由艺术与人类意识的关系所规定,显示出艺术的创造性;第三级由艺术与物质媒介的关系所规定,显示出形象性。因此,从心理学上讲,像以前那样把艺术中凝聚的人类完整的审美意识仅仅简单化地归结为单一的认识活动是错误的。现在,无论是主张心理活动三分法(知、情、意)还是二分法(认知、意动)的心理学家,都越来越清醒地认识到人类的心理活动是一个完整的有机统一体。从西方心理学史来看,无论是元素主义、机能主义、格式塔学派,还是精神分析学派、日内瓦学派、人本主义等,虽然他们都对心理活动的研究各有侧重,表现形态也不相同,但其总发展趋势是对整体意识的加强,都强调对心理活动的整体分析和发生发展的研究。更进一步令人信服的是,现代脑科学的研究成果从神经系统的生理机制上证实了人类心理活动的整体性。苏联心理学家鲁里亚通过大量临床研究创立了神经心理学,提出了高级心理机能的系统动力定位的理论。他认为人脑有三个机能联合区:第一机能联合区包括脑干、皮层下部和上下行网状系统,其作用是激活皮层;第二机能联合区包括枕叶、顶叶和颞叶以及相应的皮层下组织,其作用是接受、加工与保存信息;第三个机能联合区主要是前额叶,它与其他联合区有着双向逆反联系,其作用是整合、规划、调节和监督行为。人的任何心理活动都是人脑各机能联合区协同活动的结果。心理学的这一研究成果昭示我们,在探讨高级心理机能和过程的艺术本质时,切不可忘记高级心理过程的整体性而把艺术本质仅仅归结于认识、情感和意志的任何一个单独的方面。"认识、情感和意志是密切联系,彼此渗透着的。发生在实际生活中的同一心理活动,通常既是认识的,又是情感的,也是意志的。任何意志过程总包含有理智成分和或多或少的情绪成分,而理智和情感过程也包含有意志成分。"①作为一种特殊心理活动的审美活动,当然也毫无例外地遵从这一总的规律,它也应当是认识、情感和意志相互联系的统一的有机整体。

现代心理学的研究成果,还为我们运用数学方法对美学和文艺理论所探讨的各种现象和对象进行定量分析提供了一条比较有效、可靠的途径。马克思认为,一门科学只有在成功地运用了数学以后,才算达到了完善的地步。但是,文艺理论和美学从独立发展以来一直主要是在依赖着思辨的方法进行研究。而心理学自从独立伊始就与实验室的操作和定量分析结下了不解之缘,运用了数学方法,取得了不少成果。在与美学和文艺理论密切相关的各门具体学科中,心理学是最早也是比较成功地运用了数学方法的,其定量分析的研究成果对艺术和审美活动的定量分析具有很大的启发作用。例如,费希纳—韦伯定律对视觉和听觉的感觉阈值进行了确定,这为绘画、音乐、建筑乃至文学的创作和欣赏过程的定量就提供了一个可靠的参数。反应时间和智商的个别差异,对于审美和艺术的个性特点的定量具有重大作用;艾宾浩斯的遗忘曲线所揭示的记忆量变规律,对揭示艺术家和欣赏者的社会生活储备与审美和创作活动的函数关系也具有不可忽视的作用。另外,像面部表情的三维模式和圆形量表,对于研究表演艺术中各种情感表达方式的量的结构也无疑具有重要的参考价值,等等。

我们还可以依靠概率论和模糊数学和运用心理学已取得的许多更为详尽的研究成果,对美学和文艺理论中诸现象和对象达到演算定值的目的。机能主义和行为主义心理学的刺激—反应(S－R)公式;格式塔学派和日内瓦学派的刺激—机体—反应(S－O－R)公式;格式塔心理学家勒温关于行为与人和环境的函数关系:$B = f(P,E) = f(LSP)$(B 代表行为,P 代表个人,E 代表环境,LSP 代表"这个人和他的心理环境的生活空间");韦伯定律的数学表达式:$\Delta I/I = K$;以及费希纳进一步总结的数学表达式:$E = KlogI + C$(K、C 为常数,E 为感觉,I 为刺

①　曹日昌主编:《普通心理学》,下册,人民教育出版社 1980 年版,第 78 页。

激强度);等等。这些都从不同的角度测定或表述了心理过程。这为我们建立起比较合乎事实的美学和文艺理论中诸现象和对象各种关系的理想数学模型,由简到繁,由浅到深地逐步综合,不断地过渡到演算定值的水平,提供了比较可靠的方法和途径。实际上,美国数学家伯克霍夫已经归纳出审美知觉的数学模型:$M = O/C$(M 是审美知觉的程度,C 是审美对象的复杂性,O 是审美对象的品级)。后来,美国的另一位学者艾森克对这一公式作了修正,认为应当 $M = O \times C$。张玉能在考虑布洛心理距离的定量分析时,也从心理距离与审美对象的复杂性和审美意志强弱的关系中得出了一个公式:$S = K \times A/W$(S 表示审美心理距离,K 为主要审美感觉的阈值,A 为审美对象与现实的相似程度,W 为审美意志力的强弱)。就是说,审美心理距离大致与审美对象和现实事物相似程度(相当于对象的复杂性)成正比,而与审美主体的意志力的强弱成反比;审美对象愈毕肖现实,心理距离就应愈大,欣赏者的意志力愈强则心理距离就可以愈小,当二者的比值等于 1 时,心理距离就可能大致等于审美活动中主要感觉器官的阈值。这些公式虽然还带有一定的片面性,但为我们进一步研究审美知觉与审美对象之间的量的关系和结构,以及对艺术现象进行演算定值和定量分析,无疑具有很大帮助。只要运用心理学方法的定量功能,我们就会既不断开拓出新的领域,又可避免一般数学方法忽视主体性的片面性。

现代心理学的发展及其研究成果,还为我们研究人类的审美心理结构提供了有力的理论支持。审美心理结构并非外在于人的整个心理结构,而是人类整个心理结构的定向发展的结果。现代心理学认为,人的心理结构总体上分为三个层次:一是无意识层,二是隐意识层,三是意识层。无意识主要包括人类的本能,与生理需要和安全需要相关而形成低级的情绪和促成本能式的行为,而且仅仅在特殊情况下受意志的作用;意识是人类所特有的心理活动过程,它包括通常所说的认识、感情和意志,这三者之间形成相互作用的双向逆反联系,并与相属关系和爱的需要、自尊的需要、认知的需要、美的需要、自我实现的需要等相关,形成高级的情感(理智感、美感、道德感)并促成自由自觉的行为;隐意识是传统心理学非常重要的心理结构层次,它分别与意识和无意识有着双向逆反的联系。正是在此处,意识和无意识交汇、整合,通过中枢神经的联合区形成动力定型,从而能够构成格式塔心理学派所谓的"完形"、皮亚杰的"图式"、乌兹纳捷的"心理定势"、列宁的"逻辑的格"等,并使人的低级情绪具有了人的本质特点,使人的意识活动过程显示其整体性、自觉性、创造性和社会性,进而形成认识、情感、意志的定向发展,形成既统一又各具特点的认识活动、审美活动和伦理活动。隐意识并不是格式塔学派所谓的先天构架、皮亚杰所谓的动作的普遍协调作用（动作的内化）、弗洛伊德所谓的超我和自我的压抑等，而是列宁所说的，它通过人的实践经过千百万次的重复而在人的意识中以逻辑的格固定下来的，也就是社会实践的"内化"或"积淀"，其生理机制是动力定型。也正是因为有隐意识的存在，认识中的顿悟、审美中的直觉和意志中的当机立断等现象才有可能出现。人的心理结构就是由这三个层次以及各自的诸因素之间的双向逆反联系，构成了一个立体交叉式的网络动力结构。

人的审美心理结构正是这种网络式动力结构定向发展的结果。随着人类社会实践的漫长、不断地发展，实践对象的各种物质属性和实用价值逐步转化为审美属性和审美价值，同时，人的心理结构也构造出具有整体性、转换性和自我调节性的审美心理结构。而这种整体性表现为审美主体对审美活动的意象的直觉把握；转换性表现为审美主体以情感为中介的创造性规律；自我调节性则表现为整个人类需要层次沿着自我实现的轴线由低向高的升华。概而言之，这种审美心理结构及其自我实现功能，规定了审美活动是人在他所创造的世界中直观自身，并以全部感觉在对象世界中肯定自己。具体而言，审美心理的网络动力结构应是这样：审美心理活动同任何心理活动一样都是从认识开始的，审美主体一旦对对象有了感性的和理性的认识，随之就会产生情感和意志的活动，与此同时，整个心灵就被激活，无意识层次也会活动起来，隐意识层次的诸因素随之互相交融、汇合、矛盾和斗争。这时，不但表象借助想象的作用而与情感往复运动产生审美意象，不同层次的需要在意志调节和控制下进行相互斗争，而且意志通过思维对情感进行控制和整理，意志通过情感对认识进行驱动和定向。因为每个人的审美活动都具有以动力定型为机制的隐意识的定式和格局，所以，整合活动就会以意想不到的迅速和秩序汇合成为意象的直觉、游散的情感和自由的意志，它们共同指向审美对象，并主要表现为情感体验。因此，审美活动就明显地呈现出积淀着理性的直觉性、隐含着功利的情感性和合规律性与合目的性相统一的自由创造性。情感之所以能够成为认识和意志的中介，主要是因为认识所包含的想象和记忆具有表象和情感的二重性。心理学上有情感想象、情感联想和情感记忆等概念的区分，而情感又有指向性，即情感总是指向一定的对象（包括心理意象），因此，认识和情感的相互作用就可以形成审美意象；又由于情感和意志都以需要为基础，所以对象是否符合人的需要而产生的态度的体验是情感，而对象与人的需要的关系就决定着人的动机和目的而构成意志和意志行为。由此可见，情感在审美过程中的中介作用，主要是通过想象和需要得以发挥的。但应当明确,认识和意志与情感的双向逆反联系,一般是在意识层上进行的,自觉性比较高,然而,在审美过程中,认识和意志与情感的双向逆反联系则主要是在隐意识层内进行的,因为隐意识主要是作为定式或在特殊情况下产生作用,如顿悟、当机立断等,所以审美主体常常处于一种不由自主、物我相忘的情感状态。

审美心理结构的确定对于审美性质的确定具有关键作用,它是我们进行审美心理研究的中心。审美心理结构的确定为在审美过程中进行定量分析奠定了基础,因为定量分析和数学方法的基础正是异质同构。格式塔心理学对美学的伟大贡献就主要在于提出了异质同构理论,它不但给定量分析和数学方法在美学上的运用开辟了途径,也为我们在艺术的力式结构和以感情为中介的审美心理结构之间找到了可以沟通的桥梁,使我们能够比较理想地解释审美经验,从而更好地理解审美教育对形成完美人格的重要作用。

二、艺术与情感的"同态双向交感"

那么,审美教育何以能实现完美人格?艺术与人的情感到底有着怎样的密切关系?我们认为,审美教育之所以对实现完美人格具有重要作用,是实现完美人格的必由之路,主要是因为艺术与情感具有一种特殊的关系——同态双向交感。这是已为现代心理学的研究成果所证实了的。

要明确艺术与情感的同态双向交感的关系问题,首先必须明确艺术同情感表现的关系。所谓艺术,就是艺术家把在生活中经验到和感受到的某种情感和意向用一种特定的、典型的艺术形式表达出来,但这种艺术形式要在观众那里产生相应的反应,并得到他们的承认。艺术家将这种艺术形式加以条理化、规范化,并固定下来,以便随时可以用某种既定的艺术形态去表达一种特定的意向和情感。

我们知道,从生理学的意义上讲,艺术的产生,首先决定于情感。因为艺术家进行艺术创作,总是受一定情感和情绪支配的。内在的情感外化为艺术形式,艺术乃是某种情感或情绪活动的结果。《毛诗序》有云:"情动于中而形于言,言之不足故嗟叹之;嗟叹之不足故咏歌之;咏歌之不足,不知手之舞之足之蹈之也。"《荀子·乐论》中云:"夫乐者,乐也,人情之所必不免也。"南北朝时钟嵘在《诗品序》中起首就提出,"气之动物,物之感人,故摇荡性情,形诸舞咏"。艺术作品作为"物之感人"的产物,它既是对"物"的世界的再现,也是对"人"的心灵的表现。唐代白居易在《与元九书》中称诗对上可"补察时政",对下可"泄导人情",他认为其"感伤诗"就是"有事物牵于外,情理动于内,随感遇而形于叹咏者"。情感是原因、是根本,没有情感的驱动,就不会产生各种形式的艺术。

正因为如此,所以人们在谈到艺术同情感的关系的时候,往往强调情感对艺术的决定性意义,而把艺术置于被动的地位上,并认为这就是艺术同情感之间的全部关系。若果真如此,我们只能得出一个结论,即艺术是不必要的。因为既然艺术只是完全决定于情感,那么艺术只要被动地顺应情感的驱使就可以了,何必要什么规范的、固定的艺术形式呢? 再说,若按照"情感决定"说,自然的情感只能激发出接近自然的艺术形式,那么又如何解释艺术是来自生活且高于生活的呢? 可见,这种"情感决定"说并不能十分全面而清楚地阐明情感和艺术之间的必然内在联系。这只是片面地"单向"地强调了情感对艺术的决定作用,忽视了另一方面艺术对情感的反作用,因此就不能说明艺术存在的理由和价值。而实际上,艺术同情感之间的关系,并非是一种单纯的"决定"与"被决定"的单向机械进行式,而是一种"作用"与"反作用"的同态双向交感式。只有明白了情感与艺术之间的这种辩证关系,才能真正懂得艺术存在和审美教育的重要意义。

的确,艺术家的艺术创作都是受一定情感驱使的。艺术家奉献给观众的并非是那看不见、摸不着的情感,而首先是那具体的、形象的艺术形式,审美主体只有通过艺术品才能感知艺术家的内在情感。因此,审美主体对艺术家的评价,绝不是以艺术家心中的情感是否丰富来衡定的,而是凭艺术作品是否准确地表达来做出判断。因为情感是某种内在的东西,审美主体只能凭着它的表面特征来判断。

当然,艺术也是对生活世界的模仿。西周时《易经·系辞下》有云:"古者包牺氏之王天下也,仰则观象于天,俯则观法于地,观鸟兽之文与地之宜,近取诸身,远取诸物,于是始作八卦,以通神明之德,以类万物之情。"这里虽然直接谈的是中国早期文字的起源问题,不过象形文字作为抽象化、规范化了的图画("书画同源"),它也可以被看做是对艺术的一种认识,即是"观"天地鸟兽而模仿来的。在这里,识鸟兽之类指明了艺术作品产生的根源在于模仿。

那么,作为艺术作品,是否不需要什么内在情感而只要"机械模仿"就行了呢? 非也。假若艺术作品没有丰富的内在情感,它就不可能打动观众;而对于观众来说,欣赏的最终目的还是要达到一种情感的满足和共鸣。如果说艺术家不需要内在情感的冲动而进行艺术创作是不可能的,没有情感的艺术是不可思议的。一件优秀的艺术作品,不仅能使观众感受到与其相对应的情感,而且也能使艺术家自身引发出这种情感。严格地说,要艺术家把每一种情感都经过亲身的体验是不可能的,也是不现实的。如果艺术家能准确而成功地创作出一件优秀的艺术作品,那他也同样可以从另一个侧面达到"情感体验"的目的。例如,戏剧中的"拉山膀"和"打飞脚"两个动作,是要表现某种昂扬和奋发的感情状态。但是,假若演员在上场前因为遇到了其他不幸的事,而使他的情绪低沉,精神委靡,也就是说他的内心并不处于昂扬和奋发的情感状态,那么按照"单向情感决定"的理论,这个演员便不能上台。但有经验的老演员都清楚,尽管他心中并没有昂扬和奋发的情绪,而只要他能准确而成功地做好"拉山膀"和"打飞脚"这两个程式动作,他就会自然感到精神一振,心中升起一种昂扬和奋发的情感。甚至能因这种情绪的升起,而忘却那使他情绪低沉的不幸。正如莱辛所说:"他似乎成了一个真正昂扬奋发的人,尽管他不是,而且一点也不懂得,为什么要成为这样的人。"另一方面,对于有经验的观众来说,当他们看到这两种艺术形式时,也会为之精神振奋,被激发起一股昂扬奋发之情。

可见,情感与艺术之间的关系绝不是一种简单的单向决定关系,而是一种复杂的双向交感关系。情感决定艺术,而艺术也反作用于情感;情感可以激发艺术,艺术也可以引发情感。审美教育对实现完美人格的重要作用,正是建立在艺术对情感的"反作用"这一深刻的心理基础之上的。

我们已经明确了情感与艺术的双向交感现象,肯定了艺术对情感的反作用。那么,这种"双向交感"有什么样的心理学依据呢? 也就是说,尽管可以承认"艺术反作用于感情"的现象存在,但艺术为什么能引发情感? 艺术又是通过什么途径去引发情感呢? 现代心理学从心理的角度,为我们阐释情感和艺术的内在联系提供了依据,并以具体实验结论为这种联系提供了佐证。现代心理学中格式塔学派的"同态对应"学说(也称"同形同构"说),就是揭开这一秘密的一把宝贵的"金钥匙"。

格式塔学派认为,艺术建立在知觉的基础上,而知觉又是对于力的式样和结构的感知,因此,力的式样和结构对于艺术具有重大意义。阿恩海姆就艺术和力之间的关系概括为三个方面:首先,从各种力的相互作用的整体中把握艺术品的结构。卡夫卡认为艺术品是一种格式塔,阿恩海姆进一步发挥了这种观点,认为艺术品的格式塔性首先表现为包含在一件艺术品中的各种力组成了一个有机的整体。通过对各种力的关系的分析,我们就能把握住艺术品的结构本身。艺术作品就是一个由丰富多彩的力相互作用而形成的整体。其次,艺术品中各种力的不同配置是决定其艺术性高低的关键因素。再次,艺术品中各种张力的产生可以由位置、色彩、形状、运动、题材等引起,它们可以有力地影响整个作品的构图和表现力。然而产生各种张力的根本原因在于视觉的中介作用。阿恩海姆还认为,艺术具有一个基本特性——表现性,"造成表现性的基础是一种力的结构"。① 他指出,一株垂柳可以看上去是悲哀的,这并不是因为它像一个悲哀的人,而是因为垂柳本身的知觉式样和力的结构所决定的。"因为垂柳枝条的形状、方向和柔软性本身就传递了一种被动下垂的表现性。"②此外,视觉式样的表现性之所以对于艺术有重要意义,还因为它本身可以表现情感和自然事物一样,艺术品的表现性内容也只有在于它的视觉式样的力的结构中。

格式塔学派的"同态对应"学说认为,人们之所以能由某种艺术形式引发起某种情感,那是因为某种艺术形式在人们的知觉中同一定的情感可以形成一种同态对应的关系。因而艺术家便可通过一定的艺术形式去引发某种感情,观众则通过某种艺术形式去感受这种感情。所谓"同态对应",是指在人们的审美过程中,艺术和人的情感实质上都体现为某种张力样式,并且情感的力式和艺术的力式都有一定的强度、速度和运动方向性,这两种力式在人们的心理感受上,并无本质的不同,因此,当艺术中体现的力式同某种人类情感生活中包含的力式达到同态对应或异质同构时,我们就能从艺术中感受到情感的性质。这样,不仅情感可以转化为艺术,艺术也同样可以转化为情感。艺术形式同情感形式完全可以通过"力"的同态对应,达到相互作用、双向交感的目的。

然而,具有相同的力的结构却不具有同一性质的艺术和情感,具体是在哪一个环节上完成同态对应关系的呢? 格式塔心理学派认为,它是在人的大脑皮层的生理电力场中完成的。根据电磁场理论,"场"既是物质的,又是力的传递者,人的大脑皮层的生理电力场是客观存在的,既符合物理力的性质,又符合心理力的性质。他们所做的大量实验证明,当某种运动形式的刺激信息通过视觉到达大脑皮层时,就要受到大脑皮层组织活动的组织,而使人对该形式产生了情感表现性的感受。对此,格式塔学派从以下几个方面进行了说明:第一,艺术品中存在的力的结构可以在大脑皮层中找到生理力的心理对应物。"我们可以把观察者所经验到的这些'力'看做是活跃在大脑视中心的那些生理力的心理对应物,或者就是这些生理力本身。虽然这些力的作用是发生在大脑皮层中的生理现象,但它在心理上却仍然被体验为是被观察的事物本身的性质。"③第二,外物的力的结构之所以与大脑皮层生理力结构一致,根本原因就在于它们都服从共同

① ［美］阿恩海姆:《艺术与视知觉》,中国社会科学出版社1984年版,第625页。
② 同上书,第624页。
③ 同上书,第11页。

的组织规律,即格式塔心理学所推崇的图形律或完形趋向律。第三,艺术表现性的最终原因就在于艺术品的力的结构与人类情感的结构是同构的。第四,审美欣赏使艺术作品的力的结构与主体情感结构的一致性得到具体实现。在审美欣赏中,欣赏者的神经系统并没有把艺术品的主要样式原原本本地复制出来,而只是唤起一种与它的力的结构相同的力的式样,这就使得"观赏者处于一种激动的参与状态,而这种参与状态,才是真正的艺术经验"①。审美快感就来源于审美对象与大脑皮层在力的结构上的一致。"也就是说,组织良好的视觉形式在大脑视觉投射区内产生一个相应的平衡组织。这对形式会产生快感这样一种心理和审美的事实补充了生理学上的解释。"②可见,格式塔学派的"同态对应"学说揭示了艺术表现性的最终根源——它的生理和心理方面的原因,其基本倾向是从主客体的有机统一中揭示了艺术感染力的原因。

　　这一理论得到了高度发达的现代科学技术的进一步证实。科学家曾经把一些具有特定形状的图形和运动样式放在被试者眼前,在相应的大脑细胞中测定出了某种具有特定频率和特定强度的放电反应。这一反应还可以转变为一种特殊的图式,或者凭借"单细胞录音技术"显示在电视屏幕上,或者转变为声音录制在录音磁带上。对以上图式或声音的鉴别和比较发现,不同的放电细胞群对不同图像或运动形式有不同的反应——有的对圆形有反应,有的对平行最敏感,有的对运动起反应,有的对静止产生放电……真可谓各司其职、秩序井然。并且其放电反应的强弱和速率等都会随着外部图像的形状和运动的方向、强度和速度的改变而改变。他们还曾以猴子代人做实验,在猴子的头盖骨上钻一个洞并插入一个精密的微电极探测器,然后用不同的图形和运动去刺激猴子的眼睛。探测器把视皮层中的脑细胞的微弱电流(约七十毫伏)变化情况记录下来,并通过放大器加以扩大,将电流变化图式显示在示波器的屏幕上,发现脑细胞会释放出不同的电脉冲,且这些电脉冲所显示的图式,恰同猴子在感情兴奋或抑制状态时在大脑皮层中所产生的放电反应的图式相同。这就证明了在人的大脑皮层的心理电力场中,图像和情感形态都能转变成为某种特定的力式,在它们相互间达到同态对应时,情感可以转化为图像,图像也能转化为情感。格式塔心理学学者阿欣也曾用另一种试验对此进行了证明:他让几个受试者通过摆出自己的身体

---

① ［美］阿恩海姆:《艺术与视知觉》,中国社会科学出版社1984年版,第613页。
② ［美］阿恩海姆:《美学述林》,载《知觉抽象与艺术》,中国社会科学出版社1984年版,第331—332页。

形态表现悲哀的情绪。结果,每个人的具体姿态虽然不尽相同,但表现出一些共同的特征:如动作较慢,运动的连续性强,方向摇摆不定,似乎承受着某种压力等等。虽然受试者心中本来并没有悲哀的情绪,但通过某种形体姿态的引发,他们似乎成了真正悲哀的人,并且在动作完毕后,好一阵还不能恢复到原来的精神平衡状态。这又从另一个侧面证明了,艺术本身的力式与人的情感生活有着密切而必然的联系。

了解了艺术与情感的同态对应关系,我们就很容易理解艺术存在的意义了,也就很容易理解审美对人的情感的陶冶作用了。审美教育正是以艺术与情感之间相互作用、双向交感的心理法则为依据,运用艺术反作用于情感的原理,用艺术自外向内引发审美情感。优秀的艺术作品是由优秀的艺术家精心创造的,它具有与情感最易产生同态感应的艺术图式,成为引发和传达感情的简捷手段。如果一个优秀的艺术家如果能够熟练掌握创造完美艺术的创作技巧,并能创造出优秀的艺术作品,那么他相应地也就掌握了体验和表达感情的方法;反之,如果一个艺术家虽然心中蕴涵着无比丰富的情感,但不能熟练地掌握和运用创作技巧,那么艺术和情感便会发生矛盾,使情感得不到顺畅的传达,欣赏者的情感也就不能得到充分的激发,当然也就得不到艺术的陶冶。没有深刻的情感就不能激发和创作出优秀的艺术作品;没有优秀的艺术作品也引发不出深刻的感情。虽然从自然和生理的角度说,情感是艺术生成的原因,艺术是情感激发的结果,但在一定的情况下,结果往往也会显示为原因。正如马克思在《评弗里德里希·李斯特的著作〈政治经济学的国民体系〉》中所说:原因决不能高于结果,结果仅仅是公开显示出来的原因。可见,艺术能够反过来影响情感并不为怪。

因此,艺术家不仅要懂得情感决定艺术的直感和一般的自然生理反应,还必须非常明了艺术与情感的同态双向交感关系。他不仅应当把自己心中的情感有节制地倾注于艺术,而且,当他心中即使没有这种情感时,也要能够用优秀的艺术表现去唤起观众那潜在的、被压抑的情感。这便是艺术为情感的体验和表现提供的一种符合心理学规则的特殊表现法则。

还应当注意的是,艺术与情感的同态双向交感,并不局限于仅凭一般自然生理反应所产生的一些图式。从完形心理学学者做过的一系列实验中可以证明,并非只是那些情感决定的艺术图式才与情感产生同态对应,而是任何一种图式都能引起情感的特定反应,因此,人们才能从柳条的摆动中感受到一种近乎柔弱或悲哀的感情,从瞬间明灭的闪电中产生一种锋利和尖锐的感觉,盖叫天才能从一炷香的缭绕的烟柱中体会出一种松弛和飘逸的情怀。可见,艺术与情感的同态对应,表现为力的强度、速度和运动方向等,任何形式的艺术,只要达到某种强度、速度或作一定方向的运动,都可在大脑皮层的电力场中与相应的情感力式产生对应,从而表现出某种情感性质。正因为如此,艺术即使远离甚至脱离现实的生活原型,作大胆的变形和夸张,但通过其形态、强度、速度和方向性,仍然可以表现出各种感情,诱发出审美鉴赏者的各种细腻、丰富的情感。

艺术是"体验"和"表现"的统一。列夫·托尔斯泰曾说:"艺术是一项目的在于把人们所体验到的最崇高、最优越的感情传达给别人的人类活动。"①我们认为,所谓"体验",应当包括艺术家的体验和艺术欣赏者的体验。艺术家的体验,实际上就是艺术家遵照自然生理反应的法则,以内在感情为依据,自内向外激发为形象。由于艺术家的体验是从自然感情出发,所以由感情直接激化成的形象和动作,便更接近真实的、自然生活的情态。而艺术欣赏者的体验,却是以艺术为依据自外向内引发感情。所谓"表现",其实质也并非指艺术家把内在感情表现出来,而是指把某种情绪或思想用较理智、较客观的态度加以形象地描述。艺术的实质并不仅仅在于"体验",而主要在于"激发"。只是艺术家"体验"感情,并不是艺术的全部意义,唯有通过感情"体验"而激发艺术家创造出优秀的艺术作品,再用这优秀的艺术把内在感情"表现"出来,使欣赏者得以体验艺术家的注入艺术作品的情感,以激发欣赏者的情感,使他们的情感得到陶冶,心灵和精神境界得以提升,才能实现艺术的真正价值,才能成为货真价实的艺术作品。

通过艺术家的体验而精心创作出来的艺术作品,反过来又自外向内去引发观众的某种感情。由于艺术并不是以自然感情激发生活动作为原则,而是以艺术去反作用于感情,因而它不再受现实生活的缧绁,而是以艺术与情感的同态对应关系作为准则,或夸张、或变形,远离生活原型,但仍能收到"体验"情感的效用。而正是因为艺术不是从自然感情出发,因此任何由自然感情激发出来的生活动作,在艺术中都会被认为是"生糙"、"别扭"和"平直"。由于艺术依据的是"同态双向交感"的原理,它选取的也是同感情同态对应的力式,所以在心理感受上,艺术和观众又都会不自觉地产生出情感冲动式的反应。于是艺术的"表现"便具有了一种特殊性质,即它不再是一种纯理性的、客观冷静的"表现",而是一种感性的、有激情的"表现",它是理性和感性的统一。感性的"表现"诱发感情,理性的"表现"排斥感情;感性的"表现"可以诉诸心灵,理性的"表现"只

---

① ［俄］列夫·托尔斯泰:《艺术论》,人民文学出版社1958年版,第65页。

能诉诸理智。这"表现"之所以有激情,倒并非是因感情自然激发而产生,而恰恰是艺术"表现"自身所引发出来。

有鉴于此,我们便可以得出结论:艺术乃是按照"艺术与情感同态双向交感"的心理原理,以艺术为具体中介,统一融合了"体验"和"表现"两种对立的体系。艺术既因其与情感具有"同态对应"的能力而成为"体验"情感的手段;又因其具有虚拟、装饰的"间离"性而富于"表现"的性质。两相对立的"体验"和"表现",终于在具体的艺术中找到了可以沟通的渠道,而最终使艺术成为独具特色的表演体系。

总之,审美之所以能够消除异化,陶冶人们的情操,使人形成完美人格,完全是植基于艺术可以直接引发情感这一反向作用的心理学原理之上的。也正是以这种特殊的心理法则为依据,许多美学家才热衷并坚持以审美教育来作为实现完美人格的必要手段的。

三、举足轻重的审美意志

艺术作品是为了观众而创作的,并且作品的意义、价值、作用等艺术效果最终需通过观众的欣赏才能实现,欣赏者在艺术活动中起着对艺术最后"定型"和实现艺术价值的重要作用,其地位毋庸忽视。孔子有云:"诗可以兴,可以观,可以群,可以怨。迩之事父,远之事君;多识于鸟兽草木之名。"(《论语·阳货》)在这里,兴观群怨之说指明了艺术作品的功用,而事父事君之说则表达了孔子的艺术价值观。20世纪60年代在西方兴起的接受美学和读者反应批评,把读者在文学活动中的地位提到空前未有的高度。接受美学创始人尧斯说:"一部文学作品并不是一个自身独立,向每一时代的每一读者均提供同样的观点的客体。它不是一尊纪念碑,形而上学地展示其超时代的本质。它更多地像一部管弦乐谱,在其演奏中不断获得读者新的反响,使本文从词的物质形态中解放出来,成为一种当代的存在。"①接受美学认为,作品意义和价值是通过读者体验才最终实现的,因此关注读者应是文学研究的中心。他们还把作家创作的作品与读者阅读的作品作了区分,前者是本文(Art-effect),后者是作品(Aesthetic object);前者是创作的艺术结果,后者是面对公众的审美对象。接受美学的另一创始人伊瑟尔(Iser)创造了一个术语叫"隐含的读者"(Implied Reader)。文学阅读就是

---

① [德]汉斯·罗伯特·尧斯:《走向接受美学》,见《接受美学与接受理论》,辽宁人民出版社1987年版,第26页。

使隐含的读者变为现实的读者的过程,它体现了读者的创造作用和对作品价值实现的价值。

其实,不单文学作品,而是各种艺术作品都只有通过观众的欣赏与消费,其意义、价值、作用等艺术效果最终才能实现。艺术活动是由艺术家、世界、艺术作品和欣赏者共同构成的一个有机的活动系统,此系统是一个螺旋式的循环结构。其中,人类世界是艺术活动产生、形成和发展的客观基础,它不仅是艺术作品的反映对象,也是艺术家与欣赏者的基本生存环境,是他们能通过艺术作品产生对话的物质基础;艺术家则是艺术生产的主体,他不单是创作艺术的人,更是把自己对世界的独特审美体验通过艺术作品传达给欣赏者的主体;至于欣赏者,他作为艺术接受的主体,就不只是欣赏艺术作品的人,而是与艺术家共同生活于世界的活生生的人,他们通过作品而进行潜在的精神沟通;而艺术作品,作为显示世界的"镜子",作为艺术家的创造物和欣赏者的对象,是使上述一切环节成为可能的中介。艺术作品既是艺术家的本质力量对象化的显现,又是欣赏者欣赏和接受的对象。没有世界,艺术活动不会存在。没有艺术家,就没有艺术作品,就没有艺术接受和消费。反之,没有艺术作品,艺术家也就不成其为艺术家。没有艺术接受和消费,也就没有艺术家的艺术生产。显然,由于这四个要素处于一个有机整体中,因此它们必然是相互依存、相互循环的,无法孤立对待。同时,在这个整体活动中,主体与对象的关系也始终处于发展与变化中。一方面是主体对象化;另一方面又是对象主体化,正是在主体对象化和对象主体化的交互运动过程中,才生动地显示出了艺术所特有的社会的和审美的本质属性、意义、作用和价值。因此,我们也只有在对艺术活动的整体观照和把握中,才能准确地认识艺术的本质特征和真正的意义、作用和价值。

艺术欣赏者在艺术活动中起着对艺术最后"定型"和实现艺术价值的重要作用。换句话说,艺术作品的最后完成和艺术价值的最终实现过程,就是审美主体通过对艺术作品的欣赏而获得审美教育的过程。正是在这个审美过程当中,审美主体的情感和艺术作品达到了同态双向交感,从而使审美主体的心灵得到陶冶,达到实现完美人格之目的。那么,审美主体在审美过程中又是怎样通过审美教育来得到心灵的陶冶,达到实现完美人格之目的的呢?

在审美活动中,作为审美主体的人是有特定的需要和目的的,那就是要去感受审美客体的美的属性。早在20世纪50年代,美国人本主义心理学家马斯洛就在他的以"自我实现"为中心的动机理论中提出了需要层次说。他把人的需要按顺序排列为七个层次:生理的需要、安全的需要、相属关系和爱的需要、自尊的需要、认知的需要、美的需要、自我实现的需要。也就是说,美感是满足人类较高层次需要的一种心理活动,是达到自我实现的必要前提。由于审美心理活动是认识、情感和意志相互联系的统一的有机整体,因此审美活动过程中必然包含着为满足美的需要的意志活动。

在审美活动过程中,审美意志使人的注意力有选择地集中于对审美对象的感受,而同时离开其余对象,使审美活动不断地深入下去。人的需要虽然分为许多不同的层次,但整体的人,其各种需要之间的关系是密切相关的,美的需要并不绝对排斥生理的、安全的、相属关系的、自尊的、认知的等诸种需要,而只是扬弃了其他需要。在审美活动中,美的需要的满足形成了相对突出的高峰,而其他各种需要,即使是最低级的生理需要,也只不过是隐含着的、被人的意志力所控制着的罢了。随着人类心理发展水平的不断提高,较低级的需要就越来越隐化,而控制它们所需要的意志力量就越来越小。正是经过这种复杂的心理活动过程,审美活动才最后表现为似乎不计较利害的特征。

人们在艺术审美活动中,全部心理活动都指向审美对象,周围其余的事物都变得模糊起来,这样,审美主体便全身心地沉浸在审美对象的艺术情境之中,艺术的全部内容及形式在审美主体的心中得到鲜明而清晰的反映,从而在心灵上产生印象并激起情感,进而使我们得到美的享受;同时,艺术家所要表现的思想和感情,就在潜移默化着我们的心灵,陶冶着我们的情操,让我们在娱乐之中受到教益,从而实现艺术的真正价值。可见,审美意志使我们通过审美的认识和情感体验,达到审美享受,从而受到潜移默化,使审美对象的巨大社会作用在寓教于乐中得以发挥。

意志对美感中的认识和情感的调节,是使审美认识和情感由感性认识和官能快感升华为理性认识和精神愉悦的保证。罗丹曾说:"我们在人体中崇仰的不是如此美丽的外表的形,而是那好像使人体透明发亮的内在的光芒。""人体,尤其是心灵的镜子,最大的美就在于此。"①就是说,如果人们在艺术欣赏时不在意志的调节下以理性去深化地理解艺术的内在光芒,而仅仅满足于对外表形式的感性认识,那就不能抓住艺术最大的美,也就不能在实践中使审美认识由感性阶段向理性阶段深化、飞跃,因为这个深化和飞跃的过程不是自发的,而必须有具体的审美目的,并在正确的世界观(尤其是审美观)的指导下发挥意志的作

---

① [法]罗丹述,葛赛尔著:《罗丹艺术论》,傅雷译,中国社会科学出版社 1999 年版,第 62—63 页。

用,自觉地在审美实践中完成。譬如,当我们欣赏齐白石的国画《蛙声十里出山泉》时,如果要真正对其产生美感,绝不能仅仅停留在对画面的流泉和蝌蚪的感性认识上,而必须结合题旨,在第二信号系统的参与下,有意识、有目的地展开联想和想象的翅膀,才能把握其深刻的审美意蕴。休谟说得好:"偏见对审判极为有害,足以败坏一切智力活动,这点是众所周知的。其实,它对高尚的趣味也同样有害,同样足以败坏我们的审美感。必须有高明的见识才能抑制偏见,不让它在上述两种情况下发生作用。因此在这个问题上(正像在许多其他问题上一样)理性尽管不是趣味的基本组成部分,对趣味的正确运用却是不可缺少的指导。"①在这里,见识和理性等思维能力就是意志过程中的理智成分。在审美过程中,审美主体只有通过意志对认识进行有效的调节,用理性指导审美趣味,用高明的见识抑制偏见,才能获得真正的美感。

在审美过程中,意志除了要对认识进行调节外,它对情感也同样具有重要的调节作用。正在进行审美活动的人,其全身心都处于积极的活动状态,这时,美的对象就会引起审美主体的许多不同的态度体验,其中不仅有与主体的天然需要相联系的情绪,而且还有与主体的社会需要相联系的情感等。为了保持美感的质的规定性,后者必须要在量上压倒前者而占据优势地位,形成相对突出的高峰,而这一任务正是由意志的调节和控制来完成的。在《一个国王在纽约》中,卓别林描绘的那两位因狂舞而昏倒在地以至于咬沙多夫国王的脚的女青年,就是因追求官能刺激而丧失理智,失去意志控制,而使生理快感泛滥的最好例证。

其实,意志对情感的调节作用表现得最为突出的是在人们对悲剧的欣赏过程中。在欣赏悲剧艺术时,若感情脆弱,只求情感上的快慰,不能经受撕心裂肺的痛苦,是无法对其进行艺术欣赏的。斯达尔夫人说:"在某一部德国作品中,提出了一个我觉得完全正确的见解。它说,好的悲剧应该先把心撕碎,然后使它更加坚强。的确,真正伟大的性格,无论是处在怎样痛苦的环境,总是可以使观众产生赞赏之情,使他们有更大的力量面对厄运的。"②悲剧的确会使人产生痛感,但在观赏中人们如果能够控制住自己的情感,忍受暂时的悲痛,那么在目睹悲剧人物的牺牲和厄运之后就会感受到他们精神的完美和灵魂的崇高,产生一种惊心动魄的快感,从而受到鼓舞和激励,使心灵得到净化和升华,变得更加坚强。可见,在对悲剧艺术的审美欣赏过程中,由痛感向快感,继而向崇高感的转

---

① 《美学资料集》,河南人民出版社 1983 年版,第 309 页。
② 同上书,第 363 页。

化,都离不开审美主体的意志对情感的有效调节。

此外,意志的重要作用还表现在审美理想对审美活动的规范并使其显示出更广阔的自由和主观能动性。审美理想是人们所追求的高级的或最高级的美在观念形态上的反映,是通过人们长期的社会实践和想象而在头脑中形成的。它在具体审美活动中发挥规范作用,并表现出意志活动在审美过程中的选择性和主动性,从而显示出人对审美对象的自由观照。审美理想除了能够在艺术创作活动中有意识地规范艺术家去捕捉他们能够自由把握的审美对象,从而创造出艺术典型和审美意境以外,还在审美欣赏活动中规范审美活动。只要我们对审美心理进行分析就不难揭示出这一秘密。就拿少男少女们在其爱情生活中常常出现的"一见钟情"来说,从审美活动的角度来说,这恰好就是少男少女们在长期社会生活的实践中所形成的审美理想在起规范作用,从心理机制上来看,这种规范作用就是意志选择的结果,只不过这种选择过程更多的是在人们潜意识的心理层次上迅速展开的,因而活动者常常不易明确地意识到罢了。《红楼梦》当中的宝黛初见的情形就是一个极好的例证:宝玉看罢,笑道:"这个林妹妹我曾见过的。"贾母笑道:"又胡说了!你何曾见过?"宝玉笑道:"虽没见过,却看着面善,心里倒像是远别重逢的一般。"这是对"一见钟情"的审美心理深层意识的简洁而深刻的揭示。宝玉在荣宁二府的具体封建生活环境当中,逐渐形成了自己心目中"美人"的审美理想,这一形成过程就包含着无数次反复的意志选择和想象。当宝玉初次见到黛玉时,他的美人理想"图式"就会在意志的内在调节下自动去"同化"黛玉这个审美对象,于是两相璧合,从而得出"心里倒像是远别重逢一般"的审美判断,这一判断恰好就是审美理想的规范结果。在康德看来,也就是想象力和理解力的自由和谐的活动所作出的判断在前而快感在后的审美愉快。

在对自然美景的欣赏过程中,这种情形也屡见不鲜。青年恩格斯在《风景》一文中写道:"你抓住船头桅杆的缆索,望一望那被龙骨冲开的波浪,它们溅起白色的泡沫,远远地飞过你的头上。你再望一望远方的碧绿的海面,波涛汹涌翻腾,永不停息。阳光从无数闪烁的镜子中反射到你的眼里,碧绿的海水同蔚蓝的镜子般的天空和金色的太阳融化成美妙的色彩,——于是你的一切忧思,一切关于人世间的敌人及其阴谋狡计的回忆,就会烟消云散,你就会融化在自由的无限的精神的骄傲意识中。"①这充分说明了美感的自由创造的伟大作用和审美认识向意志自由转化的必然规律。这使我们想起了范仲淹在《岳阳楼记》中所描绘

---

① 《马克思恩格斯论艺术》,第4卷,人民文学出版社1966年版,第393页。

的人们面对春和景明、皓月千里的洞庭美景时的情景:"登斯楼也,则有心旷神怡,宠辱皆忘,把酒临风,其喜洋洋者矣。"以上描写的面对自然景色而产生的美感反应说明,人们在审美活动中忘却尘世的苦痛和焦虑而达到意志自由的境界,离不开想象的活动和审美理想的规范,这种幻化和规范体现了意志活动的选择性、主动性和创造性。正因为如此,人们在审美活动中才会由对现实世界的不满足而改造现实,并且创造出一个新世界。

值得注意的是,意志在想象和规范过程中的活动是高度自动化的,而且这种自动化是此前长期实践活动中意志活动的积淀结果,其生理机制就是神经活动的动力定型。换言之,在进行具体审美活动之前,形成审美理想的想象和意志的具体工作已预先完成了,并且在人的潜意识心理层次中积淀下来了。这也就是冯特所谓的意志的退级(retrogradation):"含有同样的动机的复杂意志屡次再现以后,各动机间的冲突就渐渐减弱,最后就完全消灭了。……由于敌对动机的渐渐剔除,结果就不特有简单的起于感觉的冲动性行为,也有理智的、道德的和美感的冲动性行为。"①这"敌对动机的渐渐剔除"就是审美理想在审美实践中的确立过程,也就是审美主体在一定社会和个人的条件制约下,对审美对象的美的属性和价值进行选择、想象,并进一步定型化、系统化的过程。

审美意志还具有调节主体心理结构的重要作用,就是说,当审美主体面对新的审美对象时,它是重新建构审美观念的必要的内驱力。一般说来,审美主体每当面对新异审美对象时,它总是首先凭借以前形成的审美心理结构和审美观念进行新的审美活动,已经形成的审美观念(或审美定式)是形成情感反应的一个特别重要的"认知比较器"。当具有丰富意蕴的艺术结构与审美主体的心理结构同构对应时,特别是与审美观念的"图式"(即内容和形式相统一的观念结构)基本吻合时,人们的心理就形成认同而产生审美愉快,否则就产生逆向心理。当艺术结构与审美主体的心理结构不能同构对应或与审美观念的"图式"不相吻合时,逆向心理就对审美对象强烈拒斥并产生厌恶之情,于是便立刻调整心理结构去顺应对象而在新的基础上产生审美愉快。在此情况下,意志作为一种内驱力的作用就表现得比较突出,它促使主体对现有的审美心理结构进行调整,尤其是调整作为认知比较器的审美观念,去适应对象,发现并认同对象的审美属性和价值,从而得到一种前所未有的审美愉快。然而,意志的调节和重新建构的作用绝不是自发地、毫无阻碍地进行的,它还与欣赏者的审美能力、审美趣味密切相

---

① 唐钺译:《西方心理学家文选》,科学出版社 1983 年版,第 204 页。

关,并还要以对象所具有的真正美的魅力为客观条件。正是因为如此,意志才必然要克服心理上的惰性力,以适应不断推陈出新、日新月异的审美对象和艺术创造,从而保持主体的心理结构与客体的新的艺术结构在审美活动发展中两相对应。也正是在此过程中,意志的活动显示出了主体的适应性和能动性,最终使人类不断由必然王国向自由王国跃进。

意志还具有维持一定审美趣味、保证辨别美丑能力的发挥,保持审美主体的自主性的重要作用。我们的现实生活世界美丑纷呈,人们必然要爱美而恶丑。在审美过程中,审美主体必须以一定审美趣味进行审美判断,而主体的审美趣味必定会与客体的美丑性质及其程度产生抵牾,要维持主体的审美趣味,发挥其美丑辨别能力,就必定需要意志参与判断活动,这就表现了审美主体的自主性。审美活动并非纯粹的直觉和情感的活动,其中必然包含着审美意志活动。对此,王朝闻早就有真知灼见:"审美对象不限于美也包括丑。认识具体对象究竟是美是丑,既要凭直觉也要有所思维……"①这"有所思维"显然不单包含了认识,还必定包含着意志的自觉活动。当人们面对一些不健康的小报和一些格调不高的文学作品和电视节目时就对其进行抵制,不正说明了审美意志的重要作用吗?审美意志是使审美主体保持自主性而维持整个社会健康审美趣味的重要保证之一。它对保持审美主体的自主性,保持我国审美意识的优良传统,抵制不健康的文化对我们心灵的侵蚀,建设社会主义精神文明,具有极其重大的意义。

总的来说,审美意志具有以下特征:

首先,审美意志一般都表现为对审美心理状态(尤其是想象)的调节。一般的意志不仅能调节人的心理状态,还往往最终要表现为行动,而审美意志却不同,它除了在艺术创作的表现阶段要表现为行动外,一般都表现为对审美心理状态的调节。冯特早已看到:"客体作为意志的刺激物而起作用,但它并不引起实际的意志活动,而只是引起作为动作的发展的意向和阻滞;这种意向和阻滞移入客体本身,使客体看来像是向四面八方发生作用并受到外界力量抵抗的对象。意志情感以这种方式移入对象,仿佛使对象有了生命,因此观众无须实施动作。"②鲍桑葵更明确地指出:"在审美经验中,人的心灵态度是'静观的'","'静观'一词常被用来形容审美态度,……这表明它和理论、和实践既有相似之处,

---

① 王朝闻:《审美谈》,人民出版社 1984 年版,第 64 页。

② [德]冯特:《生理心理学基础》,第 3 卷,转引自维戈茨基:《艺术心理学》,上海文艺出版社 1985 年版,第 81 页。

又有其相异之处。这三种都是人们对待事物的态度;但是在理论和实践上,人们都对事物有所作为,并且改变它;只有采取审美态度时,他们才观看事物,而并不打算改变它。……它是从属于十足的想象,完整的看和听的。"①所以,"审美态度是一种我们在想象上用以静观一个对象的态度,这样我们就能够生活在这个体现我们情感的对象里。"②可见,以上两位美学家都从情感或想象的心理功能上解释了审美活动,不但指出了审美欣赏过程一般没有实际行动的特点,而且还指出了审美欣赏这一特征的直接原因。

其次,审美意志还对情感和想象活动进行调节,这是审美主体之所以能够进行审美欣赏的根本原因。具体说来,审美意志控制或强化情感,以情感为中介实现由认识必然向意志自由的转化,所以审美意志时刻伴随着情感,好像融进了情感之中。冯特指出:"情绪作用引起观念的与感情的内容上的忽然变化,这个变化使这个情绪立刻终止。这种由情绪先导而又使情绪终止的属于感觉和感觉上的变化,叫做意志的行为(Volitional acts)。这个情绪和它的后果并起来,叫做意志的过程。""我们以为归结于外部的意志行为底意志是最早阶段的意志。所谓内部的意志行为(即只对观念和感情有影响底意志行为)似乎总是后来发展的产物。"③冯特不但指明了情感与意志的密切关系和情感在认识与意志之间的中介作用,而且还指明了审美意志是人类心理发展的产物。我们清楚,在审美活动中,审美过程就是人的审美需要的满足过程,而审美需要的产生是从对审美对象的感知开始的,因为需要是对一定对象的需要,它总是指向某一具体的审美对象,只有当我们与实在的审美对象接触时,审美的需要才能开始萌发。正如马克思所说:"需要的形成是由于,在人类社会中生产着需要的对象,而因此也就生产着需要本身。"④审美需要的萌发离不开认识,随着认识的不断深化,审美需要的对象就在脑海中逐渐浮现,人的情感也随之不断加强,因为情感是人对客观事物是否符合自己需要的态度的体验。继而,审美需要及其情感又诱发了意志活动,意志使注意力集中于审美对象的美的属性上,并调节美感中的认识和情感活动,抑制其他一些非审美需要及与其相连的情绪,从而使人的审美需要得到满足,审美情感就得到强化。此时,审美意志并不使情感终止而表现为外在的实际行动,而是使审美情感表现为具有弥散作用的比较适中、平静而持久的情感状态

---

① [英]鲍桑葵:《美学三讲》,上海译文出版社 1983 年版,第 4 页。
② 同上书,第 5 页。
③ 《西方心理学家文选》,唐钺译,科学出版社 1983 年版,第 198 页。
④ 《马克思恩格斯全集》,第 12 卷,人民出版社 1962 年版,第 740 页。

（即审美心境），产生审美的移情，从而达到物我同一、物我两忘的境界，因此人们唯能感受到那欢愉突出的情感体验，只记得结果而忘记了过程。黄药眠对艺术欣赏中的这一忘我现象分析得好："当一个人聚精会神地欣赏某一美的事物的时候，他的注意力也可能集中到这样的程度，以至他忘记了自己和他周围的事物。……在欣赏一个事物的时候，我们的注意，绝不是仅仅集中在固定的一个形象上。我们常常从这些形象体会其中的意味，发生许多和这个事物有关的联想和情感的记忆，或是从形象中看出了和自己的处境和思想倾向有类似之处，因而发生了吟味和咏叹，发生了许多想象。正是这种集中注意，紧张的回忆和情感的起伏，使得我们发生了忘我的现象。"①黄药眠不但说明了审美意志与情感融合的特征，还说明了审美活动中知、情、意的相互作用。事实上，审美欣赏中的忘我现象就是以情感为中介而由认识必然向意志自由转化的结果，这种意志自由与审美的快感紧密相连，所以人往往只陶醉于情感的愉悦之中，很难觉察出意志的活动，从而也就像意志已经融合于情感之中。由认识、情感和意志的相互作用而形成的审美活动是一个错综复杂的反馈系统。

再次，审美直觉是积淀着理智的审美认识，审美意志又在实践中不断反复作用于审美认识，因此审美直觉必然融合着审美意志。认识过程是意志赖以产生的基础，而意志的产生和提高又会促进和加强认识过程中的各种活动。意志不但保证着审美认识由感性阶段向理性阶段深化，而且也使审美的理性认识始终不离开具体的感性形象。意志对认识活动的反复不断加强，就使认识的理性因素不断融合进认识的感知因素之中，因而感知的活动尤为鲜明、活跃，使审美活动往往显出直觉的特点。所以，审美直觉并不是无意识的本能现象，而是人们在实践中审美意志对审美认识不断反复作用的结果。对此，维戈茨基曾经强调说："我们是通过意识深入无意识，我们能够以一定的方式来组织有意识的过程，以便通过有意识的过程引起无意识的过程；谁都知道，任何艺术活动都必然是以先于它的理性认识、理解、识辨和联想等活动为其必要条件的。"②用马克思的话说，就是"感觉通过自己的实践直接变成了理论家。"③审美直觉看似无意识的，实际上是长期实践中审美意志反复不断作用于认识的结果。审美意志能够使人在具体审美过程中"用志不纷，乃凝于神"，离开了审美意志，就不能促进和加强

① 北京师范大学中文系文艺理论教研室编：《文学理论学习参考资料》，下册，春风文艺出版社 1981 年版，第 1118 页。
② [苏]维戈茨基：《艺术心理学》，上海文艺出版社 1985 年版，第 342 页。
③ 《马克思恩格斯全集》，第 42 卷，人民出版社 1979 年版，第 124 页。

审美认识,没有审美认识的理智的积淀,也就不能产生审美直觉。反之,由于审美意志往往以积淀着理智的直觉作为基础,因此,审美意志就常常融合在审美直觉之中。虽然欣赏者在聚精会神地观照对象时,由于审美意志经常与弥散性的心境状态相交融,所以往往察觉不到自己的意志活动,但是,审美直觉活动一定融合着审美意志,而绝不是一种无意识的类似本能的活动。

　　总之,在审美过程中,虽然审美意志的表现和特征不同于一般的意志,但它是必然存在。我们倘若忽视审美意志必然存在于审美活动之中这一事实,就必然会把审美活动视为纯粹直觉的、情感的、无意识的和本能的活动,必定会重蹈反理性主义、直觉主义的覆辙,那将对社会主义文艺通过审美而充分发挥其社会作用,对进行社会主义的审美教育和建设社会主义精神文明,是极其有害的。

第五章 完美人格的实现与
异化现象的消除

> 人性失去了它的尊严,但是艺术拯救了它……在真理把它胜利的光亮投向心灵深处之前,形象创造力截获了它的光线,当湿润的夜色还笼罩着山谷,曙光就在人性的山峰上出现了。
>
> ——席勒

　　具体说来,人类何以通过审美教育消除异化,实现完美人格,达到精神自由,回到人类的精神家园的呢? 笔者认为,审美教育并不能直接消除人类社会的所有异化现象,要达到这一目的,必须分两步走:首先,人类只有先通过审美教育调整、培养和陶冶人类本身,实现完美人格,成为全面协调发展的自由自觉的实践者;然后,再按照美的规律,自觉抵制异化,进一步调整人与自然、人与社会、人与人的关系,最终才能间接达到消除异化之目的。当然,完美人格的塑造有助于消除异化,反过来,异化的消除也有助于实现完美人格,两者是相辅相成、辩证统一的。

第一节　完美人格的实现

　　怎样才能首先达到完美人格的实现呢? 只要我们对人类的审美心理活动进行比较详细的剖析就不难揭开这一秘密。

　　仔细说来,审美教育过程包括由外向内的"教"的过程和由内向外的"育"的过程。前者是指审美主体通过对艺术作品的欣赏而得到熏陶和感化的过程;后者则是指审美主体在熏陶和感化的基础上,其心灵得到陶冶,从而形成完美人格的过程。"教"是"育"的前提和基础,"育"是"教"的目的和结果,两者都要依靠对艺术作品的审美活动来实现。

　　审美心理活动是从认识开始的。当审美主体面对审美对象开始审美活动时,审美意志首先支配审美感官对其进行审美感知,然后再由感性认识上升为理性认识,情感和意志的活动就随之产生;同时,整个心灵就被激活,无意识层次也会活动起来,隐意识层次的诸因素随之互相交融、汇合、矛盾和斗争;这时,不但表象借助想象的作用而与情感往复运动产生审美意象,指向审美对象的审美需要也开始萌发,不同层次的需要在意志调节和控制下进行相互斗争。审美需要及其情感又诱发了意志活动,而且意志通过思维对情感进行控制和整理,并通过情感对认识进行驱动和定向。由于每个人的审美活动都具有以动力定型为机制的隐意识的定式和格局,因此,整合活动就会以意想不到的迅速和秩序汇合成为意象的直觉、游散的情感和自由的意志,它们共同指向审美对象,并主要表现为情感体验。意志使注意力集中于审美对象的美的属性上,并调节美感中的认识和情感活动,抑制其他一些非审美需要及与其相连的情绪,较低级的需要就越来越隐化,而控制它们所需要的意志力量就越来越小。周围其余的事物都变得模糊起来,审美注意力离开其余对象,使审美主体的全部心理活动都指向审美对象。审美需要得到满足并形成了相对突出的高峰,审美主体全身心地沉浸在审美对象的艺术情境之中,艺术的全部内容及形式在审美主体的心中得到鲜明而清晰的反映。

　　审美主体对审美对象的选择和欣赏还需要审美判断,而审美判断的依据是"认知比较器",即审美主体在过去形成的审美心理结构、审美观念、审美理想和审美趣味等。当意蕴丰富的艺术结构与审美主体的心理结构同构对应时,特别是与审美观念的"图式"基本吻合时,人们的心理就形成认同而产生审美愉快;当艺术结构与审美主体的心理结构不能同构对应或与审美观念的"图式"不相吻合时,人们的心理就产生逆向心理,即对审美对象强烈拒斥并产生厌恶之情,于是便立刻调整审美心理结构去顺应对象而在新的基础上产生审美愉快。审美判断往往以审美直觉的形式出现,但其中所隐含的审美意志就是审美主体对认知比较器进行调节和对其审美心理结构与审美观念进行重构的必要的内驱力。在审美意志的调节下,审美心理结构与审美观念去适应审美对象,发现并认同对象的审美属性和价值,从而得到一种前所未有的审美愉快。但意志的调节和重新建构作用并不是自发地进行的,它还与欣赏者的审美能力、审美趣味密切相关,并还要以对象所具有的真正美的魅力为客观条件。正因为如此,审美意志才必然要克服心理上的隋性力,以适应新的审美对象和艺术创造,从而保持主体的心理结构与客体的新的艺术结构在审美活动发展中两相对应,并显示出主体的适应性和能动性。审美意志之所以能够对认知比较器进行调节并使其适应于审美对象,又主要是因为它对审美情感和想象活动的有效调节,这也是审美主体之所以能够进行审美欣赏的根本原因。

情感之所以能够成为认识和意志的中介,主要是因为认识所包含的想象和记忆具有表象和情感的二重性。心理学上有情感想象、情感联想和情感记忆等概念的区分,而情感又有指向性,即情感总是指向一定的对象,因此认识和情感的相互作用就可以形成审美意象;又由于情感和意志都以需要为基础,所以对象是否符合人的需要而产生的态度的体验是情感,而对象与人的需要的关系就决定着人的动机和目的而构成意志和意志行为。因此,情感在审美过程中的中介作用,主要是通过想象和需要得以发挥的。认识和意志与情感的双向逆反联系,一般是在意识层上进行的,自觉性比较高;而认识和意志与情感的双向逆反联系则主要是在隐意识层内进行的,因为隐意识主要是作为定式或在特殊情况下产生作用。

我们知道,艺术就是艺术家把在生活中经验到和感受到的某种情感和意向用一种特定的、典型的艺术形式表达出来,但这种艺术形式要在观众那里产生相应的反应,并得到他们的承认。艺术家将这种艺术形式加以条理化、规范化,并固定下来,以便随时可以用某种既定的艺术形态去表达一种特定的意向和情感。艺术决定于情感,是艺术家内在的情感或情绪外化的结果。艺术是艺术家以体验为基础,遵照自然生理反应的法则,以内在感情为依据,自内向外激发为形象。由于他们的体验是从自然感情出发,所以由感情直接激化成的形象和动作,便更接近真实的、自然生活的情态。真实自然的生活包含着丰富的真、善、美和假、恶、丑的东西,因此优秀的艺术作品无不包含着对真善美的赞扬和对假恶丑的鞭挞的意向和情感。这些意向和情感以具体的、形象的艺术形式表现出来,并表现为一定的张力样式,这种力式具有一定的强度、速度和运动方向性。

根据情感和艺术的"同态对应"关系原理,审美主体的情感也具有一定的张力样式,并且情感的力式也有一定的强度、速度和运动方向性。情感的力式和艺术的力式在人们的心理感受上,并无本质的不同。艺术形式同情感形式完全可以通过"力"的同态对应,达到相互作用、双向交感的目的。这种双向交感的同态对应关系是在审美主体的大脑皮层的生理电力场中完成的。根据电磁场理论,"场"既是物质的,又是力的传递者,人的大脑皮层的生理电力场是客观存在的,既符合物理力的性质,又符合心理力的性质。当某种艺术形式的刺激信息通过视觉到达大脑皮层时,就要受到大脑皮层组织活动的组织,而使人对该形式产生情感表现性的感受。换言之,艺术反作用于情感,自外向内引发了审美主体的审美情感。当艺术中体现的力式与某种人类情感生活中包含的力式达到同态对应或异质同构时,我们就能从艺术中感受到情感的性质。这样,艺术就转化为审美主体的情感,艺术中的真善美和假恶丑也就转化为审美主体的真善美和假恶丑的情感。因此,人们才能从柳条的摆动中感受到一种近乎柔弱或悲哀的感情,从瞬间明灭的闪电中产生一种锋利和尖锐的感觉,盖叫天才能从一炷香的缭绕的烟柱中体会出一种松弛和飘逸的情怀。

我们还知道,艺术是感性和理性的统一体。它不仅是一种感性的、有激情的"表现",而且具有客观冷静的理性的"表现";感性的"表现"可以诉诸心灵,理性的"表现"要诉诸理智。所以,在审美过程中,审美主体不但被艺术激发了情感,而且还通过理智把握到了艺术中包含的理性成分。这样,艺术中情感的和理性的因素都为审美主体所感知和认识。

又因为审美心理活动是认识、情感和意志相互联系的统一的有机整体,所以,审美主体要在意志的调节下以理性去深化地理解艺术的内在光芒,在第二信号系统的参与下,有意识、有目的地展开联想和想象的翅膀,把握艺术中深刻的审美意蕴,抓住艺术最大的美,使审美认识由感性阶段向理性阶段深化、飞跃,因为这个深化和飞跃的过程不是自发的,必须通过意志对认识进行有效地调节,用理性指导审美趣味,"见贤思齐,见不贤而内自省",以高明的见识抑制偏见,吸收真善美,拒斥假恶丑。此外,意志还要对情感进行有效的调节。审美意志要对与主体的天然需要相联系的情绪进行抑制,对与主体的社会需要相联系的情感进行提升,使后者在量上要压倒前者而占据优势地位,形成相对突出的高峰,从而保持美感的质的规定性。同时,还要对与主体的社会需要相联系的情感加以鉴别,对那些有利于人的健康的情感加以促进、激发和吸收,而对那些不健康的情感则要拒斥和压制。这样,审美主体就通过审美从艺术中吸收到了其理性的和情感的健康的成分。

在审美主体通过审美活动把握和吸收艺术中健康的理性和情感的成分时,首先通过意识层次对其加以认识和把握,因为意识包括认识、感情和意志,这三者之间形成了相互作用的双向逆反联系,并与相属关系和爱的需要、自尊的需要、认知的需要、美的需要、自我实现的需要等相关,形成高级的情感(理智感、美感、道德感)。当艺术中的真善美,以其特有的张力样式投射到主体的心灵,并与主体的情感力式同态对应时,审美主体就在意志和想象力的帮助下,以高度自动化的形式在隐意识层形成了与真善美的艺术力式相对应的积极、健康的情感力式。隐意识心理结构层次分别与意识和无意识有着双向逆反的联系。在此处,意识和无意识交汇、整合,通过中枢神经的联合区形成动力定型。已经形成的情感力式又借助于主体的神经活动的动力定型这一生理机制,从而构成了格式塔心理学派所谓的"完形"、皮亚杰的"图式"、乌兹纳捷的"心理定式"、列宁的"逻辑的格"等,并在人的潜意识(即无意识)心理层次中积淀下来,形成审美理想。审美主体的审美心理状态得到了改善,审美趣味也随之提高。这样,由意识层、隐意识层和无意识层以及各层的诸因素之间的双向逆反联系,构成了一个立体交叉式的网络动力结构,随着这一网络式动力结构的定向健康发展,审美主体就形成了比较健康的、高级的、完善的审美心理结构。

其实,隐意识并不是先天的、超我的或者是自我的,而是经过千百万次的审美活动而在人的心理结构中以逻辑的格固定下来的,也就是审美属性、审美价值和审美情感随着审美活动的发展在无意识层次的"内化"或"积淀"。经过审美认识的理智的积淀就形成审美直觉。审美直觉并不是无意识的本能现象,而是人们在审美实践中审美意志对审美认识不断反复作用的结果。审美意志对美感中的认识和情感的调节,为审美认识和情感由感性认识与官能快感升华为理性认识和精神愉悦提供了保证。审美意志不但保证着审美认识由感性阶段向理性阶段深化,而且也使审美的理性认识始终不离开具体的感性形象。审美意志对审美认识的反复不断加强,就使认识的理性因素不断融合进认识的感知因素之中,因而感知的活动尤为鲜明、活跃,使审美活动往往显出直觉的特点。这就是马克思所说的"感觉通过自己的实践直接变成了理论家"[1]。审美直觉凭借它所包含的理智的、美感的和意志的冲动性,对审美对象的美的属性和价值进行选择、想象,并进一步定型化、系统化,最终确立为新的审美理想,使审美心理结构进一步完善。并且,随着审美活动的不断进行,审美心理结构就会不断地得到提高和完善。

审美心理结构的提高和完善过程,正是审美主体以艺术与情感之间相互作用、双向交感的心理法则为依据,不断使艺术的力式投射到心灵并转化为主体的情感的力式的过程,也就是艺术对主体情感的陶冶过程。当艺术的意蕴与审美主体的审美理想相契合时,审美主体的情感就与艺术的情感达到共鸣,审美主体的心理结构就会得到这种艺术力式的熏陶、强化和提升;当艺术的意蕴与审美主体的审美理想不一致时,审美直觉当中的理智和意志就会对情感进行调节,使审美情感在艺术感染下得到提升,从而使主体的审美理想、审美趣味和审美心理状

---

① 《马克思恩格斯全集》,第 42 卷,人民出版社 1979 年版,第 124 页。

态得到改善,审美心理结构同样也就得到了这种艺术力式的熏陶、强化、提升和完善。在审美活动中,审美主体就是这样被艺术作品所表现的思想和感情的艺术图式,潜移默化着心灵,陶冶着情操,让我们在娱乐之中受到教益。

由于优秀的艺术作品都是对真善美的弘扬而对假恶丑的鞭挞的,由审美而形成的审美心理结构也自然要对真善美加以接受和吸收,而对假恶丑加以拒斥。我们知道,艺术品是一种格式塔,格式塔即完形的意思,因此,完整性是艺术品的基本特性。同时,艺术还是人的生命形式的构形活动,美是人的自由本质在生命活动中的升华,所以,艺术的本质就是自由,艺术是自由的象征。而艺术中真善美就必定是必然与自由的高级的完美的统一,所以,当审美主体与审美客体发生作用时,由于人的心理力的结构与审美对象的力的结构有同态对应关系,艺术作品作为一个完整的、自由的最简化的结构刺激大脑皮层,而大脑皮层也相应地按照图形律把所接受的刺激式样尽可能地简化成一个统一的、自由的、完整的、有机的整体。主体审美心理结构就要按照数学方法对艺术中的完整性、自由性等成分进行定量分析,审美对象的完整性、圆满性、自由性等优美特质就会在人的心理结构中以其特有的力式积淀下来,这些优美特质以一种无意识的形式积淀在审美主体的心灵深处,转变为人的心理结构的一部分,使主体的情感受到艺术的完整的、自由的力式的同化,情感的力式被同化为自由的力式,人的心灵、情感和精神得到陶冶,以感情为中介的审美心理结构也就转化为更加完整的、自由的审美心理结构,即审美心理结构的完善化、自由化。艺术的完美的、自由的特性以无意识的、潜移默化的形式转变为人的精神自由,从而使审美主体感到心灵和精神上的自由,这种精神自由再引导实践进一步达到实践自由。这样,在实践中就会创造出更加完美的艺术品,这些更加完美的艺术品又会通过审美使审美主体的精神达到更高一级的精神自由……如此循环往复,以至无穷。这些往复循环不是简单的重复,而是螺旋式上升的。每一次循环都达到了比前者更高级的层次。与此相应,审美主体的审美心理结构也随着一次次循环得到了不断的提高和完善,每一次循环都使审美主体向着完美的、自由的审美心理结构无限接近。

自由完善的审美心理结构为实现完美人格提供了必要前提、基础和保证。我们知道,人格是个体在遗传素质的基础上,通过与后天环境的相互作用而形成的、相对稳定的、独特的心理行为模式,它具有层次性、整合性、适应性和区别性等特点。具体而言,人格是由内在的心理特征与外部行为方式构成的,它不仅仅是一个个单一的心理特征或行为方式,而且还是这些一个个心理特征和行为方式相互联系形成的一定组织和层次结构的模式;这种心理行为模式是独特的,即从整体上来说,每个人的人格都是独一无二的,这不仅表现在某些个别的心理或行为特征上,而且更主要是表现在整个模式上,从而使得人与人之间相互区别开来;这种心理行为模式是相对稳定的,并不意味着它在一个人的一生中一成不变,人格都具有可塑性和可变性;人格不是生来就有的,而是在先天遗传素质的基础上,通过与后天环境相互作用而发展形成的。遗传素质是人格形成发展的重要基础,但它不是人格的唯一决定因素,也不可能自发地演化为人格,还必须要依靠后天的审美教育。完美人格的形成也不例外,它首先要通过审美教育形成自由的审美心理结构,才能形成完美人格。由于完美人格是指具有整体性、协调性、创造性、情感性等特征的人格。它是人的个性的全面和谐发展,表现为不受自己一定的特殊的活动范围的局限,若能力的发展达到一定的程度和全面性,以至他能够作为一个完整的人,占有自己的全面的类本质。而审美心理结构就具有整体性、转换性和自我调节性等特征。这种整体性表现为审美主体对审美活动的意象的直觉把握;转换性表现为审美主体以情感为中介的创造性规律;自我调节性则表现为整个人类需要层次沿着自我实现的轴线由低向高的升华。这种审美心理结构及其自我实现功能,规定了审美活动是人在他所创造的世界中直观自身,并以全部感觉在对象世界中肯定自己,从而占有人的全面的类本质。随着审美心理结构的不断完善,审美主体的人格也就向着完美人格而无限接近,逐渐地、一步步地达到完美人格的最终实现。

第二节　对现代性造成的异化现象的消除

只要具备完美人格的人,就能成为真正完全自由的人,就能成为全面协调发展的自由自觉的实践者,再按照美的规律,进一步调整人与自然、人与社会、人与人的关系,就能间接达到消除异化之目的。因为具有完美人格的人的自由的、完善的审美心理结构,使人的低级情绪具有了人的本质特点,使人的意识活动过程显示出其整体性、自觉性、创造性和社会性,进而形成认识、情感、意志的定向发展,形成既统一又各具特点的自由自觉的认识活动、审美活动和伦理活动等。心理结构是在个体内在心理物理系统中的动力组织,它决定着人对环境适应的独特性和创造性。审美主体的行为方式取决于其审美心理结构,是其审美心理结构外化的结果。审美情感不仅表现为具有弥散作用的比较适中、平静而持久的情感状态(即审美心境),产生审美的移情,从而达到物我同一、物我两忘的境界,而且还在审美意志的作用下表现为外在的实际行动。审美心理结构是完善的、自由的,审美意志控制或强化情感,并以情感为中介实现由认识必然向意志自由的转化,因此,审美心理结构当中的那些理智的、道德的和美感的冲动性在自由的意志的作用下所表现出来的行为也必定是自由的,是"从心所欲不逾矩"的。审美欣赏中的忘我现象就是以情感为中介而由认识必然向意志自由转化的结果。人们在审美活动中忘却尘世的苦痛和焦虑,消除异化,达到意志自由的境界,复归人性,回到幸福理想的精神家园,离不开想象活动和审美理想的规范,这种幻化和规范体现了意志活动的选择性、主动性和创造性。正因为如此,人们在审美活动中才会通过对艺术的审美态度、审美鉴赏力与审美创造力的培养,来培养和陶冶人的感性能力,从而达到人对生活的审美态度的培养和陶冶之目的,并使人的感性世界更加丰富多彩,使精神世界得到提升,人格得到完善,由对现实世界的不满足而按照美的规律自由自觉地改造现实,自觉调整人与自然、人与社会、人与人的关系,自觉抵制社会上的异化现象,崇尚高尚的道德,使生活自由化,创造出更高级、更文明的艺术作品,进而创造出一个更加自由的新世界。

那么,具体说来,在日常生活当中,通过审美教育而具有了完美人格的人,对上文提到的各种异化想象是怎样进行自觉的抵制和超越的呢? 只要我们对其进行一一分析就不难看出。

一、消除个人主义带来的异化

从现代性的个人主义(人类中心主义)特征来看,具有完美人格的人,将会自觉地、辩证地来看待这一问题,不再否认人本身与其他事物有内在的关系,即否认个体主要由他(或她)与其他人的关系,与自然、历史抑或是神圣的造物主之间的关系所构成。就是说,不再把个人主义(人类中心主义)推向极端而坚持极端个人主义(或极端人类中心主义)。虽然他在社会生活当中会把个人、国家、人类当做一切行动的出发点和归宿,但他把个人与集体、国家与世界、人类与整个自然界看做一个相互依赖、共同发展的统一的有机整体,把个人的、国家的和人类的意志和利益,看做是整个集体的、全人类的和整个世界的意志和利益,把个人的价值和整个国家的、人类的价值统一起来,把个人的、国家的和人类的发展与集体的、整个人类和世界的发展统一起来,把个人的、国家的和人类的自由与集体的、整个人类的和全世界的自由统一起来。个人主义不是把社会或共同体看成首要的东西,"个人"只是社会的产品,仅仅拥有有限的自主性;而是把社会理解为为达到某种目的而自愿地结合到一起的独立的个人的聚合体。具有完美人格的人,就会不但坚信个人与他人、民族与世界、人类与整个生物圈有着像个人与其父母一样的密切关系,不再把个人与其父母等关系当做是例外,不再极端强调个人独立于他人的重要性,就不会把个人的、民族的和人类的幸福建立在他人、其他民族和其他生物的死亡与痛苦之上,就不会通过牺牲他人的、其他民族的和其他生物的利益、幸福和自由来满足自己的私利,达到自己的自由和幸福。

具有完美人格的人,还会自觉摒弃由现代人的极端个人主义所形成的极端主、客二元对立思维模式,而坚持主体间性,重视主体与客体的和谐与有机统一。因为现代性接受了这种机械主义自然观,故而它在证明人的自由时,就理所当然地承认了这种绝对差异的存在。二元论主张灵魂本质上独立于身体,自然界是毫无知觉的。这就是主、客二元对立思维模式的思想基础,它为现代性肆意统治和掠夺自然(包括其他所有种类的生命)的欲望提供了意识形态上的理由,在人与自然的关系上造成了可怕的异化。具有完美人格的人,由于把主体与客体看做和谐、统一的有机整体,就会自觉压制统治、征服、控制、支配自然的欲望,不再把自然界看做是掠夺的对象,而是把它的一切看做自己赖以生存的、相依为命的伙伴和朋友,从而避免了人与自然的异化。在人与人的关系上,现代人还认为,我们是经验着的、有目的的存在者,所以我们自己就是目的,而不仅仅是他人用来实现其目的的手段,因此,我们有理由相信,应当推己及人,把他人也看做他们自己的目的,这样,他人变成了达到自己目的的工具,人与人的关系异化为人与物的关系。而全面发展的人就会正确理解人与人的关系,视他人为手足,为自己生命的一部分,与他人友好、和睦、平等地相处。这样就避免了由极端主、客二元对立给人类带来的人与自然、人与人之间的异化。

在个人主义与时间的关系上,现代人相信"进步神话",坚信"未来主义",通过把"现代科学"和原始的以及中世纪的"迷信"加以对照的办法来诋毁过去和传统,把现代性则说成"启蒙",把过去说成"黑暗的时代"。这种从与将来而不是从与过去的关系中寻找现在的意义的倾向,割断了现在与过去的联系,这就为现代性肆意诋毁过去、极端否定传统、割断历史、片面强调未来、专注于未来找到了理论上的依据,从而造成了为了未来而不惜一切代价摧毁历史的异化现象。而具有完美人格的全面发展的人,就会坚持唯物主义的历史辩证法,用辩证的眼光看待历史,将过去、现在和将来统一起来,不再认为任何同过去的肯定性的关系实质上都是不存在的,不再对过去持一种遗忘的、漠不关心的态度,不再否认与过去的联系是现在的构成要素,而把所有的注意力都集中到未来,并总是沉醉于对新颖性的追求;而是既强调过去、现在和未来的区别,又重视它们之间的继承和发展的关系,这样就避免了极端未来主义带来的异化。

具有完美人格的人,还会自觉抵制由极端个人主义所造成的"世俗主义",消除它给人类带来的异化。世俗主义并不意味着宗教狂热的衰落,而是意味着宗教的虔诚已从超验的对象转向完全尘世的对象。这种宗教狂热导致了法西斯主义、民族主义、科学主义、唯美主义、核能崇拜等其他世俗宗教(或称准宗教)形式的异化现象。具有完美人格的人,就会对世俗主义带来的这些消极、丑恶的异化现象像避瘟神一样自觉地抵制和躲避,惩恶扬善,超越异化。

全面发展的人,还会自觉抵制和消除由于相对主义、虚无主义、科学主义、实证主义、工具理性(zweckrationalitaet)、选择主义(decisionism)和决定论等理论观点的出现而造成的异化现象。他们会反对相对主义把一切价值判断都作为是相对于某种有限的目的和视角而言的,认为某种规范论断确实(客观上)比其他论断更好的那种立场是不存在的主张,把个人价值同集体、国家和人类的价值相统一;反对虚无主义否定任何终极价值或意义,并因而否定关于我们应如何生活的客观准则的做法,而是肯定人类自由的终极价值和意义,按照美的规律创造自己的客观生活准则;反对科学主义和实证主义坚持神学、形而上学、伦理学和美学都不能提供具有真假属性的达知断言,只有专注于探知事实(而不是价值)的现代自然科学方法才是探知真理的唯一方法,而是使社会科学和自然科学辩证地平等和统一起来;反对工具理性主义者强调理性不能处理目的和价值问题,而只能回答怎样才能最好地实现以非理性为基础的目的这类问题,并将理性仅仅限定为工具理性的片面性,而是全面地看待理性问题,否定片面的工具理性;反对选择主义所主张的,只有在非理性决策的基础上,才可以接受终极性的目的或价值的错误理论,而是将终极性的目的或价值建立在理性的基础之上;反对决定论提出的,任何事物的出现都是必然的,因而那种认为人类可以通过选择来改变历史进程的观点只不过是一种幻想而已的错误观点,而是在看待任何事物时都坚持偶然和必然的辩证统一。这样,具有完美人格的人就会比较辩证地处理问题,从而消除这些错误、片面的观点给人类带来的异化现象。

在对待自我利益与道德的关系上,现代人把通常所理解的那种自我利益看做至少是生活的某个层面(如经济层面)的可接受的基础。在市场上不受道德约束地追求自我利益的做法得到允许,并且其合理性也得到了道德上的证明。在更为晚近的现代性中,把自我利益作为生活的运行原则加以接受的做法,已经进一步扩展到生活的其他许多方面。这就使现代性缺乏促进现代社会文明和人类自由所必不可少的自我克制、关心普遍的善以及民族主义的爱国主义等美德，因此这不仅对个人而且对整个现代社会都具有很大的破坏性。而具有完美人格的人，却能够自觉地把自我利益同道德辩证统一起来，共同促进，使其共同发展，既能满足个人利益，又能自我克制、关心普遍的善以及民族主义的爱国主义等美德，从而消除了由于对自我利益进行片面强调而带来的道德的异化。

通过审美教育而具有完美人格的人，还能自觉抵制和消除现代性的单面的大男子主义和父权制给人类带来的异化。现代人的心灵与自然的二元论观点把意识、自我运动和内在价值仅仅归结为人类灵魂的属性，它不仅证明了人(man)对自然的优越性，而且证明了男性对女性的优越性，这使男女、父子的地位有了主次之分，不能平等，他们的关系产生了异化。而全面发展的人，则能够抛弃"男性"科学和父权制，自觉自由地处理两者的关系问题，坚持男女、父子关系平等，坚持契约与习俗、知觉与直觉、客观与主观、事实与价值的辩证统一，从而避免和消除由于"男性"科学和父权制在现代大规模破坏性技术中的体现而带来的异化的危险。

二、消除现代化所带来的异化

从现代性的现代化特征来看，依靠审美教育而达到完美人格的人，会自觉抵制和消除现代化给人类带来的异化。我们根据上文已经知道，现代化首先表现为个人主义和集中化的"二分化"。集中化主要表现在经济上的工业化、社会的城市化和政治上的国家主义等方面，它是从社区(gemeinschaft)向整体性社会(gesellschaft)的过渡。集中化过程也被称作由习俗社会向契约社会，或从以传统为基础的社会向以理性分析为基础的社会的过渡。那些使人们具有亲密的面对面的关系且能解决大部分生活问题的结构，大部分已被摧毁或削弱了，以致个人的"社会关系"越来越受制于大型工厂、国民经济、大城市和民族国家等仅涉及人们生活的极抽象部分的大型非人格化群体。个人异化为非人格的人。而具有完美人格的人，就会自觉地处理好个人主义与集中化的关系，既能够自觉保护好自己的人格，不把自己看做这些大型非人格化群体的附庸，又不侵害群体利益，把自己与它们的关系看做平等的、互为主体的关系，把它们看做实现自我生命价值的自由基地，自己也成为这个群体的重要主体，自己的利益与群体的利益是一致的，从而避免因为一方利益而损害另一方或把另一方作为实现自己目的工具的异化现象。

此外，现代化特征的另一个现象是"分离"，它是指政治、艺术、哲学、教育等挣脱教会控制,以及经济领域同政治领域的分离等。这些分离走向极端,势必导致无政府主义,把每一者都作为互不联系的绝对孤立的个体,从而产生异化。而具有完美人格的人,则会按照美的规律自觉处理好彼此的关系,把它们看做是一个相互联系、互相独立、互相制约的有机整体,从而消除因为极端分离而带来的异化。当然,在现代,人们往往把艺术、经济、哲学、教育等看做政治的辅助品,要想真正消除分离带来的异化还是难以达到的。

作为现代化特征另一表现的"机械化"也给人们带来了异化,在现代社会,工业化和技术化使"机器"变成了社会的中心。除了生活的完全机械化之外,还存在着一种使人类社会自身尽可能像一台高效机器那样运转的倾向。不但每一位工人都成了工业机器中的一个可更换的零件,而且,官僚主义成为现代"理性化"最阴险的表现。机械化使人们失去了独立的人格,异化为非人格。只有具有完美人格的人,才能正确看待和处理自身与社会这台大机器之间的关系,自觉抵制人格的异化,保住人格"情操",不会变为异化的人格。

三、消除实利主义带来的异化

从现代性的实利主义或者经济主义特征来看,经济主义崇尚经济至上,认为社会应当从属于经济,而不是经济从属于社会。在这个新领域中,经济观代替了道德观,它注重收入、财富、物质的繁荣,并把它们视为社会生活的核心。现代绝大多数人信仰"人是经济的动物"这一信条,将无限度地改善人的物质生活条件的欲望看成是人的内在本性,而且这种欲望已经成为现代人存在的最重要、事实上是决定一切的特征。现代人还坚信"无限丰富的物质商品可以解决所有的人类问题"这一信条,深信物质财富与社会的普遍健康和福利之间的确存在着统一性。他们将金钱看做衡量一切的尺度,从而也就异化成了金钱的奴隶。而具有完美人格的人却能够以正确的态度来看待经济问题,认为经济是属于社会的一部分,将经济观和道德观相统一,以平和的心态看待金钱问题,视金钱如平物,人不是金钱的奴隶,而是金钱的主人,从而也就能够避免因为拜金而带来的人性的异化。

通过审美教育而实现了完美人格的人,也同样能够在不同程度上自觉抵制和消除像民主、平等主义、宏大叙事和职业化等其他一些现代性特征所带来的异化,他们会辩证地看待民主、平等主义、宏大叙事和职业化等问题,而不是片面地看待这些问题。那些异化的动机、目的和活动就会为具有完美人格的君子们所不齿,人类就会自觉抵制异化,沿着自由健康的道路发展,从而达到消除它们给人类带来异化之目的。

第三节　对后现代性造成的异化现象的消除

一、消除物役

在信息爆炸的后工业社会,人类因物役而产生的精神危机比工业社会犹过之而无不及。全面发展的人,会以其坚强的意志和健康的心态自由自觉地抵制和超越后现代性给人类造成的物役。具有完美人格的人,能够以完美、健康的态度对待各种信息,对信息辩证地整合,尽可能全面地、真实地把握信息。以其高水平的审美趣味,自觉抵制从各种媒体上涌来的文化垃圾,避免它们对心灵的浸染和毒害。同时,他也不会成为媒体的奴隶,不会为媒体的宣传所左右,自觉并有能力冲破各种蒙蔽,是一个自由自觉的具有真正自我的真人。

在对待交往的异化上,具有完美人格的人会自觉抵制抽象化或符号化(数字化)对人的情感、特性、价值、多样性的消解,不会成为庞大机器体系中的零件,更不会变为抽象的数字、符号、原子。他会以饱满的热情去对抗人与人的隔膜、疏离、冷漠,尽力保持人与人之间的统一性和有机的联系,不会变为孤立的、被动的原子。这样的人,就会自觉冲破人的关系被物的关系所吞没和掩盖的困境,以其敏锐的目光看清社会的本来面目。

在对待管理方面,具有完美人格的人,能够以审美的心态正确处理个人与领导、群体的关系,不是把自己看做整个管理机器的一个螺丝钉,而是把自己看做机器的主人,群体的一个有机分子,他会把劳动与兴趣、快乐、创造等融为一体。劳动不再主要被看成是谋生的手段,而是实现自我价值和娱乐的场所。他极富有超越感、否定性、批判性等一个真正的人应具有的精神品质,不会成为"物化的人"。他不会被各种晋升、标准、赏罚制度所左右,心中拥有一种永恒的价值,他不会被各种暂时的、功利的价值标准所支配,更不会成为社会实现其目的的工具。

在人的需要上,具有完美人格的人,能够自觉抵制各种物质的诱惑和平面化的需要。他的消费欲望不是脱离自己的真正需要,不是与自身本质不符的需要,而是体现他自己本质的内在要求。他把消费看成是手段,而不是目的;他的购买和占有是理性的,而不是非理性的;是自觉的,而不是强迫性的活动;物品是供他服务的,而不是把自己变为物品的奴仆。全面发展的人具有需要的自主性和个性,需要是自由的。物质财富在他手中并非是流于满足其病态需要的工具,而是满足他的本质的内在需求,他的需要具有本质力量的牢固根基,他对生活当中用金钱购买"爱"、"友谊"等之类现象会嗤之以鼻。

全面发展的人,对高科技给人类带来的异化现象会等闲而视,泰然处之。他因为具有平和、健康的审美心境,所以能够自觉、有效地抵制高科技对其精神世界带来的损害,他会有效地化解高科技对其命运的致命冲击,更不会因此而感到生命岌岌可危。

二、消除异化的道德

具有完美人格的人,还能够超越和消除后现代性带来的道德的异化。后现代的道德之所以产生异化,主要是因为后现代性的如下特征:后现代主义认为责任是现代主义者一相情愿地套在自己脖子上的精神枷锁,后现代人没有必要理会什么责任,于是责任被消解了;后现代主义还认为,个体的选择、行为以及行为结果之间便不再具有直接的因果关系,而在缺乏因果关系的情况下,后现代个体无法被要求去担负其主观责任。后现代性是现代自由之梦和使之成真的漫长而曲折的奋斗的顶峰成就,形成了一个摆脱了假想义务和虚假责任的世界。责任的消解,使后现代个体视一切为游戏,重过程而轻结果,重体验而轻理解,生活本身则表现为一个无限替换的无中心、无本原的过程,具有很大的随意性和偶然性,这也就必然放弃了担当生命本身所固有的严肃性。普遍法则和绝对真理消失了,统一的、明显的、独特的伦理准则消亡了,因此道德发生了错位。后现代性与其说是个人和国家道德新生的契机,倒不如说是它的毁灭。社会秩序不再受道德上的共识的统治。正如马克斯·弗里希所说,现在我们能够为所欲为,而唯一的问题是我们想要什么。后现代道德问题的根源,在于社会情境的破碎化和生活追求的插曲化。人们面对道德的永恒困惑,陷入了生活的巨大痛苦。

全面发展的完美人,深知责任的重要性,为消除道德的异化,会主动承担责任的重担,坚持责任是一种美德,因此,他们就能够促使道德向着真正健康的方向发展。具有完美人格的人,不再相信一切领域的进步单靠后工业技术就能够保证,因为他们已经清楚地看到,正是由于科技的片面发展,使一切战争、极权主义、北方的富裕和南方的贫困之间的鸿沟、失业和"新的贫困"等成为可能;正是在发达的科技手段的掩饰下,常见的暴力水平及其残暴行为的残忍性逃脱了人们的注意而正在不断上升;也正是科技的片面发展,才使粗俗变成文雅,残酷变成善良,无教养的变为有教养的,才使人类犯下非人的行径而不会觉得自己是丧失人性的。因此,他们必定会坚持科技与责任、道德的全面、协调地发展,让科技变得人性化、道德化,因为他们受到了很好的审美教育和熏陶,心中充满了真、善、美,并能够将它们完美统一。他们深知真、善、美完美统一的重要性,只有这样的人才能将科技与责任、道德全面、协调地发展。只有这样的人才不会变成撒谎大王;只有这样的人才不是徒有虚名的文明人。他们会主动、自觉地将暴力的潜能永远放逐,永远不会让它返回中心;他们会主动、自觉地抵制和消解残恶行为持续狂欢作乐的生活。他们具有完美的伦理良心,高尚的道德情操,深明道德的真正含义,不再去轻信那些所谓的"文明的"侵略者的道德;他们更不会把大规模的围捕、流放、扣押人质、集中营、快速有效的杀戮、科学地设计和管理的种族灭绝看做"道德的进步"。他们会平等、友好、真诚地对待每一个人,将他们作为自己的手足、骨肉,不相信优胜者的道德,更不会像那些"文明人"那样把残忍伪装成关爱,让暴力装扮为仁慈,将战争和屠杀进一步解释为"解放"。

在他们的自由王国里,每个人拥有的是真正的、高尚的道德,自觉地自我克制的习惯和友邻之爱充斥着每一个角落。他们会自觉地燃亮责任的光谱,敢于在责任裸露的真相中直接面对道德问题,热衷并善于思考责任的自由,争相承担对结果的忧虑,不再将生命分裂成一段段比其结果更加短暂并且不经预期仍将到来的插曲。他们会自觉地重新建立、维护和发展善恶的明显的分界线,不断地学习和牢记适用于行动的个人的毫不含糊的伦理的原则,并能够把他律道德化为自由自觉的自律道德,时刻牢记自己的道德责任。这样,那种给后现代人造成极度痛苦的根源就不复存在了,超越了异化的道德;同时,这也是道德自身从未面临过的机遇。

三、消除异化的生活方式

全面发展的人,还能够自由自觉地消除和超越异化的生活方式。后现代人的生活方式之所以产生了异化,归根结底,主要在于后现代性对责任的消解,或者说是在于拒绝责任的道德。因为拒绝责任的道德使后现代人走上了自由选择和自由迁移的道路。他们为逃脱责任,便寻找更多的空间,小心翼翼地不去承担义务,尤其不允许这种义务比可以从中得到的快乐更持久。因此,他必须尽量使行为避免产生可能的责任后果,如果预计确实会产生责任后果,那么就提前拒绝所有责任。为得到尽可能多的空间,他们不希望其他人闯入,只希望考虑他们自己,只考虑对他们来说有利和渴望的事情。他们认为,"在尘世间"就是与他人相处,被他人注视,以及被他人的观察、需求和期望所框定和浇铸的状态下的义务和责任、关心和痛苦。希望那些没有任何束缚的、赤裸的、原始的、无底线的自由的温室和天堂,因为他们认为只有在那里才能体验到真正的自我。他们的人性异化了,后现代人的道德困境直接影响到了他们的日常生活方式,他们为寻找自己的所谓的"天堂",生活方式便也产生了异化。

而由审美教育所塑造的具有完美人格的人,却能超越这种生活方式的异化,因为他们的心灵、人性是完美的。具有完美人格的人,从来都不拒绝责任,热衷并善于思考责任的自由,因此,他们具有完美的伦理良心,高尚的道德情操,深明道德的真正含义。他们会主动、自觉地承担责任,把责任看做自己内在本质的需要。他们为了承担自己的责任,以饱满的热情主动投身到火热的社会生产和生活当中,从不把他人看成是一种限制、障碍和累赘,更不会有意识地、千方百计地避免与他人相遇。他把他人都看为自己生活当中不可缺少的好伙伴,是自己生命和生活当中的必不可少的一部分,一旦相遇,并非弃之不顾,而是推心置腹地相互交流自己的思想,成为知己,让对方共享自己的欢乐,而为对方分担痛苦,他认为这就是他内在本质所需要的责任。

他们因为拥有责任的良知,所以就有自己长远的理想和远大的奋斗目标,他们的理想也就是人类的共同理想,他们会为理想不断学习各种本领和知识,努力把自己培养成为一个全面发展的人。他们具有自由自觉的控制力,而且自己就是主人。他们不是为了自己,而是为了每个人都能获得的事物而存在。他不会见异思迁、好高骛远,而是着眼于未来,着手于现在。他们有预定好的旅程,绝不会去冒险和投机,更不会因为缺乏可靠的目标而烦恼。他们因为有优秀的道德而会对生活、家庭和婚姻等充满责任心,绝不会把"忠诚"、"可靠"、"永恒"等看做是对目前那些落后的思想的赞词,他们崇尚爱情、友谊等的稳定与永恒。他们拥有自己稳定而有内聚力的生活策略,能够深刻理解追求和坚定决心的意义。他们坚信时间像河流,而不是像池塘,他们不会把生活中飞驰的碎片看成故事,相信自己不但是演员,而且也是剧情的导演,清楚地知晓剧本的情节。生活和责任是快乐、游戏,而不是痛苦,是自己的本质内在需求,而不是鼓动;是意愿,而不是压力;是自己的决定,而不是诱惑。他们每到一处都把它看做自己温暖的家,很快成为"本地人"、"居民"、"扎根于这片土地"的人。他们的目的不是获取新的体验和新的刺激,而是因为熟悉的快乐对他们来说具有永恒的魅力,因为他们都赞成和提倡的不是人与人之间的距离,而是人与人之间的亲密关系。

具有完美人格的人把他人视为审美的和道德评价的主体,是情感的和责任的源泉。他们提倡建立相互责任和义务的持久网络,因此,能够弥补人际关系的残缺、破碎和不连贯,使道德责任回归到道德自我。他们不是将个人的自主置于与道德责任的对立面,而是将其与道德责任完美统一,并将人际互相影响的广大领域,甚至他们之间最亲密的领域,重新置于道德判断之内。他们在优秀道德的照耀下敢于为他人承担责任和义务,转而导致与他者命运的约定和对他者的幸福的承诺。他们把婚姻、家庭、家长、邻居、工作场作为社会管理秩序的代理人的前沿哨所,不再把它们指责为无端的暴力及不可饶恕的残忍,因此,维护秩序的道德系统的毛细血管得到了修复,人际关系渐渐接受道德评价。责任与道德地位的恢复,使生活方式的异化也从而被渐渐消除。

四、消除生活的碎片化与平面化

　　全面发展的人,还能够自由自觉地抵制和超越生活当中的碎片化和平面化,因为他们具有责任和道德的自觉。后现代人的生活世界,是突变的、非逻辑性的、失重的、支离破碎的、削平了深度的,其根源也在于责任的消解、道德贫乏,因为这使他们能够自由地接受道德标准以外的不受挑战的任何规则,致使精神的舵板顺流漂走,他们失去了精神支柱。因为失去了生活准则而精神空虚的后现代人,失去了人生的明确目标,对未来的肯定性关系消失了,只留下以关心当前的满足来掩盖的"自恋人格"。于是,他们将精神寄托于感官刺激,热衷于那些零碎化、平面化的生活。

　　具有完美人格的人,却因为拥有良好的责任心和道德感而没有丢掉精神的舵板,他们的生活有永恒的目标、明确的准则,因此能够辩证地、正确地对待自己的生活。前事不忘,后事之师。他们能够辩证地继承传统中的"永恒"、"忠诚"等良好的品德,以其良好的责任与道德自由自觉地抵制那些碎片化、平面化的东西,树立理想,重视主义和价值,追求生命的终极价值和生活的终极意义。反对中心的边缘化,把中心和边缘统一起来,把精英意识和大众意识统一起来,把生活与艺术、真理与谬误、本源与复制、智慧与偏见、明智与迷信、高尚与低俗辩证统一起来。这样,他们就避免了堕入"什么都可以"、"一切都无所谓"的平庸境地。而是深知人生的真谛,知道该怎么办。他们行事谨慎,深思熟虑,勇于承担责任,尽力避免错误结果;他们的生命富有意义,而不是痛苦、野蛮和短暂。他们自己就是人生的主宰、命运的主人,感到自己并不是在无边无际的险恶异常的海浪中沉浮,或像是被海浪冲击,而是在自由自在地游泳;不是被人推着,而是在自由的移动;不是"不得不"这样做,而是他们自己的自由选择。

　　全面发展的人,还会正确地处理感性与理性的关系,使其两者达到辩证的统一。他们健康的心理素质使他们能够自由自觉地超越生活的零碎化和平面化的引诱,不沉溺于感官的物欲享受中去,不沉溺于感性横流的世界,在零碎化和平面化的感官刺激的引诱浊流中,"我"独清。

五、消除人生的其他困扰

依靠审美教育而形成的完美人格,还会自由自觉地超越人生的生死、孤独、疾病、衰老、欲望等诸多困扰,从而也就能够超越和避免由这些困扰而带来的心理失衡。其实,人们把生死、孤独、疾病、衰老、欲望等看做人生的困扰和痛苦,是一种心理不健康、不健全的表现,若人的心理得不到全面发展而不健康、有缺陷,他自然会把它们看做人生的痛苦和困扰,因此也就容易出现心理的失衡和精神上的痛苦。而具有完美人格的人,其身心得到了全面发展,凭自己的丰富的智慧和审美的心灵就能正确对待和超越这诸多的困扰,从而避免心理的失衡和超越精神上的痛苦。

具有完美人格的人,看重的是生命的质量与价值,而不是生命的长短。他们终生都为了人类的最高理想而奋斗,为集体、国家和全人类的解放而牺牲自己,虽死犹生,他们的生命会永垂青史;而那些只为自己私利而活着的人,却无异于行尸走肉,他们的生命其实早已腐烂。他们还深知疾病、衰老、生死是人生的必然,把死亡看做永恒,看做回归自然,天人合一。他们能够以平和、宽大的胸怀容纳它们,而追求的只是生命的最高意义和价值。因此,他们能为了实现自己的崇高理想而能含笑九泉,超越疾病、衰老和生死。

具有完美人格的人还能超越孤独。他们认为,只要时时处处为他人着想,心中时时处处装着他人,就永远不会感到孤独;反之,那些只想人人为我,我为我的自私自利者,即使将自己置身于人民的群体当中,他受到的也只是人民的唾骂和鄙弃,所以他永远也不会感受到友情的温暖,永远会感到孤独。因此,具有完美人格的人,即使他是孤身一人,因为他心中时时想着集体、国家和人民,那他就会超越孤独,永远和人民在一起。

具有完美人格的人还能超越欲望的困扰。欲望是人生的一大桎梏,也是人生的痛苦之源。许多纷争都起源于自私,许多罪恶都肇因于贪念。后现代是物质和精神生活极大丰富的现代,人的欲望也迅速膨胀。荣誉、地位、金钱、幸福,及至自我实现,这些世俗的无限贪欲和追求成了人衡量自身价值的尺度,驱使着人们为之忙碌,疲于奔命,病态的欲望多多,时常得不到满足,因此他们就感到莫大的痛苦。具有完美人格的人却能够超越欲望的困扰,因为他们不是经济主义者,更不会拜倒在荣誉、地位、金钱的脚下。他们拥有正确的世界观、人生观和价值观,视荣誉、地位、金钱如浮云,他们不是把荣誉的大小、地位的高低和金钱的多少作为衡量自己价值大小的尺度,更不会把它们看做人生的最终目的,因为他们认为,人的价值的大小在于他对人类贡献的多少,而不在于占有金钱的多少。他们会认为自己是凡人,只是千千万万人当中的一员,自己只要求凡人的幸福,这才是人之为人的极正常的需求。他们没有自私和贪念,因此能够以完美的心态超越欲望及其痛苦,超越欲望给人类带来的异化。

六、消除心灵的异化

在后现代,人们的心灵被异化为五种状态,即忧虑、恐惧、空虚、疲惫和极端地想家。"解铃还须系铃人"。超越心灵的异化,还需由对心灵的完善和医治来完成。全面发展的人具有完美的心灵,因此他们能够自由自觉地抵制和超越心灵的这些异化现象。

第一,后现代人遭受着不确定、缺乏理解、不知如何前行等忧虑。这不但是因为他们片面地主张差异、多元性、异质性而导致了其生活的扁平化、破碎化、插曲式的,而且因为社会性生产机构的私有化。这为后现代文化注入了前所未有的活力,即一种不断运动的内在冲动。这使后现代人陷入神经质的、无节律的、任意的、无序的、混乱的、强制性的后现代文化焦虑及其一系列惊人的风尚和怪癖、昙花一现的欲望、短暂的希望、被更可怕的恐惧取代的令人恐惧的忧虑,而且这是消解了责任和道德的。但是,后现代人却认为,失却道德责任的意义就在于它所能激发的兴趣。它作为一种可期待的乐趣来源出现在自我的世界里,或作为一种未被满足的期待或未被穷尽的乐趣。然而,最后它却是一个探索和冒险的领域,或是一片使兴奋枯竭的荒野。此外,后现代人还将他者视为未被掌握的真正未来,视为永久的不确定性的盘踞地,而且是一个名副其实的诱惑和忧虑的焦点。其实,从根本上说来,他们是将他人视为满足自己欲望的工具,是典型的工具主义。他们不能把他人看做是自己的朋友和手足,而只是把他们看做对自己有用的异物。

而全面发展的人却能够自由自觉地超越这些忧虑,因为他们具有良好的心理素质,拥有良好的责任心和道德感,把他人视为自己生活中不可缺少的亲密伙伴,视为自己生命的一部分;他们还会辩证地看待和处理差异、多元、异质的关系,避免生活的扁平化和破碎,树立远大的理想和稳定的人生目标,终生投身于伟大目标的实现,从而消除和超越了不确定、缺乏理解、不知如何前行等忧虑。

第二,后现代人的恐惧,来源于外在压力过于强大,使人对环境和命运无从把握。当强大的外力击败恐惧的心灵时,感性与理性的关系便会发生错乱,理性丧失了自身的清醒,感性则将恐惧的力量无限夸大,从而使人感到悲观绝望。因此,要抵制和超越恐惧,最重要的不是改变外在压力,而是要牢牢掌握感性与理性的辩证关系,这样,就既不会丧失理性的清醒,感性也不会将恐惧的力量无限夸大。而具有完美人格的人就是牢固掌握感性与理性的辩证关系的"圣者",能够泰山崩于前而色不变,有效地自觉超越恐惧。

第三,后现代人的心灵遭受的空虚,主要是因为精神上的失落。希望失落了,心灵跌入了失望和痛苦的虚无的幽谷。全面发展的人,因为拥有远大的理想和为理想而奋斗的崇高精神,而能够使心灵重新回到温馨的精神家园。

第四,后现代人遭受着身心生存的疲惫,感到活得太累,生存的压力过大,要想战胜那些来自外部的和生命本身的压力,需要足够顽强的心智力。具有完美人格的人,却恰好具有超常的心智力,他们对自身价值和终极追求深信不疑,感到生活就是乐趣,对理想目标的追求乐不思疲。他们人人都是生活的强者,并且生活得轻松愉快,疲惫从而也就无影无踪。

第五,后现代人还时时忍受着想家的痛苦,因为他们从冒险与控制、危险与安全、战争与和平、插曲与永恒、破碎与整体这些对立面中,看到了梦中的"家"对他们的重要意义。然而,他们却是感觉被湮没而没有一丝能力能逃脱的患思家病的流浪人。具有完美人格的人深知后现代人想家痛苦的根源——由于失去了责任和道德的良知而把他人看做互不信任的陌生人。而他们因为有着良好的责任心和道德感而将他人看做是自己的亲人、伙伴,每到一处都感到是回到了温暖的家,他们也就超越了想家的痛苦。

总之,从人与自然的关系来看,具有完美人格的人,必定会以审美的心态看待人与自然界的关系。他不再片面强调主体性,摒弃了极端个人主义,不再崇拜人类中心主义,因此,他就不再把人作为主体而把自然界的一切都看做客体而对其肆意地统治和生杀予夺,不再把人与自然的关系对立起来,并将其看做制约与被制约、征服与被征服、统治与被统治的关系,而是将自然界的一切都视为相依为命的好朋友,与自然界的动物、植物、一草、一木保持一种和平共处、自然和谐的关系,将自己与自然界保持一种互帮互助的友好关系;具有完美人格的人,一定会摒弃实利主义或者经济主义,超越功利性,因此他也就不再肆意地统治和拼命地掠夺大自然,以一种开放、平和的心态容纳自然界,将自己融入自然界,将自然界融入自己,实现天人合一。因此,那些由于人与自然的对立并对其肆意掠夺而造成的草原退化、水土流失、土壤沙化、山体滑坡、泥石流、能源危机、物种灭绝、生态失衡等异化现象就会有效地避免,人与自然的关系得到协调和改善,呈现出一个和平、祥和的世界。

从人与社会的关系来看,具有完美人格的人,必定会以审美的心态看待人与社会的关系。他必定会抛弃极端个人主义,不断完善自己的道德,自觉遵守社会公德,不再把自己与社会的关系看做主体与客体的关系,不再把自己看做行动的中心,而把社会看做达到自己目的的工具或者手段。他会由于超越功利而不再对社会贪婪地攫取财富,而是想方设法、千方百计地为社会谋福利,他不再将自己与社会分开,不再把自己看做社会或管理机构的某个零件,而是将自己融入社会,并把自己与社会都看做一个密不可分、相互依赖的统一主体。他会不断地、自觉自由地调节自己与社会的各种关系,保持自己与社会和谐、全面地发展。这样,由于人对社会的掠夺而产生的窃物掠财、杀人放火、环境污染、水质恶化、酸雨肆虐、温室效应等人祸就会慢慢消除,从而达到消除人与社会关系异化之目的。

从人与人的关系来看,具有完美人格的人,必定会以审美的心态看待人与人之间的关系。他不再片面强调主体性,摒弃了极端个人主义,不断完善自己的道德,不再把自己看做主体而把他人看做客体,不再把自己看做行动的目的而把他人看做实现自己目的的工具和手段。他会由于超越功利而不再把人与人的关系看做物与物的关系、金钱关系或者货币关系,而是把人与人的交往看做主体与主体的交往,将人与人的关系看做平等、友爱、互助的友好关系,将他人看做自己生命的伙伴,天下人皆朋友、兄弟、姐妹;他会将他人利益看做自己的利益,而不是将他人看做自己统治的对象,更不会为自己的利益而不惜牺牲他人利益;人与人的关系不再是功能化和表面化的物化关系,人也不会再为物役,而是在物欲的洪流面前雷打不动;诚实、守信、善良、高尚、纯洁等美好品质回归到人的自身,人人都成为全面发展的完美的人,人与人之间的异化现象从而逐渐消除。

由此可见,人类只有先通过审美教育调整、培养和陶冶人类本身,实现完美人格,成为全面协调发展的自由自觉的实践者,然后,在劳动实践当中,再按照美的规律,自觉抵制异化,进一步调整人与自然、人与社会、人与人的关系,最终就会创造出一个更加自由的新世界。而生活在这样的自由世界的人们又进一步受到更高级的心灵和精神的陶冶,向着更高级、更自由的文明王国迈进。这样,良性循环,以至无穷,人类最终必定会达到完全超越异化之目的,获得整个社会的稳定、协调和进步,使人类达到高度文明。就像席勒曾经富有诗意地所说的那样,"人性失去了它的尊严,但是艺术拯救了它……在真理把它胜利的光亮投向心灵深处之前,形象创造力截获了它的光线,当湿润的夜色还笼罩着山谷,曙光就在人性的山峰上出现了"。

总而言之,人类要超越异化,解放人性,实现完美人格,获得自由,回到人类的自由理想的家园,审美教育是其必由之路。当然,审美教育虽然是实现完美人格和超越异化的必由之路,但不是唯一道路,它是恢复和完善人性、消除异化的一剂良药,但并非百病皆治,尤其从全球的范围来看,现在的人类社会还很不文明,现代性的根源——资本主义生产力和生产关系还没有被根除,审美教育还不是万能的,它对消除异化的作用还是有限的,它并不能解决所有的社会问题,如对恐怖主义、霸权主义等异化现象都是无能为力的。因此,审美教育的作用还具有一定的局限性,我们不能无限地过分夸大它的作用。另外,在达到高度文明即实现共产主义以前,要想彻底消除异化也是不可能的,因为社会就是在"异化—消除异化—新的异化"中前进,我们只能是依靠审美教育向着超越和根除异化的目标无限接近。

第六章　批判理论的重建与
美学的现代性转型

穷则变,变则通,通则久。

——《周易·系辞下传》

　　审美教育是人类消除异化,实现完美人格的必由之路。然而,这难免有"亡羊补牢"之嫌,因为造成异化的根本原因——现代性并没有解决。对于消除异化来说,如果说审美教育是治"标"的话,那么,我们还应当治"本"。由于产生异化的根本原因在于现代性,更确切地说,在于现代工具理性,因此,要治"本"就必须重建理性,即交往理性,并将美学转向以交往理性为基础的文化修辞学美学,将文化修辞作为审美教育的主要手段。

第一节　现代性批判理论的困境

一、批判理论的核心:合理化

　　我们在第一章已经明确,现代性的哲学基础是理性主义,因此,现代性问题的核心是合理化问题,具体说来,它包括文化合理化和社会合理化。哈贝马斯曾经对韦伯和杜克海姆等人的理论进行研究并指出:"马克斯·韦伯不仅从合理化的观点出发论述了西方文化的世俗化,更重要的是论述了现代社会的发展。这种新的社会结构是通过那些双重功能交织在一起的制度形成起来的,而那些制度又是从资本主义企业和官僚国家机器的组织核心的周围结晶出来的。韦伯把这一行为理解为目的合理的经济行为和管理行为的制度化。在这样的范围内,这种文化的和社会的合理化的日常生活被把握住了,而那些传统的、在近代初期首先表现为职业等级差异的生活形式则已经自行解体了。但是,生活世界的现代化不仅仅是通过目的合理性的结构来确定的。杜克海姆(E. Durkheim)和米德(G. H. Mead)已经发现,合理化的生活世界是通过一种愈益趋向反思性的、并已失去了其质朴性传统的交往而产生出来的；通过行为规范和价值的普遍化，交往行为从限定的、狭隘的前后联系中摆脱出来，进入更宽泛的选择游戏的空间中；最后，通过各种社会化的模式，着眼于抽象的、自我同一性的培养并大大地促进了人的成长的个体化。正如社会理论方面的经典作者已经指出过的那样，这大致上就是现代性问题的图像。"①韦伯揭示的是现代社会在文化上和社会制度上的合理化；杜克海姆和米德揭示的是在新的交往行为以及与这种行为相关的、普遍的行为规范和价值的导向下形成并发展起来的现代生活世界的合理化。哈贝马斯将这两个不同侧面综合为现代性问题的全部内容，即文化的合理化和社会关系与制度的合理化。

文化的合理性能够保证相应知识领域的合理积累，提高人们动用相关的文化知识处理外在自然、社会交往和内在自然的社会化等问题的能力。哈贝马斯通过研究韦伯的现代性理论，曾经对文化现代性作了这样的描述："对韦伯来说，现代性和他所说的'西方理性主义'的内在的（也就说，不仅仅是偶然的）关系是不言自明的。他把祛魔化（disenchantment）描述为理性化的过程，这一过程在欧洲导致了在世俗文化中宗教世界观的解体。随着现代经验科学、自主的艺术、建立在原则基础上的道德理论和法律的产生，文化价值领域形成了，它使得一种根据理论的、美学的和道德实践问题的内在逻辑进行学习的过程成为可能。"②而社会合理化则表现为，由民法保障的追求自我利益的合理经济活动；宪法保障的公民普遍的政治参与权利；伦理和道德上的自主权，个人追求自己生活理想的自由；在公共领域中通过舆论等公共意志使经济和政治制度接受公众意识监督和制约的权利。

理性的文化和自由的社会结构是现代性的两个轴心，两者互相依存，互为条件。理性赋予主体认知和实践的能力，而理性的运用又以自由为社会条件。现代性理论必须运用现代性文化中的理性潜能揭示现代社会实现人类自由的条件。妨碍自由实现的因素总是体现为错误观念对人的束缚和不合理的社会制度对人的强制。所以，从批判意义上来讲，现代性意识总是表现为社会批判和文化批判；而从建设意义上说，总是表现为文化合理性的重建和合理社会的构想。

---

① ［德］哈贝马斯：《关于现代性的哲学演讲》，剑桥：政治出版社1987年英文版，第9—10页。
② 同上书，第1页。

二、批判理论的基石:主体哲学

不但现代性问题的核心(合理化)包括两个方面,而且,它们赖以产生的哲学基础(现代理性)也包括两个方面,即工具理性和交往理性。哈贝马斯将它们称为工具的合理性和交往的合理性。传统现代性批判理论往往把异化的根源归咎于现代性,或者说归咎于理性,其实,这是一种片面的、笼统的、武断的、不分青红皂白的、不负责任的诊断,因为交往理性能避免异化,而唯有工具理性才造成异化。工具理性之所以能够造成异化,其根本原因主要在于它的主体意识哲学基础。

现代性的哲学基础是主体哲学。康德的"哥白尼革命"是现代性主体意识的觉醒,它使主体性原则成为德国古典哲学的共同核心和起点,并规定了德国哲学发展的基本方向。黑格尔曾很有见地地指出:"现代世界的原则是主体性原则,即所有呈现在理智总体中的本质因素在其发展过程中都有存在的权利。"①主体性原则要求人的一切观念和行为规范都必须经过理性批判审查后才能被认可,人的理性取代了传统的权威成为真理的最高法庭。这一主体性是建立在人的普遍自我反思能力基础上的,人的自我意识是一切观念的来源,反思和批判是对自我意识的理性审视,人们通过理性的反思获得了个人的自主性和合理的生活方式所需要的道德和行为规范。意识同自身的关系成了哲学的中心,哲学的工作就是证明自我意识是现代性自我确证的基础。主体性原则成为现代性的核心原则,它凝聚着现代生活的经验,即自由,主体性自由成为现代性的标志,启蒙运动和康德哲学是这一现代性的表达形式。它们以意识同自身的关系取代传统哲学的自我同超验存在的关系,哲学转向主体自身去寻找自己时代的价值规范基础。"哥白尼革命"的意义就在于把近代主体自由和解放的经验上升为现代性的基本原则。

主体哲学把主客关系理解为基本的认知和行为关系,在行为理论中只能证明目的的(purposive)和工具的(instrumental)合理性,在文化领域中只能解释客观自然科学的合理性。从主客关系出发,认知合理性就是对客体的正确表象,行为合理性就意味着对客观过程的成功干预。这样,人们就不能理解集体性和真正的自我同一性经验。以自我为中心的主体哲学必然导致极端个人主义和人类中心主义,必然会将自己作为目的,而将其他人和生物作为实现自己目的的工具

---

① [德]黑格尔:《黑格尔的法哲学》,牛津 1952 年英文版,第 286 页。

或手段,所以也就必然导致人与人、人与自然和人与社会的矛盾和冲突。用哈贝马斯的话来说,它不能解释社会行为规范和自我表达的合理性,不能说明道德自我决定和个人自我实现的合理性。以自我为中心主体通过对其他主体的排斥和对自我本能的压抑来建立自己的主体意识的统治,必然会导致人与自然、人与人的冲突。主体哲学在概念上的自相矛盾和对文化合理性认识的狭隘性,必然使它把现代性理解为相互冲突的两种倾向,即作为理性的主体的人具有不可移易的自由;同时,社会合理化又只能体现为工具和目的合理性,并最终必然导致主体的自我奴役。从主体哲学出发的传统现代性批判理论,把理性理解为人的意识与身俱来的认知和实践能力,是主体对客体的表象和干预能力,主体与客体之间的认知与行为关系是理性的基本框架,主体对客体的反映成为真理的源泉。这一理论范式无法容纳现代性理想,它必然会导致理性和自由、自然与社会、个人与社会、情感与理性的冲突,必然导致社会异化现象的产生。

　　以主体性原则为核心的德国古典哲学,从康德开始就同物化意识相联系。康德理论虽然无情地粉碎了上一个世纪形而上学独断论的幻想,将形而上学实体的理性代之以认识形式的合理性,但由于这种理论的最终目的是要证明牛顿式的科学方法的普遍合理性而为科学主义辩护,它只承认科学的形式主义认识方法是唯一掌握现实的方法,所以他这种独断论的批判本身也是一种独断论,它反映了资本主义社会物化的意识结构,它是一种思维中的商品形式。物化可以理解为排除任何差异的同化机制,它不但把自然界的客体,而且把人的社会关系和个人的主体性情感和意志等,都作为可感知和支配的客体。"在商品关系的结构中,可以找到一切对象化的形式,以及与它们相适应的资产阶级社会的主体性形式。"①在资本主义雇佣劳动关系中,无论是生产者还是生产者之间的关系,都物化为商品生产的要素。人的本质以商品形式对象化,不仅决定着人与自然的关系,而且决定着人与人之间的社会交往和自我理解的形式。商品这一对象化形式预先决定着思维和行为主体同客观世界、主观世界和社会世界中任何事物发生关系的可能形式,它的本质是思维和社会关系的物化。卢卡奇认为,这一物化的意识结构早已构成资产阶级哲学的内在原则。社会劳动与生产者生活世界的分离,主体的行为和相互关系由传统具体道德价值规范的调节转向抽象交换原则的调节,使行为者对自己和他人采取客观化态度成为可能。这种行为态

---

① [匈牙利]卢卡奇:《历史与阶级意识》,杜章智、任立、燕宏远译,商务印书馆 1996 年版,第 83 页。

度虽然可以释放科学知识的生产力潜能,却使主体和主体间的关系物化为客体和客体间的关系。资本主义的合理化模式使劳动者放弃了自己的主体性,付出了物化的代价。

韦伯摆脱了欧洲形而上学的历史哲学的重负,从欧洲历史的具体条件出发,从欧洲现代文化和社会结构变迁中,揭示了现代性的本质特征。他既把合理化(rationalization)作为现代社会的特征,但又认为合理化的最终结果是自由和价值的失落,他对现代性的这一诊断改变了人们对启蒙和现代性的态度,从此,悲观主义成了现代性话语中挥之不去的阴霾。

韦伯的合理化包括文化的世俗化和社会组织的合理化。文化的世俗化是世界观合理化的结果,因为宗教形而上学的解体导致了世界观的祛魅化(disen-chantment of worldviews),现代经验科学、独立的艺术和以原则为基础的道德和法律也随之产生了,这些文化知识按照自己价值领域的合理性和内在逻辑处理相关的问题,文化不断摆脱传统习惯的束缚而获得反思和学习的能力。社会组织的合理化包括经济的资本主义化和行政管理机构的官僚化。经济系统从传统的宗教政治统一体中分化出来成为相对自主的行为领域,生产者按照目的合理性行动;国家摆脱了传统的宗教和道德的合法性压力而转向按抽象的法律规则进行管理,国家职员日益脱离传统生活世界的道德和社会习俗的约束而按照形式合理化的要求行动。经济和政治的合理化使社会发生分化,形成了结构上日趋复杂、功能上日趋独立的行为系统。社会合理化即目的行为和策略行为的合理化和制度化,它提高了经济系统运行的效率和国家的管理能力,因此,韦伯称其为企业的科层化和国家的官僚化(bureaucratization)。

韦伯所说的社会合理化,实质上是工具理性的合理化。工具理性是资本主义经济行为的基础。资本主义是以利润动机,并按照工具理性组织起来的行为系统。在私人经济行为和公共政治行为领域中,社会的合理化都是朝着目的合理性(purposive rationality)和策略合理性(strategic rationality)方向发展的。传统世界观的解体意味着由实体性理性(substantive rationality)转变为形式的理性(formal rationality),因此,只有工具性的知识可以得到合理的证明,而价值和规范就因无法通过理性证明而丧失了存在的权利。文化合理化也只是工具理性的合理化。因为工具理性具有合理化的优势,资本主义的现代化只能释放工具理性的潜能,所以,与这种合理化相适应的经济和政治制度,使人完全失去了自主性而成了被动执行系统命令的存在物。完全启蒙的世界是一个组织化的世界,是一个受非人格力量统治的世界,是一个没有意义和价值的世界。韦伯对现代性做出的诊断——自由的失落和意义的失落(loss of freedom/loss of meaning),成为后人对启蒙和现代性理想反思和批判的两大基本主题。价值虚无化的倾向之所以会在资本主义时代出现,其根本就在于工具理性,具体而言,就是因为它按照个人利益原则利用文化资源,从而使那些有碍于资本主义生产和管理的价值取向被压抑了。一旦金钱代替了传统价值作为行为调节的力量,价值虚无化时代的大门就为愚蠢的人们打开了,于是,人类也就踏上了价值虚无主义的不归之路。

三、现代性批判理论面临的困境

本来现代社会变迁的本质是社会的合理化和现代化,现代化是世俗化、祛魔化、理智化的过程,合理化意味着理性的增长、个人的自由,因此,传统社会的现代转向,标志着人类历史的积极发展。但是,合理化的结果却与启蒙理想背道而驰。韦伯还把新教徒式的企业家作为目的合理性和价值合理性相统一的理想人格化身的典范形象,并以此为出发来反观现代生活方式,证实了合理化的悖论,即新教伦理不但是资本主义精神的起源,而且也是社会进一步合理化的障碍。"局限于专业化的工作,弃绝它所牵涉的浮士德式的人类共性,是现代社会任何有价值的工作得以进行的条件,而其得与失在今天必然是互为条件的。"①若以此方式来实现人的生命价值,来追求完整和美,无异于缘木求鱼,南辕北辙。"当竭尽天职已不再与精神和文化的最高价值发生直接联系的时候,或者,从另一方面说,当天职观已转化为经济冲动,从而也就不再感受到了的时候,一般地说,个人也就不再找什么理由为之辩护了。"②人的行为动机的外在化意味着人本身已不再是自身的目的,而是成了一架赚钱的工具,成了金钱的奴隶。因此,那种生机勃勃的为自己的使命而献身的崇高人格就烟消云散了。

价值失落的必然结果是自由的失落。一旦行为者不再把价值合理性作为追求的目标,那么,其行为就意味着已被完全工具化了。一旦经济和法律秩序的规则成了行为合理性的准绳,并把人完全纳入到科层组织的功能之中,个人就失去了自由选择自己价值和生活目标的能力。当禁欲主义者从修道院的斗室进入日常生活,并形成了庞大的近代经济秩序,"而这种经济秩序现在却深受机器生产的技术和经济条件的制约。今天这些条件正以不可抗拒的力量决定着降生于这

---

① [德]马克斯·韦伯:《新教伦理与资本主义精神》,三联书店 1987 年版,第 141 页。
② 同上书,第 142 页。

一机制之中的每个人的生活。而且不仅仅是那些直接参与经济获利的人。也许这种决定性作用会一直持续到人类烧光最后一吨煤的时刻。巴克斯特认为，对圣徒来说，身外之物只应是'披在他们肩上的一件随时可甩掉的轻飘飘的斗篷'。然而命运注定将这斗篷变成一只铁的牢笼"。①

在《启蒙辩证法》中，霍克海默和阿尔诺对启蒙和现代性的批判更为激进，他们把马克思、韦伯、卢卡奇等对特定文明形态的批判扩展到对整个文明史的批判，把资本主义现代性的批判扩展为广义的启蒙历史的批判。"启蒙的纲领是世界的祛魔化、神话的消失以及知识取代幻想。"②但这种精神的理智化和条理化以形式合理性为原则："对启蒙来说，任何不符合计算和功利规则的东西都是可疑的。"③霍克海默对现代性的诊断以韦伯理论为出发点，强调形式合理性取代传统的实质合理性是现代工业文明的特征，形式合理性是"现代文化工业的基础"。所谓形式合理性就是韦伯所说的目的合理性，它是指在一定条件下对手段和行为策略最优化的选择能力。其合理性是由行为目的是否成功来衡量，通过经验科学的积累和学习过程不断改进的。但这种合理性能力的提高与人们对目的的合理选择和价值的合理确定无关。霍克海默的观点与韦伯也有不同之处，他从德国古典哲学的理性概念出发，把这种合理性作为理性的否定。他将韦伯所说的形式合理性或目的合理性称为工具理性，因为在德国古典哲学中，理性涉及的不是手段和工具选择的合理性，而是目的和价值本身的合理性，前者是知性能力，后者才是理性能力。霍克海默说："当初构想理性观念时，所指的不仅仅是对目的和手段关系的调节，理性被认为服务于对目的的理解和决断。"④

霍克海默还认为，现代文化是由客观理性向主观理性的转变，现代社会是由自由竞争资本主义向有组织的国家资本主义的转变，在这个过程中，生命的意义和个人的自由面临着危机，现代性的历史轨迹是从人类的解放走向自我奴役。具体说来，宗教和形而上学世界观由于自身合理化的内在逻辑而为合理化世界观所代替，这是合理的、符合世界观合理化的要求的，但这也促使了现代意识的产生。现代意识的特征是文化价值领域的分化和相对独立性的建立，其结果是信仰和知识的主观化，艺术和道德与命题的真理性无关，甚至科学也放弃了古典

①　[德]马克斯·韦伯：《新教伦理与资本主义精神》，三联书店1987年版，第142页。
②　[德]霍克海默、阿尔诺：《启蒙辩证法》，纽约1972年英文版，第3页。
③　同上书，第6页。
④　[德]霍克海默：《理性之蚀》，纽约1974年英文版，第10页。

哲学的真理概念,单纯由它在工具行为中的效果来决定自己的价值,理性完全主观化了。而知识和信仰的主观化,意味着理性仅仅是个人和人类生存的工具,它失去了实现精神统一的力量,这样相互独立的知识和价值的冲突就无法调和了。理性的主观化瓦解了人们相互理解的客观意义背景,瓦解了生活世界统一性和社会统一性的基础。主观化和工具化的理性与资本主义社会经济和政治制度相结合就会产生各种越来越密集地控制人的行为的社会机构,从而瓦解人类生存的自由空间。主观理性把世界视为非伦理的、机械的、量化的世界,理性是价值中立的手段和目的之间的协调。而古典哲学的客观理性关注的不是手段和目的的协调,而是最高的善的理念,人类命运问题,实现终极目的的方式问题。现代文化的主观化使这一理性失落了。自然的非圣化(de-sacralization)使现代科学脱离传统的宗教和形而上学宇宙观,规范的主观化使道德成为与超越存在无关的主观规范,艺术的自主化使艺术成为与认知功能和行为调节功能无关的主观情感的表达。形而上学和宗教世界观的解体使得意义统一性瓦解了,它损害了社会主体相互理解和相互协调的能力。

霍克海默从理性的主观化推论出意义失落的结论,从社会合理化中推论出自由失落的结论。他指出,19世纪是现代性的历史转折时期,在文化上,表现为世俗人道主义和现代科学完全取代了宗教和形而上学;在社会上,表现为自由资本主义向垄断和国家资本主义转化,个人自由主义随着经济组织的复杂化和国家的干预日益受到威胁。在早期现代性中,自由是建立在个人主义文化和社会经济条件之上的,这些条件在现代社会已经消失了。按照目的合理性组织起来的行为系统日益取代个人的价值信念成为决定人的行为的力量。从自由竞争资本主义向有组织的资本主义转变,意味着自我拯救和自我实现的个人认同模式向通过社会组织来实现自我肯定的模式转变。主体越来越由内在超我(superego)的指导转向被动地适应他们的生存环境。阿尔诺把这一社会称为"被管制的世界"(administrated world)。理性的主观化取消了道德和价值选择的客观基础,自由已变成个人主观任性的代名词。

启蒙既是主体性的解放又是对自然的奴役。通过以主体性为基础的工具理性来实现自我同一性和自我意识,必然会打破人类与自然的和谐共生状态,把自然、自我和他人转变为可认知和操纵的客体,造成人与自然、人与人、人与自我和人与社会的关系的严重异化,因为启蒙追求的主体性是以放弃自然的赐福和自我压抑为代价的,理性工具化意味着对外部自然和内在自我的压抑。文明的历史是牺牲的内化的历史,是断念的历史。"启蒙的内在标志是对客观的外在自

然的统治和对内在自然的压抑。"①"人本身去掉自然意识时,人在生活中维持的
一切目的,社会进步,一切物质和精神的提高,以及意识本身都无意义了,而手段
作为目的被提高到登峰造极的地步(这种情况在晚期资本主义制度中具有肆无
忌惮的疯狂性),这在主体的原始历史中已经可以感觉到了。"②为统治自然而牺
牲人的自然本能和欲望正是工具理性的要求。哈贝马斯对此总结得好:"以压
抑他们的内在本能为代价学会统治外在自然这一人类塑造自我同一性的形象提
供了一种描述模式,在这里启蒙过程显示了它的两面性(Janus-face)。断念、自
我掩饰、自我与他的本性交往的中断,这一代价正是牺牲内向化的结果,自我一
旦智胜神话,就会再一次被命运所征服。"③以工具理性建立起来的世界似乎是
一个清醒的世界,但实际上是一个陷入了身不由己的可怕物化状态的世界。这
是原始的自然力量对那些自以为获得完全解放了的人的无情的报复。

启蒙不但是自我牺牲、自我放弃,而且是自我欺骗,是一种压迫和统治。霍
克海默和阿尔诺认为,启蒙受自我保存的冲动支配。自我保存、自我主宰、自我
统治成了启蒙至高无上的目的,为达此目的,人必须放弃幻想,学会欺骗自己和
他人。人们为了统治自然,必须学会控制自己和统治他人,把他人当做敌人或者
当做自己的工具。尤其在阶级社会,自我同一性的建立总是以对他人的统治为
前提的。西方文明史的秘密就是自我牺牲和对他人的统治和压迫。难怪霍克海
默和阿尔诺就把启蒙看做人类的自我毁灭过程,看做人与自然、人与自我、人与
人关系的异化过程。这种自我毁灭和异化过程的根源,就在于人类根深蒂固的
自我保存本能,而能够服务于自我保存本能的就是工具理性。工具理性必然会
使生产力变成破坏力,理性变成非理性,解放变成压迫,文明退化为野蛮。

启蒙的工具理性不仅导致人与自然、人与人、人与自我关系的异化,而且导
致文化的堕落。霍克海默和阿尔诺在《启蒙辩证法》的导言中明确指出:"理性
绝不是在理性赤裸裸表现出来的那个阶段,而是一开始不仅在思想上,而且在实
践中都有自我毁灭的趋势。"④现代文化,包括科学、道德和艺术已经完全工具理
性化了,已经变成非理性统治的意识形态。"当思想被归结为数学公式时,世界
只能以它的尺度被认可,一切作为主观理性的成就所表现的东西,一切存在的东

①　[德]哈贝马斯:《关于现代性的哲学演讲》,剑桥:政治出版社 1987 年英文版,第 110 页。
②　[德]霍克海默、阿尔诺:《启蒙辩证法》,纽约 1972 年英文版,第 54 页。
③　[德]哈贝马斯:《关于现代性的哲学演讲》,剑桥:政治出版社 1987 年英文版,第 109—110
　　页。
④　[德]霍克海默、阿尔诺:《启蒙辩证法》,纽约 1972 年英文版,第 xvii 页。

西都从属于逻辑公式,理性适应的是以直接形式表现出来的东西。"①科学知识为了技术上的有效性,已经放弃了对事物本质的认识,把对象还原为直接通过经验给予的一切,取消了事物的本质性、历史性和全面性,放弃了成为理论知识的要求,变成了实证主义意义上有用的技术知识。现代科学知识获得有用性和精确性的代价,是理论教养的全面退化。

文化现代性表明,理性的主观化已经使科学、道德和艺术全面堕落。理性已堕落为工具理性,成为自我保存和非理性统治的工具。随着早期文化中的宗教和形而上学因素被根除,文化失去了与社会之间的批判和调节的中介而被社会同化。"在文化现代性中,理性被剥夺了其有效性要求,被吸收到纯粹的权力之中。"②理性失去了曾经拥有的对现实的判断能力,失去了根据理性区别有效性和无效性的标准。启蒙和理性不再是人类拥有的正义之剑,它已经与权力同流合污,堕落为统治的"猫爪子"。

从文化的反思性来看,理性主观化体现的正是现代性特有的主体自由的经验。倘若把这种主体理性放在以个人为中心的主客体模式之中,理性的主观化就会导致工具化,因为从个人的目的和意图出发,一切他人和事物都会被物化为达到自己目的的工具和手段,理性也就成为调节目的和手段关系的能力。现代艺术正是产生于这样一个以个人为中心的主客体模式之中,因此它也被工具理性化了。难怪哈贝马斯警告说,诉诸艺术逃避现代性的困境,只会导致哲学思维的倒退,退回到一种过时的哲学阴影之中,使哲学退化为一种空洞的修辞学。

无论是否定辩证法,抑或艺术乌托邦,都充分暴露了批判理论已经走入绝境。批判理论的困境也是现代性理论的困境。在文化上,工具理性成为合理性的典范,道德实践理性和审美实践理性处于边缘化的地位;在社会中,经济组织和国家日益成为核心机构,个人处于边缘化的地位。工具理性的发展不是人的自由的实现,相反,工业生产和现代官僚制使人日益陷入无法挣脱的铁笼子(iron cage)。理性在工具行为中的绝对化已经变成了野蛮的工具理性,没有揭示蕴涵在现代性理想中的理性潜能,从而不能为启蒙的现代性理想的实现提供合理的基础。工具理性批判对承担现代性批判诊断这一任务已经力不从心,因为它染有的是主体性哲学这一痼疾。哈贝马斯早已指出:"以前的批判理论,不是

---

① [德]霍克海默、阿尔诺:《启蒙辩证法》,纽约1972年英文版,第27页。
② [德]哈贝马斯:《关于现代性的哲学演讲》,剑桥:政治出版社1987年英文版,第113页。

因为这样或那样的衰落而失败的,而是因为意识哲学范式的枯竭而失败的。"①因为主体哲学具有特定的概念结构,所以它只能将目的合理性设想为其理性王国的唯一"公民",而不能让某种解放的社会合理性理论建立在这种理性概念之上并让其加入理性王国的国籍。"仍然受主体哲学条件约束的工具理性批判,暴露了它的限制……因为它缺乏充分灵活的概念,来说明工具理性破坏的东西的完整性。"②这就是工具理性批判的困境的根本所在。

　　那么,怎样才能走出批判理论的困境呢? 最重要的是要重新理解和认识启蒙现代性。不能从现存的资本主义具体形式和现实经验出发,而要从启蒙和神话、传统意识和现代意识结构上的区别来加以准确把握。主体意识哲学已经耗尽了它的批判潜能,哲学的理性观和社会理论都必须进行范式的更新,必须进行现代性话语的历史重建。只有超越主体哲学的理性观,克服工具理性批判的片面性,才能为现代性的反思提供新的规范基础。真正的启蒙辩证法,只有摆脱主体哲学的现代性理论困境,又不抛弃它的批判和乌托邦意向,从超越了工具理性的交往理性概念出发,才能走出理论困境。

第二节　现代性批判理论的重建

　　自启蒙运动以来,人们开始按照现代自然科学的理想来重建社会理论。笼罩着传统社会宗教伦理的神圣光环从此被打破,社会也被还原为功利的世界,社会理论由追求人的道德自我完善和善的生活(good life)转向社会关系的合理调节。"从德行的秩序转变为社会交际的调节。"③社会科学成了道德和价值中立的客观知识。"这一要求的技术性解决的实际必要性标志着现代社会哲学的开端。"④现代社会哲学再也不关心人的德行和善的生活,社会的生存和发展成了社会哲学的基本课题。古代人追求人与自然的和谐,现代人追求如何制服自然,古代人理论的出发点是如何在实践中领悟理性的自然秩序,现代人理论的出发点是技术地降服自然这一恶魔。启蒙运动所揭示的人的理性高于一切的理想最终导致人在技术上操纵一切,对自然的技术控制最终也导致了对人的技术统治。现代性的张力就是启蒙工具理性思维同传统生活理想的冲突。工具理性批判矛

①　[德]哈贝马斯:《交往行为理论》,第 1 卷,波士顿:培根出版社 1984 年英文版,第 386 页。
②　同上书,第 389 页。
③　[德]哈贝马斯:《理论与实践》,伦敦:1974 年英文版,第 399 页。
④　同上书,第 51 页。

头总是指向形式化的工具理性,而其用以批判的规范基础,总是那种已被现代意识超越的形而上学或宗教的实体理性观。建立在主体哲学基础上的现代性反思,不能展示启蒙现代性理想的规范内容,不能揭示现代性在资本主义现代化过程中的矛盾和特殊限制,不能明确提出现代性合理潜能实现的途径。工具理性批判理论之所以陷入困境,就在于它仍墨守着黑格尔的理性概念,没有根据现代哲学和社会科学的发展更新批判理论基础。因此,要走出批判理论的困境,就必须重建现代性批判理论规范基础。

一、交往行为理论的构建

批判理论的规范基础重建,必须为现代性理想的兑现提供理性的基础,既超越先验理性和超验理性的证明模式,又摆脱工具理性批判的理论困境。哈贝马斯通过对卢卡奇和阿尔诺等人的物化理论的批判反思指出:"批判理论不需要借助方法论术语来证明它的可信性,它需要一个实质性的基础并把自己从意识哲学的瓶颈中引导出来。"①而对现代意识来说,重要的不是自我意识和自我维持,而是启蒙哲学所表达的那种理想,即社会成员通过相互理解和行为合作不断走向自由的理想。这种理想既不能像形而上学本体论那样理解为世界本身的内在合理性,也不能理解为单靠技术和管理合理化提高人类的福利和安全。现代性归根到底是指在现代生活条件约束下生活世界本身的合理化。

那么,怎样重建现代性批判理论的规范基础呢? 第一,必须满足后形而上学时代理性重建的可能性,因为现代意识已经超越了宗教和形而上学的思维模式;第二,这种理性必须能够满足现代性理想的规范要求,即现代科学、道德和审美经验的内在有效性要求;第三,必须能够为人类再生产和社会合理化提供普遍合理的条件,文化合理性必须成为社会全面合理化的力量;第四,必须能够历史地经验地说明合理性在社会行为和社会系统制度化的具体形式。总之,现代性规范重建的任务,就是要澄清文化合理性和社会合理性的理想,为现代性的诊断和批判提供一盏规范、准确的"引航灯"。

要完成这一艰巨的历史使命,最根本的就是要进行哲学基础和范式的转换,因为现代性危机实际上是理性的危机,理性的危机就是传统哲学范式的危机,对启蒙的批判也是对理性的批判,就是对主体意识哲学的批判。如果我们仍然从

①　[德]哈贝马斯:《现代性的地平线:哈贝马斯访谈录》,上海人民出版社 1997 年版,第 145 页。

主体哲学的认知和目的行为关系出发,以建立在主体意识哲学基础上的理性批判理论来批判现代性,那无异于与虎谋皮。只有从主体哲学走向主体间哲学,由工具理性批判走向交往理性,由意识哲学转向语言哲学,才能使批判理论走出困境。如果从人类相互理解的言语行为出发,我们就能从另一方面看待人类再生产和社会合理化。"如果我们假定,人类是通过它的成员社会协调行为维持的,而这种协调又是通过交往建立的——即在核心领域通过达到一致意见的交往——那么类的再生产也就获得内在于交往行为中的合理性的令人满意的条件。"①这种交往理性,并不是自我维持的主体通过对象化的方式同客体发生认知和行为关系,而是建立在生活世界共同的意义背景基础上,通过社会成员相互理解达成共识。主体的自由和人类关系的和解的力量包含在语言的相互理解机制中。社会理论必须告别主体意识哲学的工具理性,转向以语言的理解机制为核心的交往理性。只有在新的理论语境中,才会既能保留批判理论的积极因素,又不堕入理性的怀疑主义和人与自然无中介交往的非理性或超理性的乌托邦。

我们之所以要建立交往理性,还主要在于人类掌握着不同的知识。哈贝马斯根据人类知识所赖以产生的不同的利益驱动将其分为三类:一是科学技术知识,即技术上可资利用的知识,目的是用来有效地改造世界和满足人类物质利益的需要,其认知取向是对待自然的工具行为态度,行为的根本结构是手段——目的的结构,其合理性是工具合理性;二是人文科学知识,用来满足对意义和价值理解的需要,其目的是澄清实际生活的行为规范和符号表达行为中的意义问题,它的行为结构是主体间的相互交往,要求的合理性是交往合理性;三是自我反思的批判知识,主要是满足人类自我解放的需要,人类的解放意味着人的自由和自律,批判和反思的任务在于通过对不合理的社会制度和意识形态的批判,把人们从他人的强制和自我异化的状态下解放出发,恢复人的自由和自律。哈贝马斯认为,仅有科学技术知识和人文科学知识是不够的,因为人类通过劳动和交往维持社会本身的再生产,劳动维持着社会性的物质再生产,相互理解的交往关系维持着社会关系的再生产。但是,在社会交往中,由于阶级利益的冲突会产生强制性的社会制度和意识形态,它们会导致人与人关系、人与自我关系的扭曲。在人的生存和相互理解的需要之外还存在着更高的人类利益,这就是人类自我解放的利益。可见,人类要达到自我解放和自由的目的,就必须从人的日常语言行为出发去重建批判理论的基础,为传统理性概念提供新的范式。

---

① ［德］哈贝马斯:《交往行为理论》,第1卷,波士顿:培根出版社1984年英文版,第399页。

　　交往行为理论的建立,包括两个方面:一是从行为理论背景出发提出的交往理性概念,即通过形式语用学阐明以理解为取向的交往行为的基本特征,重新把握理性概念,其目的是要超越形而上学和工具理性概念;二是从社会理论背景出发提出的生活世界和系统二元结构理论,即通过对理性在现代社会的制度化的不同方式的研究揭示社会合理化的基本要求,其目的是要超越社会总体性的社会观,把现代性的工具理性批判发展为社会功能主义批判。

　　交往理性不是以认识论为基础,而是要以语言理解为核心。交往理性不能建立在传统本体论的存在或宗教上帝的基础上,也不能建立在个体的自我意识基础上,而要建立在语言之上。因为理性的普遍性和超越性要求一种具有普遍性、公共性的媒体,这一媒体只能是语言。哈贝马斯早在1965年就明确指出:"使我们超出自然之外的只有一件东西:语言。通过它,自律和责任就被置于我们前面。我们最初的语词毫无疑问地表达了那种普遍的非强制的共识意向,而自律和责任一起构成我们先天(在传统哲学意义上)所拥有的观念。"①他还认为,理性的基础不可能消亡,因为人类还有语言,"今天语言问题代替了传统的意识问题;语言的先验批判超越了对意识的先验批判"②。当人类用语言相互沟通时,理性已经蕴涵其中了。因此,交往行为理论是既包括理性的规范重建,又包括现代社会经验研究的系统理论。语言学转向意味着批判理论从经典的意识形态批判理论,转向对知识和行为合理性基础的积极重建。

　　"重建"(reconstruction)的方法论特征是重建批判理论的最重要的关键,具体说来,就是把先验哲学揭示的理性超验普遍性要求与现代知识的经验可证实性要求统一起来。我们知道,从某种意义上来说,现代性的反思就是对理性的反思。启蒙运动的现代性理想从19世纪开始就受到保守主义和非理性主义的挑战,在今天仍然受到新保守主义和后现代主义的挑战。新保守主义在发展韦伯的理论时走的是右倾路线,它把韦伯所描述的工具意义上的合理化作为理性的实现形式,可以说是非批判的韦伯主义,因为新保守主义想驯服理性主义的乌托邦冲动,使理性停留在工具和目的行为领域,使之成为经济发展和社会统治的力量,把理性等同于工具理性。而工具理性批判理论从韦伯出发走的则是"左"倾路线,因为它把启蒙的理性主义作为集权化的统治理性,从批判意义上理解工具理性的总体化。结果,它诉诸超理性或前理性作为拯救的力量,放弃了从理论上

---

　　① 〔德〕哈贝马斯:《知识与人类利益》,波士顿:培根出版社1971年英文版,第314页。
　　② 〔德〕哈贝马斯:《社会科学研究的逻辑》,法兰克福1971年德文版,第220页。

阐明理性这一哲学的根本任务。理性工具化意味着放弃理性的超越性，使理性同现实的统治和权力结合起来，使理性由解放的动力变成统治的工具。工具理性的总体批判理论放弃了理性概念的经验证实性要求，把理性视为超理论的情感表达和朦胧向往，理解为与工具理性抽象对立而又缺乏明确规定性的"异端"。重建批判理论就是要克服这两种倾向偏颇，将其在新的形式中重新进行整合。

批判理论重建这一伟大工程，既不能通过传统哲学的先验演绎，也不能通过现代经验科学的经验归纳来实现，对此，哈贝马斯在现代的重建式科学（reconstructive science）的范式当中为我们找到了理性证明的新的模式。重建式科学是一种区别于具体经验知识的特殊理论，它从具体行为和经验知识出发，揭示一类行为和知识合理性的普遍形式和结构。现代科学哲学是这种重建式科学的最早范式。科学哲学对知识合理性的研究是从经验科学出发的，但与经验科学不同，它要揭示的不是具体经验对象的规律，而是科学知识的合理性的普遍规则，即揭示相应知识和行为领域中人的理性能力和规则。重建式科学既不研究具体的经验对象，也不同于传统的先验哲学，虽然它在性质上是经验的，其揭示的规则是一种假设，可以诉诸经验证明，但又不同于经验分析科学，它揭示的是认知和行为主体的合理性能力和规则，因而保持着传统哲学的超验向度。

我们可以将交往行为理论视为重建式科学的反思综合，在方法论上，它与重建式科学没有区别，区别只在于任务的不同。重建式科学只限于某一行为和知识领域的行为和认知能力的重建，而交往行为理论则要重建人的认知——交往的普遍能力。因此，可以说交往理论是重建式科学本身的重建。交往行为理论的方法论特征是，把哲学降级（demote），使重建式科学升级（premote）。哲学放弃了澄清具体知识基础的任务，这一任务已让位于重建式的科学。

应当特别注意的是，无论从语言学转向来说，还是从社会学转向来说，交往理论都离不开"实践"这一最根本的基础。马克思主义认为，完整意义上的交往范畴，概括了全部社会物质生活和精神生活，是人与人之间的物质的和精神的变换过程，是人与人之间交换及其活动的过程，是人与人之间以一定的物质或精神的手段为媒介的互为主客体的相互作用过程。交往活动是人的个体活动加入和转化的社会活动总体的基本形式，同时也是社会活动总体的各要素在不同个体或集团中分配的基本形式。交往产生于人类的实践活动中，正是在物质生产中，人与人之间的关系产生了，而物质生产的发展和扩大，也发展和扩大着人们对交往本身的需要，并提供交往发展和扩大的前提。而交往的发展和扩大又反作用于物质生产,通过产生新需要、发展开拓新的生产领域。

实践是交往关系产生的基础,在实践活动中总是展开与生成着双重关系:一是人与自然的关系,即主体对客体的重塑与创造。二是人与人的关系,即主体与主体之间的相互沟通、相互交流、相互协作等。这两种关系缺一不可,随着文明的发展,人与人的关系占据了愈来愈重要的位置。没有实践的社会关系和没有社会关系的"抽象"实践都是不存在的。马克思认为,实践是人的"感性活动",构成人的"类本质",然而,"人的本质是人的真正的社会联系,所以人在积极实现自己的本质的过程中创造、生产人的社会联系、社会本质,而社会本质不是一种同单个人相对立的抽象的一般的力量,而是每一个单个人的本质,是他自己的活动,他自己的享受,他自己的财富。"①马克思还在《德意志意识形态》中说:"生命的生产——无论是自己生命的生产(通过劳动)或他人生命的生产(通过生育)——立即表现为双重关系:一方面是自然关系,另一方面是社会关系。"②可见,人类实践作为人的本质力量外化、对象化过程,不仅是主体自觉改造物质客体、形成"周围感性世界"的感性活动,更重要的是,"实践本身是以个人之间的交往为前提的"。③同时,社会关系和社会生活在本质上是实践的。社会关系绝不是同单个人相分离的力量,它就是诸主体间交往关系,或是交往实践过程及其产物。

由此可见,交往与实践是同时产生,互为前提的。什么样的实践活动将决定着什么样的交往方式。从马克思对实践的分析可以看出,他从两个方面阐述了人类的实践活动。一是单纯作为谋生手段的实践活动。在这种活动中,人是受强制的、被迫的。对此,马克思有一种形象的比喻:当强制性限制一解除,人就将像逃避鼠疫一样逃避劳动。这时,人与人之间的交往是异化的,一少部分人以大多数人作为手段、工具来实现自己的目的,即人与人之间的关系是不平等的,是压迫与被压迫的。二是人的自由自觉的实践活动。在这种活动中,人是自由的、富有制造性的,劳动是对人的本质力量的体现及其体现为对人的潜能的开发,人"按美的规律进行创造",在劳动中,人感受到美,自由、创造的喜悦等。马克思认为:"在理想的交往主体身上将产生一种新的需要,即真正交往的需要。这种需要不是对手段而是对目的的需要,换言之,交往本身就是目的。"④这样,人与

---

① 《马克思恩格斯全集》,第42卷,人民出版社1979年版,第140页。
② 《马克思恩格斯全集》,第3卷,人民出版社1962年版,第3页。
③ 《马克思恩格斯选集》,第1卷,人民出版社1995年版,第25页。
④ 《马克思恩格斯全集》,第42卷,人民出版社1979年版,第140页。

人之间平等地交流自身的感受,人不仅可以在与他人的交往中反观到自身,而且可以丰富自身,使自我得到确证。这时,社会就体现为"自由人的联合",每一个人存在的同时也都是为他人的存在,而以往迫于生存需要而进行的交往,变成了人对自身生命本质的自由的全面占有,交往成为人的内在需要。马克思认为,随着人类劳动实践由被迫的生存性活动转变为自由的创造性活动,人类交往也不再是以往形态的简单延续,而相应发生了根本性质的变化。唯有如此,人类才从过去已有的条件出发开始真正的社会生活,个人与社会的冲突才得以解决,这样个体既克服了封闭感、孤独感,又不会被社会同化,社会为个体提供了表达其潜能的机会,整个社会成为富有个性的自由人的联合体,因此,个体重又获得了丰富性与全面性。这正如马克思所说:"人是最名副其实的社会动物,不仅是一种合群的动物,而且是只有在社会中方能独立的动物。"①

既然真正的交往是与自由自觉的实践活动相连,那么自由自觉的实践活动是如何产生的呢? 马克思认为,只有在生产力高度发达的情况下,克服强制性的分工,理想的交往形式和实践活动才会产生。分工的确提高了人类改造自然的能力,在分工的条件下,人类实践是以类的整体活动形式出现的,然而,每个人的活动却都失去了实践的完整意义。在每个社会成员那里表现出来的原始的丰富性,转化为一种已经急速提升的人类整体丰富性。这对于人类总的发展是十分必要的,但是它是以个人的片面化为代价。尤其是个人与社会的冲突,随着分工的发展越来越激烈,但是,这只是人类发展的一个必经的阶段。只有在生产力高度发展的条件下,通过消灭私有制,对社会生产的自觉调节、缩短劳动时间、增长自由时间等途径,使人们摆脱自发的强制性分工的束缚,使"任何人都没有特定的活动范围,每个人都可以在任何部门内发展"②。唯有如此,真正的、全面的、自由的、交往关系与创造性活动才会产生。

由上述关于交往的讨论可以看出,交往问题的真正解决最终仍应回到实践中来。虽然,现代的一些哲学家也意识到"交往"问题的重要性与必要性,但是他们大多把此看做是观念上的东西:语言的交流、心灵的沟通等,而忽略了"交往"产生的根源,及其现实基础,这就决定了他们不能从根本上解决现代人所处的交往困境。只有回到实践中来,认识到交往与人的最本质的存在方式——实践是息息相关的,认识到现存的交往的异化状态是目前人类实践活动的畸形发

---

① 《马克思恩格斯全集》,第 2 卷,人民出版社 1962 年版,第 87 页。
② 《马克思恩格斯全集》,第 3 卷,人民出版社 1962 年版,第 3 页。

展所造成的,并对其进行彻底的改变,才会真正解决我们目前"交往"中所存在的功利主义倾向,才会实现一个和谐的、以理解为目的主体间关系,才会使人具有全面性、丰富性,换言之,"完美人格"才能实现。

因此,对于交往理论,我们可以从如下两个方面来理解:从哲学的语言学转向来看,它是现代语言哲学的意义理论的一部分,因此可称为语言学的交往行为理论。其任务是,澄清日常交往行为中的相互理解的普遍前提,哈贝马斯称之为普遍的或形式的语用学(formal pragmatics)。而从社会理论转向来说,它又是社会学行为理论的一部分,因此可以称为社会学的交往行为理论。其任务则是要澄清不同行为类型的合理性原则。两者虽有不同,却是相互依赖的,前者是社会学交往行为理论的基础,而后者则是交往行为理论通向社会理论的中介,它直接服务于社会理论的构建。所谓批判理论的语言学转向,可以理解为通过语言学的交往行为理论为文化现代性和社会现代性研究提供新的规范基础。但是,最根本的是应当以实践为基础。

二、交往行为理论的要义

所谓交往行为(communicative action),是指至少有两个行为者通过语言理解协调相互间关系的互动行为。在交往行为中,语言同时承担认知、协调和表达功能,并作为相互理解的中介具有独立的意义。理性的统一性包含在通过言语行为的相互理解达成的共识之中。行为者共同寻求他们对情境和行为计划的理解,用一致的意见协调彼此的行为,达到共同的目的。其核心概念是对情境的解释(interpretation of situation),以便达到对情境理智的共同界定(definition)。其本体论前提除假定客观世界、社会世界和主观世界的存在外,还必须假定作为知识和观念载体的语言世界的存在。交往行为不是直接与世界本身发生关系,而是通过语言同客观世界、社会世界和主观世界间接地发生关系。它也不是单方面地与某一世界发生关系,而是同时把三个世界作为理解和解释的框架。其合理性标准必须同时满足四个基本的有效性要求(validity claims):语言形式本身的可理解性(understandability)、对客观事态陈述的真实性(truth)、规范调节的行为者之间的关系的正当性(right)和主体性的表达的真诚性(sincerity)。如果行为者同时满足这四个有效性要求,就能在意见一致(agreement)的基础上协调相互关系,从而为社会合作提供合理的基础。

只要是交往行为就潜在地包含着这四种有效性要求,但在具体行为背景中可能只有一种有效性要求被作为问题提出来,这时,其他要求并非不存在,只是意味着其他要求已被行为双方默许了。例如,一位教授对一个学生说:"你给我倒杯茶来"。如果不把这句话理解为基于教授对学生的权力而发出的命令,而是诉诸学生相应理解行为补充的言语行为,那么,学生原则上可以从三种有效性要求进行反驳。他既可以针对这一话语背后的行为规范提出反驳:"不,你不能把我当做你的奴仆";也可以针对教授的主观动机进行反驳:"不,你不是想喝水,而是想在同学们面前耍威风";还可以针对现实条件进行反驳:"不,附近既没水也没茶,我到哪里搞去"。第一种情况是学生对行为规范的正当性提出质疑;第二种情况是学生对教授说话的主观意图的真诚性提出质疑;第三种情况是学生对客观条件的真实性提出质疑。如果学生理解了教授的言语行为的命题的含义,四种有效性要求都得到满足,并被学生合理接受,交往行为就满足了它成功的条件,学生再履行了相关的义务,这一言语行为才算完成。但是,如果学生不能理解教授在言语行为中提出的有效性要求,而把教授的要求作为命令在行动上完成了,这就不是交往行为。它可能是一种作为传统师道尊严习惯支配的结果的习惯行为,也可能是一种觉得这样做对自己有利的策略行为。

交往行为理论的核心概念是有效性要求(validity c1aim),对言语行为的理解或者说对意义的理解,不是对句子本身字面意义的理解,而是交往参与者对言语行为提出的有效性要求的主体间承认(intersubjective recognition)。"对交往行为来说,只有那种根据语言表达的结构,而不是按照说话者的意图进行分析的意义理论才是有益的。"[1]"当我们知道什么使得一个言语行动被接受,我们就理解了它"(We understand a speech act when we know what makes it acceptable)。[2]说话者的言语行为的可接受的条件等于其交往行为成功的条件;接受者成功地理解了一个言语行为,就等于接受者接受了说话者在言语行为中提出的有效性条件,并承担相应的行为义务。行为义务是源于对有效性要求的理解,而不是来自权力的影响或利益的权衡。有效性要求不是个人偶然意志的表达,而是主体同相应世界建立合理关系的普遍必然要求。

交往行为的语言学分析不能仅限于对句子的语义学分析,而要研究人们如何交往地运用语言表达建立语言说主体之间的相互关系,使行为者在时空中发生联系,在这里重要的是语言的功能,而不是句子的意义。语义学主义意义理论的合理性概念是片面的,它只承认陈述的真理性,是逻各斯中心主义,在方法论

---

[1]　[德]哈贝马斯:《交往行为理论》,第1卷,波士顿:培根出版社1984年英文版,第275页。
[2]　同上书,第279页。

上,它对有效性证明的理解是独白式的(monological),没有容纳对有效性要求的主体间认可这一维度。语言论哲学以语言取代意识和自我意识作为其哲学核心,但是像分析哲学、后结构主义、哲学解释学等,都或多或少残留着主体意识哲学的成分。语言学的交往行为理论要对已有的语言哲学进行重建,释放其合理性。交往行为不但要满足语义学的意义理解要求,而且要满足语用学通过有效性的承认建立人际关系这一要求。语义学意义理解的满足条件必须同语用学的可认可性条件结合,才能满足可接受性的条件。

交往行为意义理论的核心要点是,理解一个语言表达是理解它提出的有效性要求,包括说话者对有效性要求的证明和接受者对有效性要求的认可。有效性要求的可认可性(acceptability)是其意义理论的核心,它在两个方向上对传统语义学进行了拓展:第一,可接受性不但是陈述性命题的合理要求,而且也是其他命题形式的合理性要求。规范命题要求其规范的正当性必须满足可认可性要求,表达语句的主观性、真诚性也必须满足可认可性要求。因此,就可以说可认可性是超越具体有效性要求之上的元要求。以可认可性取代可陈述性可以克服逻各斯中心主义的谬误。第二,可认可性是相对于接受者而言的,一个命题的有效性要求不能在自我意识中独白地(monologically)证明,其合理性不取决于说话者单方面是否确信,而在于接受者是否接受,因此,合理性问题就超出了自我中心主义而转向主体间领域。由句子的可陈述性转向有效性要求的可认可性,意味着由独白式证明模式转向对话式的(dialogic)证明模式。

由于交往行为是相互沟通对世界的理解并协调彼此行动的机制,因此它也具有目的性,然而,它与目的行为不同。目的行为是指说话者把行为情境中他人作为客体看待,其合理性是以用旁观者的视角来判断,其目的是个人的意图,他人是自己的工具;而交往行为虽然也涉及人与人之间的相互影响,但它不是把他人作为自己的工具,而是交往双方都把对方当做与自己平等的对话伙伴,并以参与者的立场对有效性要求进行合理辩护和批判性审查,它实现目的的方式是以行为者双方对共同面临的行为情境的商谈为前提,理解和共识是行动的前提和行为者合作的机制,其目的是通过在交往过程中形成,并为他人一致认可的目的进行合作。行为双方对有效性要求承担了相应理解和行为的义务。

交往行为是以言行事行为,即通过语言的理解共同完成某一工作;目的行为则是以言使性行为,即通过言语活动贯彻自己的意图。对交往行为来说,行为者所说的话的本身的意义是关键,接受者对说话者所陈述的命题内容的理解是行为者合作的基础;而对目的的行为来说,行为者说话的主观意图是关键,其意义不在于语言表达本身的意义,而在于通过语言达到自己预先已有的目的,接受者从个人利益出发接受说话者通过言语行为对自己施加的影响是合作的基础。所以,目的行为是以自我为中心的利益调节行为;而交往行为是非强制的取向于相互理解的行为,是独立自足的言语行动。

从语言行为与其效果的关系来看,目的行为的效果同语言表达保持外在关系,接受者只需知道说话者言语行为的意图,然后根据自己的利益取舍决定是否接受说话者的要求,没有必要反思言语本身的意义;而交往行为的效果同语言行为保持内在关系,双方的共识和意见一致是通过对言语行为表达的意义理解来实现的。交往行为包含着对交往双方有共同约束力的行为义务;而目的行为则完全可以以策略的方式对待说话者的言语行为,因此属于策略行为。

从交往行为与目的行为的关系来看,在本质上,目的行为要依赖以交往行为,因为它是把语言行为作为达到目的的手段,而不是传达说话者对事物的理解。目的行为的效果可以通过言语行为实现,其条件是把言语行为作为手段结合到取向成功的行为之中,也就是说,目的行为将言语行为融进了策略性的交往互动关系的背景当中。所以,目的行为是一种为了自己的目的,以语言行为作为工具的策略行为。哈贝马斯说:"我把交往行为视为以语言为中介的互动行为,在那里所有行为者为调节他们的交往行为,追求以言行事的目的,并且只追求这些目的。相反,我把那些互动行为称为以语言为中介的策略行为,在那里至少有一方想通过言语行为对他的对方产生以言使性的影响。"①这就是说,交往行为追求的是以理服人,而目的行为则可以为达到目的不择手段。

从交往行为(communicative action)与交往行动(act of communication)的关系来看,交往行为是一种独立的行为类型,而交往行动则只是社会协调行为的一个要素。并非所有通过言语行为调节的行为都是交往行为。若像奥斯丁那样将交往行为和交往行动混为一谈,把所有通过言语行为调节的行为都称之为交往行为,就抹杀了交往行为与目的行为的区别,因为以言使性行动也包括言语行为的成分。对言语行动的理解可以像交往行为那样,以相互理解的态度去对待别人的言语行动,也可以像目的行为那样,从个人主观目的出发,理解别人是为操纵别人,但是,它们都把语言理解作为一个要素包含在自己的行为之中,因此,即使目的行为也包含着语言理解的成分,但语言在这里仅仅是为外在目的服务的工具。所以,不能将语言和非语言行为作为区分交往行为与目的行为的准绳。

---

① 〔德〕哈贝马斯:《交往行为理论》,第1卷,波士顿:培根出版社1984年英文版,第295页。

总之,交往行为不同于习惯行为和目的行为,交往行为与习惯行为的区别是传统行为模式同现代行为模式的区别,与目的行为的区别是现代两种不同行为取向的区别。交往行为并不把意义等同于行为者的主观意图和目的,而是以语言作为对世界理解的中介,使语言获得了独立于其他世界的相对独立性。语言表达的意义既不能还原为说话者的主观意图,也不能还原为语言行为产生的客观效果;意义是语言的意义,而不是某个人的意义。行为中有效性要求的提出和接受不是由经验动机激发的,必须以合理的理由为依据,这些理由总是可以从有效性的不同方面进行批判和反驳,说话者不论是坚持还是放弃,听者不论是接受还是拒绝,都必须以合理的理由为自己进行辩护。有效性要求内在地与理由和根据相关联。交往行为的合理性来自以言行事行为的说服力。这种说服力不是来自行为的经验效果,而是源于交往双方对理性共识的基本规范的认可。因此,交往行为研究不是对行为的外在经验研究,而是以交往行为的参与者身份对前反思的交往普遍规范进行重建;这些规范不是外在强加的,既不是来自个人的意志,也不是客观的规律,而是它本身就内在于每个相互理解的日常交往行为之中,即蕴涵在语言的理解活动之中;义务和责任也不是外在强加的,它不过是日常交往的直观知识的重建。它既是主观的,又是普遍的。言语行为理论的目的是,澄清共识和意见一致的普遍前提和基于理解基础上的相关义务。在这里,意义、有效性和义务是相互关联的,意义源于语言行为中包含的有效性要求,而对有效性要求的合理认可,意味着必须承担相应的义务。"归根到底,言说者能够以言行事地影响听者,反之亦然;因为言语—行为—类型的义务承诺乃是与认识性的可检验的有效性相关联的。"①交往行为理论就是想超越主体意识哲学,从相互理解的交往行为中引申出责任和义务的主体间的理性基础。交往行为之所以是行为协调的合理机制正源于有效性要求的可批判性和有效性要求的主体间认可性,前者反映了交往行为的反思性,后者反映了交往行为相互承认性。它体现了古典哲学通过相互承认维护每个人自我完整性的理想。而语言的意义和每个人自我完整性的理想都置基于人类自由自觉的实践活动。

三、超越主体意识的哲学

交往行为理论的核心是交往理性的重建,而交往理性是现代性批判理论的理性规范基础。交往行为理论不但为重新理解社会合理化和现代化提供了新的

①　[德]哈贝马斯:《交往和社会进化》,波士顿:培根出版社1979年英文版,第63页。

理论视角,而且也为抵御各种非理性主义和消除异化提供了重要理论武器,因为正是它才超越了主体意识哲学的困境。

我们知道,现代性造成异化的根源在于其主体意识哲学基础。康德开启的现代性哲学认为,主体是具有自我意识的理性主体;意识通过自我反思把握自身与客观世界、社会世界和自我主观性的关系,现代性被理解为主体的自由,并且这种自由总是以意识自发性和理性为表征。前者代表人的原发性自由,后者赋予前者以实现的能力。理性通过对自然和道德立法,自觉地控制自己的肉体本能和情欲,使自己摆脱各种束缚,从而为现代性,为自我认识、自我决定和自我实现的现代性理想提供基础。但是,以自我意识为中心的现代性自我确证模式不可避免地陷入了内在矛盾之中。不但摆脱自然束缚的自由导致了对自然的奴役,摆脱社会强制的自由导致了对他人的奴役,而且摆脱内心欲望和冲动束缚的自由也导致了人类的自我的异化。正因为如此,霍克海默和阿尔诺把建立在主观理性基础上的启蒙理解为人类解放和异化的交织过程。也正是这一内在矛盾推动了现代性批判理论的不断发展,黑格尔对康德主观唯心主义的批判,马克思对黑格尔唯心主义的批判,霍克海默等人对实证主义和工具理性的批判等,实际上都是在主体哲学内部对现代性的批判。海德格尔对"在场"(presence)形而上学的批判和德里达对逻各斯中心主义(logocentrism)的批判,也都是对传统意识哲学的批判。然而,他们都因为无力真正克服主体意识哲学的困境,所以最后又自觉或不自觉地重新陷入到主体哲学之中。黑格尔以绝对精神这一主体取代了康德先验的自我主体性,马克思又以具有生产和劳动能力的主体取代了黑格尔的精神主体。海德格尔从在世之在(being in the world)的此在(Dasein)转向前形而上学的作为起源的存在(Sein),德里达从以符号为中介的意义理论转向了原书写(archi-writing)这一元主体,事实上,都是以取消形而上学的方式回到超主体的主体。他们好像在主体性运动场上跑接力赛一样,跑来跑去都无力跑出这个主体性的广场。因此,哈贝马斯总结说:"意识哲学的范式已经枯萎了,枯萎的症状应通过转向相互理解的范式来消解。"①

"穷则变,变则通,通则久。"(《周易·系辞下传》)交往理性理论就是为超越主体意识哲学的困境应运而生的。由于它是以相互理解的交往行为作为原生的行为模式,因此,主体意识哲学以对象化为前提并通过自我反思获得自我理解的形式,就失去了本体论上的优先性。在交往行为中,由于行为者是以参与的态

---

① ［德］哈贝马斯:《关于现代性的哲学演讲》,剑桥:政治出版社 1987 年英文版,第 296 页。

度进入到行为互动关系之中,并通过对言语行为的相互理解来协调主体间的行为,因此,相互理解就取代了自我意识而成为协调行为的根本机制。具体说来,交往行为理论的转向对主体意识哲学的超越,主要表现在如下几个方面:

第一,交往行为理论能够超越主体概念本身所处的先验论和经验论的矛盾困境。

意识哲学将主体作为行为和思维的始发性源泉时,是把主体作为自由来理解的,就是说,主体在任何情况下都具有思维和行动的能力,这意味着在先验层次上主体性就是自由;而当意识哲学将主体作为对象世界的一部分时,主体也就成了客体,由于他受客观世界的因果性制约,因此他是不自由的。可见,意识哲学对主体的理解总是陷入先验论和经验论的对立矛盾之中。哈贝马斯称之为超验之我(transcendental I)和经验之我(empirical I)的对立。他还认为:"一旦通过语言创造的主体间性获得优先性,就可以避免这种非此即彼的选择"①,就可以克服先验论和经验论的对立之症。

交往行为理论就是医治此症的良药。在交往行为中,人与人之间关系,并非像在策略行为中那样是互为客体,而是互为主体;人们不是把他人看做竞争的对手,而是看做与自己相互依赖的平等伙伴。在相互理解的意义背景下,主体虽然同时包含着经验的和先验的因素,但他既不是先验之我,也不是经验之我。若行为者以抽象的客观化态度对待世界,脱离了相互理解,世界就会变为与自己相对的客体,就会出现以主体与客体对立为特征的工具行为。因此,交往行为主体必须掌握一套言语和行为规则,包括作为相互理解的普遍前提的有效性要求和对有效性要求证明的程序规则。这些规则虽然因为具有普适性而在康德意义上是先验的,但是,由于它们是从生活世界的直观知识的反思中获得的,因此又不是先验的,在此,"先验和经验的本体论区分是不适用的"②。交往行为既以某种预想的理想交往环境的存在为前提,又与追名逐利、争权夺利和意识形态的欺骗等现实的交往过程相互交织,因此,任何交往行为都处在有效性和事实性的张力之中。

第二,交往行为理论能够消解主体哲学反思的自我意识的透明性与无意识自我强制之间的矛盾。

在日常交往中,人们总是在直截了当地谋求对世界事物的相互理解和共识,

---

① ［德］哈贝马斯:《关于现代性的哲学演讲》,剑桥:政治出版社 1987 年英文版,第 297 页。
② 同上书,第 298 页。

此过程总是在生活世界的视阈中展开的。而生活世界是具体交往行为的理解活动得以可能的条件,是具有确定性、直观性和总体性的意义背景,它超出了个人的理解能力之外,因此,人类自我理解的背景总是不透明的。主体哲学不但试图通过反思把一切自在转化为自为,达到自我意识的透明性,而且又不得不承认,自我理解的不透明性背景总是在逃避自我意识的把握,因此,正如福柯所说,主体哲学总是摇摆于英雄式的充满豪情的自负和不由自主的沮丧之中。

交往行为理论雪中送炭,为解决这一矛盾提供了有效的理论武器。"如果转向相互理解的范式,自我主题化这两方面就不再是不相容的了。"①具体的交往行为不是要理解整体的生活世界,而是要理解生活世界中的某些具体行为情境。由于情境同生活世界的关系是部分与总体的关系,并且情境使得生活世界的相关内容成为主题,所以,人们通过反思可以把自己从生活世界的无意识强制中解放出来,从而获得自我理解的透明性,使以自我为主题的两个方面在交往行为中得到统一。"生活世界形成视阈(horizon),同时又是一个仓库,贮存着特定文化中视为理所当然的东西,从中交往的参与者在解释中可以获得公认的解释模式。以价值结合在一起的群体的凝聚力和个体通过社会化获得的能力,像渗透在文化背景中的偏见一样,属于生活世界的要素。"②交往行为与生活世界之间的张力,使相互理解既成为可能,又不会完结。

第三,交往行为理论能够消解自我实现与自我奴役的悖论。

主体意识哲学以主体与客体、规范与利益、理性与冲动、意识和无意识的二元对立模式为前提,自我同一性只有通过一方对另一方的统治来实现。霍克海默和阿尔诺曾在《启蒙辩证法》中对此分析和批判认为,由于启蒙理性中的自我同一性是以人的自我保存为目的的,因此,其自然性和欲望应该受到压抑。人们为了达到自我保存之目的,都不得不放弃与内在自然和外在自然的原始和谐状态,甚至为了统治自然,不得不放弃自己的幸福,所以自我实现最终不但是自我牺牲和自我放弃,而且也是自我压抑。在以主客二元对立为基本关系的哲学语境中,任何先于或外在于自我的一切都是客体,道德和行为规范作为超我凌驾于自我之上,超我的内化就是主体的异化。

交往行为理论使自我和超我的矛盾得以化解。在语言理解协调的交往关系中,自我的形成既依赖于意识和自我意识,又依赖于自我与他人关系的变化。自

①　[德]哈贝马斯:《关于现代性的哲学演讲》,剑桥:政治出版社1987年英文版,第208页。
②　同上书,第298页。

我的结构不但是社会的结构，而且也是对话式交往形成的相互理解结构。超我是普遍化的自我，社会规范和价值的内化是通过理解实现的。只有通过把理想普遍化的他人（generalized other）期待和态度内化到自我同一性（ego identity）之中，自我才能由生物有机体变成真正意义上的人。自我和超我并不是截然对立的。

　　传统哲学认为，自我实现就是反思地对待自己的生活历史，使情感和冲动接受理性的自觉调节。情感和非理性冲动的驯服被视为理性主体的特征之一。现代哲学认为，自我解放要靠自我批判来实现，因为自我批判意味着根除虚假的本性和无意识中非理性的自我束缚。而交往行为理论认为，自我批判（self-critique）是对话结构，交往是自我批判的前提，反思是通过交往实现的，即使在孤立状态中，反思活动也总是以通过交往获得的某种人格理想为参照标准的。哈贝马斯认为，自我反思有两个方面：一是对自我发展的理性重建，它的任务是通过对认知—行为、道德—实践和语言—表达能力的发生学结构主义研究，揭示自我同一性形成的一般逻辑和阶段；二是把自我反思理解为有条理的自我批判（methodically carried out self-critique），反思地对待自己生活历史的总体，不断地反思自己行为的动机，使自己的生命从属于某一价值。哈贝马斯认为，对人格同一性规范前提的反思和对具体生活历史的反思是统一的。"正如心理分析所表明的，如果按照交往行为理论来理解，重建和自我批判两个程序可以在同一理论中结合。"①自我实现并不会必然导致个人与社会的对立，也不会必然导致自我压抑，即人的自我实现并不会必然产生自我奴役。

　　第四，交往行为理论能够消解人的自我创造与自我异化的悖论。

　　启蒙思想家认为，文化合理化与社会合理化是统一的，社会合理化的力量在于理性的启蒙。德国唯心主义哲学将这一观念发展成为精神自主性的学说，认为历史是精神的自我扬弃、自我发展和自我进化的过程，历史从属于自我意识的自我创造活动，这一观念成为现代人道主义的哲学基础。但是，后现代主义面对主体意识哲学的困境，对其进行了全盘彻底的否定批判，他们不是要克服意识哲学的局限性，而是要彻底抛弃现代性的理想，他们强调历史正在走向人的终结、历史的终结、哲学的终结。他们都对人是历史的创造者进行否定，使人的存在和价值陷入危机。

　　交往行为理论为拯救现代性的人的自由和自律的理想提供了有力武器。在

―――――――――

①　［德］哈贝马斯：《关于现代性的哲学演讲》，剑桥：政治出版社1987年英文版，第300页。

交往行为中,语言既不是自我意识的独白,也不是超人类的存在,在日常言语行为中,理性已经蕴涵着理性的普遍规范,并且,这些规范又是人能够直观地领悟和证明的。

第五,交往行为理论能够消解人的历史创造性与历史从属性的悖论。

哈贝马斯认为,历史既不是人类自觉活动的产物,也不是超人类力量的竞技场,它与人的理性有着不可分割的联系。理性不是人的先天禀赋,而是文化和世界观发展塑造的社会的普遍意识结构,它不是停留在个人意识之中,而是以具有合理性潜能的文化传统形式存在的;历史的合理化是个人和社会集团通过释放传统的合理性潜能实现的,个人不能主宰历史。然而,这并不意味着人对传统的态度完全是消极的,他也可以通过理解、解释和批判活动,对传统进行创造和更新。

自从黑格尔哲学解体后,理性的情境化、肉身化、个体化和历史化已成为趋势,从历史主义开始,理性的历史化和情境化已成为克服绝对唯心主义的重要根据。在现代哲学语境中,传统理性观和现代理性观的差别已经转化为语言的先验性和经验性问题。哈贝马斯认为,在现代哲学中,有的把语言作为理性的经验中介,合理性变成特定时空条件下的经验有效性;有的把语言作为本体,理性成为以时间化的形式行使自己力量的历史有效性力量。但他们都犯了一个共同的错误,即都把理性相对化了。理性的普遍要求与情境化没有得到有机统一。

唯有交往行为理论,才把意识哲学的普遍主义理性理想与后形而上学理性的情境化结合起来。交往理性是积淀在现代文化中的合理性潜能,它的实现依赖于生活世界的物质条件,它作为合理化的约束条件,在一定意义上规定着合理性起作用的方向和形式,观念的生活世界和物质的生活世界相互依赖。语言是主体同世界发生关系的中介,语言的结构对个人具有强制性,言语行为结构中包含着合理性的普遍要求,这些要求具有传统哲学所说的超越性,但是,理性的有效性要求是通过具体的理解行为和论证话语实现的,有效性总是在一定情境下提出的,因而具有经验性。由于它受具体的历史条件制约,因此所达到的共识总是相对的。现代性理论关键要把握两点,即交往合理性在具体历史条件下的实现可能性和具体的历史形式。既不放弃理性的普遍性要求,又不堕入于纯粹理性唯心主义,唯有如此,才能避免陷入绝对主义和相对主义的泥潭。

第六,交往行为理论不仅能够克服意识哲学的内在矛盾,而且能够克服意识哲学逻各斯中心主义的片面性。

首先,交往行为理论超越了逻各斯中心主义的意义理论。

交往行为理论认为,由于主体间取向于理解的交往行为是源生性的,因此,逻各斯中心主义只不过是对理性多样性的片面阐述。西方现代理性观把人与自然的关系植根于理性的中心,把理性看做认识和驾驭客体、陈述事实、实施计划,因此,它不论是在本体论、认识论和语言分析意义上,都只把握了理性的一个方面,人同世界的关系被认知主义还原为主客体关系。"本体论上,世界被还原为总体的实体世界(即作为被表象的客体和事态的总体);认识论上,我们同世界的关系还原为认识事态,或以目的合理的行为产生事态;语义学上,理性被还原为陈述事实的话语,运用的是论断句——除命题的真理性,其他的有效性要求都不被承认。"①逻各斯的意义理论是以语言的陈述功能为优先性的语义学理论,理解一个句子在于理解它在什么语境条件下为真。语用学的意义理论抛弃了主体作为"自然之镜"(mirror of nature)的偏见,将语言在分析上对应于以言行事行为的三个成分分解为三种句型:论断句(assertical sentence)、调节句(regulative sentence)和表达句(expressive sentence)。其意义分别是事实陈述的真理性、规范的正当性和主观性表达的真诚性。交往行为理论把句子的命题分析扩展到其交往功能的分析,认为语言的陈述功能、调节功能和表达功能都具有同等的重要性和始源性。

其次,交往行为理论澄清了人与世界的关系的本体论前提。

交往行为理论认为,人通过语言同时与客观世界、社会世界和主观世界发生关系。与此相比,意识哲学的本体论就显得过于狭窄,因为其逻各斯中心主义的本体论框架难以容纳后两个世界。它从孤立的单个主体出发,只能把社会和自我的内心世界客观化或物化。霍克海默和阿尔诺认为,这一本体论前提正是启蒙走向自我毁灭的本体论根源。

交往行为理论对人与世界的关系的本体论前提加以澄清,认为所有的论断句对应于由事态的总体构成的客观世界;所有的调节句对应于由社会规范和人际交往关系构成的社会世界;所有的表达句对应于个人的经验和情感总体构成的主观世界。人通过语言同时与以上三个世界发生关系。

最后,交往行为理论可以澄清理性同一性的含义。

意识哲学认为,理性是认知和目的合理的行为的能力以及对客观世界的知识,认知的合理性和目的行为的成功是合理性的标准。而交往行为理论则强调,合理性的标准主要是由真理性、正当性和真诚性三者构成的,理性意味着对有效

---

① [德]哈贝马斯:《关于现代性的哲学演讲》,剑桥:政治出版社 1987 年英文版,第 311 页。

性要求的证明能力。可见,在后形而上学时代,理性是个形式概念,它体现为对有效性要求论证的程序合理性(procedural rationality),换言之,哈贝马斯理性重建的关键,就是理性概念从大写的理性(reason)到小写的合理性(rationality),并且,前者是单数,而后者是复数。因此,理性统一性,就是体现为所有的有效性要求都要通过合理的根据和理由进行兑现的程序合理性。

　　由此可见,交往行为理论对超越主体性哲学困境,消除异化具有重要意义。现代性在哲学基础上,存在着语言哲学和意识哲学的对立,在规范理想上存在着人道主义和反人道主义的对立,都造成了人类的异化,因为它们都没有逃脱主体哲学的陷阱,主体哲学把理性看做自我意识的反思,自我意识是理性的矿井。主体哲学的本体论结构决定了这种反思只能是自我意识的独白,必然会导致工具理性,造成异化。他们信奉的理性都是排斥型的理性(exclusive reason),新保守主义以工具合理性来排斥道德实践和美学合理性,后现代主义以个人自发的审美倾向排斥工具理性和实践理性。只有交往理性才是接纳型的理性(inclusive reason),因为它包含着人与人之间的相互接纳、不同的合理性的相互接纳。交往行为理论以主体间性代替主体性,以交往理性超越工具理性,超越了传统的意识哲学的局限,通过哲学的语言学转向,交往理性为科学知识、道德规范和审美判断的合理证明提供了基础,既克服了康德哲学的认识论基础主义、先验主义和哲学绝对主义的局限性,又克服新保守主义狭隘的理性观和后现代主义的虚无主义。哈贝马斯的交往行为理论是当代重建人类对理性信心和信念的最雄心勃勃的尝试。这一重建是从康德的批判哲学出发的,交往理性实际上是理论理性、实践理性和审美理性的综合。如果正确处理交往行为和生活世界的关系就可以消解两者的对立。人不是生活世界的主人,生活世界是交往行为得以可能的意义背景;人也不是语言的奴隶,交往行为的反思和理解又可以作为活水注入到生活世界之中,防止生活世界僵化为凌驾于人之上的力量,防止造成异化。当然,交往行为需要一种合理化的生活世界在途中迎接它,笔者认为,这种合理化的生活世界就是社会主义和共产主义社会。交往行为理论把主体间的相互理解行为作为自己的理论基础,的确具有重要的积极意义,对理性和合理性的理解为社会合理化提供了规范标准,为人类文明的生存和发展提供了价值目标。它为人与人之间的相互对话、不同文化之间的相互理解和国际间关系的相互协调提供了规范的前提,它是我们建构人类文明基本规则的重要基础。

第三节 走向"文化修辞学美学"

要通过审美教育达到消除异化之目的,还必须进行一项重要工作,就是进行美学的现代性转型。由于属于现代性文化的现代美学是以主体性哲学为理论基础,所以也具有浓厚的工具化倾向,如果不进行美学的转型,就很难达到消除异化的目的。因此,我们要将美学转向以交往理性为基础的文化修辞学美学,将文化修辞作为审美教育的主要手段。

一、"修辞学"的"谱系"

何谓"修辞学"?"修辞学"一词最初来自拉丁文"tekhne rhetorike",即"演说的艺术"。亚里士多德将其定义为"一种能在任何问题上找出可能的说服方式的功能"①。修辞学起源于公元前 5 世纪左右的希腊城邦国家。由于国家规模较小,因此国人就多以口头语言为主,演讲和辩论是人们决定公众事务的主要方式。古希腊公民在日常生活中,不但要在法庭上为自己辩护,而且还要参与到一系列公共讲演和争辩当中帮助政府进行决策,因此,能言善辩成了当时接近城市公共生活的最好保证,传授这种知识的智者派则应运而生,高尔吉亚、普罗泰戈拉、伊索格拉底就是其中的佼佼者。他们以口头文化为基准教人演说的技巧,认为生活是变动不居的,没有什么客观真理,"人是万物尺度,是存在的事物存在的尺度,也是不存在的事物不存在的尺度"②;人的思想由语言控制着,没有语言的思想是不可想象的,人可以凭自己的语言表述具体的生活,决定具体的公共事务。高尔吉亚认为,如果能找到有用的、恰当的语汇,以让人意想不到的感人肺腑的手法就可以征服听众,于是,智者派就把哲学兴趣的核心从自然领域转移到人类文化的王国。

在古希腊,对修辞学的理解存在着智者派与柏拉图主义的理论冲突。智者派强调的是口头记忆。他们认为,由于演说术推论的前提是人类行动范围的或然的事,并建立在社会共享价值的基础之上,因此不但要教给学生正确的文字、发音和节奏,还要为学生提供大量的言语材料,它包括与社会生活相关的神话传说、故事和诗,使学生通过这些言语材料来领会词语和段落意境,学会在这种特

---

① [古希腊]亚里士多德:《修辞学》,罗念生译,三联书店 1991 年版,第 24 页。
② 北京大学哲学系编译:《古希腊罗马哲学》,三联书店 1957 年版,第 138 页。

定情境下如何感知和行动。只有具有了这种对共同生活的感受,演讲才能切实参与到公共生活中去。口头思想并非分析的,而是积累的,它收集和叙述的都是与中心话题相关的材料,找出与其相关的故事和警句;同时,它并非抽象的,而是具体的,因为它始终以具体社会生活为参考。但是,苏格拉底和柏拉图对此进行了强烈反对。苏格拉底重视书面语言而非口头语言,坚持反思而非灵感、个人对话而非公共表演,尤其重要的是,坚持辩证的问答而非建立在共享价值之上的争论;柏拉图继承了师父的理论传统,将高尔吉亚描绘成一个只顾形式而不顾内容、只重外表而不重实质的夸夸其谈者,极力反对智者派对学生的培养方式,而注重培养学生辩证的对话能力。"智者派和柏拉图主义在西方文化上造成的冲突一直延续到维柯的时代直至今天,这种冲突不仅是教育方式的不同,它涉及西方哲学上所有相互对立的原则:词对事,民主对贵族,说服对证明,诗对数学。"①亚里士多德对口头思想与书写思想的矛盾又火上浇油,他既把修辞学当做一门艺术看待,并承认人的共同感觉的实在性;又把修辞学分为以听众为中心的演说术和以事实为中心的论辩术,认为演说应该更好地为辩证法服务。正是由于口头思想与书写思想的矛盾的加剧,使希腊修辞学一直没有得到广泛的发展。

　　直到公元前 2 世纪被罗马继承后,修辞学才成为一门较为连贯的教育学科。罗马修辞学承袭了智者派以口头文化为基础的特点。在拉丁文中,演说术原意是"enthymema",即三段论,它采用的就是一个人连续讲述的方式,而不是论辩术的问答方式,因此,古罗马学者经常让学生背诵能体现民族文化价值的长短诗,训练他们在即席讲演中能够表达词和段落中的感情的能力;同时,他们还始终把修辞学当做参与公共生活的有效手段,经常进行有准备的讲演和在假定案例上的法庭讲演,其目的也是培养能成功进行即时法庭辩论的演讲者。西塞罗和昆提连是古罗马修辞学的集大成者,他们把修辞学分为构思、谋篇、表达、记忆和实际演说等五部分,强调记忆、想象、表达和演说者的情感。昆提连认为,演说能表达公众的情感和意见,因而是一门伟大的艺术;西塞罗甚至认为,雄辩术是最高级的艺术,是尽善尽美的,因为演说家论述的是正义、真理和善。可见,在古罗马,修辞学不但是一门以口头文化为基础的艺术,而且是一门包容性极强的艺术,"演说术既是一个诗学的分支,伦理学的分支,又是逻辑学的分支,哲学的分

---

① John D. Schaeffer. *Sensus Communis-Vico, rhetoric and the limits of relativism*, Durham and London: Duke University Press, 1990, p. 15.

支"①。

在中世纪和文艺复兴时期,修辞学的口头表述作为一种诗性文化传统得到了进一步的维护和发展。当即席的口头表达被法庭的正式询问和请求代替以后,口头表演就成为一种仪式性的演说。在中世纪,奥古斯丁建立了以听众为中心的基督教布道方式,从而使修辞学的即席讲演得到进一步的发展。文艺复兴时期,意大利小国林立,政治成为一门艺术,"说"的技巧变得更为重要,修辞学训练是人们参与社会生活的重要标志,西塞罗因而成为这一时代的理想。但是,随着笛卡尔主义的到来,这一传统逐渐沦为"逻各斯"的附庸。笛卡尔认为,人的知识是累积而成的,知识信念以从前为基础,要实现知识的确实性的理想,首先必须排除一切成见,排除已有的一切意见和信念,最终达到:"把一切情形尽量完全地列举出来,尽量普遍地加以审视,使我确信无遗漏。"②其知识观念就是要摧毁感觉,贬低经验和想象,把理性作为知识的内在根据。按照这种理性的知识观念,修辞学只能成为表现情感的思想形式和判断好坏的工具,如果不以逻辑推理的真理作指导,它只能是思想的伪装。

维柯坚决反对笛卡尔的这种理性知识观念,因为他看到了理性主义对三百年人文主义修辞学形成了挑战。维柯认为,绝不能从先在的形而上学概念来抽取一个特殊事物的意义,而应该通过探询事物的内在形式来发现特殊事物中所蕴涵的普遍一面,即特殊事物如何形成一个可以理解的人类世界。维柯因此又回到古典修辞学传统之中,认为修辞学和诗同样属于论题艺术,是建立人类世界内在形式的关键。他指出,笛卡尔的方法论是独断的,而修辞学和诗学却是综合的方法,是对人类各种不同经验的叙述,其本源乃是神话,即"实物、真事或真话的语言"③,是原始人最初经验的形式。修辞作为一种表述形式,产生于人类记忆和想象的力量,面对的是相对和不同的事物,它使心灵能在普遍和特殊之间把握一种形式,从而使人类选择成为可能。人类不可能通过分析的方法获得这种形式,更不能将其变为一个决定性的原则,而只能在人类选择的行为中去把握。

维柯认为,修辞学就是叙述的科学,是心灵建构自身知识的一种活动。叙述不是辩证的或类的语言,而是相对的语言,并且这种相对不是在分析中构成的,而是在叙述形式中构成的。批判的方法依靠的是修辞和诗的力量,它存在于人

---

① [波兰]塔塔尔凯维奇:《古代美学》,理然译,广西人民出版社1990年版,第245页。
② 《十六——十八世纪西欧各国哲学》,商务印书馆1975年版,第110页。
③ [意]维柯:《新科学》,朱光潜译,人民文学出版社1986年版,第401页。

类文化生活当中。笛卡尔主义将思想限定于独断和确定的事实当中,就好像在黑夜里点灯,只相信灯光显示出来的东西;但修辞学作为论题艺术,是扎根于人类丰富多样的人类生活当中,探索的是心灵如何产生思想形式,而不是预先假定一个概念形式。人类心智先致力于论题学,尔后才转向批判,因为只有先熟悉事物后才能批判事物。论题学是一种"把人类心智的基原活动调节妥当的艺术,办法是注意到所涉事物的一切普通事项,须把这些平凡事项全面省察周到,然后才能知道该项事物中什么才是我们希望熟知的,也就是要全面认识的东西。"①原初思想的产生形式与论题艺术的方法是一脉相承的。

　　基于此,维柯将论题艺术与原始人的创造力联系起来。维柯认为,原始人的记忆能给事物之间关系作出妥帖的安排时就是发明或创造,因此创造与记忆是紧密相关的。原始人必须洞察所涉事物的各个方面,必须进行创造才能认识一切。他还强调,人类最初的创建者都致力于感性主题学,并以诗性的类为表现形式,这种诗性的类作为感性论题是通过感觉获得的,而不是亚里士多德所谓为论据服务的因素。亚里士多德认为,论题(topos)就是"部目","部目"的原文就是"所在地",一个论题其实就是一个地方,就是一个同类事物所在地,它包括一系列同类的事例,通过记忆可以将这些事例保留在心灵里,讲演者在需要的时候可以将其作为论据。但维柯的感性主题并不是事先就已经存在于心灵中的事例,而是心灵中的事物之所以有同类性的基础。诗性的类是以感觉的一致性为基础的,最初的人在反复感觉雷声中体会到约夫这位天神的名字的普遍意义,并通过创造力给所有与上帝有关的自然事物进行命名,因此,自然万物就都处于一种妥帖的关系之中了。

　　维柯还把论题艺术与隐喻联系起来。他认为,一个感性主题就是一个想象的类,因此论题学同隐喻是紧密相关的。想象的类作为隐喻不是亚里士多德所谓的在事物之间获得相似性的一种手段,而是建立在同一性基础上,体现的人类的最初思想。心灵的最初行为就是把感觉当做场所的转换,具体地说,就是从瞬间的感觉转换到把一个固定的感觉作为上帝的意义生成。例如,天神约夫作为最初的想象的类,就是特殊的感觉所达到的一个"地方",就是原始人经验中的"是","是"作为同一性既当做"存在"又当做"联系词",既是恒久的又是关系的,换言之,特殊与普遍的转换是通过想象来完成的。可见,维柯的隐喻观念要求超越逻辑力量的语言,这在修辞语言和论题学中是显而易见的。论题学之所

――――――――
　　①　[意]维柯:《新科学》,朱光潜译,人民文学出版社 1986 年版,第 497 页。

以优异卓绝,是因为它洞察一切,论说全面,从而使人心富于创造性,能够确保人行动的正确性。从这个意义上看,人类世界本身就是通过论题艺术创造的。

维柯进一步认为,真理就是创造,而修辞学就是通往真理的诗性之路。维柯的认识原则是具体的而非抽象的,体现的是一种实践智慧而非理论知识。实践智慧是建立在可变化事物之上的人类践行的知识,"它首先表示:它是针对具体情况的,因此它必须把握'情况'的无限多的变化。这正是维柯明确加以强调的东西。"①维柯耗尽一生,都在致力于将实践智慧用一定的方式结合起来并最好地服务于公共利益。他认为,既然真理是变化的而非固定不变的,那么与这种变化相协调的最好方式就是修辞学。因为真理和修辞学都以变化着的事物为前提,真理是以人的共同需要和利益为基础的,而修辞是人性最好的体现方式和知识最好的存在方式,修辞学是关于人的知识,它所追求的善和幸福也是以人的共通感为基础的,两者有着内在的、本质的和必然的关系。

维柯在他早期的修辞学著作中就从注重口头演说的修辞学传统中寻找人类思想得以理解的条件。他指出,口头演说就是对人的感觉力和理解力的培养,一个成功的演说家不仅必须参与到公共生活当中,用听众所能理解的形象、节奏和感情去演说,而且还必须熟悉所有论证的富有情感和充满形象的相关环节,唯有如此,才能激起听众的想象力和共鸣,才能及时抓住在特定场合下可予论证的东西。这种生动灵活的评价法正是论题法的集中体现,它使法则服从于人。而理性主义批判方法则将人的行为用一条抽象而固定不变的道德品行法则进行评判,使人服从于法则,它明显颠倒了人类思想的次序。"天神意旨对人类事务给了很好的指导,它激发人类心智先致力于论题学,而后才转向批判,因为先熟悉事物后才能批判事物。论题学的功用在使人心富于创造性,批判的功用在使人心精确。"②换言之,人类认识必须首先观察事物的相似点,尔后才能用这些相似点来进行证明,人类的创造力就是揭示事物的相似性并将之归之于普遍性的能力,相似性的认识在原始人那里就是"想象的类",也就是维柯所谓的"感性主题",它类似于海德格尔的"聚集",是人类的"共同意识"的真实显现,修辞学也因此成为通往人类真理的诗性之路。《新科学》的整个体系就是建立在古代雄辩术的论题法基础之上,全书共分为五卷外加一个结论,但无明显的逻辑结构;全书共有 1112 段,每一段都包含着真知灼见和大量的格言警句,段落之间经常

---

① [德]伽达默尔:《真理与方法》,洪汉鼎译,上海译文出版社 1999 年版,第 26 页。
② [意]维柯:《新科学》,朱光潜译,人民文学出版社 1986 年版,第 498 页。

有从不同角度和用不同的事例来说明的重复的思想。这确实曾让持有现代批评标准的读者迷惑不解,殊不知此书的口头文体形式本身就是维柯对人文主义修辞学传统的践诺。

修辞学能够揭示人的心灵,让真理在心灵中重现,它不是真理自身的美化或从属于真理的东西,而是真理的显现过程。加林在《意大利人文主义》中进一步揭示了这一观念,"学习语法和修辞也就是同人们的内心进行有效的接触,了解它跳动的节奏和它的进程:这是'真实'的逻辑,而不是'形式'的逻辑"①。伽达默尔认为,修辞学是人类交往无所不在的形式,"一切社会实践,也许也包括革命实践——没有修辞学的作用都是不可想象的"②。他还认为,修辞学必须作为理解的艺术而被应用于解释学,因为从本质上来说,解释学的真理和理解的真理都是修辞学的。可见,伽达默尔的修辞学理论与维柯有着很大的不同,修辞学在伽达默尔的解释学体系中仍然未能摆脱理性的领域,而维柯的修辞学观念则是建立在情感和形象之上,它是在具体的、相互作用的交流中达到真理,而不是在理性的"问与答"的逻辑中揭示真理。

当代西方话语批评对维柯的修辞学观念又进一步充分发展,不仅将修辞学看做是一种交往形式,而且也将它看做是唤醒人和创造真理的一种力量。他们认为,真理是人在认识过程中随着具体情况的变化需要而不断发展的东西,它不是先验存在的,而是人们要努力获取的,因此,人们在现实生活中总是要审时度势,不断地对其周围事物和环境进行观察和判断。同时,人又生活在语言当中,在很大程度上,人是用语言来认知的,知识不是绝对的外在物,而是由主体化的语言建构起来的,语言不但导致行动,而且建构人类现实,人正是通过语言来改变态度并诱发行动的,因此,就人而言,不但修辞环境是永恒的存在,而且修辞使知识、真理成为可能。

对此,什尔维兹更是一语道破天机。他说,人通过感知创造自己的主观现实,对同一的现象,不同的人会有不同的看法,修辞学使人的主观现实相互撞击,从而产生一个主观互联的现实,因此,"修辞不只是使真理有效,而是具有认知功能的,是创造真理的"③。而且,因为修辞学与具体的事物相结合,其价值与逻辑学相对立,所以它到达真理的方法是诗性的。博克也认为,修辞因素存在于一

---

① [意]加林:《意大利人文主义》,李玉成译,三联书店1998年版,第150页。
② [德]伽达默尔:《真理与方法》,洪汉鼎译,上海译文出版社1999年版,第754页。
③ [美]什尔维兹:《修辞的"认知":对"新修辞"运动认知论的淡化》,见肯尼斯·博克等:《当代西方修辞学:演讲与话语批评》,顾宝桐译,中国社会科学出版社1998年版,第176页。

切话语活动之中,它是为适应具体的生活境况而调整话语的活动,是运用语言在听众或读者身上唤起情感,形成态度,诱发行动。修辞学的活动范围不是在人们必须无条件地服从的理性法则领域,而是在人们对形象不断观察的领域,因此修辞学是通过诗性的方式到达真理的。可见,在当代修辞学看来,归根结底,人讲究修辞是要在多种可能性中选择真正富于智慧的生存,事实上,修辞就是人的生存智慧。它为人类能够诗意地栖居于世界开启了一扇希望之门。

二、构建"文化修辞学美学"

我们要通过审美教育达到消除异化之目的,超越主体理性,就不能不借助于修辞学,就必须将美学进行转型,转向以交往理性为基础的"文化修辞学美学",将文化修辞作为审美教育的主要手段。所谓文化修辞学(rhetorics of culture),就是从本文不但在一定文化语境中产生,而且反过来对文化语境发生实际影响的角度,研究本文的符号系统与文化语境的修辞关系的美学,其主要研究对象不是审美本文,而是文化本文(cultural text),本文被视为文化本文,是从本文的符号系统在文化中的修辞功能来说的。文化修辞学不同于认识论美学,因为认识论美学是一种根据人的存在的语言性去探索艺术的艺术语言学。在认识论美学和语言论美学的建构时期,艺术往往被认为具有特殊的审美含蕴,审美被认为是无功利的,这种审美与艺术成为美学的主要研究对象。但是,从语言论美学解构时期开始,美学把视点已逐渐从审美对象移向更宽泛的文化本文。文化,在这里就是审美、政治、历史和经济等各种意味的符号创造行为的通称。其中,艺术虽然具有特殊的审美含蕴,但不能与政治、历史和经济等其他文化过程割裂开来。从这种意义上来说,文化修辞学可以说是艺术语言学与历史学或政治学"联姻"的结果。它的工作就是发现本文的语言——符号系统"下面"的历史或政治意义和实际的历史或政治效果。同时,这种美学不但把艺术这一传统美学对象当做文化本文去考察,而且将新对象纳入文化本文这一考察领域,例如,流行的通俗文化、日常文化生活、集审美与商业于一身的广告、打破艺术与生活界限的"后现代"流行艺术(如波普艺术、即兴演出等),以及包括自然环境与居室美化、美容、美发、美味、礼仪、风度等在内的实用"审美"生活,等等。

"文化修辞学美学"将是一种零散化的以文化本文为对象的美学,它是对认识论美学的理性精神的历史感、本体论美学的个体存在体验与语言论美学的话语探究的大融合。它将艺术作品视为文化本文,以话语结构显示特定的文化语境及其历史意义。也就是说,艺术作为文化本文,其意义需要由产生和影响它的文化及其历史意义去阐明。可见,文化的修辞效果被放到了突出地位,艺术总是特定文化的修辞形式,它的产生、存在和接受皆取决于它与这种文化的修辞关系。与此同时,"文化修辞学美学"不再以居高临下的"理论"自居,不再是呆在象牙塔里不识人间烟火的大家闺秀,而是向批评靠拢,在具体的批评中探索理论,把理论与具体本文阐释密切联系在一起。这样,美学从空气稀薄的理论高空就返回了坚实的文化大地,在文化这片沃土的培育下,它必将结出更加甘美的累累硕果。

我们知道,艺术作为现代性的拯救力量,一直是现代性的审美话语的理论动机,从德国浪漫派到当代后现代主义,都在谋求使艺术成为后宗教时代的人类精神支柱。在某种意义上,艺术乌托邦已成为后现代主义用以反对启蒙理性主义的重要武器。后期海德格尔、德里达从尼采的修辞学出发,以求通过取消哲学和文学的界限、语词的本义和它的隐喻意义的区别,来达到取消理性的确定性,等等。这都为我们把审美教育作为消除现代性造成的异化的重要手段和将美学转向"文化修辞学美学"给予了很大启示。如果将美学转向以交往理性为基础的"文化修辞学美学",在此基础上来开展审美教育,那就会有效地消除现代性带来的异化,实现人的完美人格。因为人性异化和人格破碎的根源在于主体理性,而以交往理性为基础的"文化修辞学美学"却以主体间性超越了主体性,以交往理性超越了工具理性,将文化修辞作为审美教育的主要手段,修辞学与具体的事物相结合,其价值与逻辑学相对立,以诗性的方式达到真理,从而达到了超越主体理性之目的。可见,将美学转向以交往理性为基础的"文化修辞学美学",在此基础上来开展审美教育,这应该是消除现代性造成的异化,实现完美人格的一条坦荡之途吧?

第七章　超越异化的人生

人充满劳绩,但还诗意地安居于大地之上。

——荷尔德林

审美教育不但是实现完美人格的必由之路,而且是人类自由的需要,生命的升华。唯有通过审美教育,人类才不但能实现完美人格,真正消除异化,超越异化,而且能升华生命,最终冲破蒙蔽,达到自由,才能真正诗意地栖居于大地上,实现人类真正的高度文明。

第一节　审美——自由的需要,生命的升华

一、"自由"概念的探讨

自从有了人类,就有了人类对自由的执著追求。在人类文明史上,自由这个醒目的字眼具有令人神往的、激动人心的魅力。人们视自由为最高理想和最高价值。"生命诚可贵,爱情价更高,若为自由故,两者皆可抛。"裴多菲在自由诗中道出的价值真理和普希金在《自由颂》中发出的"我要为全世界讴歌自由"的呐喊,经久不息地震撼和感召着人们的心灵。黑格尔说:"世界历史无非是'自由'意识的发展。"①马克思主义对自由作出了科学的解释,共产主义学说为实现人类的幸福和自由开拓了无限广阔的美好前景。在某种意义上可以说,人类历史就是一部追求和探索自由的历史。

然而,何为自由?"自由"这一概念源出于拉丁文"Liberas",指从被束缚中解放出来,由于自由总是相对人而言的,是人的自由,所以历史上不同的思想家对人的理解不同,就产生了各种不相同的"自由"观。孟德斯鸠早就说过:"没有

---

① 〔德〕黑格尔:《历史哲学》,三联书店1956年版,第57页。

一个词比自由有更多的含义，并在人们意识中留下更多不同的印象了。"①

西方早期哲学家从因果决定论出发，认为人的自由就是服从决定一切命运的力量。唯物主义者把这种决定力量看做是自然界本身及其规律。赫拉克利特认为，智慧能给人以自由，而"智慧就在于说出真理，并且按照自然行事，听自然的话。"②德谟克利特认为，原子的运动决定社会的自由，社会决定个人的自由，因此个人服从国家的利益才能获得自由。唯心主义者则把这种决定力量归结为某种理念或精神。柏拉图认为，人的任务，就是使自己的灵魂服从于理念的目的，并抑制自己的恶欲，否则便不能自由。亚里士多德认为，只有那些天生具有真正目的的人才能至善至美，所以自由是天赋的，一些人注定生来是自由的，另一些人则相反。中世纪，宗教哲学把自由神秘化，认为人的自由来自于上帝的启示和保护，只有按上帝的旨意行事才有自由可言。很显然，西方古代思想家们的"自由"观都轻视了人在改造世界的活动中的主体性和能动创造精神。

近代哲学家则不同，近代哲学把人看做是理性的动物，理性是人区别于动物的根本特性，所以近代哲学着重强调人的理性自由，把自由理解为相对于外在必然性而言的一种能力。这种思想比较典型地反映在斯宾诺莎、黑格尔和马克思的哲学中。斯宾诺莎在欧洲哲学史上最早提出了"自由对必然的认识"这一著名认识论命题。他从自然主义机械决定论出发，指出"自由不在于随心所欲，而在于自由的必然性"③。自由不是与必然性相对立，而只是与强制性相对立。黑格尔哲学比以往哲学家更深入、更现实地触及了自由问题的核心。黑格尔第一个正确地叙述了自由和必然的关系。在他看来，自由是对必然的认识。在马克思主义哲学中，人的自由是对必然的认识和对客观世界的改造。根本上是一种劳动的自由，实践的自由，也就是主体的自由。就是在自然界、社会的客观规律和必然性面前，人能不能达到自己本性和本质力量的自我实现，即作为目的本身的人类能力的发展。强调自由与必然的统一。而存在主义的先驱萨特却否定自由与必然的统一，他认为人的自由是"自我选择"或"自我设计"的绝对自由，自由就是随心所欲。

然而，我们认为，自由并不是在幻想中摆脱必然的自由、随心所欲的自由，而是对必然的认识和对客观世界的改造。它是真、善、美的统一体。它包括外在自

---

① ［法］孟德斯鸠：《论法的精神》（上册），张雁深译，商务印书馆 1995 年版，第 153 页。
② 《古希腊罗马哲学》，商务印书馆 1961 年版，第 29 页。
③ 转引自李德顺：《价值论》，中国人民大学出版社 1983 年版，第 442 页。

由和内在自由,即实践的自由和精神的自由。爱因斯坦说,这种精神上的自由在于思想上不受权威和社会偏见的束缚,也不受一般违背哲理的常规和习惯的束缚。这种内心的自由是大自然难得赋予的一种礼物,也是值得个人追求的一个目标。这种"内心的自由",正是我们所应高扬的人的精神生命的自由。实践自由和精神自由是相辅相成,辩证统一的。前者是后者的基础和前提,后者对前者具有指导作用。只有首先通过审美实践,才能达到精神上的自由,而精神自由反过来又指导实践达到更高的实践自由,继而实践自由又促使精神自由向着更高的精神自由升华,所以,精神自由又是实践自由的目的和归宿,它是比实践自由更高级的自由,是自由的最高境界,也是美的最高境界。因此,要实现人的自由,应该首先达到精神上的自由境界。马克思曾经说过,自由是生命的灵魂。人失去了自由,就失去了精神生命,也就意味着美的毁灭。自由作为人的生命价值的最高体现和人的本质的确证,从根本上反映了人的审美需要,体现了人的审美享受和审美创造,具有最高意义上的审美价值。审美是人类达到自由的必由之路,美是人的自由本质在生命活动中的升华。

二、生命的超越与升华

我们知道,现代文明给人类造成了严重的人性异化,加之导致人心理失衡的还有人生的诸多困扰,如生死、孤独、衰老、疾病、欲望等,生命存在已经成为"碎片"(席勒)、"痛苦"(叔本华)、"颓废"(尼采)、"焦虑"(弗洛伊德)、"烦"(海德格尔)。对于人类如何扬弃异化,消除人性分裂达到复归,建构自己完美的人格,获得人类自由自觉的类本质,得到全面发展,回到精神家园等问题,当代的美学家纷纷给出了自己的答案:"游戏"(席勒)、"静观"(叔本华)、"沉醉"(尼采)、"升华"(弗洛伊德)、"回忆"(海德格尔)……由此,审美方式的地位便得以空前的提高(值得注意的是,几乎所有的存在主义者在追问了存在之后,都走向了审美),审美成为达到自由的必由之路,是生命的升华。

"歌即生存"(荷尔德林),以审美之路作为超越之路,以审美方式作为自我拯救的方式,通过审美方式去创造生活的意义,以抵御技术文明的异化对人的侵犯,强调人的感性、生命、个性、生存与审美方式的关系,这无论如何都是极为值得关注的。因为,正是审美,提醒着人类既不"逐物",也不"迷己",回到人的自然,回到物之为物的物性和人之为人的人性。因为审美能蚀去人的感性外面的钝壳,揭去掩盖在生命力之上的蔽障,从而使人能摆脱那没有情感的冷冰冰的金属环境,在审美中,以人的情感为中心的全部心理机制被充分调动起来,并达到高度和谐;在审美中,有限与无限接通,感性与理性相融,各种心理器官畅通无阻;在审美中,人不仅感悟出了对象的全部意蕴及其发展方向,而且还能使人深切体察到自己真实的内心世界和生命状态;在审美中,主体摆脱了各种现实束缚,同时对象也从各种现实关联中被抽象出来,悬浮成为自足的对象,于是在自由的主体和自足的对象之间展开了最丰富、最全面的交往,交往双方也因此从主体—对象关系转为主体—主体关系。我国古典文论中所谓"思与境偕"、"境与意会"、"意与境浑"云云,根本上就是指人与人、人与天地万物建立了精神上通畅、和谐、完满的联系,从而将天地万物"我化"或同化为自己无限延展的亲密的躯体的人生境界,其中的"偕"、"会"就是这种"通畅、和谐、完美的联系"本身,而"浑"则是指由于这种联系而联系双方相融为一的状态。美与自由都是指人与人、人与自然万物建立了通畅、和谐、完满的联系而获得的高扬、飘逸、轻松、自如的存在状态或这种"通畅、和谐、完满的联系"本身,只不过美是就对象或世界方面而言的,而自由则是就我们自身方面而言的。

审美的功能在人类传统文化中早已为我们的先哲所重视。它能助益政治教化,训练安分守己的习惯,陶冶情操,养成高尚的人格精神。它是教育上的极好"教材"。审美的性能不仅仅在教育,它更是人们精神生活的食粮。审美活动使人们体验到和享受到自由愉悦的人生理想生活。它是人类挣脱现实束缚的自由天地。儒家所谓"用之则行,舍之则藏","藏"到哪里去? 道家要做一个"无用之用"的人,"无用之用"在哪? 说穿了,都是要到超越利害关系,超越现实的艺术——审美境界中去"藏",去"无用之用"。中国历史上一些士大夫,很少皈依宗教,而是隐居山林田园,痴迷于艺术——审美活动中,正是这个道理。即使有人皈依了宗教,也是中国的宗教,而不同于印度的佛教和西方的基督教。这种精神,这种发展趋向,在中国学术文化的奠基时代——先秦时代已经牢固地确定下来。孔子云:"知之者不如好之者,好之者不如乐之者。"(《论语·雍也》)庄子的《逍遥游》、《齐物论》将生活精神化、理想化,用审美的态度去把玩去体验去享受人生。儒与道所追求的精神境界在方法、途径上有所区别,但殊途同归,都通过逐步提高人性的善,从而进入美的境界,在审美自由愉悦中合二为一了。因此有人称中国文化为"乐感文化",这个概括是深得中国文化的精义的。也就是说,具有"乐感"是中国文化的一大特质。这种文化培养起来的国民,也把审美当做精神追求,把通过审美达到的自由作为人生的最高境界。

我国道家美学的突出特点,就是把审美和自由统一了起来,把审美看做是一条超越社会苦难和自我局限的自由之路。可以说,道家美学特别是庄子美学的一项基本内容,就是对审美与自由关系的探讨。

在道家那里,审美与自由的关系就表现为人的自由特别是主体的心灵自由,是美和美的创造的理想境界。从这个意义上说,他们在美学史上最先明确地认识到了美的实质就是自由。老子在认识论上提出了"涤除玄览"的理论,要求人们排除各种主观的欲念、成见以及外在的规范、束缚,保持内心的自然虚静,实现对"道"的观照。把这个原理应用到审美活动中,就意味着为了实现审美观照,观照者必须有一个虚静空明的心境。这种虚静空明的心境也就是心灵自由的状态。

庄子对老子的思想进行了进一步的发挥。由于他把现实世界看做是违反自然、桎梏人生的污浊世界,看到社会的文明和财富的积累扭曲了人性,使人们终身忙忙碌碌疲于追名逐利,自觉不自觉地陷入"人为物役"的状态,迷失了人生的真正归宿所在。庄子提出:"物物而不物于物",并把老子的"涤除玄览"理论进一步发展成为"心斋"、"坐忘"的理论。何为"坐忘"?"堕肢体,黜聪明,离形去知,同于大通,此谓坐忘"(《庄子·人间世》)。这其实就是形神俱忘,与万物为一的意思。"心斋"则是闭目塞听,排除一切认识,让自己处于虚静状态,其实,"心斋"与"见独"、"坐忘"、"虚静"都是一回事,就是要在想象的世界里求得天地万物与精神的交流,内外兼忘,物我合一,不知有生,亦不知有死,游心无穷,逍遥自适,什么生死,什么荣辱,什么是非,一切都不存在,心中只有一种无牵无挂的愉悦。也就是主体抛弃了一切有限的形式和偏执的观念,而心纯志一地去遨游大道。"若一志,无听之以耳而听之以心,无听之以心而听之以气。听止于耳,心止于符。气也者,虚而待物者也。唯道集虚。虚者,心斋也。"(《庄子·人间世》)

"心斋"与"坐忘"都是来自主体"吾"的超轶无待的态度,用现代的语言说就是"审美态度"。以此进行审美观照的目的,在于将人们引入忘我的境界,消除物我之间的差别,达到物我合二为一,令人在忘我境界中从意志束缚中解脱出来,从而达到保护人的个性,寻求个人的价值,获得人格独立和精神自由。这种审美观照的幸福状态关键在于主体与客体合一,物我两忘,"主体在审美对象中忘却自己,感知者和被感知者之间的差别消失了,主体和客体合为一体,作为一自足的世界,与它本身以外的一切都摆脱了联系。在这种审美的迷醉状态中,主体不再是某个人,而是一个纯粹的、无意志、无痛苦、无时间局限的认识主体,客体也不再是某一个个别事物,而是表象(观念)即外在形式"①。庄子总是在努力寻求"天地之美"。他说:"天地有大美而不言,四时有明法而不议,万物有成

① 朱光潜:《悲剧心理学》,人民文学出版社1983年版,第136—138页。

理而不说。圣人者,原天地之美而达万物之理。"(《庄子·知北游》)《庄子·天下》也说:"判天地之美,析万物之理,察古人之全",而世人却"寡能备于天地之美"。天地之美在何处呢? 正如"道"无所不在一样,关键在于你能不能去发现它,去"原天地之美而达万物之理",《庄子》中的"庖丁解牛"、"佝偻承蜩"、"梓庆削鐻"、"工倕旋而盖规矩"等寓言,皆在于说明这种忘物忘己、物我合一、主客体交融时所获得的一种审美观照、审美迷醉和审美愉悦。正如徐复观所说:"庄子之所谓道,有时也就是在具体地艺术活动中升华上去的。"徐先生以"庖丁解牛"为例指出,庄子所想象出来的"庖丁",他解牛的特色,乃在"莫不中音,合于桑林之舞,乃中经首之会",这不是技术自身所需要的效用,而是由技术所成就的艺术性效用。他由解牛所得到的享受,乃是"提刀而立,为之四顾,为之踌躇满志"。这是在他的技术自身所得到的精神上的享受,是艺术性的享受。而在这艺术性享受之中,庖丁也获得了一种忘我境界,"臣以神遇而不以目视,官知止而神欲行",依乎天理,进乎大道,在与道合一中达到至高境界。《庄子·达生》的"工倕旋而盖规矩",讲得更明白,工倕是尧时代的人,以巧艺著名,其技艺高超盖过用规矩画出来的。他所以能达到这种境界,是物我合一,忘却是非而达到的出神入化之境,"工倕旋而盖规矩,指与物化而不以心稽,故其灵台一而不桎。忘足,履之适也;忘要,带之适也;忘是非,心之适也;不内变,不外从,事会之适也。始乎适而未尝不适者,忘适之适也。""适"者,美也。梓庆为锯,也是由"忘"而进入"美"的境界的,所谓"不敢怀非誉之巧","忘吾有四肢形体",都体现了庄子对现实的超脱,故能保持心灵的怡静,体悟大道,进入精神的自由与永恒。正如庄子所说:"无不忘也,无不有也,淡然无极而众美从之。"在审美观照中,忘却了人间欲望和痛苦,同时也获得了美的愉悦。

道家主张通过"涤除玄览"、"心斋"、"坐忘"等审美观照,高扬个体生命价值,肯定个体生命意义,把个体的自然存在和精神自由置于一切外在的附加物之上,走出人生的困境,挣脱"物役"的束缚,最终是为了追求蓬勃超迈的个性解放和自由人生,展示和实现一种理想的人生境界。所谓人生境界,是中国古代哲学家追求的理想人格之极致的一种精神状态、精神天地。它不仅指人的创造所包含的可能世界,更侧重于理想化的精神意境。关注人生境界问题是中国传统人生哲学的一大特色,儒家追求道德"至圣"的境界,佛家追求宗教"涅槃"的意境,道家则追求自然超越的人生境界。自然超越的境界,就是一种"道"的境界。在老子看来,实现理想的人生也就是回归于自然之"道",它意味着人生回复到见素抱朴,少私寡欲,自然无为,混沌无知如婴儿、赤子的本然状态中去,理想的人生境界是绝圣弃知、贵柔处弱、顺应自然的自然境界。相比而言,庄子的理想人生更富于超越的意蕴。庄子认为,一个人只要达到了"心斋"、"坐忘"的审美心态,在审美观照中就能达到"无己"、"丧我"、"外生"、"外物"、"外天下"的境界。这种境界,不但能实现对"道"的观照,而且是超越了各种欲念和束缚之后的高度自由的境界,因而也是"至美至乐"的境界。庄子的理想人格是"至人无己、神人无功、圣人无名"(《庄子·逍遥游》),所谓理想的"至人""真人"不仅是纯自然的、抛弃了任何私欲俗识、虚假道德的,而是自由的、浪漫的、逍遥飘逸的。这些人能够"物物而不物于物","物莫之伤,大浸稽天而不溺,大旱金石流土山焦而不热"(《庄子·逍遥游》),"至人神矣,大泽焚而不能热,河汉冱而不能寒,疾雷破山、飘风振海而不能惊"(《庄子·齐物论》),"登山不慄,入水不濡,入火不热"(《庄子·大宗师》)。这些人都能"乘云气,御飞龙,而游乎四海之外"、"乘天地之正,而御六气之辨,以游无穷"(《庄子·逍遥游》),"乘云气,骑日月而游乎四海之外","无谓有谓有谓无谓,而游乎尘垢之外"(《庄子·齐物论》),"乘夫莽眇之鸟,以出六极之外,而游无何有之乡,以处圹埌之野"(《庄子·应帝王》)。这都是一种"独与天地精神往来"式的绝对精神自由。人达到了如此境界,就能"死生无变乎己,而况利害之端乎"(《庄子·齐物论》),就能"哀乐荣辱不入胸次","游乎尘垢之外",就能"忘年忘义"、"天地与我并生,而万物与我为一"(《庄子·齐物论》),就可以"藏天下于天下"(《庄子·德充符》),就可以泯灭是非的界限、生死的界限,即所谓"方生方死,方死方生;方可方不可,方不可方可;因是因非,因非因是……是亦彼也,彼亦是也。彼亦一是非,此亦一是非。"(《庄子·德充符》)所谓"与其誉尧而非桀也,不如两忘而化其道"(《庄子·大宗师》)。这种不生不死,无是无非,与天地精神为一,取消人与自然的界限的境,都是通过超迈洒脱、逍遥自适的人生审美态度和精神意境来完成的。老子的毅然归隐,庄子的"终身不仕",嵇康的"越名教而任自然",陶渊明的"不为五斗米折腰"等,这些道家思想家们所体现的风骨凛然、清介淡泊的隐士作风和人生态度,都是他们审美达到"逍遥"境界最好的例证。这一"逍遥"境界也就是人生高度自由的境界,即最高审美境界。

　　道家思想家们执著追寻个体存在的意义和根本归宿,肯定感性生命的自由与审美快乐的绝对价值。这种世界观使他们在现实生活中能蔑视传统、笑傲王侯、重自然、轻人事,以"两看相不厌,唯有敬亭山"的审美态度去对待生活中的进退荣辱,以清淡典雅、浪漫洒脱的审美情趣去发现自然之美。

　　庄子的审美人生自由理想,特别是上述关于自然、达观地看待人生境遇的思想确实在一定程度上适应了人们的精神需要,起到了缓解人的精神冲突、松弛人的心理紧张的积极作用。这种客观、自然的认识方法使人从失意的沮丧情绪中挣脱出来,从对"外物"和"自我"的片面偏执中化解开来,转而依照自然、宇宙的客观性去看待人生的挫折和失败,就必然会引起人的一种思想升华,使人有"登高望远,眼界大开"之感,因此在现代它仍富有极强的感染力,成为人们寻求心理平衡的一剂良方。现实中遭受挫折、失败的人们或多或少地可以在庄子的思想中得到安慰,在个人的精神世界中寻求自由、解脱。尽管这种"自由"带有某种虚幻缥缈的性质,但无论怎样,它满足了人们寻求心理慰藉的需要,使人们重新回到精神的家园。

总之,他们以审美的超越开拓着人生自由之路,通过创造美和欣赏美,使人的生命得到全面解放和高度充实,使人的创造力得到充分的迸发,人的价值得到最高的肯定。正是在审美活动中,人仿佛真的融入那种与自然万物浑然一体的和谐境界,感到忘乎物我,超凡脱俗、无所负累的真正自由,进入无限和永恒。著名的庄周梦蝶的寓言和陶渊明的"采菊东篱下,悠然见南山"的意趣,正是道家这种审美的人生境界和自由的人生境界相统一的生动写照。

审美既是一种唤醒、控诉,也是一种允诺、乞灵。在审美中,人和万物都流动着生命的活力,颤动着生命的琴弦,展现为一个生机勃勃的诗意世界。在审美中片断的人恢复为完整的人,人性得到了一个大幅度的提升。审美活动使人的眼睛、耳朵、心灵都恢复了人性的尊严,使世界也恢复了人性的尊严。审美是人类摆脱异化、走向本身生活的救渡者。审美总是把尚未到来的存在、尚属于理想的东西提前带入历史现实,展示给沉沦于异化之中的感性个体,使人惊醒,催人振奋。在审美中,人实现了自己的最高生命,但这实现本身也正是对最高生命的创造,它规定着生命,又发现着生命;确证着生命,也完善着生命;享受着生命,更丰富着生命。审美活动是生命的磨刀石,是人性的悬剑! 社会实践的方式总是有限的,它受人类所支配的物质力量所限,审美却是无限的,它遵循超越性原则。审美,并不仅仅是单纯的娱乐和情感补偿,它要为无意义的世界创造出意义,要为无价值的人生寻找到价值,要为孤独、漂泊的心灵安置一个永久的家园。

审美,是人的最高生命境界,是人的最为内在的生命灵性,是人的真正栖居之地,是人之为人的根基,是生命的依据和灵魂的皈依之所。审美是生命的至深需要、最高需要,是生命超越与升华的见证。审美的天堂似乎就在我们日常生活的前面等候着,时刻准备着让我们跨进并享受它。而一旦我们跨进这个天堂,我们就永远记得它,并且用这种记忆作为我们的能源,在我们自己遭受压力、挫折和异化的时候支撑着我们。因此,审美并非可有可无的东西,它本身就是我们生存的一种形式。正是在这个意义上,尼采才说,只有审美的人生才值得一过;海德格尔说,只有一个上帝能够救我们,这就是诗(审美);也正是在这个意义上,席勒才一言以蔽之地说,要使感性的人成为理性的人,除了首先使他成为审美的人以外,别无其他途径。

审美对生活的超越可使人从中获得安慰和寄托,这种安慰和寄托成了人们勇敢地、满怀信心地走回生活的一种动力源,因为通过审美,人们看到了一个更加合理的人类存在,人们由此相信,尽管会有种种灾难和危险,但最终一切都会变好的。因此,审美教育并非仅是一种欣赏教育或艺术技能训练,而是引导我们如何去诗意地理解世界、理解生命以及如何守护人类精神家园的教育。注目于人的灵魂和最高生存样式,才是审美教育的立足点。

人的解放和自由既是一个现实的历史过程,又是人的一种终极性价值追求。人的解放和自由在现实历史中总是有限的,不可能终极性的实现,但它作为人的一种超越形而上追求是无限的。也就是说,人的自由和解放的两种形式:实践的相对自由和解放与精神的绝对自由和解放。前者属于现实物质领域,后者属于精神价值领域(如审美)。我们既要看到后者对前者的指导、启示作用,又要防止用后者的标准强行改变前者。我们尤其要特别重视审美对现实的观照引导作用。审美既是对人性解放的一种鼓舞,又是一种现实的批判力量;审美是悬挂于人类头顶上方的一面镜子,照出了人的当下存在状态与理想生存状态间的差距,从而促进、鞭策人类努力去克服自身的异化状况,部分地、一点一滴地实现真正自由。审美促进了人的心理结构功能的提高和人性的提升,从而有助于物质实践活动向更有利于对象完满自足、更有利于人类心灵自由、更有利于向物我交融的方向发展。我们相信,通过审美最终将达到这样一个世界,这个世界就像马克思对自己的共产主义所描述的那样:"共产主义是私有财产即人的自我异化的积极扬弃,因而是通过人并且为了人而对人的本质的真正占有;因此,它是人向自身、向社会的(即人的)人的复归,这种复归是完全的、自觉的而且保存了以往发展的全部财富的。这种共产主义,作为完成了的自然主义,等于人道主义,而作为完成了的人道主义,等于自然主义,它是人和自然界之间、人和人之间的矛盾的真正解决,是存在和本质、对象化和自我确证、自由和必然、个体和类之间的斗争的真正解决。它是历史之谜的解答,而且知道自己就是这种解答。"①质言

---

① 《马克思恩格斯全集》,第 42 卷,人民出版社 1979 年版,第 3 页。

之,人类的发展史,就是人类逐步摆脱异己力量的束缚而走向自由的历史,而在这个过程中,审美既是一个加速器,又是一台指示灯。只有通过审美,人类才会逐步扬弃现实中各个领域的自我异化,排除人生的一切困扰,日益向"自由王国"迈进。

审美,人生的完美人格,人类的精神家园!

第二节　人类真正高度文明的实现

一、追寻诗意的栖居

人来到这世界上,一要生存,二要发展,三要完善。人当然首先得活着,但不能仅仅为活着。人不能像一般动物那样活着,甚至不能只成为经济动物、政治动物以及能运用符号的动物,而是不断发展,超越过去和现在,优化自我,提升境界,全面发展,成为具有完美人格的人。

但是,人不可能只依凭本能而自我地成为全面发展的、具有完美人格的人,这需要美育。美育与国民性的形成有密切关系。美育发达的程度,直接影响到国民精神是高尚还是平庸。一个民族追求什么样的美学风格,就会形成什么样的民族特性。蔡元培以法国人与德国人为例就说明了这一问题。法德两国的美育都很发达,法国人崇尚优美,因而国民性格偏于沉稳;德国人偏于崇高,国民性则偏于雄强。他说:"凡民族性质偏于崇高者,认定目的,即尽力以达之,无所谓劳苦,无所谓危险。观德军猛攻凡尔登之役,积尸如山,猛进不已,其毅力为何如! 凡民族性质偏于美者,遇事均能从容应付,虽当颠沛流离之际,决不改变其常度。观法人自开战以来,明知兵队之数,预备不周,均不及德,而临机应变,毫不张皇,当退则退,当进则进,若握有最后胜利之预算,而决不以目前之小利害动其心者,其雍容为何如! 此可以见美术与国民性之关系。而战争持久之能力,源于美术之作用者,亦非必浅鲜矣。"[①]

当然,美育是一种潜移默化的过程,对于国民性形成的影响,也是历史积累的成果,非一朝一夕所能成功。既然如此,美育或艺术审美活动,就不是时断时续的事,而是应该一以贯之的。平时废弃它,到用时才能想起它,那是一种短浅的眼光。正因为如此,蔡元培终其一生也不忘提倡美育,即使在风烟滚滚的岁月,也是如此。

---

① 蔡元培:《蔡元培全集》(3),中华书局1984年版,第3—4页。

　　美育与我们的日常工作、生活也有着十分密切的关系。"工作"是构成我们生活的主要成分,也是"文化"的主要组成要素。我们要通过审美教育,把我们的工作上升到审美层面,工作成为"艺术的"或"审美的",我们整个文化生活也就接近审美的了。那时,工作不再是达到某种物质性目标的手段,而应该是自身就有着审美情趣和审美价值的活动。从这个意义上说,工作本身已经成为目的。如果这样,人们在工作方面处处可见的地位差别就会逐渐取消,人们也就不会再轻易地视某些工作是高等的,视另一些工作为低等的。与此同时,公司国家中工作上的雇佣关系也会逐渐消失,工人和职员也就不再被视为一种奴性的和缺乏独立精神的人,在工作时再也用不着扮演一个虚假的角色,更不需要强迫自己成为一个与自己本真的自我不同的另一个人。此时的人仍然会为自己所做的工作和生产的产品负责,但不再盲目地服从所谓的"单位利益"或"公共利益",不再甘当组织机构的盲目的奴隶。人们一旦从工具性的工作中解放出来,不再为之驱使、监禁和规范,不再像一个机器人那样单调地和机械地工作,就会恢复为一个真正的人,其工作就会服从其人性。

　　通过审美教育从异化的工作中解放出来的人,不仅不会变懒,而且会更加主动地发挥自己的作用和专长,更加全心全意地干那些对社会有益的工作。在一个解放了的人看来,不工作是不可想象的,具有审美情趣的工作已经成为人的一项最基本的需要和必须实现的东西。在这样的人眼里,没有工作和职务的生活是一种梦呓,而不是一种人性的生活。这种人总是努力延长自己的青春期、教育期和成长期。他们不受约束,敢于拒绝那些收入颇高的"正式"职业,不愿意把自己捆绑在一个固定的未来目标上面。他们更重视如何使"现时"变得更丰富,对"现时"的强调又往往为他们造就一个开放的未来。他们与他人发生关系时,往往不考虑功利,摆脱日常生活功利的驱使、强迫、束缚、困扰,就会不为追求单纯功利目的所左右,就会减少乃至解除烦恼、焦虑、痛苦,就会以生活(学习、劳动、工作)本身为需要、目的和乐趣,孜孜以求,执著于生活本身,充实、乐观、进取,从而取得更大的绩效和成就。如果以这种超越功利的态度去对待人、对待自我,就会摆脱人生际遇的不顺、苦恼,缓解心中焦急,求得暂时解脱。就会摆脱因意欲而引起的个体内在心理矛盾和不平衡,就会摆脱因利害计较而引起的人际关系的矛盾和不和谐,严以律己、宽以待人,淡远、旷达,有助于人际关系的和谐、社会的有序。如果以这种超越功利的态度去对待困难、艰险乃至不幸、死亡,就会不计利害得失,不顾艰难险阻,不怕不幸和死亡,就会宁静致远,泰然处之,知难而进,无计虑得失,从容以赴,显示一种超越性的无畏精神。无私才能无畏,超越功利就是走向无私,从而面对困难和不幸就会高扬一种从容乐观精神。就这个意义说,审美之于人生,可以净化和提升人的生命活动中的意欲——冲动机能,提高和完善人的超道德的自由选择能力。审美人生,是超越的人生。

审美之于人生,还可以培养和提高人类掌握世界的能力,掌握客体自然和社会的形式、现实生活形式(结构、秩序、节奏、韵律)的能力,可以培养和锻炼人的生命活动中的认知——操作机能,提高和完善人的自由创造形式的能力。由审美培养起来的这种掌握形式的能力,自由创造形式的能力,融入物质生产实践活动,可以转为实践改造自然、改造世界的自由创造力,这是人类最高的"文化",最高的"善"。所以,审美不只给予人生以自由快乐,不仅仅给予人生以享受,而且赋予人生以自由创造。审美人生,是创造的人生。

审美培养和陶冶了人类生命、人格、心灵的自由,使生命、人格、心灵摆脱了情欲冲动和理性模式的片面性强制,追求一种有序、和谐、自由的生活,从而创造性地投入社会和自然,去实现主体与客体、个体与社会、人类与自然、感性与理性、目的性与规律性的多层次的融合统一。人的生命活动不应只在心灵的不同层次、不同形态上实现自由,而应在现实生活中去实现自由,即把心灵中的自由,化为自由的物质造形力量,逐步创造一个有序、和谐和自由的生活,实现从"必然王国"到"自由王国"的飞跃。具有超越境界和创造能力的个体,可以"无为而无不为"、"从心所欲而不逾矩"。从人类历史进程的高度去理解,审美之于人生,可以赋予人的生命以某种自由,由心灵生命走向现实生活的自由。审美人生,是自由的人生。

奔向超越的、创造的、自由的审美人生,首先必须切实把握审美教育的真正内涵和充分认识其对社会、人生的巨大作用。在审美文化时代,由于教育的触须不断伸向不可知的未来和不可知的经验,这种教育就不再把学校看成教育的唯一处所,而主张运用许多其他组织形式和机构进行教育,如进入自己喜欢的"自由学校"学习,而不一定进入现有的中学和大学。人们可以把任何实践的场所转变成课堂,例如,人们可以通过到少数民族的地区或黑人学校教书,通过在一个农场做工,通过一次特殊的旅行完成自己某个方面的教育,还可以通过参加某些政治活动,参与编写或出版某种刊物,在电影院或剧团工作,到野外度过夏天,参加摇滚节日等,扩大自己的知识面和经验。

这种教育方式是艺术化生活的一个方面,其总目标就是"超越"个人,达到"个人解放"。当然,这种"解放"既是个人的,又是社会的,"解放"意味着从社会习俗和已有经验的局限性中解脱,意味着对更新的和更高级的东西的不断追求,意味着个人不必接受社会强加于他的生活模式,而是作出自己的选择。马尔库塞在《性爱与文明》中曾主张释放人的本能,但在公司国家中这只是一个乌托邦。只有在审美文化中,这一主张才能真正实现。审美文化代表一种更高的理性的胜利,它对丰富的生活意义和对审美群体的寻求,升高人的视野,使人不再把自己视为机器的一个零件,不再是机器人,不再是一个在战争中被杀死、饿死、像野兽一样被追赶的生物,不再是他同类的敌人,不再是其他异类的敌人,不再是一个被控制、被规范、被管理、被训练、被束缚、被包装和被美化的生物。他的真正本性表现在对自己同类的爱和信任中。他是外在自然和内在自然的有机组成部分,并尽自己的最大可能发展自己,尽力发挥自己独特的本能。这种才能也许是宇宙中独有的,也是意识生活中独有的。在人类文化发展史上,人的生活一直是受制于僵化的习惯、宗教、经济理论或政治观念。只有在审美文化中,人才能摆脱这一切,宣称生活优先于这一切。审美文化不打算减少或简化人的复杂性和自然的复杂性,它看重现在,而不是过去和未来,更不是某些神秘的天国的抽象的教条。它认为,那些有意思的和持久的东西恰恰就是生活的总体验。

在这种悠闲、浪漫的人生氛围熏陶下成长起来的人,几乎都具有一种诗人和艺术家的气质。对他们来说,弹琴放歌、登高赋诗、写字画画,与吃饭喝茶、聚会谈天、游山玩水……一样,不过是生活中的寻常事。"林间松韵,石上泉声,静里听来,让天地自然鸣佩;草际烟光,水心云景,闲中观去,见宇宙最上文章。"(《菜根谭》)世间一切皆诗。在这种人生氛围下成长起来的人的文化心态,是一种无论得失都乐观豁达的心境,"宠辱不惊,闲看庭前花开花落;去留无意,漫随天外云卷云舒。"(《菜根谭》)他们把生活诗意化,将生活视为美酒、咖啡、交响乐,其生活如歌,如画,如梦,如诗;人生整个就是诗,诗就是我,我就是诗;画就是我,我就是画;歌就是我,我就是歌。像宗白华所说的那样:"积极地把我们人生的生活,当作一个高尚优美的艺术品似的创造,使它理想化、美化。"①

浪漫主义美学家荷尔德林曾提出过一个著名的口号:让人诗意地栖居于世界,生命的美学追求正是这样一个设法使自己的生命沉浸在诗意的美学氛围之中的永恒追求。他还说:"人充满劳绩,但还诗意地安居于大地之上。"

人类最可骄傲和自豪的地方,就是能够以理性的探寻去确立自己生存于这个世界中的主体地位,赋予自己短暂而匆忙的生命以真、善、美的品性,按照美的规律来塑造美的生活、美的生命和美的人生。美,才是真正的帝王;美,才是内心

---

① 宗白华:《美学与意境》,人民文学出版社1987年版,第23页。

最严重的相思病。愿这份探寻使那源于天性的美好追求发扬光大,并向至善至美的境界跃进,就像海德格尔所指出的那样,诗意已不是人生一种艺术的追求,而是整个生命意义的思考,是使有限生命寻得永恒家园的实践回归。我们的现实生活无疑需要生命美学的诗意观照。就让我们在诗意的美的追求中,成就一个魅力四射的美丽的生命,创造一个充实而美好的人生吧!

人类祖先渴望生命、祈求生存、企盼生命力旺盛的原始生命意识升华为人的自觉的审美生命意识。人们在审美的生命意识的指导下观照生命,进而在审美的生命理想规范下引导生命,以实现生命把握的审美超越。这种超越意味着人的存在方式的提升。人们不再以现实生命的眼光看待生命世界,而是以最高的生命存在方式置身于生命世界,以最高生命的眼光看待生命世界,选择生命,推动生命从有限走向无限。作家福克纳就说过,我们要拒绝接受人类的末日。诗人不应该单纯地撰写人的生命的编年史,他的作品应该成为支持人、帮助他巍然挺立并取得胜利的基石和支柱。所以审美人生不仅是生命的形式,人生里面有最高的生命的美。它在审美地观照生命、引导生命的同时,实现生命的超越与升华。在审美人生中,自由的生命就像一朵美丽芬芳的雪莲,放射着闪烁而游逸的光芒,静静地开放在清凉的冰山上。

二、奔向人类真正的高度文明

所谓"人类真正的高度文明",就是指人与社会得到全面发展时代的文明。具体地说,就是人类社会的物质文明、政治文明、精神文明和生态文明都十分发达,科学技术充分发展,人类真正全面地超越和消灭了异化,彻底解放人性,实现人性复归,具有完美人格,追回并占有人的类本质,真正成为全面发展的自由自觉的创造者,人与自然界、人与社会、人与人的关系得到充分协调、稳定的发展。马克思把人的发展分为三个形态(即三个阶段):"人的依赖关系(起初完全是自然发生的),是最初的社会形态,在这种形态下,人的生产能力只是在狭窄的范围内和孤立的地点上发展着。以物的依赖性为基础的人的独立性,是第二大形态,在这种形态下,才形成普遍的社会物质变换,全面的关系,多方面的需求以及全面的能力的体系。建立在个人全面发展和他们共同的社会生产能力成为他们的社会财富这一基础上的自由个性,是第三个阶段。"①马克思认为,劳动实现了人自身,形成了人类社会。资本主义生产力和生产关系是造成异化的重要根源,

---

① 《马克思恩格斯全集》,第46卷,人民出版社1979年版,第104页。

而异化劳动又对人的全面发展产生了否定作用。只有对异化劳动和私有财产的积极扬弃，人才能得到全面发展，社会才能进入高级形态——共产主义，即人类的高度文明时代。可见，"异化借以实现的手段本身就是实践的"①。异化劳动不是别的，正是人类生产发展史中的一个阶段，是物质生产实践的特定表现形态。人类只有首先通过审美教育调整、培养和陶冶人类本身，实现完美人格，成为全面协调发展的自由自觉的实践者，然后，在劳动实践当中，再按照美的规律，自觉抵制异化，进一步调整人与自然、人与社会、人与人的关系，达到完全超越和消除异化之目的，获得整个社会的稳定、协调和进步，创造出一个更加自由的新世界，使人类达到高度文明。

当然，要靠审美教育使人类真正全面消除异化，超越异化，由畸形发展的"单面人"变成全面发展的人，达到人生的最高追求——具有完美人格的最高境界，追回并占有人的类本质，真正成为全面发展的自由自觉的创造者，彻底解放人性，实现人性复归，达到幸福理想的乐园，还是一个十分巨大、复杂、艰苦、漫长的人类工程，此非一朝一夕所能实现的。事实上，现在的人类及其赖以生存的社会还很不文明，更没有进入真正的人类高度文明时代，而只是处于正在走向高度文明的旅途中，因此，我们还需要依靠审美教育继续对人类进行新的启蒙。

人类辞别20世纪，刚好踏进21世纪的门槛，甚至在还没有踏入新世纪的门槛之前，人们就沾沾自喜地高叫"人类已经达到了高度文明"，而且是异口同声，响彻云霄。笔者认为，这是人类太过于自信和盲目乐观。当然，乐观和自信不失为一件好事，但盲目地乐观和自信，甚至自信变成自负，只能使人类本身遭受更大、更深、更长时间的蒙蔽。启蒙运动不正是如此吗？启蒙虽然曾给人类带来了福祉，对人类文明作出了很大贡献，但愚昧、狂妄的人类难以克服自身的弊病：得到一点阳光就灿烂，得到一点洪水就泛滥，一叶障目，不见泰山，在取得的一点成绩面前就不知所云、忘乎所以，以至于被乌云挡住了眼睛，陷入了更深的蒙蔽之中，陷入了前所未有的异化之中。在人类异化现象极为普遍的今天，"人类已经进入高度文明"的众口一词的呼声，恰好证明了人类还仍处于蒙蔽状态，这是人类自负的、热昏的胡话，人类在已经渡过和将要渡过的漫漫时间长河中，还没有正确地把自己置于一个恰当的位置，还一直在盲目地骄傲自大，真可谓"身在夜郎，不知有汉"。

在今天，人类的确已经取得了一些成绩，已经进入了人类引以为豪的e时

---

① 《马克思恩格斯全集》，第42卷，人民出版社1979年版，第99页。

代,但是,事实上并非像世人所说的那样已经进入了人类真正的高度文明时代,而是仍然还处于困惑和蒙蔽时期。因为今天世界上还充斥着形形色色的异化现象,这在第三章已经进行了比较详细的论述,在此不再赘笔。虽然我们人类在物质文明方面取得了很大成绩,大多数人解决了温饱,甚至过上了比较富裕的生活,但金钱还太少,世界上还有许多人在饥饿和贫困的死亡线上挣扎。在精神文明和政治文明方面,虽然人类也取得了很大进步,但也仍没有达到高度文明。即使从我们国家来看是"风景这边独好",但世界上还存在着大量的精神和政治的不文明现象,世界范围内的资本主义制度还没有根除,资本主义生产力和生产关系还依然存在,黑暗、野蛮现象层出不穷,屡见不鲜,这一点在西方世界表现得尤为明显。我们透过大众传媒就不难发现,那里暗无天日、黑暗无比——坏人当道、强盗越货、恶魔食人……大千世界,无奇不有。传媒一会儿揭总统的隐私,一会儿揭部长的疮疤,一会儿揭黑社会的老底,一会儿挖老百姓的阴暗心理。火山地震、政治动荡、经济危机、军事威胁、资源匮乏、恐怖袭击,总之是危机四伏、四面楚歌,一片"狼来了"的惊叫之声。仿佛那是虎狼之窝,仿佛世界末日即将来临。任何人都有大难临头之感,每个人都时时生活在忧患之中……

再从世界现有的科技文明程度来看,我们人类也不容乐观。人类所掌握的知识与世界上所蕴藏的全部奥秘相比,只不过是沧海一粟。从空间上来看,宇宙当中存在着无数个像银河系这样的天体系统,而银河系是由群星和弥漫物质集成的一个庞大天体系统,单其发光部分直径就有大约 7 万光年,最大厚度约 1 万光年,而像太阳这样的恒星约有 2000 亿颗,并且它们彼此之间很远,离太阳最近的比邻星也有 4.3 光年,我们的地球只是太阳的一颗行星而已。我们人类的视力和听力还很有限,即使依靠无线电和电子望远镜,听到的和看到的也还只是地球周围有限的空间。人类虽然借助于现代科技延长了自己的四肢,增强了自己的视觉和听觉能力,但腿脚仍然还太短,即使依靠火车、汽车、飞机和火箭,也还难以走遍天涯海角。而对宇宙中存在的秘密更是知之甚少。从时间上来看,若果真像宇宙学者和粒子物理学家所说,宇宙是发端于 100 多亿年前的大爆炸,地球上最古老的岩石的年龄却不超过 47 亿年,而地球上最古老的人类距今也只不过 200 万年,人类有文字可考的文明历史更是短得可怜,最多不过几千年。而人类现有的高科技成果,也只不过是第二次世界大战之后几十年的事情,世界上第一台计算机在 1945 年才研制出来。曾有人估算,截至 1980 年,人类社会获得的科学知识的 90% 是第二次世界大战后 30 余年获得的;到公元 2000 年,人类社会获得的知识又翻了一番;现代物理学中 90% 的知识是 1950 年以后取得的。

可见,人类对科学技术知识的把握才刚刚起步。从人们所掌握的知识与宇宙当中所有的奥秘相比来看,从人类自产生到现在的现有年龄与人类将会存在的时间(如果人类能与地球、太阳同时消灭的话,人类与地球、太阳还要存活大约 50 亿年)相比来看,人类最多才只不过是一个刚刚坠地的新生儿,他还要经过漫长的婴儿期、儿童期、少年期、青年期、中年期和老年期,现有的人类文明与将来的文明相比,真是微不足道,甚至不到九牛一毛。

再从科技发展的速度来看,今天的人类也不能与明天的人类同日而语。科学技术现在正以加速度发展和急剧变革。据粗略统计,现在全世界每天发表科技论文 6000—8000 篇,其数量每隔一年半就增加 1 倍。人类的科技知识,19 世纪是每 50 年增加 1 倍,20 世纪中叶是每 10 年增加 1 倍,当前则是每 3 年至 5 年增加 1 倍。现在全世界每年批准的专利数量达 120 万件。由于科技知识的激增,新学科不断涌现,当今学科总数已达到 6000 多门。第二次世界大战后兴起的电子计算机科学技术指数曲线的发展是相当具有代表性的。世界上自 1945 年研制出第一台计算机以来,经历了电子管、半导体、集成电路、大规模和超大规模集成电路几代的发展,其性能提高了 100 万倍。当前,超级计算机最快运算速度已经达到 320 亿次/秒。人们现在又开始研制光学计算机,它的信息处理速度将比电子信息处理速度快 1000 倍,甚至有人预测快 1 万倍。倘若以这样的加速度发展下去,人类科技的发展到人类的儿童期、少年期、青年期、中年期和老年期时将会达到一个什么程度呢? 那将是让我们现在难以想象的。与将来相比,我们现在还能称得上是高度发达、高度文明吗?

将现在与过去相比,我们人类的确取得了一些成绩;但与将来相比,那又是小巫见大巫了。我们现在对宏观世界知之甚少,对微观世界知道的就更少了。我们虽然认识到了物质的最小构成单元不再是分子、原子,而是夸克和轻子,但是第 6 种夸克(即顶夸克)我们仍然还没有找到,第 6 种轻子也还有待于去发现;引力的传播子由于太弱,也还没有被探测到;即使传递强作用的 8 种胶子,至今也还尚未被直接观测到。我们人类对周围的世界万物了解的还太少,即使对小孩子提出的一个简单问题"先有鸡,还是先有蛋?"不是还不能科学地回答吗? 正如伽达默尔所言:"尽管近代科学的进军如此地高奏凯歌,尽管今天的每一个人都十分清楚,他们对存在的意识充满了对我们文化的科学预设,然而,继续支配着人类思想的问题不是科学所能回答的。"①

---

① ［德］伽达默尔:《哲学解释学》,夏镇平译,上海译文出版社 1994 年版,第 109 页。

　　无论是从物质文明方面来看,还是从精神文明方面来说,人类的确还没有长大,仍然还处于极大的蒙蔽状态。审美教育还不能成为万能,人类还不能与世界上所有的其他生物和睦相处,还不能将其作为我们的朋友。今天,人类为了满足自己占有金钱和饱尝口福的贪欲,还在千方百计、百计千方地割熊掌,剪鱼翅,取鹿茸,挖猴脑,活抽熊胆,生剥鸽皮,干着残忍、野蛮的勾当。即使人与人之间也还难以相处融洽,屠杀、战争、欺骗、讹诈等败坏的道德和犯罪现象时有发生。人类有什么值得骄傲的呢? 有什么可以值得沾沾自喜的呢? 怎能说人类已经达到了高度文明呢? 这岂不是痴人说梦吗?"人类自称达到了高度文明"这一小孩说傻话般地睁着眼睛说瞎话的现象,不也恰好证明了人类的确还没有长大,仍然还处于蒙蔽时期吗? 人类今天过早地盲目地忙于高呼"已经达到了真正高度文明时代",岂不太可笑、太愚昧了吗?

　　人类要超越异化,达到真正的高度文明时代,还必须经过艰苦、漫长的审美教育过程,这是一个十分巨大、复杂、艰苦、漫长的人类工程,它还需要人们在审美教育的具体实施中不懈的努力,不但要有宏观的审美教育计划,而且有微观的具体措施。我们相信,不管这一道路是多么崎岖和遥远,只要目标明确,坚忍不拔,"咬定青山不放松",从一点一滴做起,不断进行量的积累,我们就会不断地向高度文明无限地接近,从而使人类真正全面消除异化,超越异化,达到人生的最高追求——具有完美人格的最高境界,达到人性彻底解放,真正成为全面发展的自由自觉的创造者,占有人的类本质,真正走出蒙蔽,达到真正的人类高度文明时代。

　　审美教育不是坦途,它兴起于公司国家的荒漠,类似混凝土大道上长出的鲜花,却有能力把一切触及的东西美化和更新。一旦接触审美文化,公司组织的那"自动上升的阶梯"就会暴露出其虚假性,人的梦想反而成为真实的。在审美的世界中,人类深层中那些一直被深埋、隐藏的东西就会纷纷呼啸而出,都要受到生活的检验,有的被肯定,有的被淘汰。

　　审美教育与生活息息相通。我们的审美教育把生活的审美和艺术的审美纳入一个整体。在当代,不仅生活审美化、审美的生活化日益加速,而且,生活的艺术化,艺术的生活化这种趋向也日渐明显。美育使人们以开放的意识去接受现实的丑与恶,以宽松的心态去守护自己的梦想,把哭和笑都视为一种邀请。在这个时代的人眼里,世界已不再是那个被钢铁、塑料和惰性石头包装着的怪物,它的秘密和神奇会逐渐向人类显露出来。审美是人类生命的幸福状态,它在今天召唤着我们的觉醒和奋斗,明天就必定会成为现实。21 世纪的显学必定是人学！21 世纪必定是美育的世纪！

　　但是，最后还应当强调的是，仅凭审美教育来使人类消除异化并达到高度文明是难以实现的，它只是重要的道路之一，要使人类达到高度文明，我们还应当借助于其他有效的手段。

结　语

　　面对时代以审美价值的尺度来实施审美教育，这已成为一个十分紧迫的时代主题。时代的发展，已把审美教育推向了前沿阵地，全面贯彻实施审美教育是时代的迫切要求。"要大力推行素质教育，使学生在德、智、体、美等方面全面发展"已被写进 1999 年的《政府工作报告》，美育已被列入正式教育和社会主义精神文明的建设工程。中国历史上出现过两次美育高峰：先秦时期、近现代前期；全国教育会议将美育列入教育方针，必将促成第三次美育高峰。进入 21 世纪，走向知识经济时代，美育的意义、作用愈益重要。中国高教学会美育研究会副会长、原山东大学校长曾繁仁教授指出，在知识经济时代，美育比以往任何时候都重要，世界各国、各个学科都给予美育从未有过的重视。美育的现代意义有四：它是现代素质教育的重要组成部分；是发展现代生产力的重要因素；是培育新的社会性格的重要措施；有助于培养"生活艺术家"、实现新世纪人类和谐发展的美好理想。美育的功能由消极抵御异化现象转向积极培养具有创新精神的新人，而美育的目的也由培养抽象的"审美的人"转变为培养现实的具有高度审美能力全面发展的高素质人才。在《中国教育报》发表的题为"迎接美育的春天"的座谈会纪要中，仇春霖教授的发言发人深省。他说，面临 21 世纪，走向知识经济社会，人类文明从"物质时代"进入"精神时代"，美育的意义、作用愈益重要、突出。知识经济的核心是创新，需要培养创新人才，而美育对于提高人的感知力、想象力，使人的逻辑思维能力和形象思维能力得以协调发展，有着其他教育所无法替代的特殊作用。知识经济社会要求建立与现代生产力和社会进步相适应的文明、健康、科学的生活方式，以及和谐、平衡、协调的人际关系和社会秩序。美育是情感教育，对陶冶人的情操，疏导人的情感，协调人的情绪，促进人的心理健康，具有突出的功效。这都说明，新时代对美育的呼唤格外强烈。美育对个人，可以使受教育者在对多种学科知识的融合过程中形成深厚的文化修养，成为一个心理健全的人；美育对社会，则使无数的有文化修养的人在社会中结成一个富有进取与创造精神、善于合作与协调的整体，使社会的发展健康有序。

　　审美教育是使审美主体保持自主性而维持整个社会健康审美趣味的重要保证。它使艺术的巨大社会作用在寓教于乐中得以发挥,对保持人的自主性,保持我国审美意识的优良传统,发挥社会主义文艺的社会作用,抵制不健康的文化对我们心灵的侵蚀,建设社会主义精神文明,具有极其重大的意义。人类迈入新世纪,审美教育成为新启蒙的又一号角,成为呼唤自由的象征,成为弘扬感性生命的呐喊,成为对未来理想的信念,成为人生存在价值的尺度,成为引导人们走向真实需要的至善至美的不竭动力。

　　美学也总是随时代的发展而发展,那种妄图建立一个永恒的、永远不变的、一劳永逸地穷尽所有真理的理论体系的想法,都不过是一个现代神话。美学的生命也在于不断创新。它可以是认识论的,去建构一个知识的体系,使知识不断增长;也可以是伦理学的,去建立一套价值学说,使人知道什么是美,为什么美,美对人生和社会的意义;也可以是实践论的,从人的生产劳动、精神创造上来探讨美的意义;也可以是感性学的,追溯人类情感的依据和形象的表达;还可以是艺术学的,从艺术入手去寻觅艺术的情感本体、存在之根,去探索人的生命之旅;甚至还应该容忍神学的美学,让"上帝"的光辉照耀到终极价值基础,填补那部分人的信仰的空缺。总之,价值的多元取向也应该成为一种价值。这不仅应成为现在的价值认同,而且已经是一个不争的事实了。

　　我们不是算命先生,但我们可以对美学的研究趋向和审美教育的发展前景大胆设想。法国当代著名美学家米凯尔·杜夫莱纳与澳大利亚当代著名哲学家约翰·帕斯默和日本的今道友信曾就美学的将来课题进行了三个人的对话,从20世纪后半期科学技术的发展给社会环境、自然环境、人的心灵带来的影响探讨了未来美学的趋势:要建立生态伦理学的美学,使人和自然处在适应状态,把自然作为生命体而尊重其存在的价值;要建立城市美学,使人得以在现代化的大都市中安居乐业;要张扬艺术的审美价值,使艺术在技术化的社会中承担起拯救人性的重担,发挥其自由的审美的功能;要把其影响甚至波及政治方面的人的教育问题,作为美学放在巨大城市里思考;有必要进行东方美学思想,特别是中国和日本等国的美学思想研究,使东西方架起一座比较的桥梁。今道友信说:"美学的将来问题之一,也可以说就是针对科学技术的划一化,阐明地域性的逻辑,表明人类的普遍性就在于理解并包容那种多样性。内在的丰富,仍然不在于机械化而是在于人性化。因为它是要归结于个人的。"①

---

　　① [日]今道友信:《美学的将来》,广西教育出版社1997年版,第271页。

　　三位著名学者,从世界不同的地域,共同站在时代的前沿,从世界性的角度对美学的未来作了展望。我们可以把这种观点上升为人类学美学,即从人类的人的历史生成和现实的生成的境遇中,来展现作为生命个体的人怎样生存得更加美好。从人与自然的关系来看,我们不能把自然仅仅看成一种供人类无限使用的能源,而是要把一山一水、一草一木都看成完整的美的本体,这样来建立一种自然美的生态伦理学是完全可能的。现代社会生活的城市化,带来的环境污染,人与人的隔膜、吸毒、疾病等负面效应的消除,也是未来美学关注的问题,建立一门城市美学来专门探讨这个问题是完全可能的和必要的。为了抵御机械化造成的人的感性生命的无深度性,应该大规模地进行审美教育,并通过审美的自由,使人性得以自由的发展,在异化的条件下保持人的纯真本性或神性。

　　要把一山一水、一草一木以及每一个人和动物都看成完整的美的本体,就离不开超越了逻各斯中心主义的交往行为理论。人类离不开文化,无论是人类学美学、生态论理学,抑或城市美学,也都离不开文化,这就使建立一种"文化修辞学美学"不但成为可能,而且是很有必要的。"文化修辞学美学"要求我们不但要了解现实的境况,而且要回溯历史,使我们真正认识到历史文化的深层,因此我们不仅要将美学大厦建立在"实践"的基础上,研究现代和后现代社会的境遇,还应该展示未来的希望,因为人类的审美精神,总伴随着对未来的憧憬。这样的美学就是"文化修辞学美学",它不仅是一种方法,而且是美学的内容和立场。

　　在改革开放的今天,开放的社会必然带来开放的精神,也必然产生开放的美学,也就更有利于我们人类的审美教育,从而促进人性的全面发展,使人真正成为具有完美人格的即完整意义上的全面自由的人。随着美学和审美教育的不断发展,人类也必将冲破蒙蔽,超越异化,不断地向着审美的"自由王国"迈进,最终达到人类社会的真正的高度文明!

参考文献

一、中文著作

1. [古希腊]柏拉图:《文艺对话集》,人民文学出版社 1963 年版。
2. [古希腊]亚里士多德:《修辞学》,罗念生译,三联书店 1991 年版。
3. [古希腊]亚里士多德:《诗学》,陈中梅译,商务印书馆 1996 年版。
4. [德]康德:《实践理性批判》,关文运译,商务印书馆 1960 年版。
5. [德]康德:《历史理性批判文集》,何兆武译,商务印书馆 1990 年版。
6. [德]康德:《判断力批判》,上卷,商务印书馆 1964 年版。
7. [德]康德:《实用人类学》,重庆出版社 1987 年版。
8. [德]席勒:《审美教育书简》,冯至等译,北京大学出版社 1985 年版。
9. [德]黑格尔:《美学》,第一卷,商务印书馆 1979 年版。
10. [德]黑格尔:《小逻辑》,贺麟译,商务印书馆 1980 年版。
11. [德]黑格尔:《历史哲学》,王造时译,上海书店 1999 年版。
12. [德]黑格尔:《哲学史讲演录》,第四卷,贺麟等译,商务印书馆 1981 年版。
13. [德]黑格尔:《精神现象学》,上卷,贺麟、王玖兴译,商务印书馆 1979 年版。
14. [德]黑格尔:《法哲学原理》,范扬等译,商务印书馆 1961 年版。
15. 《马克思恩格斯选集》,第 1 卷,人民出版社 1995 年版。
16. 《马克思恩格斯选集》,第 2 卷,人民出版社 1995 年版。
17. 《马克思恩格斯选集》,第 3 卷,人民出版社 1995 年版。
18. 《马克思恩格斯全集》,第 42 卷,人民出版社 1979 年版。
19. 《马克思恩格斯全集》,第 46 卷,人民出版社 1979 年版。
20. 《马克思恩格斯全集》,第 12 卷,人民出版社 1962 年版。
21. 《马克思恩格斯全集》,第 2 卷,人民出版社 1962 年版。
22. 《马克思恩格斯全集》,第 3 卷,人民出版社 1962 年版。
23. 《马克思恩格斯论艺术》,第 4 卷,人民文学出版社 1966 年版。
24. [德]马克思:《1844 年经济学哲学手稿》,人民出版社 2000 年版。

25. ［德］叔本华:《爱与生的苦恼》,中国和平出版社1991年版。

26. ［德］叔本华:《生存空虚说》,作家出版社1987年版。

27. ［德］叔本华:《作为意志和表象的世界》,石冲白译,商务印书馆1982年版。

28. ［德］尼采:《悲剧的诞生》,周国平译,三联书店1986年版。

29. ［德］尼采:《偶像的黄昏》(三),周国平译,湖南人民出版社1987年版。

30. ［德］尼采:《权力意志》,张念东等译,商务印书馆1991年版。

31. ［德］尼采:《查拉图斯特拉如是说》,黄明嘉译,漓江出版社2000年版。

32. ［德］卡西尔:《人论》,甘阳译,上海译文出版社1985年版。

33. ［德］卡西尔:《语言与神话》,于晓等译,三联书店1988年版。

34. ［德］胡塞尔:《现象学的观念》,倪梁康译,上海译文出版社1986年版。

35. ［德］海德格尔:《存在与时间》,陈嘉映、王庆节译,三联书店1987年版。

36. ［德］海德格尔:《在通向语言的途中》,孙周兴译,商务印书馆1997年版。

37. ［德］海德格尔:《海德格尔选集》,孙周兴选编,上海三联书店1996年版。

38. ［德］伽达默尔:《哲学解释学》,夏镇平、宋建平译,上海译文出版社1994年版。

39. ［德］伽达默尔:《真理与方法》,洪汉鼎译,上海译文出版社1999年版。

40. ［德］霍克海默、阿多尔诺:《启蒙辩证法》,重庆出版社1990年版。

41. ［德］海涅:《海涅选集》,人民文学出版社1983年版。

42. ［德］马克斯·韦伯:《新教伦理与资本主义精神》,于晓等译,三联书店1987年版。

43. ［德］马尔库塞:《单面人》,湖南人民出版社1988年版。

44. ［德］马克·布洛赫:《历史学史的技艺》,张和声等译,上海社会科学院出版社1992年版。

45. ［德］W.冯特:《生理心理学基础》,第3卷,［苏］维戈茨基:《艺术心理学》,上海文艺出版社1985年版。

46. ［德］洪堡特:《论人类语言结构的差异及其对人类精神发展的影响》,姚小平译,商务印书馆1999年版。

47. ［德］汉斯·罗伯特·尧斯:《接受美学与接受理论》,辽宁人民出版社1987年版。

48. ［德］雅斯贝尔斯:《时代精神的状况》,上海译文出版社1997年版。

49. ［德］雅斯贝尔斯:《怪异的一代——新人类》,周晓亮等译,中国社会科学出版社1992年版。

50. ［德］彼得·科斯洛夫斯基:《后现代文化》,毛怡红译,中央编译出版社 1999 年版。

51. ［德］哈贝马斯:《现代性的地平线:哈贝马斯访谈录》,上海人民出版社 1997 年版。

52. ［德］利奥塔:《后现代状态》,三联书店 1997 年版。

53. ［德］利奥塔:《何谓后现代主义?》,(台北)学生书局 1989 年版。

54. ［德］利奥塔:《后现代状况:关于知识的报告》,三联书店 1997 年版。

55. ［美］杰姆逊:《后现代主义与文化理论》,唐小兵译,北京大学出版社 1997 年版。

56. ［美］杰姆逊:《快感:文化与政治》,中国社会科学出版社 1998 年版。

57. ［美］杰姆逊:《布莱希特与方法》,中国社会科学出版社 1998 年版。

58. ［美］杰姆逊:《晚期资本主义的文化逻辑》,三联书店、牛津大学出版社 1997 年版。

59. ［美］大卫·雷·格里芬编:《后现代科学——科学魅力的再现》,中央编译出版社 1995 年版。

60. ［美］大卫·雷·格里芬:《后现代精神》,王成兵译,中央编译出版社 1998 年版。

61. ［美］阿恩海姆:《美学述林》,载《知觉抽象与艺术》,中国社会科学出版社 1984 年版。

62. ［美］阿恩海姆:《艺术与视知觉》,中国社会科学出版社 1984 年版。

63. ［美］弗洛姆:《国外学者论人和人道主义》(一),社会科学文献出版社 1991 年版。

64. ［美］弗洛姆:《健全的社会》,中国文联出版公司 1988 年版。

65. ［美］弗洛姆:《资本主义制度下的异化问题》,载陆梅林、程代熙编选:《异化问题》(下),文化艺术出版社 1988 年版。

66. ［美］弗洛姆:《爱的艺术》,四川人民出版社 1986 年版。

67. ［美］丹尼尔·贝尔:《后工业社会的来临》,高金话等译,新华出版社 1997 年版。

68. ［美］丹尼尔·贝尔:《资本主义文化矛盾》,赵一凡等译,三联书店 1992 年版。

69. ［美］J·T.哈迪:《科学、技术和环境》,科学普及出版社 1986 年版。

70. ［美］弗莱德里克·R.卡尔:《现代与现代主义》,吉林教育出版社 1999

年版。

71. [美]理查德·J.伯恩斯坦:《超越客观主义与相对主义》,郭小平等译,光明日报出版社 1992 年版。

72. [美]理查德·罗蒂:《后哲学文化》,上海译文出版社 1992 年版。

73. [美]伊哈布·哈桑:《后现代转折》,载王岳川等编:《后现代主义文化与美学》,北京大学出版社 1992 年版。

74. [美]乔治·瑞泽尔:《后现代社会理论》,谢立中等译,华夏出版社 2003 年版。

75. [美]苏珊·朗格:《情感与形式》,刘大基等译,中国社会科学出版社 1986 年版。

76. [美]约翰·塞尔:《心灵、语言和社会——实在世界中的哲学》,李步楼译,上海译文出版社 2001 年版。

77. [美]马斯洛:《个人的潜能与价值》,华夏出版社 1987 年版。

78. [美]韦勒克:《近代文学批评史》第一卷,杨岂深等译,上海译文出版社 1987 年版。

79. [美]萨丕尔:《语言论》,陆卓元译,商务印书馆 1985 年版。

80. [美]德弗勒、鲍尔-洛基奇:《大众传播学诸论》,杜力平译,新华出版社 1990 年版。

81. [美]梯利:《西方哲学史》,葛力译,商务印书馆 1995 年版。

82. [美]麦克曼勒斯主编:《牛津基督教史》,张景龙等译,贵州人民出版社 1995 年版。

83. [美]科勒:《"后现代主义":一种历史概念的概括》,转引自佛克马等编:《走向后现代主义》,北京大学出版社 1991 年版。

84. [美]什尔维兹:《修辞的"认知":对"新修辞"运动认知论的淡化》,载肯尼斯·博克等:《当代西方修辞学:演讲与话语批评》,常昌富、顾宝桐译,中国社会科学出版社 1998 年版。

85. [美]波林·玛丽·罗斯诺:《后现代主义与社会科学》,张国清译,上海译文出版社 1998 年版。

86. [英]罗素:《西方哲学史》,何兆武、李约瑟译,商务印书馆 1963 年版。

87. [英]鲍桑葵:《美学史》,张今译,商务印书馆 1985 年版。

88. [英]鲍桑葵:《美学三讲》,上海译文出版社 1983 年版。

89. [英]科林伍德:《历史的观念》,何兆武、张文杰译,中国社会科学出版社

1986 年版。

90. ［英］休谟:《人类理解研究》,关文运译,商务印书馆 1957 年版。

91. ［英］休谟:《人性论》,关文运译,商务印书馆 1991 年版。

92. ［英］怀海特:《科学与近代世界》,商务印书馆 1959 年版。

93. ［英］霍布斯:《利维坦》,黎思复译,商务印书馆 1985 年版。

94. ［英］汤因比、［日］池田大作:《展望二十一世纪——汤因比与池田大作对话录》,荀春生译,国际文化出版公司 1985 年版。

95. ［英］特伦斯·霍克斯:《结构主义与符号学》,瞿铁鹏译,上海译文出版社 1987 年版。

96. ［英］丹尼斯·哈伊:《意大利文艺复兴时期的历史背景》,李玉成译,三联书店 1988 年版。

97. ［英］齐格蒙·鲍曼:《生活在碎片之中——论后现代道德》,郁建兴、周俊、周莹译,学林出版社 2002 年版。

98. ［英］伊格尔顿:《美学(审美)意识形态》,广西师范大学出版社 1997 年版。

99. ［英］哈耶克:《法律、立法与自由》,第一卷,邓正来等译,中国大百科全书出版社 2000 年版。

100. ［英］乔纳森·卡勒:《论解构》,陆扬译,中国社会科学出版社 1998 年版。

101. ［英］约翰·洛克:《政府论》,下篇,叶启芳等译,商务印书馆 1964 年版。

102. ［英］《简明不列颠百科全书》,中国大百科全书出版社 1986 年版。

103. ［法］卢梭:《论科学和艺术》,何兆武译,商务印书馆 1959 年版。

104. ［法］卢梭:《论人类不平等的起源和基础》,商务印书馆 1962 年版。

105. ［法］卢梭:《社会契约论》,何兆武译,商务印书馆 1981 年版。

106. ［法］波德莱尔:《现代生活的画家》,载《波德莱尔美学论文选》,郭宏安译,人民文学出版社 1987 年版。

107. ［法］孟德斯鸠:《论法的精神》,上册,张雁深译,商务印书馆 1995 年版。

108. ［法］笛卡尔:《第一哲学沉思集》,庞景仁译,商务印书馆 1986 年版。

109. ［法］罗丹述,葛赛尔著:《罗丹艺术论》,傅雷译,中国社会科学出版社 1999 年版。

110. ［法］米歇尔·福柯:《癫狂与文明》,刘北成等译,三联书店 1999 年版。

111. ［法］布罗代尔:《长时段:历史和社会科学》(1958),载《资本主义论丛》,顾良、张慧君译,中央编译出版社 1997 年版。

112. ［意］维柯:《新科学》,朱光潜译,人民文学出版社 1986 年版。

113. ［意］加林:《意大利人文主义》,李玉成译,三联书店 1998 年版。

114. ［意］克罗齐:《历史学的理论和实际》,傅任敢译,商务印书馆 1982 年版。

115. ［意］克罗齐:《美学的历史》,王天清译,中国社会科学出版社 1984 年版。

116. ［俄］巴赫金、沃洛希诺夫:《弗洛伊德主义批判》,中国文联出版公司 1987 年版。

117. ［俄］巴赫金:《文艺学中的形式主义方法》,漓江出版社 1989 年版。

118. ［俄］别林斯基:《别林斯基论文学》,新文艺出版社 1958 年版。

119. ［俄］奥夫相尼科夫:《美学思想史》,吴安迪译,陕西人民出版社 1986 年版。

120. ［俄］阿·布罗夫:《美学:问题和争论》,上海译文出版社 1987 年版。

121. ［俄］列夫·托尔斯泰:《艺术论》,人民文学出版社 1958 年版。

122. ［俄］维戈茨基:《艺术心理学》,上海文艺出版社 1985 年版。

123. ［加］查尔斯·泰勒:《现代性之隐忧》,程炼译,中央编译出版社 2001 年版。

124. ［奥］卡尔·波普尔:《开放社会及其敌人》,第二卷,郑一明等译,中国社会科学出版社 1999 年版。

125. ［瑞士］皮亚杰:《发生认识论原理》,王宪钿译,商务印书馆 1981 年版。

126. ［瑞士］布克哈特:《意大利文艺复兴时期的文化》,何新译,商务印书馆 1979 年版。

127. ［波兰］塔塔尔凯维奇:《古代美学》,理然译,广西人民出版社 1990 年版。

128. ［荷兰］赫伊津哈:《中世纪的衰落》,刘军等译,中国美术学院出版社 1997 年版。

129. ［丹麦］勃兰兑斯:《十九世纪文学主潮》,第一卷,人民文学出版社 1958 年版。

130. ［匈牙利］卢卡奇:《历史和阶级意识》,杜章智、任立、燕宏远译,商务印书馆 1996 年版。

131. ［日］星野芳郎:《未来文明的原点》,哈尔滨工业大学出版社 1985 年版。

132. ［日］今道友信:《美学的将来》,广西教育出版社 1997 年版。

133. 朱光潜:《西方美学史》(上、下),人民文学出版社 1999 年版。

134. 朱光潜:《朱光潜美学论文选集》,湖南人民出版社 1980 年版。

135. 朱光潜:《悲剧心理学》,中译本,人民文学出版社 1983 年版。

136. 《朱光潜美学文集》,卷二,上海文艺出版社 1982 年版。

137. 《朱光潜全集》,第一、十卷,安徽教育出版社 1987 年版。

138. 朱立元主编:《现代西方美学史》,上海文艺出版社 1997 年版。

139. 朱存明:《情感与启蒙——20 世纪中国美学精神》,西苑出版社 2000 年版。

140. 李泽厚:《批判哲学的批判——康德述评》,人民出版社 1979 年版。

141. 李泽厚、刘纲纪:《中国美学史》(三册),安徽文艺出版社 1999 年版。

142. 李泽厚:《美学三书》,安徽文艺出版社 1999 年版。

143. 李泽厚:《李泽厚哲学美学文选》,湖南人民出版社 1987 年版。

144. 李衍住:《时代的回声——走向新世纪的中国文学》,花城出版社 2000 年版。

145. 李戎:《始于玄明,反于大通——玄学与中国美学》,花城出版社 2000 年版。

146. 李强:《自由主义》,中国社会科学出版社 1998 年版。

147. 李德顺:《价值论》,中国人民大学出版社 1983 年版。

148. 张曙光:《生存哲学——走向本真的存在》,云南人民出版社 2001 年版。

149. 张立波:《后现代境遇中的马克思》,民族出版社 2002 年版。

150. 张辉:《审美现代性批判》,北京大学出版社 1999 年版。

151. 赵万里:《海宁王静安先生遗书》,第十五册,商务印书馆出版。

152. 赵宪章:《文艺美学方法论问题》,暨南大学出版社 2002 年版。

153. 叶秀山:《前苏格拉底哲学研究》,三联书店 1982 年版。

154. 叶秀山:《思·史·诗——现象学和存在哲学研究》,人民出版社 1988 年版。

155. 彭树智等:《世界近代史基本问题》,西北大学出版社 1987 年版。

156. 彭立勋:《美学的现代思考》,中国社会科学出版社 1996 年版。

157. 彭富春:《生命之诗》,花山文艺出版社 1989 年版。

158. 蔡元培:《蔡元培美学文选》,北京大学出版社 1983 年版。

159. 《蔡元培全集》,(台湾)商务印书馆 1979 年版。

160. 《蔡元培选集》,中华书局 1959 年版。

161. 王国维:《论教育之宗旨》,载《中国近代教育史资料》,人民教育出版社 1961 年版。

162. 王朝闻:《审美谈》,人民出版社 1984 年版。

163. 王一川:《语言乌托邦——20 世纪西方语言论美学探究》,云南人民出版社 1999 年版。

164. 王一川:《中国现代卡里斯马典型》,云南人民出版社 1994 年版。

165. 王一川:《意义的瞬间生成》,山东文艺出版社 1988 年版。

166. 王岳川:《后殖民主义与新历史主义文论》,山东教育出版社 1999 年版。

167. 王岳川、尚水编:《后现代主义文化与美学》,北京大学出版社 1992 年版。

168. 王铁崖编:《中外旧约章汇编》(五),上海人民出版社 1957 年版。

169. 王铭铭:《"安东尼·吉登斯现代社会论丛"译序》,载吉登斯:《社会的构成》,李康等译,三联书店 1998 年版。

170. 王富仁:《他开辟了一个新的审美境界》,载《中国现代作家新论》,山西教育出版社 1998 年版。

171. 于文杰:《通往德性之路——中国美育的现代性问题》,中国社会科学出版社 2001 年版。

172. 汪行福:《走出时代的困境——哈贝马斯对现代性的反思》,上海社会科学院出版社 2000 年版。

173. 沈语冰:《透支的想象——现代性哲学引论》,学林出版社 2003 年版。

174. 冯友兰:《中国哲学简史》,涂又光译,北京大学出版社 1985 年版。

175. 余英时:《现代儒学论》,上海人民出版社 1998 年版。

176. 徐崇温:《结构主义与后结构主义》,辽宁人民出版社 1986 年版。

177. 徐友渔等:《语言与哲学——当代英美与德法传统比较研究》,三联书店 1996 年版。

178. 涂途:《西方美育史话》,红旗出版社 1988 年版。

179. 俞吾金等:《现代性现象学——与西方马克思主义者的对话》,上海社会科学院出版社 2002 年版。

180. 季广茂:《潮来天地青——意识形态视野中的现代思潮》,天津古籍出版社 1999 年版。

181. 袁鼎生:《审美生态学》,中国大百科全书出版社 2002 年版。

182. 夏之放:《异化的扬弃——〈1844 年经济学哲学手稿〉的当代阐释》,花城出版社 2000 年版。

183. 高楠:《生存的美学问题》,辽宁大学出版社 2001 年版。

184. 贺照田:《西方现代性的曲折与展开》,吉林人民出版社 2002 年版。

185. 罗筠筠:《审美应用学》,社会科学文献出版社 2002 年版。

186. 曾繁仁、高旭东:《审美教育新论》,北京大学出版社 1997 年版。

187. 庄志民:《美学视野中的人生》,中国青年出版社 1989 年版。

188. 刘勰:《文心雕龙注释》,周振甫注,人民文学出版社 1998 年版。

189. 阎国忠:《古希腊罗马美学》,北京大学出版社 1983 年版。

190. 宋锦添:《人生学导论》,中国人民大学出版社 1990 年版。

191. 宗白华:《美学与意境》,人民文学出版社 1987 年版。

192. 郑乐平:《超越现代主义和后现代主义——论新的社会理论空间之建构》,
上海教育出版社 2003 年版。

193. 韩民青:《哲学人类学》,当代世界出版社 2000 年版。

194. 钱乘旦等:《世界现代化进程》,南京大学出版社 1997 年版。

195. 钱中文、李衍住:《文学理论:面向新世纪》,山东人民出版社 1997 年版。

196. 陶东风:《中国古代心理美学六论》,百花文艺出版社 1992 年版。

197. 封孝伦:《人类生命系统中的美学》,安徽教育出版社 1999 年版。

198. 邓牛顿:《中华美学感悟录》,社会科学文献出版社 1999 年版。

199. 魏士衡:《中国自然美学思想探源》,中国城市出版社 1994 年版。

200. 陆梅林选编:《西方马克思主义美学文选》,漓江出版社 1988 年版。

201. 谢冕:《百年忧患》,山东教育出版社 1999 年版。

202. 杨守森:《穿过历史的烟云——20 世纪中国文学问题》,花城出版社 2000
年版。

203. 程光炜等:《中国现代文学史》,中国人民大学出版社 2000 年版。

204. 侯且岸:《当代美国的"显学"——美国现代中国学研究》,人民出版社 1995
年版。

205. 陈中梅:《柏拉图诗学和艺术思想研究》,商务印书馆 1998 年版。

206. 刘小枫:《诗化哲学》,山东文艺出版社 1986 年版。

207. 刘小枫:《现代性社会理论绪论》,香港牛津大学出版社 1996 年版。

208. 郑吉林:《人和自然》,中国纺织大学出版社 1993 年版。

209. 郑雪:《人格心理学》,暨南大学出版社 2002 年版。

210. 滕守尧等:《艺术化生存》,四川人民出版社 1997 年版。

211. 曹日昌主编:《普通心理学》(下册),人民教育出版社 1980 年版。

212. 唐钺译:《西方心理学家文选》,科学出版社 1983 年版。

213. 北京大学哲学系编译:《古希腊罗马哲学》,三联书店 1957 年版。

214. 北京师范大学中文系文艺理论教研室编:《文学理论学习参考资料》下册,
春风文艺出版社 1981 年版。

215. 《现代西方哲学家评传》(社会学卷),山东人民出版社 1996 年版。

216. 《十六——十八世纪西欧各国哲学》,商务印书馆 1975 年版。

217.《古希腊罗马哲学》,商务印书馆 1961 年版。
218.《美学资料集》,河南人民出版社 1983 年版。

二、外文资料

1. Albrecht Wellmer, *The Persistence of Modernity*, Carnbridge: MIT, 1991.

2. Albrecht Wellmer, *The Persistence of Modernity*, Cambridge: MIT Press, 1993.

3. Andreas Huyssen, "Mapping the Postmodern," Jean-Francois Lyotard, "What is Postmodernism?" in Wook-Dong Kim(ed.), *Postmodernism* , Seoul: Hanshin, 1991.

4. Arne Johan Vetlesen, *Eception, Empathy, and Judgment: An Inquiry into the Pre-condition of Moral Performance*, Pennsylvania State University Press, 1993.

5. Anthony Giddens, *The Transformation of Intimacy: Sexuality, Love and Eroticism in Modern Societies*, Cambridge: Polity Press, 1992.

6. Anthony Giddens, *The Consequences of Modernity*, Cambridge: Polity, 1990.

7. Chirstopher Lasch, *The True and Only Heaven: Progress and its Critics*, New York: W. W. Norton, 1991.

8. Christopher Lasch, *The Minimal Self; Psychic Survival in Troubled Times*, London: Pan Books, 1985.

9. Christopher Lasch, *Culture of Narcissism*, New York: Warner, 1979.

10. Chris Rojek, *Ways of Escape: Modern Transformation, in Leisure and Travel,* London: Macmillan, 1993.

11. Darid C. Hoy & Thomas Mc Carthy, *Critical Theory*, Blackwell, 1994.

12. Don Ihde, *Technology and Life-world,* Indiana University Press, 1990.

13. Edmund Hussel, *The Crisis of European Sciences and Transcendental Phenomenology, Evanston,* Northwestern University Press, 1970.

14. Ernest Gellner, *Nations and Nationalism*, Oxford: Blackwell, 1983.

15. Edmond Jabes, *The Book of Questions*, Vo1.2, trans. Rosmarie Waldrop, Hanover: Wesleyan University Press, 1991.

16. *From Wirtschaft und Gesellschsft: quoted after From Max Weber*, ed. H. H. Gertz and C. Wright Mills, London: Rougledge, 1970.

17. Frand Chalk and Kurt Jonassohn, *The History and Sociology of Genocide: Analyses and Case Studies*, New Haven: Yale University Press, 1990.

18. Ferenc Feher And Agnes Heller, *Biopolitic*, Vienna: European Centre, 1994.

19. Fredric Jameson, *Introduction/Prospectus: To Reconsider the Relationship of Marxism to Utopian Thought*, The Minnesota Review, 1976.

20. Gillian Rose, Judaism and Modernity, *Philosophical Essay*, Oxford: Blackwell, 1993.

21. Helen Fein, Genocide, *A Sociological Perspective*, Sage, 1993.

22. H. H. Gerth & C. Wright Mills(eds.), *From Max Webber: Essays in Sociology*, New York: Oxford University Press, 1946.

23. Harold Rosenberg, *The Tradition of the New in Horizon*, 1959.

24. Ihab Hassan, Paracriticism, *Seven Speculations of the Times*, Urbana: University of Illinois Press, 1975.

25. John Andrew Fisher(ed.), *Reflecting on Art*, London: Mayfield, 1993.

26. John D. Schaeffer. *Sensus Communis-Vico, rhetoric and the limits of relativism*, Durham and London: Duke University Press, 1990.

27. Jean-Francois Lyotard, *The Inhuman*, Stanford: Stanford University Press, 1991.

28. Jean-Francois Lyotard, "What is Postmodernism?" in Wook-Dong Kim, (ed.), *Postmodernism*, Seoul: Hanshin, 1991.

29. Leslie Fiedler, " Cross the Boarder-Close the Gap: Postmodernism", in American Literature Since 1900(ed.), *Marcus Cunliffe*, London: Sphere, 1975.

30. Lawrence Cahoone(ed.), *From Modernism to Postmodernism*, Cambridge: Blackwell, 1996.

31. Lawrence E. Cahoone, *The Dilernma of Modernity*, Albany: SUNY Press, 1988.

32. Lion Tiger, *The Manufacture of Evil: Ethics, Evolution and the Industrial System*, New York: Harper & Row, 1987.

33. Lionel Trilling, *Beyond Culture*, New York: Viking, 1965.

34. Marshall Berman, *All That is Solid Melt into Air: The Experience of Modernity*, New York: Penguin, 1988.

35. Michael Schluter and David Lee, *The R-factor*, London: Hodder & Stoughton, 1993.

36. Matei Calinescu, *Fances of Modernity: Avangarde, Decadence, Kitsch*, Bloomington: Indiana University Press, 1977.

37. Max Frisch, *Sketchbook 1946 – 1949*, trans. Geoffrey Skelton, New York: Harcourt Brace Jovanovich, 1977.

38. Mark Poster, Jean Baudrillard(ed.), *Selected Writings*, Stanford: Stanford University Press, 1988.

39. Matei Calinescu, *Five Faces of Modernity*, Durhan: Duke University Press, 1987.

40. Peter Bürger, *The Decline of Modernism*, University Park: The Pennsylvania State University Press, 1992.

41. Peter Bürger, *Theory of the Avant-Garde*, Minneapolis: University of Minnesota Press, 1984.

42. Peter Burger, *Theory of Avant-Garde*, Manchester: Manchester University Press, 1984.

43. Robert C. Tucker, *Marx and the End of History*, Diogenes, 1968.

44. Richard Wasson, " Notes on a New Sensibility", *Partisan Review* 36, 1969.

45. Renato Poggioli, *The Theory of the Avant - Garde*, Carnbridge: Harvard University Press, 1968.

46. Susan Santag, *Against Interpretation and Other Essays*, New York: Delta, 1966.

47. Scot Lash, *Sociology of Postmodernism*, London: Routledge, 1990.

48. Steve Giles(ed.), *Theorizing Modernism*, London: Routldge, 1993.

49. Stacy Burton & Dennis Dworkin, *Trials Of Modernity: Europe Since 1500*, Simon & Schuster Custom Publishing, 1996.

50. Stjepan G. Mestrovic, *The Barbarian Temperament: Toward a Postmodern Critical Theory*, London: Routledge, 1993.

51. Theodor W. Adorno, *Aesthetic Theory*, London: Routledge & Kegan Paul, 1984.

52. Theodor W. Adomo, *Aesthetic Theory*, London: Routledge & Kegan Paul, 1970.

53. Wylie Sypher, *Lossod the Selfin Modem Literature and Art*, New York: Vintage, 1964.

54. Zygmunt Berman, *Modernity and Ambivalence*, Cambridge: Polity, 1991.

55. McCarthy, "Introduction", 参见哈贝马斯前揭书。

56. ［德］黑格尔:《黑格尔的法哲学》,牛津 1952 年英文版。

57. ［德］霍克海默、阿多尔诺:《启蒙辩证法》,纽约 1972 年英文版。

58. ［德］霍克海默:《理性之蚀》,纽约 1974 年英文版。

59. ［德］哈贝马斯:《关于现代性的哲学演讲》,剑桥:政治出版社 1987 年英文版。

60. ［德］哈贝马斯:《交往行为理论》,第一卷,波士顿:培根出版社 1984 年英文版。

61. ［德］哈贝马斯:《理论与实践》,伦敦 1974 年英文版。

62. ［德］哈贝马斯:《知识与人类利益》,波士顿:培根出版社 1971 年英文版。

63. ［德］哈贝马斯:《社会科学研究的逻辑》,法兰克福 1971 年德文版。

64. ［德］哈贝马斯：《交往和社会进化》，波士顿：培根出版社 1979 年英文版。

65. ［德］W. 本雅明：《单行道及其他作品》，《历史哲学主题》，伦敦 1979 年英文版。

66. ［美］杰姆逊：《政治无意识》，伦敦 1981 年英文版。

67. ［美］弗莱德·R. 多尔迈前揭书。

68. ［美］斯蒂芬·贝斯特、道格拉斯·凯尔纳前揭书。

69. ［美］路易斯·杜蒙特：《从曼德维尔到马克思：经济意识形态的起源和胜利》，芝加哥大学出版社 1977 年英文版。

70. ［美］彼得·伯杰：《面向现代性：社会、政治和宗教浅探》，纽约：Basic Books 1977 年英文版。

71. ［美］柏格曼：《逻辑与实在》，威斯康星大学出版社 1964 年英文版。

72. ［英］威廉斯：《马克思主义与文学》，牛津大学出版社 1977 年英文版。

73. ［匈牙利］卢卡奇：《历史与阶级意识》，剑桥 1971 年英文版。

74. 布拉德布里等：《现代主义》，上海外语教学出版社 1992 年版。

75. 萨弗兰斯坦前揭书。

三、参考论文

1. 周宪：《现代性与后现代性——一种历史联系的分析》，《文艺研究》1999 年第 5 期。

2. 周宪：《现代性的张力——现代主义的一种解读》，《文学评论》1999 年第 1 期。

3. 比尔格：《先锋派对艺术自律性的否定》，周宪译，《国外社会科学》1998 年第 4 期。

4. 汪晖：《当代中国思想状况与现代性问题》，《天涯》1997 年第 5 期。

5. 汪晖：《关于现代性问题答问》，《天涯》1999 年第 1 期。

6. 汪晖：《韦伯与中国的现代性问题》，《学人》第 6 辑，江苏文艺出版社 1994 年版。

7. 王杰：《审美现代性：马克思主义的提问方式与当代文学实践》，《文艺研究》2000 年第 4 期。

8. 王杰：《简论社会主义初级阶段文学生产方式》，《文艺研究》1999 年第 4 期。

9. 王一川：《通向中国现代性诗学》，《北京师范大学学报》2001 年第 3 期。

10. 王一川：《卡里斯马典型与文化之镜——近四十年艺术主潮的修辞论阐释》，

《文艺争鸣》1991 年第 1—4 期。

11. 王一川:《走向修辞论美学》,《天津社会科学》1994 年第 3 期。

12. 王一川:《现代文学研究需要新眼光——中国现代学刍议》,《文汇报》1998 年 5 月 13 日。

13. 王一川:《现代性文学:中国文学的新传统》,《文学评论》1998 年第 2 期。

14. 王一川:《现代性文学:中国文学的新传统——兼谈中国现代文学与文学研究》,《文学评论》1998 年第 2 期。

15. 王一川:《中国人想象之中国——20 世纪文学中的中国形象》,《东方丛刊》1997 年第 1—2 辑。

16. 王国维:《文学与教育》,载《王国维文集》,燕山出版社 1997 年版。

17. 王统照:《王统照致范煜璲、李树峻》,《曙光》第一卷第一期。

18. 张法、王一川、张颐武:《从现代性到中华性》,《文艺争鸣》1994 年第 2 期。

19. 张法:《现代性与全球文化四方面》,《文艺研究》1999 年第 5 期。

20. 李石岑:《美育之原理》,《教育杂志》1922 年第 14 卷第 1 号。

21. 李欧梵:《当代中国文化的现代性和后现代性》,《文学评论》1999 年第 5 期。

22. 李陀、戴锦华、宋伟杰:《漫谈文化研究中的现代性问题》,李欧梵译:《知识源考:中国人的“现代”观》(此文原载英文论文集《跨文化观念》中,文章标题直译应为:“现代性探寻:漫谈二十世纪中国历史与文学中的意识新模式”),《天涯》1996 年第 3 期。

23. 吴予敏:《试论中国美学的现代性理路》,《文艺研究》2000 年第 1 期。

24. 陶东风:《现代性反思的反思》,《东方文化》1999 年第 3 期。

25. 阎纯德:《汉学和西方学研究》,载阎纯德主编:《汉学研究》第 1 辑,中国和平出版社 1996 年版。

26. 孙康宜:《“古典”或“现代”:美国汉学家如何看中国文学》,《读书》1996 年第 7 期。

27. 朱光潜:《答香港中文大学校刊编者的访问》,《香港中文大学校刊》1983 年第 2 期。

28. 六悟:《淮橘为枳,出局者迷》,香港中文大学《二十一世纪》1996 年 2 月。

29. 耿占春:《全国“现代性与文艺理论”研讨会综述》,《文学评论》2000 年第 2 期。

30. 梁启超:《论中国积弱由于防弊》(1896 年 10 月 27 日),《文集》第一卷。

31. 陈独秀:《复曾毅信》,《新青年》第二卷第二号。

32. 鲁迅:《文艺与革命》,《鲁迅全集》第四卷,人民文学出版社 1959 年版。

33. 鲁迅:《"硬译与文学的阶级性"》,《鲁迅全集》第四卷,人民文学出版社 1959 年版。

34. 鲁迅:《小品文的危机》,《鲁迅全集》第四卷,人民文学出版社 1959 年版。

35. 鲁迅:《给徐懋庸》,《鲁迅全集》第十卷,人民文学出版社 1959 年版。

36. 童庆炳:《"审美意识形态论"作为文艺学的第一原理》,《文学前沿》第一期。

37. [美]莫里斯·迈斯纳:《旁观毛泽东时代》,《中华读书报》1999 年 2 月 3 日。

38. [美]德里克:《世界资本主义视野下的两个文化革命》,《二十一世纪》1996 年 10 月。

39. [美]琼斯:《马克思主义美学》"导言",《南方文坛》1987 年第 3 期。

40. [美]杰姆逊:《处于跨国资本主义时代中的第三世界文学》,《马克思主义》,1986 年发表于美国并被译介入中国学术界。

41. [德]哈贝马斯:《论现代性》(五篇),曹卫东选译,http://www.junchuan.com 2002 年 11 月 27 日。

42. [英]伊格尔顿:《后现代主义的矛盾》,《东方丛刊》1998 年第 3 辑。

43. 《斯坦尼斯拉夫斯基创作札记》,《世界艺术与美学》第 2 辑,文化艺术出版社 1983 年版。

44. 《毕加索论艺术》,《艺术译丛》1981 年第 2 期。

后 记

大凡博士毕业的学子,最后往往将博士论文修订成专著而出版,笔者也不例外。自 2004 年夏天南京大学中文系博士毕业至今,转眼间已经四载有余了。实际上,有关拙作出版事宜早在二年前就开始张罗了,并承恩师张玉能先生和谭好哲先生慨然赐序,为拙文增色颇多。其中多有谬奖,令我汗颜。但当时出版条件还不成熟,总感觉拙文还不尽己意,还有很多修订工作要做,再加上平日于公于私事情繁多,寒来暑往,断断续续,至今方算脱稿。

在此书即将付梓之际,捧着眼前誊清的书稿,可谓"执手相看泪眼,竟无语凝噎",心潮澎湃,思绪万千。洋洋数万言,满把辛泪酸,莫笑作者痴,其味谁能参。那些为成书而慷慨帮助过我的人和事,历历在目,感激之情,溢于言表,犹梗于喉,不吐不快。

我将"现代性与审美教育"作为博士学位论文进行研究的冲动,最早来源于南京大学中文系周宪老师在 2002 年秋天作的那次关于"现代性"的学术报告。周老师开阔的视野和新颖的观念虽然没有让我跌破眼镜,但也的确给人耳目一新之感,正是这一启发,点燃了我思想的引线。另一个重要来源,是张玉能老师对席勒关于审美教育思想的研究。张先生对审美教育及其重要作用的独到见解和立足于历史的高度对人类本身及其当前生存状况的忧虑,使我想到了将"现代性"与"审美教育"相结合加以研究的必要性。于是,我想围绕着"现代性和审美教育"确定学位论文的题目。在论文开题报告会上,我的论题得到了王先霈、邱紫华、孙文宪、胡亚敏等多位老师的肯定,他们凭借着丰富的经验和渊博的学识,提出了许多宝贵的建设性的建议,给了我很大的鼓舞,增强了我的信心。南京大学中文系文艺学专业对博士学位论文的要求历来很严,任何人想"蒙混过关"都绝无可能,稍有不慎即有"翻船"之虞,师兄们常常谈之色变。当然,我更是不敢懈怠,在写作过程中,我也尽了我的最大努力。

今天,在将这部由博士论文修订而成的专著呈送我国最顶级的出版社——人民出版社出版之际,我首先要感谢敬爱的黄师母和恩师张玉能先生。我忘不了师母对我和家庭的关心与照顾,忘不了师母对我像子侄一样的叮咛与祝福;我忘不了先生给我的研究本课题的最初勇气和不倦的指导,忘不了先生对我的悉心再造与鼓励,忘不了先生为修改拙著而忍着腰椎的疼痛付出的那些日日夜夜。在漫长而艰苦的研究和写作过程中,我写了又改,改了又写,自始至终,一直都是在张先生的亲切指导和鼓励下进行的。他多次与我讨论文稿并写出详细的修改方案,有时通过电话,有时通过电子邮件,有时先生把我叫到他自己的家里面对面地、苦口婆心地、不厌其烦地进行指导。尤其使我感动的是,在论文定稿时,先生把我叫到家里,由于腰椎不适,他就站着与我谈论文修改方案,一谈就是几个小时,那时的情景依然历历在目:坐在先生那优雅的客厅里,品尝着师母端来的热茶和糖果,听着先生和颜悦色的声音,心里既佩服、感激,又焦虑不安……我不但感谢先生,在学业上对我的关心与指导,还要感谢先生一直以来对我在生活与事业上坦诚无私的帮助与照顾。感谢先生在经济上的慷慨资助,钱不在多,却表达了先生对学生的亲切关怀和鼓励,殷殷之情铭心刻骨。先生不仅是我学业上的导师,也是我生活和事业上的导师。他那至真至善的品质与宽容坦荡的胸怀,给我留下了难以泯灭的印象;他那刻苦而严谨的治学风格、诲人不倦的名师风范,为我治学与为人树立了崇高的榜样。他治学严谨、坦诚厚道和特立独行的人格品质将影响我的一生,让我终生受益。它将时时鞭策着我,鼓励着我,让我不断前行,永不堕落。

能有这样的结果,还要特别感谢南京大学和华中师范大学的许多老师、朋友以及家人的关心和鼓励。感谢王先霈先生的指点,感谢周宪先生的启发,感谢孙文宪先生的关爱,感谢胡亚敏老师的鼓励和邱紫华先生的提携。感谢那些为我提供了便利条件的图书馆、资料室的老师和工作人员,他们的热忱帮助加快了我完成论文的进度。感谢王庆卫、董希文、郭玉生、王天保、李显杰、李社教、习传进、高文强、刘程、邵莹、刘新莲、魏天无、陈龙海、韩文革、宋雄华、李梦、苏晖、梁艳萍等多位同学对我的帮助和鼓励。感谢那台时常对我"越帮越忙"的电脑,它为我查阅资料、撰写论文以及与师生、同学之间的学术交流,无怨无悔,立下了汗马功劳。感谢我那位对我要求严格的"家长",没有她的不断"旁敲侧击"、"殷勤鼓励"、"严格监督"、无私的奉献牺牲和最后"检阅",能如期地完成论文也是枉然。

能有这样的结果,还要特别感谢第 17 栋博士公寓 436 寝室那个"君子娱乐活动中心",文艺学的"君子们"常常在此相聚,一边大吸其烟,一边吹牛聊天,古今中外,天文地理,政治、经济、文化,学术上的,非学术上的……信口开河,滔滔